Esprit Flechier

Geschichte des Kaisers Theodos des Grossen

Esprit Flechier

Geschichte des Kaisers Theodos des Grossen

ISBN/EAN: 9783742890573

Hergestellt in Europa, USA, Kanada, Australien, Japan

Cover: Foto ©ninafisch / pixelio.de

Manufactured and distributed by brebook publishing software
(www.brebook.com)

Esprit Flechier

Geschichte des Kaisers Theodos des Grossen

Geschichte

des

Kaysers Theodos

des Großen.

Aus dem Französischen
des berühmten Abts Esprit Flechier.

Breßlau und Leipzig,
im Verlag George Gottlieb Horne.
1 7 6 5.

Kurzer Vorbericht.

So wie sich alle Schriften des berühmten Bischofs Chr. Flechier wegen ihrer besondern Vorzüge, nicht nur in Frankreich, ihrem Vaterlande, sondern auch außer demselben in Deutschland einen allgemeinen Beyfall und vieles Lob erworben haben; also verdienet allerdings auch die gegenwärtige Geschichte von dem Leben des Kaysers Theodos einige Aufmerksamkeit. Der Verfasser hatte dieselbe eigentlich nur vor den Dauphin verfertiget, dessen sorgfältige Erziehung so viele große Geister in Frankreich beschäfftiget hat. Flechier wollte diesem hoffnungsvollen Prinzen ein Beyspiel der Nachahmung vorstellen. Er wollte ihm einen Fürsten abschildern, dessen prächtige Tugenden und heroische Thaten in seiner noch zarten Seele die stärkste Ermunterung zu einer gleichen Nacheiferung vor das Beste des Staats und der Religion erwecken sollten. Er wollte dadurch gleichsam die ersten Züge zu jenem vollkommenen Bilde entwerfen, über welches sich einmal so viele Völker und Provinzen erfreuen

soll·

sollten, und eben dieses hat er in dieser Geschichte auch wirklich gethan. Er konnte fast dazu keinen würdigern Gegenstand als den Kayser Theodos wählen; denn das Leben dieses Fürsten enthält so viele herrliche und große Beyspiele, die allerdings von einem Prinzen nachgeahmt zu werden verdienen. Man mag ihn nun entweder nach seinen Tugenden, oder auch nach seinen Fehlern betrachten, so wird man sich beyde zu Nutzen machen können, jene, um ihm darinnen nachzufolgen, diese aber, um von ihm zu lernen, wie man sich klug und geschickt auch von seinen Fehlern bessern müsse. Sonst hat Flechier in der kurzen Vorrede von diesem seinem Werke noch folgende bescheidne Anmerkung gemacht: „Ich will lieber dem Leser „selbst das Vergnügen und die Freude lassen, die „Fehler, welche er in dieser Geschichte antreffen „wird, gütigst zu entschuldigen, als seinem Urtheil „durch ekelhafte Vertheidigungen dessen, was ich „selbst vor mangelhaft darinnen erkenne, „zuvorkommen.„

Das

Das
erste Buch.

A 4

Das erste Buch.

§. 1.

Die Majeſtät, das Anſehen, die Macht der römiſchen Monarchie, die alle ihre Vorzüge der Frömmigkeit und den ſieghaften Waffen ihres großen Conſtantins zu danken hatte, fieng nunmehro an abzunehmen, und der Glanz des größten Reiches wurde durch verſchiedene traurige Abwechſelungen der Regenten gänzlich verdunkelt. Nach dem Abſterben des erſten chriſtlichen Kayſers gelangten zwen ſeine Söhne zur Regierung, von denen der erſtere den Orient, und der andere den Occident beherrſchte; da ſie aber nicht die gldngenden Eigenſchaften ihres großen Vaters beſaßen, ſo waren ſie ſowohl ihren Unterthanen verwiger lebensowürdig, als ihren Feinden furchtbar, und es koſtete ihnen viel Mühe, um nur einen Theil von alle dem Beſchwerlichen zu ertragen, welches jener allein mit dem größten Ruhme ausgeſtanden. In dem neunten Jahre der Regierung dieſer Brüder wurde Theodoſius zu Iſhaca, einer kleinen Stadt in Spanien gebohren. Er ſtamte aus einem der edelſten Häuſer, und hatte den rühmlichen

Vor.

Vorzug, ein Abkömmling des besten Trajans zu seyn, nach welchem er sich zu bilden täglich bemühete, und sein größtes Vergnügen war. Sein Vater hieß Theodos, und seine Mutter Termantie; alle beyde waren mit allen den herrlichen Tugenden gezieret, die einem jeden nach seinem Geschlechte anständig waren. Man bemerkte bald seinen vortrefflichen Gemüthscharakter, den man um desto gewisser vorhersehen konnte, da er durch eigne Proben seines glücklichen Genies, und durch die sorgfältigste Auferziehung einem jeden die vortheilhaftesten Versprechungen von seiner Person ablockte. Sein Lehrmeister war Anatolius, einer der größten Gelehrten seiner Zeit, der bei ihm zuvolretenden Reichthümer mit gleichgültigen Blicken belohnte, und stets bemüht war, sich derjenigen Ehrenstellen würdiger zu machen, die er hernachmals wirklich mit so vielem Ruhm bekleidet.

§. 2.

Dieser Weltweise unterrichtete ihn in den Anfangsgründen der Wissenschaften, und da er vorhersehen konnte, daß er bald seines Lehrlings beraubt seyn würde, um ihn dem Kriege zuzuführen, so bemühete er sich um destomehr, seinen Verstand auszubilden, und brachte es in kurzer Zeit auch so weit mit ihm, daß er fähig war, von Verdiensten, ja selbst von gelehrten Arbeiten ein richtiges Urtheil zu fällen; Er suchte ihm überall die ehrbarsten und großmüthigsten Gesinnungen beyzubringen; er stellte ihm in den Geschichten die erhabensten Muster vor Augen, die er nachahmen sollte, und schilderte in ihm die erstern Züge der Frömmigkeit und der Ehre, welche hernach alle seine Handlungen ordneten. Kaum waren die Jahre der

Kind-

Kindheit erstrecken, so machte Theodos, nach Entschließung seines Vaters, der durch Tapferkeit und Klugheit zu dem größten Kriegswürden gelanget war, dem ersten Feldzuge, welcher wider die Barbaren vorgenommen wurde, mit ihm zugleich beywohnen.

§. 3.

Das Reich hatte inzwischen in kurzer Zeit seine Gestalt zu verschiedenen malen verändert. Constans war dembgleich von dem Tyrannen Magnentius umgebracht worden. Constantius, sein Bruder, starb in Cilicien, bestürzt über den unglücklichen Fortgang des Krieges, welchen er schlecht gegen die Perser geführet hatte. Julian, sein Nachfolger, der sich unbedachtsam war der Eroberung von Persien eingelassen, wurde daselbst in einem Treffen getödtet. Jovian, ein tapferer, tugendhafter und gottesfürchtiger Prinz, starb plötzlich auf seinem Bette, nach einer Regierung von acht Monaten.

§. 4.

Die Truppen, welche damals in Bithynien standen, näherten sich der Stadt Nicäa, und die Armee versammlete sich, einen neuen Kayser zu erwählen, ohne erst denjenigen Zeit zu lassen, welche durch ihre Parteyen auf die Krone Anspruch machten.

Valentinian wurde vorgeschlagen, und ob er gleich abwesend war, und man allerdings Ursache hatte, seine wilde und unbergsame Gemüthsart zu fürchten, so wurde er doch einmüthig erwählet. Er war aus Pannonien gebürtig. Gratian, sein Vater, hatte sich durch seine Tapferkeit weit über seine Geburt erhoben, und war von dem niedrig-

niedrigsten Stelle eines gemeinen Soldaten bis zu der hohen Staffel eines Generals der römischen Armee gestiegen. Man erzählet von ihm, daß er so stark gewesen sey, daß nicht fünf Personen im Stande gewesen, ihm einen Beutel, welchen er vest hielt, aus den Händen zu reißen, und hierdurch habe er sich den Kaysern am meisten bekannt gemacht. Allein, dem sey wie ihm wolle, so fiel er doch eben so geschwind, als er sich erhoben hatte; und selbst Constantius, der ihn mit Ehre und Reichthum überschüttet hatte, bereuete ihn wieder alles dessen; denn er war erzürnet auf ihn, daß er den Tyrannen Magnentius in sein Haus aufgenommen.

Da Theodosius das Glück seines Vaters zertheilt sah, so wurde er gezwungen, selbst an seinem eignen bestmöglichst zu arbeiten. Er gieng alle Stufen eines Kriegers durch, und erwarb sich die Aemter, welche er verwaltete, mit so vieler Herzhaftigkeit und Klugheit, daß alle Soldaten sein Glück ohne Neid ansahen, und gewohnet waren, von ihm zu sagen: er verdiente mehr, als man ihm gebe. Jovian hatte ihn zum Capitain der zweyten Compagnie seiner Garde gemacht, und zu Ancira, der Hauptstadt in Galatien gelassen, um dieselbe zu commandiren.

Man sandte Abgesandtschaften zu ihm ab, um ihm Nachricht von seiner Wahl zu geben. Er reiste sogleich ab, und kam den vier und zwanzigsten Februar bey der Armee an. Er wollte nicht den folgenden Tag darauf öffentlich erscheinen, weil dieses eben der Schalttag war, welchen ein alter Aberglaube für sehr gefährlich und unglücklich unter den Römern hielt. Nachdem sich den Tag darauf die Armee am frühen Morgen an versammlet

sammlet hatte, so erschien er im Lager, und wurde mit
vieler Pracht auf, den vor ihn verfertigten Thron geführet. Man gab ihm hierauf den Purpur und die Krone,
und alsdenn rief man ihn öffentlich mit dem gewöhnlichen Ausrufen zum Kayser aus. Als er eine Zeitlang
das Vergnügen, die Glückwünschungsgrüße der Soldaten zu hören, genossen hatte, so wollte er alsdenn eine
öffentliche Rede an die Armee halten. Allein, kaum
hatte er den Mund geöffnet, so erhub sich ein großes Geschrey unter dem Kriegsvolke. Es mochte nun dies
entweder aus einem geheimen Verständniß einiger aufrührischen Officiers, oder bloß aus einem Eigensinne der
Soldaten geschehen, so schrie man doch auf allen Seiten;
man möchte ihm einen Collegen erwählen. Es scheint,
als wenn man eine Reue über die geschehene Wahl bezeigt, oder man wollte nunmehro demjenigen Gesetze vorschreiben, welchen man zum Herrn erwählet hatte.

Nedemtianus hörte diesen Aufruhr mit der größten
Gelassenheit an, und da er mit ernsthaften und drohenden Blicken auf allen Seiten um sich hersah, so gab er
ein Zeichen mit der Hand, daß er nunmehro reden wollte.
Sobald er ein allgemeines Stillschweigen gemacht, so
wendete er sich gegen diejenigen, die ihn am meisten aufgebracht zu seyn schienen, und als er sie als unruhige und
pöbelische Köpfe angeredet hatte, so sagte er zu ihnen:
„Es stehet bey euch, Freunde, mir das Regiment zu ge-
„ben, aber nachdem ich es bekommen, so ist es meine
„Pflicht, zu urtheilen, was dem Staat nöthig ist, und
„eure Pflicht ist es, mir zu gehorchen." Er redete diese
Worte mit so vieler Lebhaftigkeit und Freymüthigkeit,
daß die ganze Versammlung ruhig und ihm gehorsam
blieb.

daß. Allein, nachdem er sich ein wenig beruhiget, so sagte er der ganzen Armee vor die ihm erzeigte Ehre Dank, und versicherte sie, daß er sich einen Collegen erwählen wollte, wenn es nöthig seyn würde; aber er wollte sich auch nicht in einer Sache von so großer Wichtigkeit übereilen. Er stieg hierauf von seinem Throne, der mit Adlern und Fahnen umgeben war, und trat mit einer ganz traurigen Miene mitten unter eine Menge von Officiers, welche sich um ihn her gestellt hatten, um ihm ihre Ehrerbietung zu bezeigen.

Einige Zeit darauf beschloß er, seinen Bruder Valens zum Mitregenten anzunehmen, weil er sich entweder nach Erforderung der Sache bequemen, oder den Truppen ein Genüge thun, oder seinen gemachten Entwurf geschwind ausführen wollte: er versammlete deswegen die Vornehmsten von der Armee, und fragte sie wegen der Wahl, die er vornehmen wollte, um Rath. Dagalaif, ein General der Reuterey, antwortete ihm freymüthig: „Wenn Sie bloß ihr Geschlecht lieben, gnädigster Herr, „so haben Sie ja einen Bruder, lieben Sie aber das „Reich, so erwählen Sie einen, welcher fähig ist mit Ih-„nen zu regieren.„ Der Kaiser wurde über diese Antwort erzürnt, aber er verbarg seinen Unwillen, und entschloß sich, dasjenige durch sein Ansehen auszuführen, welches die Soldaten kaum mit vieler Mühe durch ihre Höflichkeit und Bitte würden erlangt haben.

§. 5.

Er reiste also geschwind von Nicäa ab, und erschien den ersten März zu Nicomedien, wo er den Valens zum Großstallmeister und General der Armeen des Reichs machte.

machen: Er erhob ihn deswegen zu dieser Würde, damit er ihn nach und nach geschickt machen könnte, ohne noch größere zu erhalten. Allein, da er zu Constantinopel angekommen war, so bekümmerte er sich gar nicht mehr in gewisse Maaßregeln ein. Er führte seinen Bruder in eine Vorstadt, und ohne sich weder um die Einwilligung der Armee, noch um die Regeln der Wahl zu bekümmern, ließ er ihn öffentlich zum August ausrufen, ohne ihn vorher zum Cäsar erklärt zu haben, das doch sonst noch niemals geschehen war. Er setzte ihm die Krone auf, ließ ihn mit kayserlichem Pomp ankleiden, und um die Ceremonie zu endigen, fuhr er mit ihm auf einem Triumphwagen zurück. Valens hatte nicht eine einzige Eigenschaft, welche ihm die Hochachtung und Freundschaft des Volks zuwege bringen konnte. Denn außerdem, daß er eine schwarze Farbe, verwirrte Augen, und etwas bäurisches und ungeschliffenes an seiner ganzen Person hatte, war es ein unerträglicher Geist, der von einem unendlichen Hochmuthe und einer erstaunenden Unwissenheit erfüllt war. Seine Erwählung wurde aber bloß deswegen gebilliget, weil man sich nicht unterstund, sich darwider zu setzen. Valentinian selbst verbarg ihm nicht seine Fehler, und hielt ihn in einer so großen Unterwürfigkeit, daß man sagte, er habe ihn zu seinem Lieutenant, und nicht zu seinem Collegen gemacht.

§. 6.

Das Reich befand sich alsdenn in einem beklagenswürdigen Zustande: es schien, als wenn alle auswärtige Völker sich zusammen verschworen hätten, alle Provinzen ihrer Nachbarn auf einmal zu verheeren. Die Deutschen

schen verwüsteten Gallien. Die Sarmaten und Quaden waren in Pannonien eingedrungen. Die Picten
und die Sachsen störten die Ruhe in Britland. Die
Mauren durchstreiften Afrika. Die Gothen verwüsteten Thracien bis an die Gränzen von Constantinopel.
Der König von Persien erneuerte seine alten Anforderungen auf Armenien, und drohete den Frieden zu brechen, welchen er erst mit den Römern geschlossen hatte.
Es war zu befürchten, daß diese Verwüstungen unter
zwey Kaysern fortdauern möchten, von welchen der eine
nicht genug Sanftmuth hatte, um seine Völker zu gewinnen, der andre aber zu wenig Geschicklichkeit und
Entschließung, um den Endzweck bey seinen Feinden zu
erreichen.

§. 7.

Die Religionssachen waren eben so verwirret, als
diejenigen, welche den Staat betrafen. Die Regierung
des Constantius war eine Zeit von steter Verfolgung
wider die Kirche gewesen. Dieser Prinz hatte alle mögliche Mittel angewendet, um den Glauben der nicänischen Kirchenversammlung zu vernichten, und die Ketzerey des Arius wieder empor zu bringen. Julian war
nicht bloß damit zufrieden, die Kirche zu verfolgen, er
strengte auch alle seine Kräfte an, um sie gänzlich zu unterdrücken, und nachdem er die Religion der Christen
feyerlich abgeschworen, welche er beynahe zwanzig Jahre
durch, bekannt hatte, so fieng er an die falschen Götter
wieder zu erheben, und den heydnischen Aberglauben zu
vermauern. Als Jovian, sein Nachfolger, allen diesen
Unordnungen abhelfen wollte, so sagte er zu den Soldaten,

ten, welche ihn zum Kaiser erwählten: daß er nur das
Kaiserthum mit der Bedingung annehmen könnte, wenn
sie, wie er, Christen würden; worauf schrien alle einmüthig: „daß sie es schon wären, oder werden wollten.„
Er rufte in kurzer Zeit die verwiesenen Bischöfe zurück,
und erzeigte den Katholiken viele Gnade, da er im Gegentheil die andern verachtete, und sie dem ohngeachtet
doch dem Urtheile ihres eigenen Gewissens überließ, ohne
in das Innerste der verschiedenen Religionsparteyen ein-
zubringen.

Man glaubte, daß Valentinian seine Frömmigkeit
weiter ausbreiten würde, weil er so wohl von Natur sehr
hitzig war, und seine Absichten ohne einige Verweilen
ausführte, als auch, weil er bereits schon bey einer andern
Gelegenheit den Glauben an den Mittler Jesum Christum mit vielem Eifer bekannt hatte. Die Sache hatte
sich folgendermaßen zugetragen: Julian ging noch selber Aberglaubens einsmals in den Tempel der Glücks-
göttinn, um sein gewöhnliches Opfer darzubringen. Er
wurde von einer Menge Hofleuten begleitet, von denen
der größte Theil aus Eigennutz sich zu der Religion des
Fürsten bekannte. Valentinian folgte ihm auch nach in
dem Charakter eines Capetains seiner beiwohnen. Als
sie vor dem Eingange des Tempels angelangt waren, so
empfieng sie daselbst ein Opferdiener, und besprengte sie
zur Reinigung mit Wasser, welches den Götzen geheiliget
war. Der Kaiser, und alle die ihm folgten, nahmen
diese Ceremonie mit der größten Ehrfurcht an. Allein,
da Valentinian einige Tropfen von diesem Wasser auf
seiner linken Hand fühlet und gewahr ward, daß seine
Kleider damit besprengt waren, schlug er in Gegenwart

B   des

des Kaysers denjenigen heftig, welcher ihn damit besprengt hatte, er wischte seine Hand ab, und zerriß das Stück von seinem Rocke, welches damit besprenget war. Julian, erzürnt über diese ihm und seinen Göttern angethane Beschimpfung, verstieß ihn von seinem Hofe, und ließ ihn nach Meletina in Armenien verweisen. Valens, sein Bruder, der lieber die Kriegsdienste verlassen, und seinem eignen Glück absagen, als etwas unternehmen wollte, das wider die Religion wäre, folgte ihm ebenfalls dahin.

Das Andenken dieses so herzhaften Bekenntnisses machte vielen die Hoffnung, daß diese zween Brüder die Religion wieder beherzt empor bringen würden. Aber man hatte sich hierinn sehr geirret; denn Valentinian war darinn weit nachläßiger, als man sich eingebildet hatte, und beschützte die Katholiken, ohne die Arianer zu beunruhigen. Valens hingegen ergab sich dergestalt den Arianern, daß er so gar die Katholiken unterdrückte.

So war der Zustand des Reichs, als die zween Kayser sich darein theilten. Valentinian erwählte vor sich die Provinzen des Occidents, nebst ganz Illyrien, und überließ den Orient seinem Bruder. Sie kamen bey Naissa zusammen, wo sie die Armeen und die vornehmsten Officiers, die sie commandirten, theilten, und trennten sich endlich bey Sirmium, da sich denn der eine nach Mayland begab, und der andre nach Constantinopel zurückkehrte.

§. 8.

Valentinian sah alsbald den kläglichen Zustand derjenigen Provinzen, welche am meisten dem Anlauf der

frem-

fremden Völker ausgerüstet waren. Er gieng in Gallien, und schlug die Deutschen, welche mit einer großen Anzahl Truppen dahin gegangen waren. Nachdem er diese Landschaft also besorget hatte, so reiste er von Amiens ab, um nach Trevers zu gehen. Daselbst hoffte er die Früchte seines letzten Sieges in Ruhe zu genießen, da er eben die Nachricht erhielt, daß ganz England ein Raub seiner Feinde wäre; daß die Franken und Sachsen auf einer Seite von Gallien daselbst eingedrungen wären; daß die Picten und Schotten ihre Verwüstungen bis an das Innerste des Landes ausbreiteten; daß man den Statthalter getödtet, und den General der Armee gefangen hätte, und wenn man nicht bald daselbst Anstalten machte, das Reich eine der schönsten Provinzen verlieren würde.

§. 2.

Diese Nachricht setzte den Kaiser in Erstaunen, und verursachte ihm viele Unruhe. Er befahl dem Theodos, dem Vater derjenigen, dessen Geschichte wir schreiben, auf diese Insel mit den Truppen zu gehen, die von jener Seite angerückt waren, indem er ihn allein für fähig hielt, einer gänzlich verderbten und schlimmern Sache ein besser Ansehen zu geben. Theodos reiste eilfertig ab, und nahm seinen Sohn mit sich, um ihm die Kriegswissenschaften beyzubringen. Er versammlete zu Bologna die Armee, welche man ihm bestimmt hatte, und gieng mit einer solchen Zuversicht, die einen guten Ausgang versprach, zu Schiffe, er näherte sich London, und suchte die Feinde auf, um sie zu schlagen. Er machte verschiedene von ihren Partheyen, die er zerstreut auf dem Felde

antraf,

antraf, zu Schanden. Er nahm ihnen Leute, Vieh, und
den ganzen Rest von dem Raube, den sie mit sich schlep-
pen, ab, und ließ in allen umliegenden Oertern bekannt
machen: daß ein jeder bekommen sollte, dasjenige, was ihm
zugehöret, wieder zu empfangen, indem er nur einen ge-
ringen Theil von der Beute für die Soldaten zurück behielt, welche die größten Beschwerlichkeiten ausgestanden
hatten. Seine vornehmste Sorge war stets, dem Volke
zu helfen, und die ersten Unterweisungen, die er seinem
Sohne gab, waren Vorschrifte der Menschlichkeit und Gerechtigkeit, nothwendige aber den Soldaten beynahe gänzlich unbekannte Tugenden. Nach diesem ersten Erfolge
gieng er nach London, und setzte diese Stadt wieder in
ruhigen Stand, die ihn bereits schon für ihren Erretter
erkannte.

Da er beständig mit den Feinden was zu thun hatte,
die sich hie und da vertheilten, und sich gleich wieder vereinigten, um ihn zu überfallen, so faßte er den Entschluß,
sie anzugreifen, und durch kleine Treffen zu schwächen, bis
er sie zu keinem Hauptreffen bringen konnte. Er gieng
also zu Felde, bemächtigte sich der vortheilhaftesten Posten, theilte seine Armee in verschiedne Corps, überfiel
beständig die zerstreuten Haufen dieser fremden Völker,
welche ihre eigne und besondre Vortheile suchten, und
mehr Lechumen waren, um zu rauben, als zu kriegen, er
machte sie gänzlich zu Schanden, und stellte die Sicherheit in Städten und auf dem Lande wieder her. Bey
allen diesen Begebenheiten ließ er eben so viel Dapferig-
keit als Klugheit sehen, und man sagte von ihm, daß er
niemals seinen Soldaten etwas befehle, wovon er ihnen
nicht selbst ein Beyspiel geben sollte.

§. 10.

§. 10.

Theodor zeigte sich als einen würdigen Sohn dieses großen Feldherrn, und legte bey dieser ersten Gelegenheit en Proben von dem ab, was er einst werden sollte. Marinus, ein gebohrner Engländer, der sich rühmte ein Abkömmling des großen Constantins zu seyn, diente eben zu der Zeit bey dieser Armee. Die zwo jungen Personen, welche einsmals um das größte Reich unter einander streiten sollten, machten sich mit einander bekannt, und bemühten sich um die Wette, so lange als dieser Feldzug dauerte, Vorzüge vor einander zu gewinnen. Sie waren beynahe von einem Alter, sie hatten gleichen Verstand, Herzhaftigkeit, und eine große Neigung, sich durch die Waffen hervorzuthun, aber in Sitten waren sie beyde sehr verschieden. Theodor war frey, ehrbar und großmüthig: Marinus war listig, stolz und eifersüchtig auf Beherrschung und Ansehen eines andern. Der erstere war leefer durch Tugend, der andere war es durch Kühnheit. Der eine bewarb sich bloß um die Ehre, dem Kayser zu dienen, der andere hätte vielleicht gar verlangt sich auf ihren Thron zu erheben.

§. 11.

Kaum war dieser Krieg zu Ende, als man eine Zusammenverschwörung entdeckte, welche nicht weniger gefährlich war. Man ließ die Urheber davon gefangen nehmen, welche alsdenn zum Tode verurtheilt wurden. Aber man hielt nicht für rathsam, sie erst auf die Folter zu bringen, entweder, daß es nicht allzu viele Mitverschworne der zu bestrafen geben, oder daß ihre Verzweiflung nicht tiefe Unruhen von neuem erregen möchte, welche kaum

B 3   waren

waren geſtillet worden. Hierauf gieng Theodos zurück
an den Hof des Valentinian, und folgte ihm ſeinen Sohn,
welcher der Augenzeuge ſeiner Beſchäftigungen geweſen
war. Da geſchah es, daß dieſer Herr ſchon als ein
Jüngling ſich mit dem Prinzen Gratian bekannt machte,
der bereits in ſeiner Jugend die größte Neigung zur Tugend und zu Verdienſten hatte.

§. 12.

Die Freude, welche man über den glücklichen Fortgang der Sachen in England bezeigte, wurde gar bald
durch die Nachricht von der Empörung des einen Theils
von Afrika geſtöret. Firmus, einer der Vornehmſten
des Landes, war der Anſtifter dieſer Empörung. Man
beſchuldigte ihn, daß er einen von ſeinen Brüdern hätte
umbringen laſſen. Der römiſche Gouverneur der Provinz hätte ſich unterſtanden ihn zu retten, er erhielte ſich
aber noch durch ſeine Freunde und ſein eignes Anſehen.
Sie ſchrieben an den Hof, der eine, ſeine Anklagen und
Beſchuldigungen, der andre, ſeine Rechtfertigungen.
Valentinian war von einem unbeweglichen Gemüthscharakter, aber es gab dennoch gewiſſe bequeme Stunden,
wo er ſich leicht überreden ließ. In den größten Be-
drängungen ſorgte er, ſeine Provinzen zu beſchützen, aber
er war nicht wachſam genug auf diejenigen, welche ſie be-
herrſchten: und ob er zwar nach ſeinem Temperamente
unerbittlich gegen die geringſten Vergehungen war, ſo
wollte er doch ſelbſt nicht die Klagen, welche man ihm
wegen der Officiers vertrug, anhören; entweder weil er
glaubte, ſein eignes Anſehen zu verletzen, wenn er ihnen
das ihrige wegen des Mißbrauchs deſſelben minderte, oder
weil

weil man nach seiner Gewohnheit mit dem Volke auf das strengste verfahren müßte.

§. 13.

Die Gelegenheit zu dem Aufruhr des Firmus war folgendermaßen: Er erfuhr, daß man seine Briefe an den Hof aufgefangen hätte, daß man derjenigen, welche von seinem Feinde kamen, gebilliget, daß der Minister bestochen und der Fürst überredet worden wäre. Da er nunmehro bald sein unglückliches Schicksal sah, so nahm er seine Zuflucht zu den Waffen. Er machte das Volk aufrührisch, das ohnedem schon über die Gewaltthätigkeiten ihres Statthalters erzürnt war, nahm die Krone, und ließ sich zum Könige ausrufen. Er gieng alsbald zu Felde, verheerte alles, was sich ihm widersetzte, überfiel unerwartet der Stadt Cäsarea, welche er seinen Truppen überließ, um alles zu verheeren und umzubringen; er verstärkte seine Armee durch eine große Anzahl von Mohren, welche sich haufenweise zu seiner Partey begaben. Theodor erhielt den Befehl, unverzüglich mit seinem Sohne abzureisen, und diesen Rebellen Widerstand zu thun. Er gieng mit seinen Truppen, die man ihm anvertraut hatte, zu Schiffe, und landete an der Küste von Afrika. Nachdem er sich daselbst mit dem Gouverneur der Provinz unterredet hatte, und von der ganzen Beschaffenheit der Sache unterrichtet war, so schickte er ihn nach einigen gethanen Vorwürfen über die von ihm erregten Unruhen zurück, um Anstalten zur Sicherheit der Festungen zu machen, und die Besatzungen zu besetzen. Unterdessen näherte er sich der Stadt Sariß, allwo er dem Firmus befehlen ließ, daß er nunmehro Zeit hätte, die Waf-

fen

ſen niederzulegen, und ſich in ſeine vorige Pflicht zu bes
geben, und daß er entweder den Krieg oder den Frieden
erwählen ſollte.   Da er ſeine Entſchlüßung alſo erwartete, dachte er auf Mittel, ſeine Truppen zu ſchonen, welche
nicht das Hefte dieſes Clima gewohnt waren, und dem
Tyrannen näher zu kommen, welcher weniger durch ſeine
Kunſtgriffe als durch ſeine Stärke zu befürchten war.

§. 14.

Firmus wurde zweifelhaft, welches er erwählen ſollte.
Kurze Zeit darauf ſchickte er Abgeſandten zu dem Theodos, um ihm vorzuſtellen, daß er die Waffen aus Noth,
und nicht aus Hochmuth ergriffen; daß er nichts mit
dem Reiche, ſondern mit einem beſondern Feinde zu thun
hätte, welcher das Anſehen des Kayſers mißbrauchte;
daß er niemals die Abſicht gehabt ſich zu empören, ſondern ſich bloß zu vertheidigen; daß man ihm Gerechtigkeit
erzeigen, oder ihm zum wenigſten das Leben erhalten
ſollte, und daß er hingegen ſeine rachſüchtige Geſinnungen fahren, und ſeine Armee von einander gehen laſſen
wollte.   Theodos verſprach, ihm alles zu verzeihen, wenn
er ſein Unrecht erkennete und wiederkäme; er befahl ihm,
deswegen Geiſeln zu ſchicken.   Unterdeſſen beſichtigte er
die Käſte, ließ ſeine Regimenter verſammlen, verſtärkte
ſie noch durch einige Landtruppen, und befahl allen Officiers, genaue Mannszucht zu halten, indem er ſagte:
„daß die römiſchen Soldaten bloß auf Unkoſten ihrer
„Feinde leben ſollten, und daß ſie nichts beſſer wären als
„Rebellen, wenn ſie ihre Einwohner beunruhigten. „
Dieſes brachte ihm die Gunſt des Volks zuwege.   Firmus war von einem Geſchlechte, das zahlreich, und durch

die Länderreyen, die es im Besitz hatte, und durch Bündnisse mit den Vornehmsten unter den Mohren mächtig
war.   Maccryl und Mazuca, seine Brüder, führten
gar beträchtliche Corps von der Armee, und Cyria, seine
Schwester, ein Frauenzimmer von vieler Herzhaftigkeit,
kam ihm mit Volk und Geld zu Hülfe, und machte
durch ihre heimliche Anschläge ganz Mohrenland aufrührisch.

§. 15.

Da Theodos vorhersehen konnte, daß es schwer seyn
würde, einer so großen Macht zu widerstehen, wenn er
ihnen Zeit ließe, sich zu verschanzen, so rückte er gegen den
Maccryl, und bot ihm eine Schlacht an.   Die Mohren
nahmen sie an, und hielten den ersten Angriff der Legionen tapfer aus; aber endlich wurden sie geschlagen; die
Vortruppen wurden gänzlich niedergemacht, und die
übrigen retteten sich durch die Flucht.   Theodos behauptete das Feld, und nahm einige wichtige Festungen zu
seiner Sicherheit ein, wo er viele Lebensmittel anschaffen
ließ; und als er weiter in das Land eindrung, so bekam
er die Nachricht, daß Maccryl mit den Mohren, welche
er wieder gesammlet hatte, und mit neuen Truppen, die
er erhalten, wieder käme.   Er holte ihn in kurzer Zeit
ein, schlug ihn, brachte seine ganze Armee in Unordnung,
und trieb ihn so sehr in die Enge, daß er ihm kaum Zeit
ließ, sich selber zu retten.

§. 16.

Die Rebellen waren über den Verlust dieser zwo
Schlachten bestürzt; und da Firmus nicht wußte, zu

B 5   waren

wenn er ſich wenden ſollte, nahm er endlich ſeine Zuflucht zu einigen Biſchöfen, welche er bat, daß ſie zu dem Theodos gehen, und ihm die Vergeſſung ſeiner Empörung mit einer von ihm gethanen Bedingung zuwege bringen ſollten. Dieſe Abgeſandten wurden mit allen Ehrenbezeigungen empfangen; und auf die gütige Antwort, welche ſie zurückbrachten, reiſte Firmus ſelbſt mit einem kleinen Gefolge ab, und ſtellte ſich vor das Feldlager des Theodos, wo ihn dieſer General außer ſeinem Zelte antwortete. Die Legionen ſtunden im Gewehre mit ihren fliegenden Fahnen, und jeder Soldat hatte bey dem erſten Ruf von der Ankunft des Heerführers der Rebellen ſeinen Muth verdoppelt.

Firmus ſtieg ſogleich, als er den Theodos ſah, vom Pferde, und als er ſich ihm mit tiefſter Ehrerbietung näherte, ſo that er ihm einen Fußfall, und bat ihn thränend wegen ſeines Verbrechens um Vergebung, indem er bald ſeine Verwegenheit, bald ſein Unglück mit allen Zeichen einer wahren Reue anklagte. Theodos nahm dieſe Demüthigung ganz gleichgültig an, und nach einer langen Unterredung, welche ſie zuſammen hatten, wurde der Vergleich geſchloſſen. Die Bedingungen waren folgende: Firmus ſollte Lebensmittel vor die Armee herbey ſchaffen; er ſollte einige den ſeinen Unterverwandten zu Geiſeln laſſen; er ſollte allen Kriegsgefangenen, welche er vor den Unruhen gemacht hätte, ihre Freyheit ſchenken; er ſollte in die Stadt Jkoſium die römiſchen Kriegszeichen, und alles was er den Unterthanen des Reichs genommen, zurück ſchicken, er ſollte endlich nach dieſem ſeine Truppen abdanken, und ſich bey dem Kayſer wieder in Gunſt ſetzen.

§. 17.

Firmus gieng sehr vergnügt zurück, und erfüllte in weniger als zween Tagen den größten Theil seiner Versprechung. Da Theodos so gute Anstalten zum Frieden sah, so gieng er aus den Gegenden von Cäsarien, um die Mauern dieser Stadt, welche seit dem Anfange des Krieges abgebrannt war, zu verbessern. Er erhielt auf dem Wege eine Gesandschaft von Mazikern, einem afrikanischen Volke, welche sich zu unrechter Zeit mit den Rebellen vereiniget hatten, und um Verzeihung ihrer Verrätherey baten; allein, er gab ihnen keine andre Antwort, als: daß er zwar seinen Feinden vergeben, aber keine Verräther dulden könnte; und schickte sie also zurück, indem er ihnen drohete, daß er bald zu ihnen kommen würde, sie zu züchtigen. Er war kaum von Cäsarea abgegangen, als er die erste und zwote Legion zurückgelassen, daß sie an den Festungswerken dieses Orts arbeiten sollten, als man ihn berichtete, daß Firmus bloß seine Untreue unter dem Scheine des Friedens und der Demüthigung verborgen hätte, daß er durch Versprechungen und Geld selbst die Truppen des Reichs verführte, daß sich bereits eine Escadron Trabanten zu seiner Partey geschlagen hätte, und daß ein Oberster so unverschämt gewesen wäre, sein Halsband in Gestalt einer Krone auf das Haupt dieses Rebellen zu setzen.

§. 18.

Theodos entschloß sich, die strenge Kriegszucht wider diese Verräther auszuüben. Er gieng mit einer unglaublichen Geschwindigkeit auf Lagadost zu, wo er einen Theil der rebellischen Trabanten gefangen nahm, welche

welche er der Rache der Soldaten überließ, damit sie selbst das Blut zu fürchten lernten, welches er sie wider gegen die Schuldigen ausüben lassen. Man tödtete zuerst den Obristen, nachdem man ihm zuvor die Hände abgehauen: die andern Officiers wurden enthauptet, und die übrigen wurden nach Verdienst gestraft. Dieser erzürnte General belagerte kurze Zeit darauf eine Festung, worein sich die unruhigsten Mohren begeben hatten. Er nahm sie mit Sturm ein, ließ die ganze Besatzung die Schärfe des Schwerdts empfinden, und schleifte die Mauren bis auf den Grund. Er kehrte geschwind bey Tage um, wo sich die Mauren versammelt hatten, und nachdem er sie verschiedenemal geschlagen und überwunden, so schenkte er ihnen endlich die gänzliche Verzeihung, die er ihnen vorher abgeschlagen hatte.

§. 19.

Da aber das Kriegsfeuer weiter, als man sich einbildete, in das feindliche Land eingedrungen war, so brachte die Schwester des Firmus, Cura, auf einmal die ganze Provinz zum Aufruhr. Das ganze Volk zog zu Felde, als wenn das Zeichen zum Kriege wäre gegeben worden, und stellte sich den Römern entgegen. Theodos, der nur wenig Fußvolk nebst einem Corps von dreytausend und fünfhundert Mann zu Pferde hatte, und doch unzählbare Menge von Feinden vor sich sah, war eine Zeitlang zweifelhaft, ob er ein Treffen wagen, oder sich zurückziehen sollte. Die Schaam, seinen Feinden zu weichen, die er so oft überwunden hatte, und die Furcht, das Ansehen der römischen Waffen zu schwächen, zwangen ihn gleichsam zu einem Treffen. Allein, nachdem

dem er die Sachen genau überlegt, so urtheilte er, daß es besser wäre, einen Sieg zu ermangeln, als die Frucht von so vielen andern, die er erhalten, zu verlieren. Er zog sich zurück, und nahm aus Furcht eines Ueberfalls seinen Weg durch die verschlungensten Stellungen, aber die Feinde verfolgten ihn beständig, schnitten ihm alle Wege ab, und brachten ihn endlich dahin, sich einem ungleichen Treffen auszusetzen, um sich zu retten.

§. 20.

Das Glück befreyete ihn aus dieser Gefahr, denn die Massiler, welche erst waren geschlagen worden, hatten sich verpflichtet, ihm Truppen herbey zu schaffen, und schickten sie ihm auch. Einige römische Escadrons zogen vor ihnen her, um sie dem Theodos zuzuführen, ohne daß sie etwas von dem Zustande, in welchem er sich damals befand, wußten. Verschiedene Spions der Mohren wurden diese Hülfsvölker von weiten gewahr, und kamen in vollem Laufe, Lärmen in ihrem Lager zu machen, als wenn ganze Armeen herbey kommen wären, um deren General zu bestreyen. Diejenigen, welche die Pässe bewachten, verließen sie, und Theodos machte sich dieß gleich zu Nutze, gewann die engen Wege, und gieng, sein Lager bey der Stadt Tazer aufzuschlagen, wo er seine Armee zu Anfange des Monats Februar einschloß; daselbst beobachtete er die Feinde, und bemühete sich, sie durch verschiedene geheime Unterhandlungen unnütz zu machen, bis er sie durch Gewalt bezwingen könnte.

§. 21.

Unterdessen schickte er seinen Sohn zu dem Kayser Valentinian ab, um ihm Bericht von der Beschaffenheit

der

der Unruhen in Afrika abzustatten, und ihn von neue
Truppen zu bitten, damit er die Partey der Rebellen gänzlich zernichten könne. Der junge Theodos wurde an
dem Hofe mit aller Hochachtung aufgenommen, wie es
die Dienste seines Vaters und seine eigene erforderten.
Gratian bezeigte vieles Vergnügen, ihn wiederzusehen,
und von der Zeit an hatte er eine besondere Hochachtung
vor ihn, welche hernachmals allen bekannt wurde.

Er war ein Prinz, welcher kaum in das dreyzehnte
Jahr seines Alters gieng, der schon viele Erkenntniß
hatte, und es schon in den schönen Wissenschaften unter Anführung seines Hofmeisters, Ausonius, eines der schönsten
Geister seiner Zeit, weit gebracht. Er gewann die Gunst
des Volks durch sein von Natur sanftmüthiges und lieb-
reiches Bezeigen, und man faßte von der Zeit an die
Meynung von ihm, daß er die guten Eigenschaften seines Vaters an sich haben würde, ohne dessen Fehler zu
besitzen. Er war vor kurzem bey einer sehr dringenden
Begebenheit zum August ernannt worden.

§. 22.

Valentinian fiel in eine Krankheit, bey welcher man
sich keine Hoffnung zu seiner Genesung machte. Ein
jeder verordnete ihm nach seiner Gesinnung einen Nachfolger, gleich als wenn das Reich schon erlediget gewesen
wäre. Die gallischen Officiers, die bey der Armee in
Nassen stunden, hatten ihr Augenmerk auf Julian, den
ersten Staatssecretär, einen grausamen und unsinnigen
Menschen gerichtet. Andre machten ihre Partey für
den Severus, den Obersten des Fußvolks, welcher nicht
viel

viel bescheidner als Julian war. Da aber der Kaiser
wider alles Vermuthen genesen, so sah er die Gefahr
ein, in der er gewesen, und beschloß nun alle diese Anschläge zu vernichten, seinen Sohn zum Mitgehülfen des
Reichs anzunehmen. Er erforschte die Gemüther der
Soldaten, und da er von ihren Absichten versichert war,
so ließ er die Armee in einem flachen Felde versammlen,
wohin er sich auch mit seinem ganzen Hofe begab. Er
stieg auf seinen Thron, und führte seinen Sohn, den er
ausdrücklich hatte kommen laßen, bey der Hand; und
nachdem er ihn den Truppen gezeigt hatte, so bat er sie,
seinen Entschluß zu billigen, den er gefaßt hatte, das
Reich mit ihm zu theilen.

Er stellte ihnen vor, daß er sich bloß in so fern seiner
Rechte bedienen wollte, wenn es die Armee vor billig
hielte, und daß er beständig mehr Absicht auf den Nutzen
des Reichs, als auf die Vortheile seines Hauses haben
wollte; daß er ihnen seinen Sohn darstellte, der unter
ihnen erzogen und bestimmt wäre, mit ihnen zur Vertheidigung des Reichs Krieg zu führen; daß es wirklich
nur noch ein Kind wäre, das noch weder Stärke noch Erfahrung hätte, aber welches von sehr guter Art zu seyn
schiene, daß man glauben könnte, daß er ihnen nicht
Schande machen würde; daß er sich schon mit den Wissenschaften und mit allen Arten von edlen Uebungen beschäftigte, damit er ihnen gefallen könnte, und Verdienste rechtschaffner Leute zu belohnen wüßte; daß er
ihn bald in den Stand setzen würde, mit ihnen unter den
Fahnen des Reichs zu gehen, ohne die Unbequemlichkeit
der Jahrszeiten, noch auch die Beschwerlichkeiten des
Kriegs zu scheuen; daß er ihn vor allen Dingen an-

rathen

rathen würde, auf das gemeine Beste, wie auf sein eignes
zu sehen, und den Staat wie sein Geschlecht zu lieben.

Bey diesen Worten fielen die Soldaten, die voll der
Freuden waren, ihm in die Rede, und riefen um die
Wette unter einander den Grazen unter dem Geräusche
der Waffen und unter Trompetenschall zum August aus.
Der Kayser, der durch diesen Zuruf ermuntert war, ließ
seinen Sohn die kayserliche Kleidung angehen, darnach
küßte er ihn, und mit einer Ernsthaftigkeit, die von Zärtlichkeit und Freude vermischt war, redete er ihn also an:
„Wohlan! mein Sohn, siehe, du bist anitzt mit dem kay-
„serlichen Purpur bekleidet.   Ich habe dir diese Gnade
„erzeigen wollen, und unsre Freunde, die du hier gegen-
„wärtig siehest, haben darein gewilliget. Mache dich fähig,
„deinen Vater, und deinen Vetter, dessen College du num-
„mehr bist, zu unterstützen: mache dich bereit, unter den
„Waffen, wie ein gemeiner Soldat zu bleiben, und herzhaft
„über die gefrorne Donau und den Rhein an der Spitze
„des Zugvolks zu gehen: gieb, wenn es nöthig ist, dein
„Blut und dein Leben vor die Völker hin, die du beherr-
„schen wirst, glaube, daß nichts von dir entfernet sey, von
„allem, was das Wohl oder die Ehre des Reichs betrifft.
„Dies sind die vornehmsten Unterweisungen, die ich dir
„vorizt geben kann.   Die größte Beschäftigung meiner
„Regierung wird in Zukunft diese seyn, dich regieren zu
„lehren.„   Hierauf wendete er sich zu den Truppen, und
redete sie also an: „Was euch anbelanget, so behauptet
„die Ehre des Vaterlandes durch eure Waffen, fahret
„fort, uns in unserm Kriege Hülfe zu leisten, und beha-
„tet vor diesem jungen Kayser, welchen ich eurer Sorge
„und eurer Wacht empfehle, eine unverletzte Treue.„

Herr-

Hierauf erhub sich noch einmal ein großes Geschrey. Euprarus, der Staatsredner, rief aus, daß Valentinian und sein Sohn noch mehr verdienten. Die ganze Armee erneuerte ihren feyerlichen Zuruf, und entweder drang sich, dieses Kind als August nahe zu sehen, dessen Augen lebhaft und feurig, seine Gesichtszüge angenehm, und seine Mienen leutselig und edel waren, und eine besondere sittsame Hoheit, die von keinem Stolz begleitet wurde, brachte ihm die Gunst und Bewunderung aller derjenigen, die ihn sahen, zuwege. Dieser Prinz war von der Zeit an der Lust der Völker, und seine Tugenden wuchsen mit dem Alter.

§. 23.

Valentinian stand im Begriff, in Deutschland mit einer mächtigen Armee einzudringen, um diese wilde und unruhige Nation zu bezwingen, welche beständig die Gränzen des Reichs beunruhigte. Er nahm seinen Sohn mit sich, und führte ihn über den Rhein in das feindliche Land, damit er bey Zeiten die Beschwerlichkeiten, ja selbst die Gefahren des Krieges gewohnen sollte. Dieser Feldzug war wichtig, der Kaiser hatte ihn selbst unternommen, und war dahin abgegangen, in eigner Person zu commandiren. Er erwählte sogar seine besten Truppen und die ansehnlichsten Officiers im Reiche. Er befahl dem jungen Theodor, ihm zu folgen, und bemerkte so viel Muth und Klugheit in den verschiedenen Begebenheiten dieses Krieges an ihm, daß er ihn für fähig hielt, die Armee als oberster General zu commandiren, und entschloß sich, ihn gut zu gebrauchen. Der geschwinde Einfall der Quaden verschaffte ihm dazu bald

Gelegenheit, zu großem Vergnügen des Gratian, der bereits schon vielen Antheil an dem Glücke des Theodos nahm.

Der Kayser Valentinian, welcher die Ehre liebte, und sich stets mit dem Gedanken beschäftigte, etwas Großes auszuführen, welches ihm Ehre machte, und dem Publico nützlich wäre, unterfieng sich, einen Damm von der Urquelle des Rheins bis zu seinem Ausflusse in das Meere aufzuwerfen. Er machte selbst den Plan zu den Schanzen, welche er auf beyden Seiten des Flusses wollte verfertigen lassen, nach der Lage der Plätze, und da er erfahren, daß das Wasser eine Vestung, die er am Neckar erbauen lassen, unvermerkt zerstört hatte, so wendete er den Lauf des Flusses durch einen Canal ab, welchen er mit vieler Mühe und Unkosten hatte leiten lassen. Er wollte die Ufer der Donau, wie die am Rhein bevestigen, damit er den fremden Völkern gleichsam einen Riegel vorschöbe, um ihnen den Eingang ins Reich unmöglich zu machen. Er gab dem Equitius Befehl, der in Illyrien commandirte, bis in das Land der Quaden einzudringen, und daselbst eine Citadelle bauen zu lassen, wo er eine beträchtliche Besatzung halten könnte.

§. 24.

Die Quaden lebten damals ruhig unter ihrem Könige in Mähren, und da sie nicht die geringste Absicht hatten, das Land ihrer Nachbarn unrechtmäßig an sich zu ziehen, so glaubten sie auch nicht nöthig zu haben, ihr eigenes zu bewachen. Es war sonst ein mächtiges und streitbares Volk gewesen; aber es hatte seine erste Stärke verlohren, und war seit einiger Zeit durch Müßiggang gleich-

gleichsam verzehret worden. Da sich Equitius in den
Stand gesetzt hatte, die Befehle des Kaysers auszuführen, so stellten ihm die Quaden das Unrecht, welches
man ihnen thäte, leutselig vor, und schickten Gesandten
an den Hof, um sich darüber zu beklagen. Equitius
wartete auf die Antwort, welche man den Gesandten geben würde, hob seine Beschäftigungen auf, aus Furcht,
Unruhen zu erregen; allein, Maximin, ein grausamer
und aufrührischer Mensch, beschuldigte ihn einer Faulheit
und Nachlässigkeit, und nahm diese Ausführung über sich.
Er näherte sich alsbald, und ließ Schanzen machen,
welche man bereits angefangen hatte, ohne die fremden
Völker um ihre Einwilligung zu bitten, welche sie ihnen
ohne Zweifel erlaubet hätten, viel eher, als sich den Krieg
zuzuziehen. Gabinius, ihr König, gieng zu ihm, und
stellte ihm mit Bescheidenheit vor, daß es ein gewaltthätiger Angriff wäre, den man ihnen ohne Ursache anthäte;
daß es billig wäre, friedfertige Völker in Ruhe leben zu
lassen, welche nicht andere Völker darinnen störten; daß sie
nicht mehr die Ehrbegierde zu erobern hätten, sondern daß
bloß dieses Verlangen bey ihnen noch herrschte, Herren
in ihrem Lande zu seyn; daß sie die Hohen und den
Ruhen, die Welt zu bezwingen, denjenigen überließen,
welche sich darum zanken wollten; daß sie sich im Gegentheil glücklich genug schätzten, wenn sie frey wären;
daß sie endlich um keine Gnade bäten, sondern daß sie
demüthig begehrten, daß man ihnen kein Unrecht thun
sollte.

Maximin stellte sich, als wenn er durch die Vorstellungen dieses Fürsten wäre gerühret worden; und zum
Zeichen der Freundschaft lud er ihn mit einigen von seinen

ner Salve zu einem großen Gastmahl, wobey er ihn als
denn grausam ermorden ließ. Diese Völker, nachdem
sie eine Zeitlang den Tod ihres Königs beweint hatten,
ergriffen die Waffen, um ihn zu rächen. Die Verzweiflung machte sie muthig, und da sich die Sarmaten mit
ihnen vereinigt hatten, so giengen sie zusammen über die
Donau, und breiteten sich allenthalben aus, verbrannten
die Dörfer, und raubten alles, was sie unterwegens antrafen. Die Prinzeßinn Constantia, eine Tochter des
Kaysers Constantius, welche dem Gratian versprochen
worden, kam damals von dem Hofe des Orients an dem
Hofe in Occidente an, und ruhete ein wenig auf einem
Landgute aus. Ihr Gefolge wurde geplündert, einige
von ihren Leuten wurden gefangen; sie selbst wäre in die
Hände dieser Völker gefallen, wenn nicht Messala, der
sie zu empfangen geschickt worden, geschwind in einen
Wagen gebracht, und in der größten Eil nach Sirmium
geführt hätte. Probus, ein General der Leibwache, ein
furchtsamer und zum Kriege ungeschickter Mensch, war
in der Stadt, und ließ seine Pferde bereit machen, um
in der Nacht zu entfliehen. Man bemühete sich, ihn
zu überreden, daß die Gefahr nicht so groß wäre, als er
dächte, daß er durch seine Flucht den Einwohnern den
Muth benehmen würde, und daß er von allen Zufällen
Rechenschaft geben sollte, die der Prinzeßinn begegnen
könnten. Endlich erholte er sich ein wenig von seiner
Furcht, und befahl, daß man geschwind die Vestungswerke
ausbessern sollte, und ließ einige Compagnien Trabant-
ten von den benachbarten Besatzungen kommen, um die
Vestung im Fall einer Belagerung zu vertheidigen.

Die

Die Feinde begnügten sich, das feste Land zu behalten. Man schickte zwo der besten Legionen des Reichs
wider sie, welche sie ohne Zweifel würden geschlagen haben; aber sie wurden über die Forderungen und Zänkereyen über den Vorzug uneins; und nachdem sie die
Sarmaten besonders in ihre Quartiere getrieben hatten,
so blieben sie einem nach dem andern in Gölchen. Der
junge Theodos wurde geschickt, um dem Laufe dieser Unordnungen Einhalt zu thun, und damit er mit mehrerem
Ansehen verfahren könnte, machte man ihn zum Gouverneur von Mösien, und überließ ihm das Commando
über die Truppen dieser Provinz.

§. 25.

Er gieng so gleich ab, und nachdem er sich um die
Beschaffenheit der Sachen erkundiget, so versammlete er
ein beträchtliches Corps von der Armee. Seine erste
Beschäftigung war, bey den Truppen wieder eine genaue Kriegszucht einzuführen, und von dem ganzen Lande
den Rest der umherschweifenden Feinde zu vertreiben,
welche es ungestraft plünderten. Er ließ verschiedene
davon hinrichten, und begnügte sich damit, die andern
aus den Gränzen des Reichs gejagt zu haben. Da er
herauf wieder vernahm, daß die Sarmaten sich an der
Gränze sehen ließen, und daß ihre Armee durch eine
Menge Völker, die sich mit ihnen vereiniget hatten, angewachsen wäre, so entschloß er sich nicht allein, ihnen den
Weg zu brechnen, sondern sie auch sogar zu einem Treffen zu nöthigen. Die Feinde, welche sich auf ihre große
Anzahl verließen, theilten sich in verschiedne Corps, um
in verschiedne Oerter Einfälle zu wagen; aber Theodos

C 3   schlug

schlug sie in jedem Treffen, und nachdem er sie gezwungen hatte, sich wieder zu vereinigen, so fiel er sie in ihrem
Lager an. Sie thaten zwar zuerst einigen Widerstand,
er bezwang sie aber, und machte eine so große Niederlage,
daß sie ihm um Friede bieten mußten, und zwar mit solchen Bedingungen, wie er es haben wollte, und unterstunden sich nicht, diesen Frieden, so lange als er in dieser
Provinz blieb, zu brechen.

§. 26.

Indem daß der Sohn Theodos dem Reiche in Mö-
sien so vortheilhaft diente, so war der Vater beschäftiget,
die rebellischen Mohren in Africa zu bezwingen. Er
hatte deren schon eine große Anzahl von der Partey des
Firmus abgezogen, einige durch Drohungen, andre durch
Geld und Versprechungen. Da Firmus, welcher einige
Veränderungen bemerkte, eines Theils fürchtete, verlassen
zu werden, und dazu noch verdrüßlich ward, so viele
Truppen auf seine Unkosten zu unterhalten, gieng er bey
der Nacht aus seinem Lager, und suchte sich auf den Gebirgen zu retten. Sobald als Theodos Nachricht bekam,
daß diese Armee sich ohne Anführer zertheilte, und sich in
Unordnung zurückzöge, so gieng er wieder von neuem zu
Felde, er schlug deren eine Partey, und zwang die übrigen, die Waffen niederzulegen. Also ward diese Menge
von Feinden zerstreuet, er besetzte die Festungen mit Gouverneurs, die wegen ihrer Treue bekannt waren, und verfolgte den Firmus auf den Gebirgen.

§. 27.

Allein, kaum war er daselbst eingedrungen, so hörte
er, daß der Anführer der Rebellen zu den Isaflern geflohen

stehen war, welche ihn ihre Schutzes versichert hatten.
Theodos kehrte von da wieder um, nachdem er seine
Truppen ein wenig ausruhen lassen, und ließ diese Völker
auffordern, ihm den Firmus, den Majuca, seinem Bruder, und die vornehmsten Officiers, die ihn begleiteten, zu
überliefern.   Da sie dieses zu thun sich weigerten, so
kündigte er ihnen den Krieg an, und fieng ihn mit einem
Treffen an, worinnen sie überwunden, Majuca tödtlich
verwundet, und Firmus mit allem, was er noch von seinen Truppen übrig hatte, in die Flucht geschlagen wurde.
Hierauf ließ Igmazen, König der Isaflier, alle seine
Macht sammlen, und gieng auf die Römer los, welche
schon weit in ihre Staaten eingedrungen waren.   Er
selbst gieng dem Theodos mit einem kleinen Gefolge entgegen, und da er zu ihm kam, fragte er ihn, wer er wäre,
und warum er käme die Ruhe eines Königs zu stören,
der niemanden unterworfen wäre, und der seinen Unternehmungen nichts als sich selbst entgegenstellen könnte.
Theodos antwortete ihm, daß er ein lieutenant des Valentinian, eines Kaysers und Herrn der Welt wäre; daß
er kommen wäre, um einen Rebellen zu züchtigen, und
daß, wenn man ihm nicht denselben in seine Hände liefern würde, so hätte er Befehl, sowohl die Könige als
das Volk zu züchtigen, das unterrecht genug gehandelt
hätte, ihn zu beschützen.

§. 28.

Igmazen gieng wieder zurück, erzürnt über diese
Antwort, und zeigte sich den künftigen Tag des Morgens
in Schlachtordnung an der Spitze von zwanzig tausend
Mann.   Er hatte nahe dabey ein Corps zum Hinter-

halt

hatt gelassen, und hinter seinen Bataillons einige Hülfstruppen versteckt, welche sich in kleine Haufen zertheilen
sollten, in der Absicht, die Römer einzuschließen, deren nur
eine geringe Anzahl wäre. Theodos brachte seine Truppen in Schlachtordnung, stellte ihnen die vorigen Siege
vor, die sie schon erhalten, und feuerte sie dadurch so sehr
an, daß sie einen ganzen Tag schlugen, ohne daß ihre dest
an einander geschlossene Glieder jemals hätten getrennet
werden können. Gegen den Abend erschien Firmus auf
einer Höhe, mit einem prächtigen Oberrock von Schar-
lach bekleidet, und rief den ermüdeten Soldaten zu, daß
sie bald durch die Menge würden geschlagen seyn, und
alsdenn keine Gnade erwarten dürften, wenn sie nicht ihren Anführer, den König Igmazen, überliefern. Diese
Rede ermunterte einige, desto tapferer zu fechten, und
machte hingegen andre so sehr bestürzt, daß sie ihre Glieder verließen.

§. 29.

Die Nacht hatte dem Treffen ein Ende gemacht.
Theodos zog sich mit einigem Verlust der Gefangen zurück, und ließ alle die Soldaten hart strafen, die die
Drohung des Firmus wankend gemacht hatte. Kurze
Zeit hernach, da er seine Armee wieder verstärket hatte,
fieng er den Krieg von neuem an, und schlug in verschiedenen Treffen die besten Truppen der Isaflier. Igmazen
ward darüber verdrüßlich, so oft überwunden zu seyn, und
sah wohl ein, daß er mit einem wachsamen und glücklichen Feldherren zu thun hätte, der ihn endlich selbst und
seine Staaten zu Schanden machen würde, derowegen
dachte er auf Mittel, in Friede zu leben. Er that ihm

herun-

heimlich zu wissen, daß er nichts mit dem Reiche zu schaffen hätte, daß er ihm den Firmus und alle Rebellen übergeben wollte; aber seine Völker waren bestochen worden,
und er wäre nicht mehr Herr über sie: das einzige Mittel, sie zum Gehorsam zu bringen, wäre, ihnen keine Ruhe
zu lassen, und sie dahin zu bringen, mehr auf ihre eigne
Sicherheit, als auf die Vertheidigung eines Fremden bedacht zu seyn; daß die Beschwerlichkeiten, die sie erdulden würden, größer seyn müßten, als das Gute, welches
man ihnen versprach, und daß Theodos sich mehr furchtbar, und Firmus sich weniger beliebt gemacht hätte.

§. 30.

Theodos machte sich diese Nachrichten zu Nutze, und
ließ keine Gelegenheit vorbeygehen, die Isaster zu ermüden, indem er bald ihre Parteyen schlug, bald ihre Läger
wegnahm, ihre Städte und Dörfer abbrannte, und ihr
ganz Land verheerte.   Ignazen überließ sie ihren schlimmen Berathschlagungen, und ließ ihnen ihren Verlust
größer vorstellen, als er war.   Sie sahen sich endlich so
geschwächt, und waren so verdrüßlich, daß sie anfiengen
der Sache nachzudenken.   Firmus bemerkte, daß die
Freundschaft aufhörte, und ward auf den König, wegen
einiger Unterredungen, die er mit dem Masilla, einem
Fürsten der Mauren, gehabt hatte, mißtrauisch; er hatte
Lust, noch einmal auf die Gebirge zu fliehen.   Hierauf
erklärte sich der Ignazen wider ihn, und ließ ihn gefangen nehmen.   Da sich dieser Rebelle angeschlossen, und
in genauer Verwahrung sah, so entschloß er sich, seiner
Todesstrafe durch einen freywilligen Tod zuvor zu kommen.   Er machte des Nachts seine Wachen trunken,

E 5

und als sie eingeschlafen waren, stund er auf, und da er
von ohngefähr einen Strick fand, der zu seinem Vorhaben bequem war, so erwürgte er sich selbst in einem Winkel des Zimmers.

§. 31.

Igmazen, welcher ihn den folgenden Tag in das Lager des Theodos sollte führen lassen, bezeigte ein großes
Mißvergnügen über diesen Zufall, und ließ den Körper
dieses Elenden auf ein Kameel laden, welchen er selbst
dem Theodos, zur Versicherung seiner Freundschaft und
Liebe zum Reiche, übergeben wollte. Theodos ließ alsdenn diesen Körper durch Landleute und durch einige Gefangene besehen, welche insgesammt schwuren, daß dies
der Körper des Firmus wäre. Hierauf bezeigte er dem
Könige viele Freundschaft, und kurz darauf gieng er von
Sitif ab, und wurde in allen Städten, wo er durchgieng,
triumphirend empfangen. Er hoffte, daß man ihn nach
einem so langen und glücklichen Feldzuge an den Hof zurück rufen würde; aber er bekam Befehl in Afrika zu
bleiben, und die Sache dieser Provinz, welche der Geiz
der Statthalter, und die Grausamkeit der Rebellen beynahe zerstöret hatte, gänzlich wieder herzustellen.

§. 32.

Unterdessen machte der Kayser Valentinian große
Zurüstungen zum Kriege, und gieng zu Anfange des
Frühlings von Treves ab, um nach Illyrien zu gehen.
Alle benachbarte Völker waren in Furcht, und schickten
Gesandtschaften zu ihm wegen seines Marsches, um ihn
demüthig um Friede zu bitten. Er gab ihnen keine
andre

an der Antwort, als daß er könne, sie zu bestrafen, wenn sie
schuldig wären, und daß er darüber richten würde, wenn
er in den gehörigen Oertern würde angekommen seyn.
Ein jeder glaubte, daß er den Meuchelmord des Königs
der Quaden, oder die sich ereignenden Unruhen in den
Provinzen, bestrafen wollte. Er begegnete ihnen aber
nach seiner gewöhnlichen Klugheit, und theilte so gar nicht
die geringsten Bestrafungen aus. Er hielt sich beynahe
den ganzen Sommer zu Carnunt in Pannonien auf, seine
Truppen zu versammeln, seine Magazine vollzufüllen,
und nachdem er auf einmal eine Brücke über die Donau
schlagen lassen, so drang er mit seiner Armee in das Land
der Quaden ein, da er sich völlig entschlossen hatte, sie
wegen ihres letztern Einfalls auszurotten.

Obgleich dieses elende und furchtsame Volk nicht im
Stande war, sich zu vertheidigen, so wurde doch alles
verbrannt und umgebracht, was man in den Städten
oder auf dem Felde antraf, ohne daß man einen Unterschied in Ansehung des Alters und Geschlechts gemacht
hätte. Der größte Theil hatte sich auf die Gebirge begeben, sie waren erstaunt, die römische Armee und einen
Kayser selbst in Person bey ihnen zu sehen, und da sie
von ferne ihre Städte rauchen, und ihre Häuser in die
Asche gelegt sahen, so bemerkten sie zugleich den Tod ihrer
Anverwandten und die Verwüstung ihres Landes. Ba-
lomarius änderte in kurzem seinen Entschluß, und gieng
über die Donau zurück, entweder aus Mangel der Lebensmittel, oder der schon späten Jahrszeit, oder aus Scham,
ein mehr elendes als schuldiges Volk, welches ihm nicht
widerstehen konnte, zu beunruhigen, und legte seine Armee
in die Winterquartiere.

§. 33.

Die Quaden erholten sich ein wenig von ihrer Furcht, und suchten die Vornehmsten unter ihnen aus, welche bey dem Kayser um Gnade baten und ihm versprechen sollten, daß sie ihm mit allen Bedingungen, welche er ihnen vorschreiben würde, dienen wollten. Diese Gesandten kamen zu Bergition, einem kleinen Schlosse in Pannonien an, wohin sich Valentinian begeben hatte. Sie erhielten endlich daselbst Audienz, wo sie von dem Equitius hineingeführet wurden; sie thaten dem Kayser einen Fußfall, sie blieben in dieser Gestalt eine Zeitlang, ohne sich wieder aufzurichten, von Furcht und Hochachtung eingenommen, baten sie ihn sehr demüthig im Namen der ganzen Nation, ihnen Gnade zu erzeigen, und den Frieden zu bewilligen. Valentinian, erschrocken über die Armuth und schlechte Gestalt dieser Gesandten, sagte zu ihnen: er wäre sehr unglücklich, daß er mit solchen Leuten, wie sie wären, zu thun hätte; und machte ihnen wegen ihrer Grobheit und Untreue viele Vorwürfe. Da sie sich alsdann auf ekelhafte und verdrießliche Entschuldigungen einließen, so gerieth er in Zorn, und redete mit solcher Heftigkeit zu ihnen, daß er sich eine Ader zersprengte, und halb entathmet in die Arme seiner Officiere fiel, da ihm denn das Blut aus dem Munde floß. Er starb einige Stunden darauf in der Ohnmacht, den siebenzehnten November, im fünf und funfzigsten Jahre seines Alters, und im zwölften seiner Regierung.

§. 34.

Ein jeder urtheilte über diesen Todesfall nach seinem Verstande. Einige erzählten, daß ein Comet seit kurzem

gen erschienen wäre; daß ein Wetterstral auf den Palast gefallen wäre; daß sich eine Eule auf das Dach des
Badehauses gesetzet, von welchem man sie nicht hätte verjagen können; daß der Kayser im Traume seine Gemah-
lian im Traume gesehen; und daß, als er des Morgens
außerordentlich bestürzt ausgegangen wäre, in der Absicht zu reiten, sich das Pferd wider seine Gewohnheit
aufgebäumet hätte. Die Klügsten machten, an statt dieser eitlen und überlichen Beobachtungen, die Anmerkung, daß er so gestorben, wie er gelebt hätte, nämlich
in Unruhe und Zorn; daß er vielmehr ein strenger Richter, als ein gütiger Herr gewesen; daß von allen Kaysern
kein einziger gewesen wäre, als er, welcher die Zeit seiner Regierung ohne eine einzige Gnadenbezeugung hätte
vorbeygehen lassen; daß man von ihm mit Recht sagen
könnte, er hätte mehr aus Verdruß, als aus Gerechtigkeit gestraft, und ein wenig Geitz hätte an dieser Strenge
Antheil gehabt, und die Einziehung der Güter wäre gewöhnlich auf die Verdammung der Uebelthäter erfolgt;
er hätte den Krieg allemal grausam geführet, und wäre
niemals ausgegangen, mit den Feinden zu kriegen, da er
nicht zugleich die Absicht gehabt hätte, sie auszurotten;
und endlich hätte, nach einem gerechten Gerichte Gottes,
sein Zorn, der so oft getödtet, ihm selbst den Tod verursachet.

Verschiedene redeten günstig von ihm: er hätte versucht sein Temperament zu überwinden, und er hätte es
nicht thun können; seine außerordentliche Strenge wäre
dem Kayser nicht anständig, aber dem Reiche nützlich
gewesen; er hätte, indem er den ersten Kämmerling lebendig verbrennen lassen, weil er eine Wittwe beleidiget,

alle

alle Wittwen und Waysen von der Unterdrückung befreyet; er hätte überhaupt mehr Tugenden als Laster an
sich gehabt; er hätte der Güter des Volks geschonet, den
Tribut vermindert, die Soldaten in Ordnung gebracht,
gute Officiers verschafft, die Ehrzysleder bevestiget, und
Schlachten sowohl selbst als durch seine Heurmanns gewonnen; er hätte ein unschuldig und unadelhaft leben
geführet, von seinem Hofe alle Ausschweifungen verban-
net, sowohl in seinen Befehlen, als in seinen Beyspielen,
und in seiner ganzen Aufführung, Verstand, Herzhaftigkeit, Klugheit und Majestät gezeiget.

Diejenigen, welche vor die Religion eiferten, tadel-
ten an ihm, daß er die Justine, Gemahlin des Valens,
gehoyrochet hatte, daß er sich zu dem Glaubensbekenntniß des Auxentius, Erzbischofs zu Mail verleiten lassen, welcher sich als einen Christen verstellte; daß er einem jeden die Freyheit verstattet, nach seinem Glauben
zu leben, und daß er unter dem Vorgeben: er wäre ein
Laie, sich nicht in die Religionsparteyen habe einmischen
wollen. Andre behaupteten im Gegentheil, daß diese
Staatsklugheit nöthig gewesen wäre, daß sich vor ihm
Jovian selbst derselben bedienet, und daß es besser wäre,
die Menschen durch Sanftmuth zur Wahrheit zu bringen, als sie mit Gewalt dazu zwingen. Man stimmet
überhaupt darinnen überein, daß dieser Fürst zeitige
den Glauben der Kirche in seiner Reinigkeit erhalten;
daß er hierüber mit seinem Bruder Valens in Uneinigkeit gerathen, welche so weit gegangen, daß er ihm die
Hülfe wider die Gothen, als einem Feinde von Gott,
den man verlassen müßte, abgeschlagen, und daß er den

heiligen Ambrosius gebeten, ihn zu bestrafen, wenn er in
der Frömmigkeit oder in der Lehre der Kirche fehlte.

§. 35.

Es wird nicht ausschweifend seyn, allhier den Antheil zu erzählen, welchen dieser Kayser an der Einweihung dieses Erzbischofs, von dem wir so oft in der Folge
dieser Geschichte reden werden, gehabt. Da Auxentius,
ein Arianer, gestorben war, nachdem er einige Jahre den
Stuhl zu Mailand besessen, so bat Valentinian von den
Bischöfen, daß sie sich versammeln sollten, um einen
neuen Hirten zu erwählen. Er bat sie um einen Mann
von gründlicher Gelehrsamkeit und einem untadelichen
Leben; „damit, sagte er, die kayserliche Hauptstadt sich
„durch seinen Unterricht und durch sein Beyspiel heilige,
„und daß der Kayser, welche Herren der Welt sind, und
„die noch große Sünder bulden, seine Erinnerungen mit
„Zutrauen, und seine Vermahnungen mit Ehrfurcht an-
„nehmen können.„ Die Bischöfe baten ihn; er solle
selbst einen solchen, wie er ihm verlangte, erwählen, aber
er gab ihnen zur Antwort, es wäre dies eine Sache, die
über seine Kräfte gienge, und daß er weder genug Weisheit noch Frömmigkeit hätte, um sich damit einzulassen;
daß diese Wahl ihnen zukäme, weil sie eine vollkommene
Kenntniß der Kirchengesetze hätten, und mit dem Geiste
Gottes erfüllt wären.

Die Bischöfe versammleten sich also mit der übrigen
Geistlichkeit, um zu der Wahl zu schreiten, und das Volk,
dessen Einwilligung dazu nöthig war, wurde herbeyge-
rufen. Die Arianer erwählten einen Menschen von ihrer Sekte, die Katholiken hingegen wollten einen aus ihrer

er Gemeinſchaft. Die zwo Parteyen werden hißig, und dieſer Streit wollte zu einem Aufruhr und offenbaren Kriege werden. Ambroſius, Gouverneur der Provinz und Stadt, ein verſtändiger und frommer Herr, erhielt ,wegen dieſer Unordnung Nachricht, und kam in die Kirche, um ſie abzuwenden. Seine Gegenwart machte allem Streit ein Ende, und nachdem ſich die Verſammlung wieder auf einmal, als wie durch eine göttliche Eingebung vereiniget hatte, ſo verlangte ſie, man ſollte ihr den Ambroſium zu ihrem Biſchof geben. Dieſer Gedanke ſchien ihm wunderlich: allein, da man darauf beruhete, ſo ſtellte er der Verſammlung vor, daß er beſtändig in weltlichen Aemtern gelebt hätte, und ſelbſt noch nicht getauft wäre; daß die Reichsgeſetze denjenigen, welche öffentliche Aemter verwalteten, den Eintritt in den geiſtlichen Stand ohne Erlaubniß der Kayſer verwehren, und daß die Wahl eines Biſchofs auf Antrieb des heiligen Geiſtes, und nicht durch den Eigenſinn des Volks geſchehen ſollte. Er mochte indeſſen unnöthige Bewegungsgründe anführen, und ſich der Wahl widerſetzen, ſo wollte ihn doch das Volk auf den biſchöflichen Stuhl, den ihm Gott beſtimmet hätte, ſehen. Man gab ihm Wachen, damit er nicht entſtehen könnte, und man überreichte dem Kayſer eine Bittſchrift, ſich dieſe Wahl gefallen zu laſſen.

Der Kayſer willigte ſehr gerne darein, und befahl, daß man ihn gleich taufen ließ, und ihn nach acht Tagen einweyhte. Man erzählet, daß dieſer Fürſt ſelbſt ſeiner Einweyhung beywohnen wollen, daß er bey Endigung dieſer Ceremonie Augen und Hände gen Himmel aufgehoben, und voller Freuden ausgerufen: „Ich danke dir,
„mein

„mein Gott, daß du meine Wahl durch die heilige be-
„stätigst, indem du die Aufsicht über unsre Seelen dem-
„jenigen anvertrauest, dem ich das Regiment dieser Pro-
„vinz übergeben.„   Der Bischof ließ sich das lesen und
Forschen in der heiligen Schrift, und die Wiederherstellung des Glaubens und der Zucht in seiner Diöces sehr
angelegen seyn.   Da er einige Mißbräuche, welche von
dem Magistrate, mit Einwilligung des Kaysers, verübt
werden, bemerkt hatte, so gieng er zu ihm in seinen Palast, und stellte ihm den Eifer vor, den er vor dem Dienst
Gottes, und vor die Gerechtigkeit bezeigen sollte.

Dieser Prinz antwortete ihm klug, daß er seine Erinnerungen wohl aufnehme; daß er ihn schon lange für
einen aufrichtigen Mann, der von Verstellung und
Schmeichelei entfernet wäre, gehalten; daß, da er ihn
zu seinem Bischof angenommen, er wohl vorhergesehen,
daß er sich einen unsträflichen Richter setze; daß er nicht
unterlassen hätte, seine Wahl zu bestätigen, denn er
meynte, man könnte einem ehrlichen Manne nicht zuviel
Ansehen geben; daß er sich also seiner gewöhnlichen Freyheit bedienen sollte; daß er durch eine heilige ernsthafte
Bestrafung die Unordnungen des Hefes abhalten, und
sich nicht scheuen sollte, ihm selbst seine Fehler aufzudecken,
und Mittel zu seiner Besserung dabey zu gebrauchen,
welche er nach seiner Klugheit und dem Befehl des göt-
lichen Gesetzes für nöthig halten würde.

Der Bischof, durch das Ansehen des Kaysers unterstützt, bemühte sich, die Irrthümer, welche sein Vorgänger, Auxentius, in der kayserlichen Hauptstade ausgestreuet hatte, zu vernichten: die ganze Kirche hoffte vieles von diesem Schutze, aber dieser Fürst starb kurze Zeit
her-

D   her-

hernach, wie wir ſchon erwähnet haben. Sein Körper wurde nach Conſtantinopel gebracht, und in die Gruft Conſtantins des Großen mit vielem Gepränge gelegt.

§. 36.

Gratian, der ältere Sohn des Valentinian, und der Severa, ſeiner erſten Gemahlin, war ſchon beinahe ſieben Jahre vorher zum Reichsgehülfen angenommen worden, und hielt ſich hierauf zu Treves auf, wo ihn ſein Vater gelaſſen hatte. Der junge Valentinian, ein Sohn der zweiten Ehe, von einem Alter von acht oder neun Jahren, hatte ſich mit ſeiner Mutter, der Kaiſerin Juſtine genähert, und als er nicht weit von der Armee war, ſo vereinigten ſich die vornehmſten Officiers, ihn zum Kaiſer zu erwählen. Cerealis, ſein Vetter, war der Anſtifter dieſes heimlichen Anſchlages, und gewann alsbald den Merobaudus, welcher die Infanterie commandirte. Sie ließen die Brücken abnehmen, und alle Wege, welche zu dem Lager der Gallier, der aufrühriſchen und übelgeſinnten Truppen führten, bewachen. Alle diejenigen, welche ihnen verdächtig ſchienen, hatten Befehl, nicht eher zu marſchiren, bis ſie den Tod des Kaiſers erfahren hätten. Man entfernte den Sebaſtian, einen getreuen und friedfertigen Herrn, der aber allzuſehr von den Soldaten bey der gegenwärtigen Gelegenheit möchte geliebt werden. Nachdem alſo alles eingerichtet war, ſo gieng Cerealis ſeinen Vetter zu holen, und ließ ihn ſechs Tage nach dem Tode ſeines Vaters zum Auguſt ernennen.

Diejenigen, welche ſich mit in dieſe Wahl eingelaſſen, ſchrieben dem Gratian, daß, da die Feinde nach dem Tode ſeines Vaters Muth bekommen, ſo hätte die Armee

die

die Gegenwart eines Kayſers nöthig gehabt, und ſie wären gleichſam gezwungen geweſen, den Prinzen Valentinian zu erwählen, bevor die unruhigen Köpfe andre Anſchläge hätten machen können; daß ſie Ihro Majeſtät
demüthig bäten, ſie deswegen zu entſchuldigen, daß ſie
ſeine Einwilligung nicht erwartet, und ihnen einen Schrit-
te zu vergeben, welchen ſie bloß zum Vortheil des Staats
und zum Beſten ſeines Hauſes begangen. Gratian, erzürnt über dieſes Verfahren, war im Begriff, einige deswegen ſtrafen zu laſſen; und doch befriedigte er ſich beynahe zu eben der Zeit wieder, beſtätigte dieſe Wahl des
jungen Prinzen, nahm ihn nicht allein zu ſeinem Collegen an, ſondern wollte noch einen Vater bey ihm abgeben. Er begnügte ſich mit den Provinzen dieſſeits der
Alpen, und ließ ihm Italien, Afrika und Illyrien zu beherrſchen.

§. 37.

Der Tod Theodoſius des Vaters, und die Ungnade ſeines Sohnes, ereigneten ſich, eben zu dieſer Zeit aus Miß-
gunſt der Staatsminiſter, und durch die heimlichen Anſchläge des Kayſers Valens, welcher dargegen nicht leiden konnte, welche er ſein würdig hielt, ihm zu folgen.
Dieſer Tod beruhete auf den Weiſſagungen und Prophezeihungen der Geſtirne, welche er für unvermeidlich hielt,
und welche er doch zu vermeiden ſuchte.

Es war ein Fürſt, der viele Fehler hatte, und deſſen
gute Eigenſchaften durch die böſen unterdrückt wurden.
Er faßte verſchiedenemal gute Entſchließungen, aber es
fehlte mehrentheils an Kraft und Einſicht, ſie auszuführ-
ren. Er hemmte den Stolz und Hochmuth der Großen,

D 2 aber

aber es geschah mehrentheils mit Gewaltthätigkeit. Man
hätte ihm den Ruhm eines guten Fürsten geben können,
wenn er gewußt hätte, eine Wahl von seinen Freund-
schaften anzustellen. Er beschwerte die Provinzen nicht
mit Auflagen, aber er unterdrückte die besten und vornehmsten Familien, und wollte durch Einziehung der Privat-
güter das wieder gewinnen, was er durch Minderung der
öffentlichen Steuer verlohr. Sobald als man bey ihm
angeklagt wurde, so war es schon genug, euch zu seyn,
um schuldig zu halten, und ohne sich zu bekümmern, das
Wahre von dem Falschen zu unterscheiden, so unterließ
er niemals zu strafen, wenn er es zu schwer thun
konnte. Er war stets bereit, den Anklägern lange Audienz zu geben, und ward verdrießlich, so bald man anfieng
sich zu rechtfertigen, welches gar bald Gelegenheit zu
Verdammungen und Unterdrückungen gab.

§. 38.

Man hatte verschiedene Anschläge wider ihn gemacht, seitdem er regierte, welches Furchtsamkeit und
Argwohn bey ihm verursachten. Die falschen Hofleute
machten sich diese Schwachheit des Kaysers zu Nutze,
und überredeten ihn stets, daß er in einer großen Gefahr
wäre, einige um sich hervorzuthun und beliebt zu machen; andre, um sich ihre Freunde vom Halse zu schaffen,
wenn sie dieselben als Feinde des Kaysers anklagen.
Die ganzen Anschläge des Hofes rührten von nichts als
von falschen Erzählungen, und von eingebildeten Uebel-
thaten her. Die Sache war so weit gekommen, daß es
schon ein Verbrechen war, Vorbedeutungen auszulegen,
oder von dem Nachfolger des Valens zu reden. Diese

Ueber-

Uebereilung, alles zu glauben und zu fürchten, war die
Ursache des Unglücks so vieler vornehmen Personen, und
besonders des ältern Theodos.

Pallades, ein Mensch von schlechtem Herkommen
und der Zauberkunst sehr ergeben, war als ein Gesell-
schafter einiger Herren des Hofs, welche man wegen einer geschehenen Beraubung der Schatzkammer anklagte,
eingesetzet worden, man übergab ihn dem Modestus, dem
General der Leibwache.   Er wurde gefragt und wollte
nichts aussagen.   Man brachte ihn auf die Folter,
welche er anfangs mit männlicher Standhaftigkeit aus-
hielt; allein, da er sich von den Schmerzen ermattet
fühlte, schrie er aus, daß er Sachen von größerer Wichtigkeit zu sagen hätte, als die, welche man von ihm zu
wissen forderte, und welche die Person des Fürsten beträ-
fen.   Man ließ ihn wieder zu Kräften kommen, und da
man ihn aufgemuntert hatte zu reden, so entdeckte er, daß
sich seit kurzem eine geheime Gesellschaft befunden hätte,
worinnen man durch Zaubereyen und durch verabscheu-
ungswürdige Zeichen das Schicksal des Kaysers, und
den Namen desjenigen, der ihm in der Regierung folgen
sollte, erfahren hätte.   Er nennte diejenigen, welche dabey gewesen.   Sie wurden sogleich in Verwahrung gebracht, und unterstunden sich nicht eine Sache zu läugnen,
von der man schon alle Umstände wußte.

§. 39.

Es war ein geheimer Handel einiger vornehmen
Personen, und der meisten heydnischen Philosophen, welche
sich versammlet hatten, um zu wissen, was sich nach dem
Tode des Kaysers zutragen würde.   Den Abscheu, wel-

D 3   chen

chen sie gegen die christliche Religion bezeigten, und das
Verlangen, der ihrige wieder erneuert zu sehen, flößte ihnen diese Neubegierde ein.   Sie hofften, daß das Orakel ihnen einen aus ihrer Partey erwählen würde.   Sie
hatten schon zum voraus auf den Theodor, einem Secretär des Valens, ihre Augen gerichtet, der aus einem sehr
vornehmen Geschlechte der Gallier entsprossen, der wegen
seiner Frömmigkeit, wegen seines Verstandes, und wegen seiner Beredsamkeit hochgeschätzet wurde, der als ein
großer Herr lebte, und in einem unruhigen Hofe von
allen gelobt wurde, ob er gleich in seinen Handlungen
und seinen Reden eine großmüthige Freyheit von sich blicken ließ.   Diese großen Eigenschaften waren es, nach
welchen man ihn als einen Menschen beurtheilte, welcher
fähig wäre, den Götterdienst, dem er sehr ergeben war,
wieder empor zu bringen.

Diese Philosophen, ganz von diesen Gedanken eingenommen, versammelten sich heimlich in einem Hause.
Daselbst machten sie einen Dreyfuß von den Aesten eines
Lorbeerbaumes, der dem zu Delphos gleich war, und weihe-
ten ihn mit vielen ungewöhnlichen Ceremonien ein.   Sie
setzten ein Becken darauf, das aus verschiedenen Metal-
len verfertiget war, um welches sie die vier und zwanzig
Buchstaben des Alphabets in guter Ordnung setzten.
Der größte Zauberer von der Gesellschaft, der mit Lein-
wand verhüllet war, und Lorbeerreis in seinen Händen trug,
trat herbey, fieng seinen Zaubersegen an, und hatte den
Kopf bald auf die eine bald auf die andere Seite.   Endlich
stund er plötzlich stille, und hielt einen über dem Becken
an einem Faden hangenden Ring.   Als er aufgehöret,
seine Zauberworte zu murmeln, so erzählt man, man hätte

auf

auf einmal den Dreyfuß in Bewegung gesehen, der Ring hätte sich gereget, und sich unvermerkt fortgereicht, und endlich hie und da auf die Buchstaben gestoßen, welche er sollen erwählt zu haben. Diese dergestalt berührete Buchstaben bewegten sich von ihrer Stelle, und traten nach und nach auf dem Tische in Ordnung; man sagt, eine unsichtbare Hand hätte sie also zusammengesetzt. Sie brachten die Antwort in heroischen Versen heraus, welches die Herumstehenden genau beobachtet haben sollten.

§. 40.

Das erste, was ihnen diese Kunst entdeckte, war, daß ihre Neugierigkeit ihnen allen das Leben kosten würde, und daß der Kayser kurze Zeit darauf zu Rimes auf eine grausame Art des Todes ums Leben kommen würde. Hierauf wollten sie den Namen seines Nachfolgers wissen. Der Ring fieng von neuem an auf die Buchstaben zu strengen, und brachte die zwo Sylben zusammen: The. o; das D wollte alsdann dazu treten. Hierauf verhinderte einer von den Dabeystehenden den Fortgang der Zauberey, und schrie, daß ihre Wünsche erfüllt wären, und daß es der Wille des Geschicks wäre, daß Theodor nach dem Valens regieren sollte. Sie fragten nicht weiter darum, und so wie man das, was man wünschte, leicht glaubt, erwarteten sie alle die Erfüllung des Schicksals des Theodor, ohne an ihr eigenes Unglück zu denken, welches ihnen das Orakel verkündiget hatte.

§. 41.

Sobald als die Sache zu Antiochien war entdecket worden, und Valens merkte, daß sich Theodor Privatper-

D 4   schäff-

Züchtigungen halber zu Constantinopel aufhielte, so schickte er Soldaten dahin ab, mit dem Befehle, ihn gefangen zu nehmen, und ihn gewiß zu überbringen; welches auch geschah. Man befragte ihn deswegen, und er antwortete, er hätte nicht den geringsten Antheil an diesem Unternehmen; seitdem er es erfahren, wäre er willens gewesen, es dem Kayser zu offenbaren, allein, man hätte ihn versichert, es sey eine bloße Neugierigkeit der Philosophen gewesen, und es würde stets ein verabscheuungswürdiges Verbrechen von ihm seyn, wenn er das Blut an sich ziehen wollte, aber es wäre erlaubt, das Schicksal zu erwarten, dessen Befehle unvermeidlich wäre; er hätte für seine Person nichts deswegen unternommen, und auch nichts gehofft. Man legte ihm aber Briefe vor, durch welche er überzeugt wurde, daß er einen Gefallen an dieser Prophezeihung geäußert, und sich mit seinen Freunden über die Zeit und die Mittel, sie auszuführen, berathschlaget habe.

§. 42.

Der Kayser ließ ihn enthaupten, und befahl, man sollte alle seine Mitgesellen auffuchen; und alle Philosophen, welche seit der Regierung Julians öffentliche Zauberey getrieben, ausrotten. Man stellte ihm vor, daß bereits alle Gefängniße mit verdächtigen oder überzeugten Personen angefüllt wären, und daß er wegen der großen Anzahl nothwendig einige Nachsicht haben müßte; Allein, er nahm diese Vorstellung übel auf, und befahl, daß man alles ohne einigen Aufschub und ohne die geringste Art eines gerichtlichen Verfahrens hinrichten sollte. Dieses grausame Urtheil wurde vollführet: die Unschuldigen

wurden mit den Schuldigen erwürget, einige Pa-
wen durchs Schwerdt, andere durchs Feuer um ihr Leben,
viele wurden auf den Foltern gepeiniget; besonders verbrannte man die Zauberer mit ihren Büchern, und niemand in ganz Asien unterstund sich im Monat zu erscheinen, aus Furcht, sie möchten wegen Anständigkeit der
Kleidung für Philosophen gehalten werden. Man sah
in Antiochien nichts als lauter vergoßnes Blut, verwüstete Häuser und angezündete Feuer; welches den Kayser
so verhaßt machte, daß man durch die ganze Stadt deß
öffentliche Verwünschung wider ihn machte: Valens müßte
nothwendig einmal selbst lebendig verbrannt werden.

Was noch am meisten zu beklagen, war, daß man
ohne alle Einschränkung über bloße Muthmaßungen urtheilte, ohne einige Untersuchung anzustellen. Man verdammte eine Frau zum Tode, welche sich rühmte, das
viertägige Fieber zu vertreiben, wenn sie einige Worte
hersagte. Man nahm einem großen Herrn seine Güter,
weil er einem seiner Kämmer den Planeten hatte stellen
lassen. Ein reicher Bürger wurde verurtheilt, weil man
unter seinen Papieren die Abbildung eines von seinen
Brüdern, Valens genannt, angetroffen. Man tödtete
einen jungen Menschen, der sich an den Gliedern kränklich
befand, und sich zu heilen glaubte, wenn er seine Finger
einen nach dem andern auf seine Brust legte, und oftmals die Buchstaben nannte.

§. 43.

Wie die heftigen Leidenschaften nicht allein strafbar,
sondern auch lächerlich sind, so bildete sich Valens ein;
er könne diesem unvermeidlichen Kayser, welchen das

Dra-

Orakel ſchon zur Hälfte genannt hatte, eutretten, und
dachte keinesweges, daß es eine göttliche Vorſehung gebe,
welche die Vorſichtigkeit und Klugheit der Menſchen ver-
eitele, und daß ein Regent niemals ſeinen Nachfolger
tödten müſſe.   Er fieng an, alle vornehme Perſonen
umzubringen, deren Namen ſich mit den zwo verdächtigen Sylben anfiengen, und ließ ſo genau nachforſchen,
daß viele, um ihr Leben zu retten, genöthiget wurden, ihre
Namen fahren zu laſſen, und andere weniger gefährliche
anzunehmen.

§. 44.

Die Theodoſen hatten ſich zu viele Hochachtung und
Anſehen erworben, als daß ſie nicht hätten den Verfolgungen eines ſo grauſamen und mißtrauiſchen Fürſten
entgehen ſollen. Theodes, der Vater, war noch in Afrika,
wo Valentinian ihn zur Ruhe des Landes vor nöthig
hielt.   Nachdem er das Feuer der Empörung gedämpfet, ſo gab er dem Hofe von dem elenden Zuſtande der
Völker Nachricht, und beſchwerte ſich ſehr über den römiſchen Richter, der ſie durch ſeinen Geitz, und durch ſeine
Grauſamkeiten entblößte.   Er hatte einige von ſeinen
Mitgeſellen hart geſtraft, und ſich nicht geſcheuet, das
Verſtändniß des Gouverneurs mit einigen gewinnſüchti-
gen Miniſtern zu entdecken, welche ſich dieſe Preſſungen
zu Nutze machten, und ihn bey dem Kayſer vertheidigten.
Dieſe Herzhaftigkeit des Theodes hatte ihm den Haß
dieſer mächtigen Perſonen zugezogen, welche den Kayſer ganz eingenommen hatten, und indem ſie ſich die Freyheit nahmen, Unbilligkeiten auszuüben, wollten ſie andern
die Freyheit, ſie zu entdecken, und ſich darüber zu beſchwe-
ren, auch zugleich benehmen.

Der

Der Kayser Valens begnügte sich, diese Jelubschaft heimlich zu unterhalten, ohne sich zu unterstehen, etwas bey lebzeiten Valentinians zu unternehmen: allein, nach seinem Tode schellofte er sich nicht mehr an, und maßte sich eben der Gewalt über seine Vettern an, deren sich sein Bruder sonst über ihn angemaßt hatte. Er gewann die Minister des Gratian, welche bereits schon durch ihre Eifersucht eingenommen waren. Er verehnagte sich mit der Kayserinn Justina, die Arianisch gesinnet, und so, wie er, ausgelassen war, und bediente sich des günstigen Schicksals dieser neuen Regierungen so gut, daß er die Vortheile des Senats mit dem Nuhen der Religion, und die Neigungen anderer mit den seinigen vereinigte, und den Theodos verurtheilen ließ. Man nahm ihn zu Carthago gefangen, und, weil man ihn entweder verklagt hatte: er habe sich zum Herrn von Afrika aufwerfen wollen, oder weil man ihn anderer Verbrechen fälschlich beschuldiget, so verdammte man ihn eben an dem Orte zum Tode, wo er kurze Zeit vorher triumphiret hatte.

§. 45.

Da Theodos sich nunmehro durch Neid unterdrückt sah, so wandte er die noch übrige Zeit an, auf seine Ewigkeit zu denken. Er empfieng die Taufe, welche er, nach der übeln Gewohnheit jener Zeit, so lange aufgeschoben hatte, und starb unschuldig vor Gott, so wie er ohne Tadel und mit Ehre vor den Menschen gelebet. Sein Sohn war noch in Mösien, wo er die Armee commandirte, und wurde von dem Volke geliebt, von den Soldaten hochgehalten, und von den Feinden des Reichs gefürch-

gefürchtet. Da er durch seine Tugenden nicht weniger als sein Vater zu fürchten war, so sollte er auch eben das Schicksal erfahren; allein, er verließ alle seine Bedienungen, und flüchtete geschwind nach Spanien, wo er sich vor der Verfolgung des Valens in Sicherheit setzte. Obgleich der Kayser Gratian schon alt genug war, sich selbst der Sachen anzunehmen, und das Unglück des Theodos wußte, dessen Verdienste ihm bekannt waren, so ließ er ihn doch im Elende stecken, und überließ also die zween größten Feldherren des Reichs der Unterdrückung und Gewaltthätigkeit ihrer Feinde, entweder aus Furcht, seinem Vetter dadurch Verdruß zu erwecken, oder weil er nicht im Stande war, die Affecten seiner Minister zu hemmen, oder, weil man ihm die Sachen anders vorgestellt hatte, und er sich nicht die Mühe nehmen wollte, sie selbst zu untersuchen. Es geschiehet öfters so, daß die besten Prinzen durch eine gelinde Regierungsart, oder durch eine strafbare Nachlässigkeit, hierzu so gefährlich als lasterhaft werden.

§. 46.

Theodos brachte einige Jahre in Spanien zu, da er dem diese Verweisung gleichsam für eine Zeit der Ruhe hielt, und mit einigen seiner Anverwandten und Freunden ganz in der Dunkelheit lebte, bis daß die Begebenheiten des Reichs in eine solche Verwirrung geriethen, daß man genöthiget wurde, seine Zuflucht wieder zu ihm zu nehmen, als dem einzigen Menschen, welcher fähig wäre, sie wieder in Ordnung zu bringen. Ich glaube verbindlich zu seyn, hier ein wenig weitläuftig alle diese Unruhen zu erzählen, sowohl ein Verzeichniß von dem

Reiche

Reiche im Orient zu geben, um das folgende dieſer Ge-
ſchichte deſto deutlicher zu machen, als auch die Mittel
anzuzeigen, deren ſich Gott bedienet hat, den Valens zu
ſtrafen, und den Theodoſ an ſeine Stelle zu ſetzen.

§. 47.

Unter allen den Völkern, welche hauffenweiſe aus
Norden giengen, und ſich unter einander bis an die Ufer
der Donau und des Rheins verfolgten, ſind keine dem
römiſchen Reiche fürchterlicher geweſen, als die Gothen.
Sie bewohnten anfangs einen Theil jener wüſten und
unfruchtbaren Länder, welche zwiſchen dem nordiſchen
Ocean und dem baltiſchen Meer liegen. Sie waren
überdrüſig, in einem ſo unbebauten Lande zu wohnen, und
durch ihre natürliche Wildheit angetrieben, wagten ſie
ſich bis an die um die Weichſel herumliegenden Oerter,
mehr als dreyhundert Jahr vor Chriſti Geburt. Nachdem ſie daſelbſt durch eine große Menge von Wenden,
welche ſie überwanden, zugenommen hatten, und ſich all-
geſehr eingeſchloſſen ſahen, ſo breiteten ſie ſich in die benachbarten Staaten aus, rückten nachher bis zu dem
Meer Tana unter der Anführung des Königs Filimer,
und überwältigten alles, was ſie auf dem Wege antrafen. Der Widerſtand aber, welchen man ihnen in
dieſer Gegend that, nöthigte ſie doch endlich, einen andern Weg zu nehmen, und gelangen endlich nach verſchiedenen Umwegen in das Land der Dacier und Geten,
wo ſie einige Zeit ruhig wohnten. Der Umgang, welchen ſie daſelbſt mit weit geſitteteren Menſchen, als ſie waren, hatten, machte, daß ſie ihrer Grobheit ein wenig ab-
legten, ſie gaben ſich ſelbſt Geſetze, und theilten ſich in

zwo

zur Nationen unter solchen Oberherren, welche allerdings
würdig waren, sie zu beherrschen. Diejenigen, welche
den größten Theil vom Orient inne hatten, nannten sich
Ostrogothen, oder morgenländische Gothen, und es kamen
aus die Prinzen des königlichen Hauses Amalen vor ihre
Könige. Diejenigen, welche gegen Dresden wohnten,
hießen Westgothen, oder Gothen des Occidents, und ergaben sich unter die Herrschaft der Prinzen des alten
Geschlechts der Balten.

Diese wilden Völker, welche damals bloß durch die
Donau von den Provinzen des Reichs abgesondert waren, fielen in Thracien, in Illyrien, und in Pannonien
ein. Da sie allemal in Unordnung Krieg führten, so
wurden sie beynahe allemal geschlagen, und konnten nichts
ausrichten. Allein, nachdem sie lange Zeit, entweder
Freunde oder Bundesgenossen der Kayser gewesen, so wurden sie die Zucht und Ordnung gewohnt, und indem sie
den Römern dienten, so lernten sie auch zugleich selbst
die Kunst, sie zu bezwingen.

Da sich Zwistigkeiten unter ihnen zur Zeit der Regierung des Valens erregt hatten, so kam es darüber zu
einem öffentlichen Kriege. Es geschah eine blutige
Schlacht; Athanarich, König der Ostrogothen, siegte,
und Fritigern, König der Westgothen, wurde geschlagen.
Dieser nahm seine Zuflucht zu dem Schutze des Kaysers,
der ihm eine sehr beträchtliche Hülfe schickte. Er über-
wand den Athanarich der diesesmal, und aus Dankbarkeit gegen den Kayser, und gegen so viele Christen, welche
ihm zu Hülfe gekommen waren, nahm er die christliche Religion an, und wollte, daß seine Unterthanen ein gleiches
thun möchten. Valens ließ sich diese Gelegenheit, die Secte

der

der Irlaner ausgebreitet, nicht vorbeygehen, nach dem
Gelübde, welches er hierüber bey seiner Taufe gethan
hatte. Er schickte alsbald dem Iritbern Personen zu,
welche für diese Reise eifrig bemüht waren, und sie dem
Fürsten und seinen Unterthanen, durch die Beziregerey
des Ulphilas, ihres Bischofs, beybrachten, der zuerst die
gothischen Buchstaben erfunden, und die heilige Schrift
in ihre Sprache übersetzt hat.

§. 48.

Diese zween Könige vereinigten sich endlich wieder,
und verlangten nichts mehr, als Ruhe, nach so vielen
auswärtigen und innerlichen Kriegen, da einer nach dem
andern immer unterdrückt, und mit ihrer ganzen Nation
von den Ländern, die sie erobert hatten, vertrieben wurden. Ein unbekanntes, und bisher zwischen dem Tanais
und dem Eismeer eingeschlossenes Volk, gieng aus seinem Lande, und verbreitete sich wie ein Strom in alle
benachbarte Provinzen.

Es waren die Hunnen, ein Volk ohne Ehrbarkeit,
ohne Gerechtigkeit, ohne Religion, zur Arbeit von ihrer
Kindheit an abgehärtet, sie nährten sich von wilden
Wurzeln und rohem Fleische, waren stets im Felde, und
flohen die Häuser wie Gräber, schwärmten des Tages
herum, und des Nachts schliefen sie zu Pferde; sie waren
gewohnt, sich unter einander zu zanken, und sich alsdann
wieder aus keiner andern Ursach, als aus ihrer natürlichen Unbeständigkeit, zu versöhnen. Ihre unzählbare
Reuterey; ihr überflüßige Menge von Wagen, die ihnen,
mit ihren Frauen und Kindern beladen, folgten; ihre
Art, durch kleine Haufen zu fechten, und sich gleich nach

ihrer

ihrer Zerſtreuung wieder zu vereinigen; ſelbſt das furcht-
barliche Anſehen dieſer Leute, die zwar klein, aber ſtark
und unterſetzt waren; ihre durch Wunden zerſetzten Ge-
ſichter, ihre kleinen Augen, und ihre breiten Köpfe: alles
dieſes ſetzte die Völker in Erſtaunen und Furcht, welche
nicht ſo wilde wie ſie waren.

§. 49.

Sie fielen alsdann die Alanen an, welche gezwungen
waren, ihre Freundſchaft wieder zu ſuchen. Sie machten ihre Eroberungen bis über den Dnieper, verjagten
und tödteten alles, was ſich ihnen widerſetzte, und hatten
ſich bis gegen Dacien ausgebreitet. Auf das Geſchrey
dieſes fürchterlichen Zuges ergriffen alle Gothen die
Waffen. Athanarik, welcher am meiſten in Geſahr
war, verſammlete ſeine Truppen, und rückte gegen den
Fluß Danaſt, um den Feinden den Weg zu benehmen.
Er ſchickte unterdeſſen verſchiedene Parteyen bis zwanzig
Meilen weit aus, um ſie auszukundſchaften, und ihm
Nachricht davon zu geben. Aber bey aller möglichen
Fürſichtigkeit, welche er gebrauchte, kamen die Hunnen
dieſen Parteyen zuvor, und giengen, durch Beyhülfe der
Nacht, theils mit der Furter, theils mit Schwimmen
über den Fluß. Obgleich Athanarik kaum ſo viel Zeit
gewinnen konnte, ſich in Schlachtordnung zu ſtellen, ſo
hielt er doch den erſten Anfall mit vieler Herzhaftigkeit
aus: aber da er ſich durch die große Anzahl der Feinde
übermältiget ſah, ſo zog er ſich mit allem, was er von
ſeiner Armee retten konnte, zurück; und erreichte die Ge-
berge, wo er ſich verſchanzte, da unterdeſſen die Feinde
mit Verheerungen auf dem platten Lande beſchäfftiget
waren.

§. 50.

§. 50.

Unterdessen richteten die bestürzten Gothen gegen die Ufer der Donau. Werner, König der Thüringer, der noch geringer war, kam, sich mit ihnen zu verteidigen, unter der Anführung des Alates und Safrax, zween berühmter Feldherren. Sie waren zu stark, um sich in diesem kleinen Raume zu erhalten, und zu schwach, um ihren mächtigern Feinden zu widerstehen. In dieser äußersten Noth schickten sie eine Gesandtschaft zu dem Kaiser Valens, um ihn demüthig zu bieten, ihnen einiges Land in Thracien zu schenken, wo sie ruhig unter seinem Schutze leben könnten, sie versprechen hingegen, ihm im Kriege zu dienen, und selbst die Gränzen des Reichs zu bewachen. Die Sache wurde in dem Rathe untersucht. Diejenigen, welche ihre Absicht auf das gemeine Beste hatten, waren der Meynung, den Vorschlag zu verwerfen, und stellten dem Kaiser vor, daß er kein Vertrauen auf dieses Volk setzen müßte, welches ihn so oft hintergangen hätte, und welches sogleich übermüthig werden würde, wenn es aufhören würde elend zu seyn.

Die andern, um sich nach der Neigung des Fürsten zu richten, stellten ihm vor, daß es zu seinem Ruhme gereichte, der Elenden zu retten; daß seine Armeen durch diese Fremdlinge einen großen Zuwachs erhalten würden, und daß er die Provinzen von den Anwerbungen neuer Soldaten befreyete, welche zu herbeyzuschaffen verbunden wären. Diese Vorstellungen bewegten den Kaiser. Er bewilligte den Gothen alles, was sie begehrten, und gab dem Lupicinus, Gouverneur von Thracien, Befehl, ihnen Lebensmittel zu verschaffen, und sie in seiner Provinz aufzunehmen, mit der Bedingung, daß sie ohne Waffen da-

hineingiengen, nicht die Gränzen, welche man ihnen vorgeschrieben, überschreiten dürften, und ihre jungen Kna-
ben in den Orient schicken sollten, um daselbst in den
Uebungen des römischen Kriegswesens unterrichtet zu
werden.

§. 51.

Jupicin gieng bis an die Donau, in Gesellschaft des
Marimus, welcher die Infanterie commandirte. Sie
sahen den König Fritigern mit seinen Unterthanen ankommen, und ließen ihnen Proviant, und einiges Land anzubauen, austheilen. Der Fluß war damals ausgetre-
ten, und diese Menge von Wälden brachten einige Tage
und Nächte mit dem Hinüberfetzen zu. Da Valens
des Reich also in Ruhe und Sicherheit gesetzt hatte, so
achtete er die alten Truppen nicht mehr, nahm keine neuen
mehr an, versäumte die Anwerbungen der Soldaten,
und ließ sich dafür Geld zahlen, für einen jeden Soldaten vier und zwanzig Goldthaler. In kurzer Zeit waren also die Armeen geschwächt, und alle Officiers waren
mißvergnügt darüber.

Die Gothen fiengen an Mangel an Lebensmitteln
zu haben, und sahen sich durch den Geiz des Gouverneurs
genöthiget, ihre Güter dahin zu geben, und alles, bis auf
ihre Kinder zu verkaufen, um nur Brod zu haben. Sie
erduldeten diese Drangsalen, bis die Verzweiflung sie
endlich zum Murren brachte. Jupicin befürchtete zwar
ihre Empörung, entschloß sich aber dem ohngeachtet, doch
nichts nachzugeben, indem er sich auf seine Truppen verließ, und die Armee in Thracien von jener Seite zu versammeln befahl. Alaeus und Saferr, welchen Valens

den

den Aufenthalt verſagt hatte, wendeten ſich alsdenn gegen die Donau, und da ſie die Gegenden ſchlecht bewah-
ret antrafen, brachten ſie Schiffe zuſammen, und ließen
in gröſter Eil ihre Reuterey überſetzen.

Unterdeſſen hielt der König Fridigern noch immer
die Wuth der Gothen zurück, und gieng klug und behut-
ſam mit den Römern um, bis daß er ſeine bisher verbor-
genen Geſinnungen offenbaren könne. Nachdem er
durch Sylone erfahren, daß Alates und Saſrar über
den Fluß gegangen, und vorherſah, daß er ihrer Reuterey
nöthig haben würde, ſo gieng er durch abgelegene Wege
zu ihnen, um nicht den geringſten Argwohn eines Ver-
ſtändniſſes zu verurſachen. Endlich lagerte er ſich bey
Marcianopolis, wo ihn Lupicin in ſein Haus nahm, und
ihn prächtig bewirthete. Indem, da ſie bey der Tafel
waren, hatten ſich einige Gothen an den Thoren der
Stadt gezeigt, um Proviant zu holen; die Soldaten von
der Beſatzung aber ſtießen ſie zurück: man wurde auf
beyden Seiten hitzig, man kam zum Handgemenge, alle
Bürger ergriffen die Waffen, und das ganze Lager der
Gothen machte einen Aufſtand.

Als der Gouverneur von dieſer Unruhe hörete, war
er nicht eben allzu ſehr empfindlich darüber, und weil er
halb trunken war, befahl er ganz in der Stille, man
ſollte die Leute von dem Gefolge des Königs, die ihn in
einem nahen Saale erwarteten, umbringen. Dieſer Befehl konnte nicht ſo geheim ausgeführet werden, daß Fridigern es nicht hätte gewahr werden und ſelbſt das Geſchrey derer, welche man erwürgte, hören ſollen. Er
ſtand plötzlich von der Tafel auf; ohne dem Gouverneur
Zeit zu ſchenken, einen Entſchluß zu faſſen, und gieng

E 3   aus

aus der Stadt, unter dem Vorgeben: er gienge, ſich zu
zeigen, und die den Aufruhr erregt, ſtrafen zu laſſen.
Sobald als er in Sicherheit war, ſtieg er zu Pferde, ritte
auf allen Seiten umher, und munterte die Völker zur
Rache an.   In kurzer Zeit empörte ſich die ganze Nation, und Valens hatte derjenigen zu Feinden, welche er
für ſeine Gäſte und Bundesgenoſſen hielt.

§. 52.

Sie verwüſteten ſogleich das Feld, und verheerten
einige Dörfer mit Feuer und Schwerd.   Frithgern ließ
ihren erſten Wuth ein Genüge thun, hernach, brachte er
ſie ſo gut als er konnte wieder in Ordnung, und ließ ſie
unter ihren Fahnen ordentlich einherziehen.   Lupicin verſammlete auch ſeine Truppen, und glaubte, daß es genug
wäre, ſich bloß ſehen zu laſſen, um dieſe Unruhen zu
vertreiben; allein, er ließ ſich überfallen, und ein dieſe
Menge Völker ohne Ordnung, und beynahe ohne Waffen, ſich über ihn und ſeine Armee hermachten, ſo nahm
er ſchändlich die Flucht.   Nachdem die Gothen den
größten Theil der Soldaten und Officiers da niedergemacht, ſo nahmen ſie die Kleider und Waffen der Todten, und beraubten ungehindert ganz Thracien.   Die
Sclaven, welche ſie verkauft hatten, um Lebensmittel zu
bekommen, zerbrachen ihre Ketten, und liefen von allen
Seiten herbey.   Eine Menge von Mißvergnügten kam,
ſich mit ihnen zu vereinigen, und zeigte ihnen die Oerter,
wo ſie ſich bereichern, und auch diejenigen, wo ſie ſich ver-
ſchanzen könnten.   Eben zu der Zeit wurde ein altes
Regiment der Gothen, welches man in die Winterquartiere zu Adrianopel verlegt hatte, durch die Einwohner
ver-

verjagt, ob es gleich keinen Antheil an der Empörung hatte, und beständig dem Reiche treu gewesen war.

§. 53.

Diese Leute waren über ein solches Betragen ergrimmt, schickten zu ihren Gefährten, Hülfe zu suchen, und formirten eine Belagerung von Adrianopel. Sie thaten verschiedene Anfälle, und wurden jederzeit zurückgetrieben. Da Fritigern sah, daß er sich mancher Weise vor diesem Orte schwächen würde, gab er ihnen zu verstehen, daß er mit Menschen und nicht mit Mauren Krieg führte; daß es ein geringer Vortheil wäre, eine Stadt einzunehmen, wenn man ganze Provinzen erobern könnte, wo es mehr Beute zu machen gebe, und weniger Gefahr auszustehen wäre. Diese Truppen huben auf Anrathen des Königs die Belagerung auf, und breiteten sich in Thracien, Mösien und Pannonien aus.

§. 54.

Der Kaiser Valens war damals zu Antiochien, wo er auf das Anrathen einiger arrianischen Bischöffe, und durch die Sorgfalt der Kaiserinn, an nichts dachte, als die Katholiken zu verfolgen. Einige starben unter den Mauren, andre wurden in den Oronten gestürzt. Man verjagte die frömmsten Prälaten von ihren Gemeinden, und man drang mit Feuer und Schwerd bis in das Innerste der ägyptischen Wüsteneyen. Selbst die Heyden bezeigten ein Mitleiden hierüber, und der Philosoph Themistius gieng zum Kaiser, um ihm zu sagen: „Er „verfolgte ohne Ursache fromme Leute; es wäre kein „Verbrechen, anders zu glauben und zu denken, als er;

„er

„er mußte sich nicht über die Verschiedenheit der Mey-
„nungen verwundern; die Heyden wären weit mehr un-
„ter sich, als die Christen uneinig; ein jeder betrachtete
„die Wahrheit auf einer gewissen Seite, und es hätte
„Gott gefallen, den Hochmuth der Menschen zu Schan-
„den zu machen, und sich durch die Schwierigkeit, welche
„man habe, ihn zu erkennen, desto verehrungswürdi-
„ger zu machen.„ Der Kayser wurde durch die Rede
dieses Philosophen gerühret, und ließ ein wenig von diesem ungerechten Religionseifer ab, der ihn gänzlich eingenommen hatte. Er erhielt beynahe zu gleicher Zeit
die Nachricht von der Empörung des Fritigern, von der
Niederlage des Lupicin, und von der Verwüstung so vieler Provinzen. Hierauf bereuete er seine verübten Fehler, und beschloß, sich an der Undankbarkeit der Gothen
zu rächen, und sie mit der ganzen Macht des Reichs anzufallen.

§. 55.

Diese Sache beunruhigte ihn sehr, weil er bereits
schon verschiedene Feinde auf dem Halse hatte. Die Saracenen waren ihm aber die fürchterlichsten. Sie hatten ihren König seit einiger Zeit verlohren, und die König-
ginn Mavvia, seine Gemahlinn, war Regentin geblieben. Ob sie gleich mit den Römern im Bündniß stund,
so fiengen sie doch an selbige zu beunruhigen, und glaubten, Völker, welche bloß von einem Frauenzimmer be-
herrscht würden, ungestraft anfehen zu können. Sie
beklagte sich deswegen, und konnte kein Recht darüber
erlangen. Sie brach das Bündniß, welches ihr Ge-
mahl mit dem Kayser gemacht hatte, gieng mit einer
zahl

zahlreichen Armee zu Felde, und verwüstete Phönicien, Palästina und demjenigen Theil von Aegypten, der zwischen dem Nil und dem rothen Meer liegt. Der Gouverneur von Phönicien fand sich zu verschiedenen malen ein, um ihnen die Wege abzuschneiden; aber er wurde jederzeit geschlagen, und verlohr den besten Theil von seinen Truppen. Er mußte seine Zuflucht zum Meter, dem General der Armee im Oriente nehmen. Dieser rückte mit einem großen Corps Reuterey und Fußvolk an, und da er über den Gouverneur spottete, der sich mit ihm vereinigen wollte, so befahl er ihm an, allein für sich zu bleiben, und ihm den ganzen Ruhm von einem Siege zu überlassen, den er selbst nicht hatte erhalten können. Mit dieser Zuversicht näherte er sich, lieferte die Schlacht, und verlohr sie; die ganze Armee wurde geschlagen, und er gerieth selbst in die größte Gefahr, wenn der Gouverneur nicht herbeygeeilt wäre, um ihn zu befreyen, und ihm zu seiner Flucht zu verhelfen. Nach diesem Siege war die Königinn im Stande, ihre Eroberungen weiter zu treiben, ohne daß etwas fähig war, ihr Einhalt zu thun.

§. 56.

Zu eben der Zeit verlangten die Perser, der Kayser sollte Armenien abtreten, welches der Vorwurf zu einem beständigen Kriege zwischen den beyden Nationen war. Der Kayser behauptete seine Rechte, und nach verschiedenen Erläuterungen der letztern Verträge, und nach verschiedenen Gesandtschaften von beyden Seiten, entschloß man sich, diese Streitigkeit, welche man durch keine Unterhandlung zu Ende bringen konnte, durch die Waffen zu entscheiden. Der König Sapor ließ seinem General-

C 4

Has-

Lieutenant anbefehlen, er sollte sich einiger Plätze bemächtigen, und sich bereit halten, die Armee selbst zu
Anfange des Frühlings auszuführen.

§. 57.

Es war mehr innerhalb dem Reiche, als außer demselben zu befürchten. Die Provinzen, welche die Tyranney der Gouverneurs, und die Verfolgung, welche man
gegen die Katholiken verübte, überdrüßig hatten, waren
im Begriff, einen Aufstand zu erregen. Valens, der
sich befürchtete unterbrochen zu werden, fertigte Couriers
zu dem Kayser Gratian, seinem Vetter ab, um Hülfe
von ihm zu bitten, alles, die Perser und Saracenen zu
befriedigen, damit er nur bloß mit den Gothen Krieg
führen, und aus allen seinen Truppen nur ein Corps machen dürfte.

Er befahl also dem Victor, zur Königinn Mavia
zu gehen, um sie um Friede zu bitten, mit einer Bedingung, welche es immer wäre. Die Unterhandlung war
glücklicher als der Krieg; denn die Königinn, welche an
Weisheit und Macht gleich groß war, hinderte nunmehr
den Fortgang ihrer Siege, und begnügte sich, den Kayser
dahin gebracht zu haben, sie zu fürchten. Victor mußte
sich sehr klug gegen diese Prinzessinn zu verhalten, indem
er sie wegen ihrer großen Eigenschaften liebte, und es für
eine besondere Ehre hielt, von ihr überwunden zu seyn,
daß sie ihm in wenig Tagen den Frieden einwilligte, und
ihm so gar ihre Tochter zur Gemahlinn gab. Da sie
jederzeit eifrig für die christliche Religion war, welche sie
seit kurzem angenommen hatte, so wollte sie die Friedenshandlung nicht eher unterschreiben, als bis man sich ver-

verbindlich machte, ihr einen von ihren Unterthanen, Mese genannt, zum Bischof zu geben, der mit vielem Ruhme der Heiligkeit in den ägyptischen Wüstereyen lebte. Diese Bedingung schien sehr angenehm zu seyn, und der Vergleich wurde beynahe zu einer Zeit geschlossen und auch vollzogen.

Petrer hatte Befehl, von jener Seite nach Persien zu gehen, um die Streitigkeiten zwischen den beyden Kronen, wenn es möglich wäre, zu endigen, und die Legionen, welche in Armenien waren, so bald der Friede wieder geschlossen seyn, mit wegzuführen. Der Kayser ließ vieles von seinen Anforderungen nach, und willigte in einen Vertrag, welcher schimpflich gewesen seyn würde, wenn er nicht nöthig gewesen wäre, er mußte alsdenn selbst einige Verletzungen des Vertrags erdulden, da es ihm nicht Zeit war, sich darüber zu beklagen, und eine Sache verbergen, welche damals nicht die nöthigste war. Es war kein anderer Rath, als die Völker zu befriedigen, und dieses geschah, da man die Bischöfe aus ihrem Exil zurückberufte, und einem jeden in der freyen Ausübung seiner Religion leben ließ.

§. 58.

Valens glaubte damals, daß seine Sachen vollkommen gut stünden, und machte sich bereit, von Antiochien abzureisen, als er erfuhr, daß Trajan, welcher die Armee in Armenien commandirte, die Gothen in Thracien angegriffen, sie in die Flucht geschlagen, und bis in die engen Wege des Gebirges Hämus getrieben; daß er sich der engen Wege bemächtiget, und sie eine Zeitlang eingeschlossen gehalten hätte; allein, da sie aus Hunger und

Ben

Verzweiflung alle ihre Kräfte angewendet, so wäre er
genöthigt worden, sich zurück zu ziehen, und ihnen die Wege
frey zu lassen.   Kurze Zeit hernach erfuhr er, daß Trajan sich mit dem Ricomer, einem französischen Prinzen,
der vom Occident mit einigen Hülfstruppen wäre geschickt
worden, vereinigt hätte; daß diese zween Feldherren sich
dem Lager der Gothen genähert hätten, in der Absicht,
wo es möglich wäre, sie in ihren Verschanzungen zu bezwingen, oder die Arrieregarde anzugreifen, wenn sie auf
für dem Lager, wie sie es gewohnt waren, herumstreifen
würden, daß, nachdem sie einander lange Zeit aufgesucht,
so wären sie noch zum Handgemenge gekommen; das
Treffen hätte vom Morgen bis in die Nacht gedauret;
und da die Anzahl der Welden der Tapferkeit der Römer
überlegen gewesen wäre, so hätte sich Trajan als ein rechtschaffner Kriegsheld zurückgezogen, und Ricomer wäre
nach dem Occident zurückgegangen, um eine weit stärkere
Hülfe mitzubringen.

Der Kayser wurde um besto mehr erzürnt über diese
Nachricht, weil er hörte, daß viele Officiers geblieben
wären, und daß die Gothen bis in die Vorstädte von Con-
stantinopel streiften.   Er schickte dem Trajan ein Corps
Reuterey zu, damit er den noch übrigen Herbst durch im
Felde bleiben könnte.

§. 53.

Unterdessen hatte Gratian, aus Ungeduld, seinem
Vetter bald zu Hülfe zu kommen, den größten Theil seiner Armee nach Jllyren gehen lassen, und machte sich
fertig, bey dem härtesten Winter zu marschiren, um bey
der Eröffnung des Feldzugs im Oriente gegenwärtig zu
seyn.

seyn. Er ließ den Merobaudes, König der Franken, bey den Galliern, um sie zu beschützen; und da er wohl wußte, daß das Schicksal der Fürsten bey Gott stehet, und daß sie den Sieg mehr von ihrer Gottesfurcht als von der Anzahl oder der Tapferkeit ihrer Soldaten erwarten sollten, so hatte er den heiligen Ambrosius ersucht, ihm ein kurzes Verzeichniß des wahren Glaubens zu verfertigen, welches er auf seiner Reise lesen könnte.

§. 60.

Allein, da er eben im Begriff war, abzugehen, dachten die Deutschen sich seine Abwesenheit zu Nutz zu machen, giengen über den ungefrornen Rhein, im Monat Februar, und fiengen an die Provinzen des Reichs zu verwüsten. Ob sie gleich über vierzigtausend Mann stark waren, so wurde doch dieser junge Kayser nicht bestürzt darüber; er ließ die Truppen, welche er in Gallien zurückbehalten, marschiren, und rufte diejenigen, welche er nach Pannonien geschickt hatte, zurück. Er selbst führte sie an, und da er die Feinde in der Gegend um Straßburg antraf, grief er sie zu rechter Zeit und mit einer solchen Herzhaftigkeit an, daß er sie gänzlich schlug. Es blieben fünf und dreißigtausend auf dem Platze, und alle ihre Chefs, und ihr König selbst waren todt. Gratian verfolgte diejenigen, welche davon gekommen waren, in die Wälder und in die Gebirge, und zwang die ganze Nation, ihn bemächtigt um Friede zu bitten, und alles, was von jungen Leuten im Lande war, ihm gleichsam zu Geißeln zu geben, mit welchen er alsdann seine Armee wieder verstärken konnte. Hierauf ertheilte er seine Befehle, und gieng mit starken Märschen auf Pannonien zu, ob er gleich

von

von einem abwechselnden Fieber außerordentlich abgemattet wurde.

§. 61.

Valens gieng sehr langsam wieder nach Constantinopel zurück, und ertheilte deswegen seinen vornehmsten
Officiers, welche sich über den Marsch berathschlagten,
seine Befehle. Trajan kam ihm entgegen, um ihn von
dem Zustande der Truppen, welche er commandirte, Berichte abzustatten. Sobald er erschien, ward der Kayser zornig, und da er ihn des Verlusts des letztern Treffens beschuldigte, so hielt er ihm seine schlechte Anführung, oder seine Zaghaftigkeit, mit vielen schimpflichen
Worten vor. Trajan hörte diese Vorwürfe mit der
größten Gelassenheit an, und weil er sehr freimen war,
antwortete er dem Kayser: „Da wir überwunden sind,
„gnädigster Herr, so sind Sie vielleicht selbst Schuld, daß
„wir nicht siegen. Sie führen mit Gott selbst Krieg,
„und Gott hilft den Wilden, welche mit Ihnen kriegen.
„Er ist es, welcher den Sieg denen giebt, die in seinem
„Namen streiten, und der ihn denen nimmt, die sich als
„seine Feinde bezeigen. Sie werden gar wohl einsehen,
„daß Sie es sind, wenn Sie bedenken, wer die Bischöfe
„sind, welche Sie von ihren Gemeinen vertrieben haben,
„und im Gegentheil bezeugen, welche Sie an ihre Stelle
„gesetzt haben.„ Der Kayser, der durch diese Rede beleidigt war, wollte sich erzürnen: aber Arintheus und
Victor, zwei Generale seiner Armee, stellten ihm vor,
daß er einen tapfern Mann sehr empfindlich beleidiget
hätte; daß der Erste für die Religion ihm dergestalt zu
reden geheißen hätte, und daß man ihm diese Antwort

ver-

vergeben müßte, welche vielleicht nur allzugegründet wäre. Valens besänftigte sich ein wenig, und begnügte sich, dem Trajan den Charakter eines Obristen der Infanterie zu nehmen, welchen er mit so vielem Ansehen behauptet hatte.

§. 62.

Endlich kam der Kayser zu Constantinopel, zu Ende des Monats May, mit einem Theile seiner Armee an. Die Gothen fuhren fort bis an die Stadtthore zu kommen, und das Land, wie vorher, zu verwüsten. Er hatte sich gleichsam verschlossen, entweder, weil er sich nicht wagen wollte etwas zu unternehmen, da er noch keine Nachricht von dem Trajan hatte, oder, weil er diese Stadt mit Fleiß züchtigen wollte, durch die Soldaten, welche sie inwendig verzehrten, und durch die Wilden, welche sie von außen ängstigten; denn er hatte einen Haß auf sie geworfen, seit dem sie die Partie des Tyrannen Procopius wider ihn genommen. Man fieng daröber an zu murren, und man sagte öffentlich, der Kayser habe ein geheimes Verständniß mit den Wilden, und er würde ihnen seine Unterthanen überliefern. Die Sache kam so weit, daß, als er einesmals bey dem Wettlaufen der Pferde gegenwärtig war, man von allen Seiten schreyen hörte: „Gebt uns Waffen, wir wollen zu Felde gehen, „der Kayser mag sich unterdessen mit dem Wettlaufen be„lustigen.„ Er wurde über diese aufrührischen Worte verdrießlich, und gieng zornig den eilften Junius aus der Stadt, mit der Bedrohung, daß er nach dem Kriege wieder dahin zurückkommen, und sie dergestalt zerstören würde, daß ihr keine Hoffnung zur Wiederherstellung übrig bleiben sollte.

Er

Er begab ſich nach Melanthias, einem kayſerlichen Luſthauſe, einige Meilen von Conſtantinopel. Als er daſelbſt ſeine Truppen verſammelte, erhielt er Brieſe vom Scortian, welcher ihm die Niederlage der Deutſchen berichtete, und ihm verſicherte, daß er bald mit ſeiner ſiegreichen Armee bey ihm ſeyn würde. Er war auch wirklich mit ſeiner Reuterey auf dem Marſche, und kam, ſeine Infanterie und ſein Gefolge bey Strnhum zu erwarten. Auf der andern Seite hatte Sebaſtian, welcher mit zweytauſend auserleſener Mannſchaft im Felde war, verſchiedene Parteyen überfallen, und hatte in der Gegend von Adrianopel ein groß Blutbad unter den Gothen angerichtet.

§. 63.

Da indeſſen der König Fritigern ſah, daß es zu einer Schlacht werde kommen müſſen, ließ er mit dem Rauben auf dem Felde inne halten, und befahl allen ſeinen zerſtreuten Leuten, ſie ſollten kommen, ſich mit dem größern Hauſen des Heeres zu vereinigen, ſowohl, um ſie zu nöthigen, in den Hinterhalt der Römer zu fallen, als ſie zur Ordnung im Lager zu gewöhnen. Er ſchickte Couriers zu dem Alaver und Safrax, um ſie zu bitten, ſich in Eil mit ihrer Reuterey zu ihm zu begeben. Er lagerte ſich nicht mehr, als in großen weiten Ebenen, und nahe bey den Städten, aus Furcht, überfallen zu werden, oder Mangel an Lebensmitteln zu haben. Sobald als er erfuhr, daß der Kayſer ſich näherte, ſo zog er ſich zurück, als wenn er das Treffen vermeiden wollte, und bedeckte ſeinen Marſch ſo gut, indem er ſeine Armee in verſchiedene beſondre Corps theilte, daß die feindlichen

Spions

Epicur auch nicht einen Theil derselben entdecken konnten. Er hatte einige Bataillons ausgeschickt, um sich der weit herausgestellten Posten zu bemächtigen, und wollte den Römern allen Proviant abschneiden. Er führte sich, kurz zu sagen, so klug und so bescheiden auf, daß man sagte: Aristgern wäre der römische, und Valens der mehr barbarische Fürst.

§. 64.

Sobald als der Kayser zu Adrianopel angekommen war, so brachten ihm diejenigen, welche ausgeschickt waren, die Gothen auszukundschaften, die Nachricht: daß sie nicht viel stärker als zehntausend Mann wären; daß sie sich in Unordnung zurückgezogen, und sich nicht wagten, außer ihren Verschanzungen zu erscheinen. Er glaubte nunmehr, daß sie des Sieges gewiß versichert wären. In der Zeit kam auch Ricomer von Sirmium, um ihm zu berichten, daß Gratian im Anmarsche wäre, und daß er in wenig Tagen ankommen würde. Dieser junge Prinz schrieb seinem Vetter, und bat ihn inständig, ihn zu erwarten, und zu erlauben, daß er mit ihm, wo nicht die Ehre, wenigstens die Beschwerlichkeiten und Gefahren dieses Krieges theilen möchte.

Valens ließ den Rath versammeln, und die Sache untersuchen. Victor, General der Cavalerie, rieth an, man sollte sich mit nichts übereilen, und stellte vor, daß die Feinde stärker wären, als man glaubte, ihre Armee könnte in kurzer Zeit durch eine große Anzahl Truppen, die auf dem Felde zerstreut gewesen, angewachsen seyn; sie hätten einen wachsamen Anführer, welcher sich wohl wieder zu verhalten wüßte. Es werde schade seyn, sie

in

in ihrem Lager zu bezwingen, oder sie auch in Schlachtordnung gestellt, bloß durch die Macht des Ordens zu
überwinden; aber man könnte gewiß versichert seyn, sie
zu schlagen, und zwar dergestalt, daß sie keine Hoffnung
hätten, sich wieder zu erholen, wenn man nur die Hülfe
der Gothen erwartete.   Er fügte noch hinzu, daß es eine
Beleidigung für den Kayser wäre, welcher in eigner Person ihnen zu Hülfe käme, wenn man ohne Noth eine
Schlacht wagte, da er eben bald iho ankommen sollte.
Die vornehmsten Officiers von der Armee gaben eben
den Rath.

Sebastian behauptete im Gegentheil, man müßte
bald eine Schlacht liefern.   Dieser war ein großer Feldherr, der seit kurzem von dem Hofe in Occident angekommen, alldo er sich nicht mit den Ministern hatte ver-
tragen können.   Er commandirte die Infanterie, sollte
dem Trajan in Ungnade gekommen, und suchte alle mög-
gliche Mittel, sich in seiner neuen Würde hervorzuthun,
und sich bey dem Kayser in Ansehen zu bringen.   Da
er sah, daß dieser Prinz erschrocken und unentschlossen
war, rieth er ihm, mit seiner Armee in der Gegend von
Constantinopel zu bleiben; aber so bald er ihn geneigt
zum Streiten sah, rieth er ihm, den Feind anzugreifen,
welchen er durch seinen Verlust geschwächt, bestürzt, und
in seinem Lager jammernd-vorstellte, und der außer Stand
gesetzt wäre, sein zerstreutes Kriegsvolk wieder zusammen
zu bringen.   Alle junge Leute bey Hofe und bey der Armee ergriffen diese Partey, einige, um dem Kayser zu
gefallen, andere, um sich Nutzen zu erwerben, verschiedene
schämten sie gar von einer falschen Nachbesserung angereitzt:
„Sie nie dem niemals zugeben, daß andere für sie zu strei-
„ten

„gen und zu siegen kämen.„ Valens, welcher den Sieg
schon in den Händen zu haben glaubte, und der überdies
eifersüchtig wegen der Hochachtung war, welche sich sein
Vetter erworben hatte, erwählte den Rath, der seiner
Neigung am meisten schmeichelte, und entschloß sich, noch
vor seines Bruders Ankunft auf den Feind loszugehen.

§. 65.

Da Fritigern wußte, daß er zwo große Armeen und
zween Kayser auf dem Halse haben würde, wenn die
Sache nicht bald zu Ende gebracht würde, so hielt er es
für nöthig, sich mit dem Valens zu vergleichen, oder ihn
alsbald zu einem Haupttreffen zu nöthigen. Er schickte
deswegen Gesandten zu ihm, und ließ ihm in sehr ehrerbietigen Ausdrücken billige Vorschläge thun. Er hoffte,
der Kayser würde ihm dadurch den Frieden verwilligen,
oder, er würde diese Demüthigung als ein Zeichen der
Furcht und Schwäche ansehen, und würde destomehr Lust
bekommen, sich mit ihm einzulassen. Der Bischof Ulphilas, welcher das Geheimniß der Gesandschaft hatte, begab sich eilend vor das Lager bey Adrianopel, wo er mit
vielen Ehrenbezeigungen empfangen, und sogleich zur
Audienz geführet wurde. Er zeigte öffentlich die Briefe,
durch welche der König, sein Herr, im Namen aller seiner Unterthanen, den Kayser demüthig bat, eine elende
Nation in Ruhe zu lassen, welche von allen Seiten verjagt worden wäre, die bloß in der äußersten Noth die
Waffen ergriffen hätte, welche bereit wäre, sie niederzulegen, und weiter an nichts zu denken, als bloß zu leben,
dem Kayser zu dienen, und das Land, welches man ihr in
Thracien verwilliget hätte, anzubauen.

F   Die

Dieser Prälat hatte Befehl, noch eine geheime und besondere Audienz auszubitten, und dem Kayser eigenhändig einen zweyten Brief zu überreichen, im Fall es dem ersten nicht gelungen wäre. Fritigern schrieb dem Valens, er wäre entschlossen, sein Freund und Bundesgenosse zu seyn, und er bemühte sich, die Gothen wieder zum Gehorsam zu bringen; aber es wären Wälder, welche sich nicht einbilden könnten, daß man sich unterstehen solle, sie anzugreifen, man dürfe ihnen nur bloß die Armee zeigen, so würden sie sich alsbald beruhigen, man würde sie bloß durch den Namen und die Gegenwart des Kaysers in Furcht und Schrecken setzen.

§. 66.

Diese Gesandten wurden ohne Antwort zurück geschickt, und Valens war destomehr begierig, eine Schlacht zu liefern, weil er glaubte, daß die Gothen sie zu vermeiden gedächten. Er machte alles fertig, marschirte den folgenden Tag, den neunten August, bey Anbruch des Tages aus, und ließ das ganze Kriegsgeräthe bey Adrianopel, um desto geschwinder und eilfertiger die Sachen auszuführen. Er kam zu Mittage bey der feindlichen Armee an, und stellte seine Truppen in Schlachtordnung, welche von einem Marsche von zwölf Meilen, durch üble Wege, und von einer außerordentlichen Hitze abgemattet waren.

Der König der Gothen schickte so gleich Abgeordnete zum Kayser, um ihm neue Friedensvorschläge zu thun: denn da er klug und erfahren war, so befürchtete er allerdings den schlechten Erfolg eines Treffens, und wollte allenfalls Zeit gewinnen, bis die Cavallerie, welche er erwar-

erwartete, angekommen wäre. Unterdessen besah er sein
Lager, ertheilte den Hauptleuten seine Befehle, und stellte
seine Truppen hinter eine Verschanzung, welche er von
allen den Wagen, die bey der Armee waren, hatte machen lassen. Er ließ große Feuer durch das ganze Feld
anbrennen, damit, da die erhitzten und durch die Wärme
durstigen Römer noch mehr frische Luft zu schöpfen hätten, und also destoweniger im Stande wären zu fechten.
Er erhielt zu eben der Zeit Nachricht, daß der Kayser
seine Abgeordneten verachtet, und sich nur mit den Vornehmsten der Nation in Unterhandlungen einlassen wolle.
Er ließ ihm melden, daß er ihn selbst besuchen wollte,
wenn er vorher einige vornehme Personen von seinem
Hofe zu Geiseln schicken wollte. Diese Unterhandlung
machte eine Art von Stillstand auf etliche Stunden, bin-
nen welchen Alater und Safrax mit ihrer Reuterey ankommen, und zwo starke Escadrons vor dem Lager der
Gothen formirten.

§. 67.

Der Vorschlag des Königs wurde in dem Rathe
des Kaysers angenommen, und man hatte sich schon daselbst über die Wahl der Geiseln berathschlaget, als die
Parteyen, ohne daran zu denken, sich zu einem Treffen
gezwungen sahen. Denn da Bacurius, der Anführer
der Iberier, welchen man an die Spitze des rechten Flügels gestellt hatte, bey dem feindlichen Lager einen großen
Haufen Reuterey von Hunnen und Alanen gewahr werden war, so gieng er ohne allen Befehl auf sie los, und
eilte so gleich ihn zu überwältigen. Die Wilden erwarteten ihn ohne alle Bestürzung, und trieben ihn mit gro-

ßen

sten Verlust der Seinigen zurück.. Es erhub sich hier
auf von beyden Seiten ein großes Geschrey.   Einige
Escadrons rückten heran, um die Iberier zu unterstützen,
welche sich in größter Unordnung zurückzogen; aber Alates gieng sogleich auf sie los, und nachdem er alles, was
den Muth gehabt hatte, ihm Widerstand zu thun, in
Stücken zerhauen, so verjagte er die übrigen so hitzig,
daß er die Cavalerie und Infanterie über den Haufen
warf, und den ganzen rechten Flügel in die Flucht trieb,
ohne, daß er sich jemals wieder hätte erholen können.

§. 68.

Unterdessen gieng Frithgern auch mit einem Theile
seiner Truppen in die Schlacht, und grief den linken Flügel herzhaft an, wo die Legionen waren, welche durch den
Sebastian commandirt, und durch die Gegenwart des
Kaysers aufgemuntert wurden.   Etliche fochten sehr
tapfer; aber endlich wichen die Gothen; und weil sie
entweder den Angriff des Feindes nicht aushalten konnten, oder ihn näher an ihr Lager ziehen wollten, damit er
ihnen nicht entstehen könnte, so zogen sie sich bis an die
Verschanzung der Wagen zurück. Daselbst hielten sie dem
Feinde Stand, gleich als wenn sie neue Macht bekommen hätten.   Die Römer strengten auch alle ihre Kräfte
an, um den erhaltenen Vortheil zu behaupten; aber da
sich die Trabanten, welche das Lager bewachten, auf der
einen Seite um sie zogen, auf der andern aber Alates,
welcher von dem Nachjagen der Reuterey wieder kam,
ihnen in die Flanke fiel, und eine unzählbare Menge
Wilde sie allenthalben umgaben, so dachten sie an nichts
mehr, als nur ihr Leben theuer zu verkaufen.

§. 69.

§. 69.

Nachdem sie eine Zeitlang von weitem mit Pfeilen
gestritten, so geriethen sie alsdenn mit Beilen und Sä-
beln an einander. So viel als die Feinde Platz gewinnen konnten, schlossen sie sich zusammen, bis sie endlich an
Kräften erschöpft, und von der Menge übermächtiget waren, so wurden sie größten Theils niedergemacht. Sebastian, ein Obrister der Infanterie, Valerian, der Ober-
stallmeister, Equitius, ein naher Anverwandter des Kaysers, und Oberhofmeister, über fünf und dreyßig Tribunen,
und eine große Anzahl anderer Officiers, blieben auf dem
Platze. Da der Kayser diese Verwüstung sah, wußte er
nicht, zu was er sich entschließen sollte. Zwo Compagnien von seinen Trabanten beschützten ihn mit ihren
Schilden. Trajan hatte sich mit dem größten Theile
der Freywilligen zu ihm gestellt, und rieth, man solle in
Eil Hülfstruppen herbeyführen. Aber alles war furchtsam und bestürzt. Die Batavi, welche das Corps der
Reserve ausmachten, hatten die Flucht ergriffen. Victor und Arenner konnten ihre Leute nirmals wieder zusammen bringen. Alsdenn, da die Nacht noch dazu
kam, so rieth Trajan dem Kayser, sich zu retten, und da
er allein die ganze Macht der Feinde aufhielt, so empfieng
er einige Wunden, und starb großmüthig für sein Vaterland, und für einen Prinzen, der ihm kurze Zeit vorher
seine erste Würde abgenommen.

§. 70.

Valens, um seine Flucht zu verbergen, mengte sich
unter einige Soldaten, welche wie er flohen. Er kam
schlecht fort, weil die Nacht sehr finster, und das Feld

mit

mit Leben bedeckt war; und zum größten Unglück wurde er von einem Pfeile durch die herumschweifenden Wilden verwundet, welche allenthalben schossen, wo sie ein Geschrey gehöret hatten. Er fiel vom Pferde, und wurde von einigen seiner Bedienten in eine Bauerhütte, die sich auf dem Felde befand, getragen. Man hatte kaum sein Blut gestillet, und zum erstenmal, so gut als man konnte, verbunden, als ein Schwarm herumstreifender Ostgothen ankam, in der Absicht, das Haus zu plündern, ohne zu wissen, wer darinnen wäre. Sie versuchten die Thüren aufzustoßen, und da sie Widerstand antrafen, so ließen sie ihr Vorhaben fahren; denn sie befürchteten, es möchte ihnen nicht gelingen, und hofften auch nicht viele Vortheile zu erhalten. Um sich aber jedennoch an denjenigen zu rächen, welche ihnen in diesem Hause Widerstand thaten, so legten sie Feuer daselbst an, und giengen davon.

Dadurch geschah es endlich, daß Valens, der von Schmerzen und Gewissensunruhe gemartert wurde, den neunten August im vierzehnten Jahre seiner Regierung, und im fünfzigsten seines Alters, lebendig verbrannte. Die Wilden erfuhren seinen Tod durch einen seiner Bedienten, der sich aus der Feuersbrunst errettet, und ärgerten sich, die Gelegenheit verlohren zu haben, einen Kaiser zum Kriegsgefangenen zu machen, und seine Kleider zu gewinnen. Dies war das beweinenswürdige Ende des Valens. Er hatte das Schicksal gottloser Fürsten, in seinem Leben wurde er von jedermann gehasset, und nach seinem Tode von niemanden bedauret.

§. 71.

Die Geschichte meldet, daß seit der Schlacht bey Cannes die Römer keinen größern Verlust erlitten. Es blieben von ihrer Armee mehr als zwey Drittheil auf dem Platze, die übrigen zerstreueten sich, und flohen hin und da in die Städte. Victor und Ricomer giengen in der größten Eil zum Kayser Gratian, um ihm Nachricht von dieser Niederlage und Zerstreuung zu geben, und zu verhindern, daß er sich nicht zu weit wagen sollte. Unterdessen waren die Gothen auf nichts mehr bedacht, als die Frucht ihres Sieges zu genießen, und die Provinzen, von denen sie Herren zu seyn glaubten, zu verwüsten. Gratian, bestürzt über den Verlust der Schlacht, und über den Tod seines Vettern, welchen er zu gleicher Zeit erfuhr, berathschlagte, ob er seinen Marsch weiter fortsetzen, oder zurückgehen sollte. Die Gothen waren mächtig; er hatte wenig Truppen, ihnen Widerstand zu thun; er verlohr das Reich, wenn er wäre überwunden worden. Diese Bewegungsgründe nöthigten ihn, sich nach Sirmium zu begeben, bis daß er mehr Truppen zusammlen könnte, oder sich in der Hitze des Raubens vielleicht ein Aufstand unter den Wilden erregen möchte.

§. 72.

Unterdessen überlegte er alle Umstände dieses Krieges; die Blindheit des Hofes, welcher diejenigen zu Beschützern des Staats angenommen, welche die gefährlichsten Feinde desselben wären; die Unvorsichtigkeit des Kaysers, der sie entweder zu sehr verachtet, oder zu sehr gefürchtet hatte; die traurige Begebenheit dieses Prinzen, welcher die Grausamkeit derjenigen erfahren, denen

er bundbrüchig werden. Er dachte dem nach, was der
heil. Ambrosius ihm kurze Zeit vorher geschrieben hatte:
„Das Blut so vieler Märtyrer, und die Verweisung so
„vieler verfolgten Bischöfe, wären die wahre Ursache der
„Einbrüchen im Reiche; die Fürsten könnten sich nicht
„der Treue der Menschen versichern, wenn sie nicht selbst
„Gott treu wären, und die Aufstand einer orianischen
„Nation wider einen orianischen Kayser wäre eine Wir-
„kung der göttlichen Gerechtigkeit, welche die Gottlosig-
„keit selbst durch die Gottlosigkeit bestrafte.‟

§. 73.

Um diesen Unordnungen abzuhelfen, und sich die
Gnade der Vorsehung zu verschaffen, so ließ er einen
öffentlichen Befehl ausgehen, durch welchen er die, wegen dem katholischen Glaubens angewiesenen Bischöfe, zurück berufte, und sie auf ihren Stühlen aufs neue bestätigte. Er befahl dem Sapor, einem Generallieutenant, diesen Befehl im ganzen Orient ausüben zu lassen,
die falschen Bischöfe von ihren Kirchen, die sie ungerecht
an sich gezogen, zu vertreiben, und nur denjenigen
dieselben zu lassen, welche in der Gemeinschaft der katho-
len Kirche wären. Doch hielt er es vor nützlich, mit den
Völkern eine Zeitlang gelinde umzugehen, und da er die
Sachtmuth wie das Ebenmaß verband, so verschüttete
er einem jeden die freye Ausübung seiner Religion, und
verbot bloß die öffentlichen Versammlungen einiger Secten, die ihm entweder lächerlich oder abgöttisch vorkamen.

§. 74.

Nachdem er die Kirche von der Unterdrückung, in
welcher sie sich befand, befreyet hatte, so mußte er auf
Mit-

Mittel denken, den Staat zu retten. Valtis war ohne
Kinder geſtorben, und der junge Valentinian, der den
Titel und die Würde eines Kayſers hatte, war noch nicht
ſo alt, die Reichsgeſchäffte ſelbſt zu verwalten; dergeſtalt
ſah ſich Gratian allein mit allen Sorgen des Reichs beladen. Es ſah zu eben der Zeit die ſtreitenden Gothen in
Thracien, und andre wilde Nationen bereit, in der Lan-
der des Reichs einzufallen. Da er allen dieſen Vorfäl-
len allein nicht gewachſen ſeyn konnte, noch wußte, wo
ſeine Gegenwart am nöthigſten ſeyn würde; ſo ſuchte er
einen Menſchen, der fähig wäre, ihn in ſeinen Kriegen
beyzuſtehen, und die Oerter in ſeiner Abweſenheit zu commandiren. Er hatte ſein Abſehen auf den Theodos, deſſen Tapferkeit und Klugheit ihm bekannt war, und weil
er ſich entweder ſchon entſchloſſen, ihn zum Reichsgeſell-
ſen anzunehmen, oder weil er ihm das Commando über
die Armee anzuvertrauen gedachte, ſo ſchrieb er ihm, und
befahl ihm zugleich, alſobald nach Sirmium zu kommen.

§. 75.

Theodos war damals in Spanien, wohin er geflüch-
tet war, wie wir ſchon gemeldet haben, um der Verfolgung des Valens, und dem Neide der Hofleute, welche
weder ſeine Hochachtung noch ſeine Verdienſte unverdroſ-
ſen anſehen konnten, zu entgehen. Er lebte in ſeiner
Einſamkeit, ohne ſich weder über die Kayſer noch über
ſein Schickſal zu beklagen. Er hielte ſich bald in der
Stadt unter den Bürgern auf, da er bey einigen Streit-
tigkeiten ausſöhnte, andern in ihren Nöthen zu Hülfe
kam, und allen ſich verbindlich machte; bald war er auf
dem Lande, wo er ſelbſt ſeine Gärten bearbeitete, und ſich

mit

mit Vergnügen allen Beschwerlichkeiten des Landlebens
ergab. Da er sich also sein Unglück zu Nutze machte,
so lernte er die Freundschaft des Volks gewinnen, und
gewöhnte sich so gut an alle Pflichten des bürgerlichen Lebens, daß er die Sanftmuth und Bescheidenheit einer
Privatperson auch dergestalt behielt, als er zu einer unum-
schränkten Herrschaft erhoben wurde. In diesem Zustande war er, als er die Briefe von Gratian erhielt, er
brachte alle seine häuslichen Angelegenheiten in Ordnung,
und reiste wenige Tage hernach ab.

§. 76.

Unterdessen wollten die Gothen nach der gewonnenen
Schlacht, dem Rathe des Königs Fritigern zuwider,
Adrianopel belagern, von dem sie erfahren, daß Valens
seine Schätze, und alles, was das Kostbarste im Reiche
war, daselbst verwahret hätte. Sie näherten sich in
Eil, und wagten verschiedene Anfälle, aber dies geschah
mit so vieler Uebereilung und Unordnung, daß sie beständ-
dig zurückgestoßen wurden, und ihre besten Truppen verlohren. Sie hatten einige Soldaten von der Besatzung
bekommen, welche ihnen ein Thor der Stadt übergeben
sollten: aber das Verständniß wurde entdeckt. Endlich
da sie von dem Regen verhindert wurden, der seit einigen
Tagen daurte, und über die Länge der Belagerung ver-
drossen waren, so giengen sie bis in die Gegend von Pe-
rinth, wo sie eine große Beute zu machen hofften.

§. 77.

Da sie sich nicht unterstunden diesen Ort anzugreifen, so verwüsteten sie die Gegenden umher, und näher-

ten ſich Conſtantinopel, in der Abſicht, es zu belagern,
und durch Sturm oder Hungersnoth zu erobern. Die
Kayſerinn Dominica, Gemahlinn des Valens, eröffnete
dazumal den gemeinen Schatz, und munterte durch ihre
Reden und durch ihre anſehnlichen Geſchenke die Einwohner und Soldaten ſo gut auf, daß ſie ein Treffen
wagten, und viele Milden überwältigten, welche ſich nahe
an die Stadt wagten. Das Treffen wurde blutig, und
durch einen Vorfall und ſonderbare Begebenheit geendiget, welches die Gothen beſtürzt machte, und ihrer Armee
ein Schrecken einjagte.

Einige Bataillons Saracenen, welche die Königinn
Mawia dem Reiche zu Hülfe geſchickt, und welche Valens zur Beſatzung in Conſtantinopel gelaſſen, waren mit
dem Feinde handgemein worden, und der Sieg war noch
ungewiß, als man auf einmal einen Soldaten von dieſer
Nation, mit einem Dolche in der Hand, und der einige
klägliche Worte hermurmelte, erſcheinen ſah. Er trat
ganz nackend aus ſeinem Gliede, und da er den erſten
Gothen, der ihm vorkam, anfiel, ſo ſtieß er ihm den Dolch
in die Bruſt, und warf ſich geſchwind auf ihn, um das
Blut, welches aus der Wunde floß, zu ſaugen. Die
Gothen erſtaunten über dieſe unmenſchliche Handlung,
welche ſie für ein Wunder hielten, ergriffen in größter
Verwirrung die Flucht, und hatten nicht mehr das Herz,
die Saracenen anzugreifen.

§. 78.

Sie waren vor Theſſalonich nicht glücklicher. Sie
wagten es zu verſchiedenen malen, ſich dieſer Stadt zu
bemächtigen, die nicht im Stande war, ihnen Wider-

ſtand

stand zu thun: aber der heil. Askel, welcher daselbst Bischof war, vertheidigte sie bloß durch die Stärke seines Gebets." Man erzählet, daß eine geheime Furcht diese Räubern eingekommenen Ältere, so bald als sie dahin angerücket wären, daß sie ihre räuberische Frechheit, die sie sonst bezeigten, verlohren hätten, ohne zu wissen, warum? und daß die Klügsten unter ihnen angerathen hätten, dieses Vorhaben fahren und ein Volk in Ruhe zu lassen, welches Gott so sichtbar durch die Vorbitte dieses Prälaten beschützte.

Endlich, nachdem ihnen der Raub dieser drey Städte fehl geschlagen, so begaben sie sich nach Macedonien, Thracien, Scythien, Mösien, und breiteten sich bis an die pannonischen Alpen aus, die an Italien gränzen, verwüsteten alle diese Provinzen, und ließen allenthalben traurige Spuren ihres Geizes und ihrer Wuth.

§. XX.

Der Orient sollte in eine gleiche Verwüstung gerathen, wenn man nicht alsbald den Fortgang einer gefürchteten Verschwörung, die schon völlig eingerichtet war, gehemmet hätte. Da die Gothen in Thracien aufgenommen worden, so war eine von den Bedingungen, welche man ihnen auferlegte, diese, daß sie ihre Kinder zu Geiseln geben sollten; und die Noth nöthigte sie endlich, daß sie darein willigten. Man hoffte hierdurch, sich der Treue der Väter zu versichern; und die Kinder unvermerkt an die Gesetze und die Zucht der Römer zu gewöhnen, damit sie einige in dem Kriege des Reiches brauchen könnten. Doch Julius, welcher des Orients, zmfolt des Gebie-

Gebirges Taurus commandirte, ward die Unterziehung dieser jungen Wilden aufgetragen. Er vertheilte sie hin und her in die Städte seines Gebietes, und ließ sie nach den Befehlen, welche er vom Hofe erhalten, unterweisen. Verschiedene waren schon alt genug, die Waffen zu tragen, und bey aller Sorgfalt, welche man angewandt hatte, ihnen den Sieg ihrer Nation zu verbergen, so hatten sie doch die Nachricht davon schon erfahren.

Alsdenn, da sich ihre natürliche Neigung wieder äußerte, so verabredeten sie unter einander wegen der Mittel, sich einiger Städte zu bemächtigen, und die Besatzungen, welche nicht auf ihrer Seite seyn würden, umzubringen. Diejenigen, welche sich zusammen begeben, ließen es heimlich ihren Cameraden wissen; und die Verschwörung sollte bald bekannt werden. Julius bekam davon Nachricht, und entschloß sich, ihnen zuvor zu kommen. Er besahe die Städte, ertheilte den Statthaltern Befehle, und ließ in seinem ganzen Gebiete bekannt machen, daß der Kayser, um diesen Fremdlingen eine Gnade zu erzeigen, und sie desto stärker zum Dienste des Reichs verbindlich zu machen, befohlen hätte, man solle ihnen nicht allein Geld, sondern auch Land und Häuser austheilen, und man sollte sie wie seine eigentlichen Unterthanen halten.

Der Tag zu dieser Austheilung wurde verabredet. Da die Wilden sich das Geld und die Gnadenbezeigungen, welche man ihnen anbot, zu Nutze zu machen, und ihre Empörung desto leichter und sicherer auszuführen hofften, so ließen sie sich ein wenig begünstigen. Sie befanden sich in Städten, in welchen man insgeheim die Be-

saßunfangen verstärkt hatte, und da sie auf großen Plätzen versammlet wurden, so fielen sie die Truppen, welche man in die benachbarten Dörfer geleget hatte, mit dem Degen in der Faust an, und tödten deren eine große Anzahl: da sich die übrigen durch die Quergassen retten wollten, so wurden sie von den Bürgern mit Steinwürfen völlig getödtet.

Man schonte so gar derjenigen nicht, welche noch nicht so alt waren, daß sie hätten einigen Schaden verursachen können, und durch eine unmenschliche Klugheit befreyete Julius diese Provinzen von der Gefahr, in welcher sie waren. Die Sache wurde mit so vieler Vorsichtigkeit geführet, und die Befehle so gut ertheilet und ausgeführet, daß dieses Blutvergießen an einem Tage durch den ganzen Orient geschah, ohne daß die Gothen das geringste davon geahndet, und daß ein einziger hätte davon entfliehen können.

§. 30.

So waren die Sachen beschaffen, als Theodos zu Sirmium ankam. Gratian empfieng ihn desto gnädiger, weil er sich schämte, daß er ihn von seinem Hofe verstoßen hatte, und wollte ihm nunmehro das wichtigste Geschäffte des Reichs anvertrauen. Er machte ihn zum General seiner Armee, und schickte ihn mit einem Theil der Truppen, welche er in Jllyrien hatte, wider die Gothen.

Theodos gieng alsobald nach Thracien, wo die Feinde in großer Anzahl versammlet waren. Er erfuhr, daß verschiedene Compagnien Alanen und Hunnen sich nach

ihrem

ihrem letzten Siege vereinigt hätten, und den Kayser der
gestalt bezwungen zu haben glaubten, daß er es nicht
mehr wagen dürfte, sich im Felde sehen zu lassen. Aber
er vernahm zu gleicher Zeit, daß die besten Soldaten sich
davon gemacht hätten; daß ihre Anführer unter einander uneins waren; daß Fritigern nicht mehr Herr über
sie wäre, und daß weder Ordnung noch Zucht unter so
vielen zusammengelaufenen Wilden sey, die gekommen
waren, um ihnen plündern und nicht kriegen zu helfen.

§. 81.

Hierauf rückte er mit der größten Herzhaftigkeit an,
und da er die Feinde angetroffen hatte, so lieferte er ihnen eine Schlacht, er machte den größten Theil davon
nieder, nöthigte die übrigen, über die Donau zurück zu
gehen, und gieng selbst, die Nachricht von dieser Zerstreuung des Feindes dem Hofe zu überbringen. Theo-
doret erzählet; daß Theodos eine große Anzahl Todten
auf dem Platze gelassen, viele Kriegsgefangene gemacht,
und so viele Beute erhalten, daß, als er mit einer unglaublichen Geschwindigkeit gekommen, dem Kayser
Nachricht von seinem Siege zu geben, so hätte ihnen allen
die Sache unglaublich und fast unmöglich geschienen.

Seine Neider unterstunden sich so gar, ihn zu beschuldigen, daß er geschlagen worden, und selbst entflohen
wäre, so, daß Gratian ganz bestürzt nicht wußte, was er
davon glauben sollte. Theodos bat ihn, seine Ankläger
selbst an den Ort zu schicken, damit sie die Wahrheit sehen, und selbst Zeugen davon abgeben könnten. Der
Kayser, um seinem beständigen Bitten ein Genüge zu
thun,

ſtern, befahl einigen Perſonen von Stande, auf die man ſich verlaſſen konnte, geſchwinde dahin zu gehen, ſich von allen Umſtänden dieſer Begebenheit unterrichten zu laſ- ſen, und ihm alsdenn Nachricht bey ihrer Zurückkunft davon zu geben.

§. 82.

Eben dieſer Geſchichtſchreiber meldet; es wäre bla- ſes eben zu der Zeit geſchehen, als Theodos im Traume einen Biſchof geſehen, welcher ihm die Krone auf das Haupt geſetzet, und ihn mit kayſerlichem Pomp angeklei- det hätte, und einer von ſeinen beſten Freunden, dem er dieſe Erſcheinung offenbaret, habe ihn verſichert, es wäre eine gewiſſe Vorbedeutung von der Majeſtät, zu welcher ihn Gott berufte.

Man erfuhr alsdenn, daß es Meletius, Biſchof zu Antiochien geweſen, der ihm erſchienen war. Dieſer fromme Prälat wurde, kraft des letzten Befehls, vom Grabherr damals in ſeine Kirche wieder eingeführet, nach- dem er etliche Jahre verwieſen geweſen war. Man ſah nunmehro durch das ganze Reich die wahren Bekenner Jeſu Chriſti wieder ankommen, einigen folger ein Hauffe Ungläubiger, welche ſie bekehrt hatten, andre waren von ihren Ketten befreyet, und trugen noch an ihrem Körper die ruhmwürdigen Zeichen ihrer erlittenen Marter. Man brachte ſo gar mit Ehren die Reſte derjenigen zurück, welche in ihrem Elende geſtorben waren.

Die meiſten wurden mit Freude von dem Volke empfangen, über welches ſie wieder die Aufſicht nehmen ſollten. Aber, da der Kayſer bey der Frömmigkeit,

welche

welche er bezeigte, noch nicht genug Ansehen hatte, um
sich einen völligen Gehorsam zu verschaffen, so mußten
einige durch das heimliche Verständniß der Ketzer beynahe mehr Elend zu dieser Zeit des Friedens, als sie wäh-
rend ihrer Verfolgung erlitten, ausstehen. Erschiedene,
da sie ihre Stühle schon von den Arianern eingenommen
sahen, boten sich an, das Regiment über ihre Heerde zu
theilen, wenn sie sich anders nur zum katholischen Glauben, und zur Gemeinschaft vereinigen könnten. Einige
waren so gar bereit, ihnen ihre Würde völlig abzutreten,
um den Frieden und die Einigkeit der Kirche wieder herzustellen.

§. 37.

Unter so vielen Bischöfen schien es, als wenn Gott
den berühmtesten erwählet hätte, um dem Theodos die
erste Hoffnung zu der Ehre, zu welcher er ihn bestimmet
hatte, zu machen. Man sah alsbald diese Vorherbe-
stimmung erfüllt. Denn da Gratian erfahren, daß die Völker, welche am Rheine hin wohnten, in Gallien eingedrungen waren, und sich übermacht gleichsam vom Einfalle
der Wälder, die sich in den Provinzen des Orients ausgebreitet hatten, umgeben sah, so entschloß er sich, den
Theodos zum Reichsgehülfen anzunehmen. Er dachte,
daß er allein nicht im Stande seyn würde, so vielen Feinden zu widerstehen, daß ein Unterthan ihn nur von einem
Theile seiner Sorgen entledigen würde, daß er einen Collegen nöthig hätte, welcher seine Kriege besonders führte,
und der den Staat als sein eigen Gut beschützte; daß es
mehr Ehre vor ihm seyn würde, einen von seinen Reichen
aus freyer Gnade wegzuschenken, als es mit Verdruß zu

G   behal-

behalten; und daß er glücklich wäre, etwas zu haben,
womit er so große Verdienste vergelten könne, indem er
dadurch zugleich seine eigne Ruhe beförderte.

§. 24.

Die Freundschaft und Hochachtung, welche er von
seiner Kindheit gegen Theodos geäußert, waren noch ferner seine Bestimmungen, und die Ungeduld, welche er
bezeigte, Gallien zu Hülfe zu kommen, alswo er war erzogen worden, trieb ihn an, sein Verhaben zu offenbaren.
Aber es war bienlich, die Bestätigung des letztern Sieges des Theodos zu erwarten, damit seine Neider selbst
genöthiget wären, seine Wahl zu billigen.

Diese Wahl war desto rühmlicher für den Theodos,
weil er für seine Person sich nicht ängstlich darum bestre-
bet hatte. Er war bescheiden genug, um diese Ehre
an zuschlagen, als sie ihm Gratian anbot, und diese Wei-
gerung wurde mit so vielen Zeichen einer wahren Aufrichtigkeit begleitet, daß er leicht urtheilen konnte, es
wäre keine bloße Ceremonie, sondern eine wahre Klugheit,
welche ihm diese Würde gleichsam als eine schwere und
gefährliche Last vorstellet, wo man gewöhnlich nur die
Ruhe, und das Vergnügen zu befehlen sucht.

§. 85.

Zu dieser Zeit wurde Ausonius zum Consul erwählt,
ob er gleich abwesend war, und sich nicht mühsam um
diese Ehre beworben hatte. Denn nachdem Gratian
von seinem Unterrichte vielen Nutzen gehabt, so ließ er
keine Gelegenheit vorbey, ihm seine Erkenntlichkeit zu
bezei-

bezeigen. Er erhob ihn zu der Würde eines Quästors,
und kurze Zeit darauf machte er ihn zum General seiner
Leibwache; endlich ernannte er ihn zum Consul, und vergaß nichts, was er ihm nur irgend gutes erzeigen konnte.

Er gab ihm den Olibrius Gallus, einen jungen
Menschen, aus einem sehr vornehmen und alten Hause,
zum Collegen: und da man wissen wollte, welchen von
beyden er zum ersten erwählet, so antwortete er, dem Ausonius zu gefallen, ohne den andern dadurch zu beleidigen;
er begehrte, ihren Rang nicht nach der Geburt, sondern nach dem Alter, und der Länge der Zeit ihres Regiments zu bestimmen.

Hierauf schickte er alsbald einen Courier zu dem Ausonius ab, um ihm seine Erwählung zum Consul zu berichten, und schrieb ihm mit diesen Worten: „Da ich
„seit einiger Zeit beschäftiget war, die Consuls vor die-
„ses Jahr zu ernennen, so rufte ich den Beystand Got-
„tes an, wie ihr wisset, daß ich in allem, was ich unter-
„nehme, zu thun pflege, und wie ich weiß, daß ihr dieses
„von mir verlanget. Ich habe dafür gehalten, daß ich
„verpflichtet wäre, euch zum ersten Consul zu erwählen,
„und daß Gott diese Erkenntlichkeit vor den guten Un-
„terricht, den ich von euch erhalten, von mir fordert.
„Ich gebe euch also, was ich euch schuldig bin, und da
„ich weiß, daß man niemals weder gegen seine Aeltern,
„noch Lehrer, nach Billigkeit dankbar seyn kann, so ge-
„stehe ich gerne, daß ich euch noch dasjenige schuldig
„bleibe, was ich euch zu geben, mich schon so viel be-
„mühet habe.„　Damit nichts zu der Gnade, welche er
ihm erzeiget hatte, mangeln sollte, so begleitete er diesen

Brief mit einem Geschenke, und schickte ihm ein sehr reiches Kleid, in welches das Bild des Kaysers Constantius, seines Stiefvaters, von Gold gestickt war. Aufo-
nius hingegen bemühete sich, das Lob seines großen Wohlthäters auf das möglichste zu erheben.

In wenigen Tagen hernach kamen diejenigen an,
welche der Kayser zur Armee geschickt hatte, und berich-
teten, daß die Niederlage der Gothen noch größer gewesen, daß die Anzahl der Todten und Gefangenen, und
die Menge der Beute dasjenige noch weit übertreffe, was
Theodos davon angegeben hätte. Hierauf wurden so
gar seine Feinde genöthiget, seine Tapferkeit und Bescheidenheit zu loben, und der Kayser glaubte, daß es
nunmehro Zeit wäre, das Reich mit ihm
zu theilen.

Das
zweyte Buch.

Innhalt des zweyten Buchs.

Statt

Das zweyte Buch.

§. 1.

Die Armee, welche damals in der Gegend von Sirmium im Quartiere lag, hatte Befehl, sich zu
versammlen, und den sechzehnten Januar begab sich Gratian, in Begleitung des Theodos
und anderer Herren von seinem Hofe dahin. Er wurde
mitten ins Lager geführt; und nachdem sich die Truppen
um ihn her versammlet hatten, so stellte er ihnen den beklagenswürdigen Zustand des Reichs, das Elend des
Volks, die Schwächung der Armeen, den Einfall der
Deutschen in Gallien, und die Verwüstung, welche so
viele wilde Völker in den Provinzen des Orients angerichtet hatten, vor. Er zeigte ihnen die Unmöglichkeit,
daß eine einzige Person, weder so viele Kriege auf einmal
aushalten, noch so vielen Verwüstungen abhelfen könne:
daß er das Vergnügen, einen getreuen Collegen zu haben, höher schätze, als den Stolz, das Regiment allein
zu führen, und da er Willens wäre, eine Wahl anzustellen, welche dem Staate nützlich wäre, und ihren Beyfall
erhalten könne, so hätte er sein Absehn auf den Theodos
gerichtet.

Bey diesem Namen fielen ihm die Soldaten in die
Rede, und bezeigten ihre Freude durch den frohlockenden
Beyfall. Gratian fieng von neuem an zu reden, und
nachdem er den Theodos auf das feyerlichste gelobet, so
gab

gab er ihm den Purpur und die Krone. Hierauf ver-
doppelten die Soldaten, die ihn schon längstens des Re-
gimentes würdig geschätzet, ihren freudigen Zuruf, und
die Officiers kamen haufenweise, dem neuen Kayser Glück
zu wünschen, welcher bey einem Alter von drey und
dreyßig Jahren, da er bey der Stärke und Munterkeit
des Alters auch eine große Erfahrung und vollkommne
Weisheit besaß, Hoffnung zur völligen Wiederherstellung
der Sachen machte.

Gratian gab ihm Thracien, und alle Provinzen,
welche Valens besessen hatte, zur Theilung. Er that
noch denjenigen Theil von Illyrien hinzu, welcher gegen
Morgen lag, dessen Hauptstadt Thessalonich war; und
trennte also diese Provinz von dem Reiche der Occidents,
welche den Streifereyen der Barbaren ausgesetzt war,
und die weder er, wegen seiner Entfernung, noch Valentinian, sein Bruder, wegen seines noch zarten Alters zu
beschützen im Stande würden gewesen seyn. Etliche
Tage nach dieser Wahl schieden die zween Kayser von einander. Gratian nahm den Weg nach Gallien, um die
Deutschen zu vertreiben, welche es verwüsteten; und
Theodos gieng nach Thessalonich, um seine Armee daselbst
zu versammlen, und den Krieg wider eine furchtbare
Menge Alanen, Gothen und Hunnen zu erneuern, die
sich seit ihren letzten Siege nach Thracien begeben, nachdem sie Mösien und Pannonien durchstrichen hatten.

§. 2.

Der Ruf, daß Theodos Kayser wäre, und mit eh-
nem Theile der Armee von Occident, welche Gratian
ihm gelassen, heranrückte, breitete sich sogleich aus. Die
Völker.

Völker, welche das Unglück des letztern Krieges und die
Strenge der vorigen Regierung gedemüthiget hatte, fiengen an, sich wieder zu erholen. Die Truppen, welche
die Feinde in ihren Besatzungen eingeschlossen hielten,
bekamen Muth, und streiften auf dem Lande herum; die
Officiers, welche sich bey der letztern Niederlage errettet,
und in die Festungen begeben hatten, waren bereit, auf
den ersten Befehl auszumarschiren, und die zerstreuten
Reste der römischen Legionen zu sammeln, um sie dem
Theodos zuzuführen. Alle Städte schickten ihre Abgeordneten ab, und Constantinopel, welches Valens bey
seiner Zurückkunft aus dem Kriege zu zerstören geschwo-
ren hatte, freute sich, unter der Herrschaft eines Prinzen
zu stehen, der verdiente geliebt zu werden, und der von
Stande wäre, es zu beschützen.

Theodos kam unterdessen zu Thessalonich an, wohin
sich sogleich diejenigen von allen Provinzen des Reichs
begaben, welche ihr Stand oder ihre Pflicht an den Hof
rufte, nebst denjenigen, welche Rechenschaft von den öffentlichen Angelegenheiten zu geben, oder ihre Privat-
sachen anzubringen hatten. Daselbst machte er den Anfang, alle Pflichten eines großen Kaisers auszuüben; er
ließ allenthalben seine Befehle ertheilen, nahm Personen
von Stande und Verdiensten mit aller Ehrenbezeigung,
und die andern mit Gütigkeit auf, gab jederzeit Audienz,
und ließ ohne Unterschied allen seinen Unterthanen Gerechtigkeit wiederfahren; verweigerte nichts, was er ohne
Nachtheil bewilligen konnte; vereinigte mit den Wohlthaten, die er ausspendete, die einnehmende Art, sie zu erzeigen, und suchte die Verweigerungen durch Zeichen der
Wohlgewogenheit zu mildern. Dergestalt waren diejenigen,

nigen, welche ihre Bitten erlangt hatten, befriedigt, und diejenigen, welche sie nicht hatten erlangen können, ließen wenigstens nicht ohne Trost zurück.

§. 3.

Die Sorgfalt, welche er vor das Wohl und die Ruhe des Volks bezeigte, hinderte ihn nicht, die nöthigen Befehle zu den Zurüstungen des Krieges zu ertheilen. Die vornehmsten Officiers hatten sich schon zu ihm begeben, die Infanterie war aus den Besatzungen gegangen, und die ganze Armee war zu Anfange des Frühlings versammlet. Ob gleich diese wegen ihrer Anzahl nicht allzu beträchtlich war, so war sie es doch wegen ihres Muthes und des Zutrauens, welches sie auf ihren Kayser gesetzt hatte. Theodor gieng also ins Feld, und rückte gegen Thracien mit großen Märschen an. Die Wilden waren in verschiedene Corps getheilt, und ohne sich in eine Belagerung eines Orts einzulassen, welches ihnen jederzeit schlecht von statten gieng, verheerten sie, ohne jemandes Widerstand, das ganze Land. Sie waren seit der Niederlage des Valens auf römische Art bewaffnet. Fritigern hatte sie gelernt, sich, wenn sie zerstreut waren, wieder zu vereinigen, und einige Ordnung zu beobachten; ihre Armee wurde von Tage zu Tage durch eine unzählbare Menge ihrer Landsleute stärker, welche der Ruf von ihrem Siege, und die Hoffnung zu großer Beute von allen Seiten herbeylockte. Auf diese Art waren sie allerdings furchtbar. Allein, sie hatten beynahe keine Anführer. Fritigern, dem sie den Gehorsam aufgekündigt, hatte sie verlassen. Sobald als es zum Plündern kam, beobachteten sie keine Ordnung mehr, und

und diese Menge Volks, welche sich mit ihnen zu vereinigen aufkommen war, verursachte wegen der Theilung der gemachten Beute noch größer Unordnung und Zänkereyen unter ihnen.

§. 4.

Theodos rückte in Thracien ein. Er schlug sogleich einige feindliche Parteyen, welche sich von der großen Armee entfernt hatten; und nachdem er von den Kriegsgefangenen den Ort erfahren, wo sich der größte Theil dieser Wilden gelagert hatte, so glaubte er, daß er sie mit leichter Mühe überwunden würde, wenn er dieselben, ehe sie von seinem Anmarsche Nachricht erhielten, überfallen könnte. Er befahl dem Modaire, einem königlichen scythischen Prinzen, welcher in die kayserlichen Dienste getreten war, und durch seine Treue und Tapferkeit die vornehmsten Stellen bey der Armee verdient hatte, sich mit einiger Reuterey zu nähern, um die Feinde auszuforschen. Unterdessen marschirte er selbst in größter Eil an.

Kurze Zeit darauf kam Modaire zurück, und meldete dem Theodos, daß die Feinde in der Nähe wären; sie hätten ihr Lager auf einer von Hügeln erhöheten Ebene, welche man nur leichter Mühe erobern könnte; ihr Lager wäre bloß durch eine Verschanzung von einigen übel gestellten Wagen befestiget, welches man ohne viele Mühe bezwingen würde. Es wäre zwar eine große Anzahl von Menschen; aber wenig Soldaten. Sie würden wahrscheinlich nicht einen Posten verlassen, wo sie alle Arten von Bequemlichkeiten zum Unterhalte anträfen; und sie befürchteten endlich nichts, und glaubten, der Kayser wäre

weder noch weit von ihnen entfernt, sie könnten also überwunden werden, ehe sie im Stande wären, sich zu vertheidigen.

Der Kayser hörte diese Nachricht mit vielem Vergnügen, und sendete den Modaire mit einem starken
Corps zurück, um sich der Posten zu bemächtigen, welche
er für nöthig halten würde, entweder, um den Gothen
alle Gelegenheit zu benehmen, Nachrichten zu erhalten,
oder vortheilhaft mit ihnen zu streiten, wenn sie bereit
wären, eine Schlacht mit ihnen zu wagen. Nahe bey
dem Lager, und fast vor dem Angesicht des Feindes erhob sich ein in die Länge ausgebreiteter Hügel, und der
gegen die Mitte seines abhängigen Theils einen ziemlich
gleichen und großen Raum enthielte, um daselbst eine beträchtliche Anzahl Truppen zu stellen. Modaire stellte
die Nacht durch die steinigen dahin, ohne von dem Feinde
gewahr zu werden. Er bemächtigte sich aller Wege;
und da er wußte, daß die Gothen ohne Furcht und ohne
einige Aufmerksamkeit eingeschlafen waren, so erwartete
er mit Ungeduld die Ankunft des Kaysers, um sie anzugreifen.

Da der Kayser bey Anbruch des Tages angekommen war, so besah er selbst die Plätze, und machte sich
geschwind zum Angriff fertig. Er befahl den Soldaten die schweren Waffen zurück zu lassen, und bloß Sä-
bel und Schild zu behalten. Er befahl den Capitains,
die Glieder auszubreiten, um nichts hinter ihnen zu lassen, und um die Armee viel zahlreicher vorzustellen. Er
vermahnte sie insgesammt, herzhaft zu streiten, ohne sich
eben an die gewöhnlichen Kriegsformeln zu binden, in
einer

einer Sache, wo der glückliche Erfolg sowohl von der Geschwindigkeit als Ordnung abhienge.

§. 5.

Die Sachen befanden sich indessen in der größten
Ruhe; einige kamen mit Beute beladen ins Lager zurück; andre giengen von dannen aus, um das Land zu
durchstreichen, und das, was vom Raube der vorigen
Tage noch übrig war, zusammen zu bringen. Viele,
welche von den Streifereyen, die sie die Nacht durch ausgestanden hatten, ermüdet waren, lagen hie und da zerstreuet darnieder, und der größte Theil schlief vom Weine
berauscht in Ruhe, mitten unter dem Vorrathe, welchen
sie eingesammlet hatten. Als ihre Anführer, welches
Leute von schlechter Erfahrung und von wenig Ansehen
waren, die Nachricht erhalten hatten, daß sich römische
Truppen sehen ließen, konnten sie sich nicht einbilden können, daß sie kämen, um sie anzugreifen. Selbst diejenigen, welche sie gesehen hatten, hielten sie nicht für die
ganze Armee, sondern bloß für eine Partey, welche aus
den benachbarten Orten gegangen wäre, die nicht verdiente, daß man die Waffen ergriffe, und die sich alsbald
in ihre Besatzung wieder einschließen würde.

In diesem Zustande waren sie, als sie den Schall
der Trompeten und das Geschrey der Soldaten, welches
das Zeichen zum Angriffe war, hörten. Malaire gieng
mit der Infanterie, welche er commandirte, von dem
Hügel herunter, stellte seine Bataillons weitläuftig von
einander, so weit als er in die Ebenen verrückte, und
marschirte gerade auf das Lager zu. Promot, einer von
den Generallieutenants des Kaysers, wandte sich mit
einem

einem Theile der Cavalerie zur linken, und der Kayser,
der mit dem übrigen Rest zur Rechten an der Seite des
Hügels marschirte, näherte sich den Feinden, um ihnen
in die Flanke zu fallen. Da die Gothen diese Armee,
welche ihnen das Schrecken unzählbar vorstellte, auf einmal auf sie loskommen sahen, merkten sie wohl, daß ihre
Niederlage nur allzu gewiß wäre. Ihre Anführer sahen nunmehro ihren Fehler ein, da es nicht mehr Zeit
war, ihn zu verbessern: das Schrecken und die Verwirrung breitete sich durch das ganze Lager aus. Einige,
welche zu den Waffen liefen, verlohren ihr Leben, ehe sie
im Stande waren dasselbe zu vertheidigen: andre, um
der Gefahr, welche sie vor Augen sahen, zu entgehen,
giengen derjenigen nach, welche sie nicht sahen, und trafen
überall den Feind an. Die Anzahl der Flüchtigen verhinderte sie entfliehen zu können. In einigen Stunden
waren alle diese Wilden entweder getödtet oder zu Kriegsgefangenen gemacht. Man bekam ihre Frauen und
Kinder, und viertausend Wagen, welche dazu dienten,
sie auf ihrem Marsche fortzubringen. Dergestalt war
ganz Thracien auf einmal von der Verwüstung befreyet,
worein es diese fremde Nationen gesetzet hatte.

§. 6.

Da sich der Ruf von dieser Niederlage ausgebreitet
hatte, so hielten die Alanen und Gothen, welche die andern Provinzen verheerten, inne, und thaten Friedensvorschläge. Sie würden gern den Tod ihrer Gesellen
zu rächen gewünschet haben; aber da sie mußten, daß der
Kayser auf sie losgieng, so unterwarfen sie sich allem,
was er von ihnen forderte, und unterschrieben einen Ver-

gleich, den sie nicht willens waren länger zu beobachten, als bis sie die erste Gelegenheit hätten, ihn zu brechen. Theodos bewilligte ihnen auf seiner Seite mehr, als sie verlangten; denn er zog einen ehrbaren Frieden einem siegreichen Kriege vor, und hielt es nicht für rathsam, die wenigen Truppen, welche er zu zweifelhaften Treffen hatte, der Gefahr auszusetzen, wider Feinde, die schon einigemal die Römer überwunden hatten, und sich nicht immer überfallen ließen.

Dergestalt war alles richtig. Theodos besaß die Vestungen, verstärkte die Besatzungen, und ordnete alles vor das Wohl und die Erholung der Provinzen an, welche der Krieg verwüstet hatte; hernach ließ er die Straße von Thessalonich ausbessern, um im Winter da hinüber zu gehen, und von dannen vor die nothwendigsten Sachen des Reichs zu sorgen. Die Freude, welche ihm diese erste glückliche Begebenheit bey seiner Regierung verursachte, wurde noch größer durch die Nachrichten, welche er bekam, daß Gratian eben so glücklich gewesen wäre, als er, daß, da er die Truppen unter dem Commando des Mirobaudus, Königs der Franken, mit den seinigen vereiniget, er die Deutschen angegriffen, sie überwunden, und aus Gallien gejagt hatte, daß der größte Theil deren niedergemacht, und der Rest genöthiget worden wäre, sich in ihr Land einzuschließen, von da sie lange Zeit nicht würden heraus kommen können, um die Ruhe der dem Kayser unterworfenen Völker zu stören. Theodos dankte Gott auf die feyerlichste Art, sowohl für sein eignes Glück, als auch für die Siege eines Prinzen, dessen Ehre ihn so sehr, als seine eigne anging.

§. 7.

§. 7.

Sobald als er sich von der last des Krieges befreyet hatte, glaubte er, daß er des Guten, das er vom Himmel empfangen, und des Schutzes, den er von daher erwartete, unwürdig seyn würde, wenn er nicht alle seine Kräfte zu Wiederherstellung des Glaubens und der Religion anwendete, welche er die ganze Zeit seines lebens bekannt hatte. Deswegen entschloß er sich, die Irrthümer zu bemächtigen, welche seine Vorfahren erhoben hatten, und die nach dem ganzen Orient voll von Verwirrung und Unordnung machten. Das Vornehmen war schwer, und es gehörte, außer einer besondern Frömmigkeit, viel Herzhaftigkeit und Klugheit dazu, um einen glücklichen Fortgang hierinnen zu gewinnen.

§. 8.

Diese Secte entstund unter der Regierung Constantins des Großen, und erregte wider die Kirche eine Art von Verfolgung, die weit gefährlicher als die war, welche sie von den Tyrannen erlitten hatte, von der sie nunmehr kaum befreyet war. Arius war der Erste derselben. Er war in demjenigen Theile Lybiens gebohren, welcher an Aegypten gränzet, und er hatte sich zu Alexandrien aufgehalten, in der Hoffnung, sich daselbst bekannt zu machen, und zu den vornehmsten Würden der Kirche zu gelangen. Da er Verstand, Klugheit und Beredsamkeit, nebst einem Schein der Tugend besaß, so glaubten die Patriarchen dieser Stadt, daß sie ihn würden brauchen können, und einige erhoben ihn deswegen zu geistlichen Bedienungen. Aber sie sahen gar bald ein, daß es ein unruhiger Kopf wäre, hoffärtig, ungelehrig, beredt,

die

die gute oder böse Parten zu ergreifen, wie es seinem
Glücke oder Stolze zuträglich schien.   Er hatte sich von
seiner Jugend an der Spaltung des Meletius, eines the-
banischen Bischofs, ergeben.   Er gieng von da weg,
und kam wieder dahin zurück.   Endlich versöhnte er
sich mit dem Patriarchen Achillas, und stellte sich, als
wäre er sein Freund, damit er sein Nachfolger werden
wollte.   Er verbarg seinen Hochmuth unter dem Scheine
einer unnatürlichen Demuth, gewann einige durch einnehmende und schmeichelhafte Reden, betrog andre durch ein
ernsthaftes und sittsames äußerliches Ansehen, und auf
diese Art suchte er die bischöfliche Würde an sich zu
ziehen.

Allein, seine Hoffnungen wurden vereitelt.   Der
Stuhl war erledigt, und die Verdienste des heil. Alexan-
ders erhoben ihn über der listigen Anschläge des Arius.
Er wurde darüber ergrimt; und der Neid, der ihn besaß,
stellte ihm den als einen Feind vor, den er als einen Vater ehren sollte.   Er entschloß sich ihn zu stürzen, und da
er seine Lebensart, die sehr unschuldig und exemplarisch
war, in keinen üblen Ruf bringen konnte, so unterstund
er sich, seine Lehre, ob sie gleich vollkommen rein und
richtig war, anzugreifen.   Er klagte ihn gleichsam als
eines Verbrechens an, daß er behauptete: „Jesus Chri-
„stus wäre seinem Vater gleich, ewig und unveränder-
„lich, wie er, und sie hätten beyde ein und eben dasselbe
„Wesen.„   Nachdem er ihm diese Wahrheit als eine
Ketzerey vorgeworfen, so brachte er selbst seine Ketzerey
als eine Wahrheit vor, und fieng an, folgendes bekannt
zu machen: „Der Sohn Gottes wäre eine bloße Crea-
„tur; das Wort wäre aus Nichts gemacht und hervor-
„gebracht

„gebracht worden; er sey von Natur veränderlich; er
„wäre bloß der Sohn Gottes durch die Aufnehmung an
„Kindes Statt, und wenn er Gott genannt würde,
„müßte man nicht der Meynung seyn, daß er es von Na-
„tur wäre, sondern bloß durch Theilnehmung.„ Da
er in der Schrift erfahren, und vornehmlich in der Dia-
lektik einige Fertigkeit besaß, so sammlete er alles aus den
heiligen Büchern zusammen, was seinen Meynungen
günstig zu seyn schien, und verwickelte den Satz mit so
vielen Zweifeln, und gab seinem Irrthume eine so große
Wahrscheinlichkeit, daß verschiedne auf seine Seite traten. Der Patriarch versuchte ihn durch seinen Unterricht, durch Vorstellungen und durch Drohungen zurecht
zu bringen, aber da er sah, daß Sanftmuth und Vermahnung nur dazu dienten, ihm mehr Muth und Mittel
zu verschaffen, seine Gottlosigkeit auszubreiten, so that er
ihn in einer Versammlung von hundert Bischöfen in den
Bann, welche er deswegen aus Aegypten und Lybien hatte
zusammen rufen lassen.

Diese Begebenheit setzte ihn in Erstaunen, aber sie
war nicht vermögend ihn zu demüthigen. Er begab
sich nach Palästina in Sicherheit, von da schrieb er an
den Kayser; er machte ihm selbst seine Aufwartung, und
in kurzer Zeit erlangte er einige Vertheidiger und eine
große Anzahl Schüler, die auf seine Seite traten; einige
bloß aus Liebe zur Neuerung, andre aus einem unbilligen Mitleiden, welches man für seine Person hatte, die
man völlig untergedrückt glaubte, und viele waren von seinem Zureden und Schmeicheleyen eingenommen. Als
Constantin hörte, daß das Volk und die Bischöfe anfiengen uneinig zu werden, und daß von beyden Theilen Zu-

sam-

sammenkünfte der Geistlichen angefüllt würden, befürchtete er von dieser Trennung üble Folgen. Er schrieb von Nikomedien, welches damals die ordentliche Residenz der Kayser im Orient war, einen gemeinschaftlichen Brief an den heil. Alexander und Arius, um sie zu Eintracht zu vernehmen, und über eine Sache gleiche Gesinnung zu hegen, welche von wenigen Erheblichkeit für den Glauben schien, und die Ruhe der Kirche stören würde. Osius, Bischof zu Corduba in Spanien, welcher sich von ohngefehr bey dem Kayser befand, hatte Befehl, nach Aegypten zu gehen, um an dessen Vergleiche zu arbeiten, und verrichtete seine aufgetragene Sache mit vieler Treue, aber mit wenig glücklichen Erfolg.

Um diese widersinnische Secte zum Gehorsam zu bringen, und den Punct der bestrittenen Lehre in Ordnung zu setzen, mußte man zu einer allgemeinen Kirchenversammlung schreiten, welche die Wahrheit wiederherstellte, und den Irrthum durch ein entscheidend Urtheil verdammte. Nicäa, eine der vornehmsten Städte in Bithynien, wurde zum Ort dieser Zusammenkunft erwählt: die Bischöfe wurden aus allen Theilen der Welt eingeladen, sich dahin zu begeben; sie kamen auch zu der bestimmten Zeit, an der Zahl dreyhundert und achtzehn, allda an. Constantin hatte sich selbst dahin begeben, um Zeuge, und gleichsam der Mittler des Friedens und der Wiedervereinigung der Kirche zu seyn. Arius und seine Anhänger wurden auch dahin gerufen; man hörte sie, man überführte sie, man verdammte sie. Die Gottheit Jesu Christi wurde erkannt; und um den Arianern allen Scheln zu benehmen, ihren Irrthum unter zweydeutigen Worten zu verstecken, so nöthigte man sie, sich be-

bey

des Wortes Consubstantial in ihrem Glaubensbekenntniß zu bedienen; und die Consubstantialität des Wortes zu unterschreiben. Dieser Ausdruck war von dieser Zeit an gleichsam ein gewisses Kennzeichen, welches die Katholiken von denen, die es nicht waren, oder die es fälschlich vorgeben, unterschied, und die Väter der Kirchenversammlung fügten es mit in ihr Glaubensbekenntniß bey.

Arius und die Bischöfe, welche ihn beschützten, stellten sich nach einigen Schwierigkeiten, als wenn sie sich den Entschlüssen der Kirchenversammlung unterwerfen wollten, und um der Strafe, womit sie bedrohet wurden, zu entgehen, schwuren sie öffentlich ihrer Ketzerey ab. Aber sie ließen doch ihr Vorhaben nicht gänzlich fahren, und warteten auf einen günstigen Zeitpunkt, um das Gift noch auszubreiten, welches man sie in ihr Herz einzuschließen genöthiget hatte.

Unterdessen suchten sie diejenigen auf ihre Seite zu bringen, welche ihnen durch ihr Ansehen, oder durch ihre Gunst beystehen konnten. Sie versicherten den Kayser ihres Gehorsams, um desto leichter seine Gütigkeit zu mißbrauchen; und indem sie das nicänische Glaubensbekenntniß zum Scheine in Hochachtung hielten, so suchten sie indessen diejenigen durch ihre Verläumdungen zu stürzen, welche Vertheidiger desselben abgeben konnten. Endlich brachten sie es durch die Sorgfalt des Eusebius, Bischofs zu Nicomedien, der sich zum Anführer ihrer Partey aufgeworfen, durch das Ansehen der Prinzeßinn Constantia, einer Schwester des Kaysers, und durch die wiederholten Versicherungen der Treue und des Gehorsams, so weit, sich das Ansehen als Rechtgläubige zu verschaffen. Arius selbst, der gleichsam im Triumph durch

seine

seine Freunde aufgeführet wurde, sollte in die Gemeinschaft der Kirche zu Constantinopel aufgenommen werden, wenn er nicht plötzlich sein unruhiges und lasterhaf-
tes Leben durch einen fürchterlichen und schändlichen Tod
geendiget hätte.

Obgleich der größte Theil dieser Ketzer aus hitzigen
und aufrührischen Köpfen bestund, so unterstunden sie
sich doch nicht einen Aufstand zu erregen, noch den Frieden der Kirche offenbar zu brechen, so lange als Constantin der Große das Reich regierte. Denn ob er gleich
zuweilen ein wenig allzu gelinde war, so bezeigte er doch
einen großen Eifer vor die Religion; und da es nicht
unmöglich war ihn zu hintergehen, so war es gefährlich,
wenn er gewahr wurde, daß man ihn hintergangen hatte.
Dergestalt wurden sie genöthiget, mit diesem Prinzen behutsam umzugehen, dem zwar die Wahrheit unbekannt
seyn konnte, dem es aber unmöglich war, die Ungerechtigkeit zu ertragen. Da sie sich aber durch die Macht
seiner Sohnes, und Nachfolgers des Constantius, unterstützt sahen, so beobachteten sie keinen Müßiggang mehr.
Sie breiteten nicht allein ihre falsche Lehre aus, sondern
sie unterdrückten auch diejenigen, welche das Herz hatten,
sich demselben zuwider zu setzen. Ihre Bosheit gieng
so weit, daß sie die heiligsten Prälaten von den vornehmsten Stühlen des Orients vertrieben, den Pabst selbst
verbannten, und die Freyheit der Wahlstimmen in den
Kirchenversammlungen aufhob, allwo sich der Kayser
selbst für einen Ankläger der Rechtgläubigen aufwarf, und
frey sagte: Sein Wille sollte statt der Regel und der Entscheidung in der Kirche seyn.

Die

Die Regierung des Valens war ihnen nicht weniger
günstig. Sie verübten in seinem Namen ihre gewöhnlichen Gewaltthätigkeiten. Sie erhielten von ihm Briefe
an die Statthalter der Provinzen, um mit den Katholiken grausam zu verfahren. Sie giengen bis in die thebaischen Wüsteneyen, um die Einsiedler, welche allda
ein gänzlich himmlisches Leben führeten, daraus zu vertreiben. Die Verfolgung wurde blutig, und unter einem christlichen Prinzen gab es bey nahe so viele Märtyrer, als unter den ungläubigen Tyrannen. So war
der Anfang und der Fortgang dieser Secte.

§. 9.

Ob es gleich bey einer neuen Regierung nicht allein
schwer, sondern auch gefährlich war, eine Secte, die
mächtig und sehr lange Zeit zu regieren gewohnt war,
anzufallen: dem ohngeachtet urtheilte Theodos, daß die
vornehmste Pflicht der Regenten diese sey, demjenigen
regieren zu lassen, durch welchen sie regieren, und da er
sich billig nicht auf die Treue derjenigen, welche sich wider die Kirche empöret hatten, verlassen konnte, so faßte
er den Entschluß, sie mit Bescheidenheit auf den rechten
Weg zu bringen, oder mit Gewalt zu demüthigen. Er
wollte seine ersten Edicte zu Thessalonich ausgehen lassen.
Die Kayserinn Flacecilla, seine Gemahlinn, welche er
zärtlich liebte, Termantia und Serena, seine Nichten,
welche er seit dem Tode seines Bruders Honorius, an
Kindesstatt angenommen, waren vor kurzem daselbst angelangt. Man sah täglich einige von seinen Freunden
ankommen, vornehmlich diejenigen, welche ihm zur Zeit
seines Unglücks beygestanden hatten. Er hatte sie er-

H 5   sucht

suchte aus Sparten nach dem Oriente zu kommen, um sie zu belohnen, und zu Ehrenämter zu erheben. Seine Vergeltungen nahmen mit seiner Macht zu; und so gleich als er Kayser war, erinnerte er sich aller der Dienstgefälligkeiten, welche man ihm erzeigt hatte, als er noch eine Privatperson war; und vergaß nichts mehr, als das Unrecht, das man ihm anthat.

Die Freude, welche er über die Ankunft dieser Personen, die ihm so lieb waren, bezeigte, wurde gar bald gestöret; denn kaum war er zu Thessalonich angekommen, als er in eine gefährliche Krankheit gerieth. Er setzte sich sogleich in Stand, die Taufe zu empfangen, und machte sich gefaßt christlich zu sterben. Da er eine große Neigung vor den wahren und richtigen Glauben an die Dreyeinigkeit hatte, und befürchtete den Ketzern bey dieser Gelegenheit einigen Vortheil zu verschaffen, so erkundigte er sich vorher, ehe er den Bischof dieser Stadt, Ascolius zu sich rufen ließ, wegen seiner Aufführung, und um seinen Glauben. Er hörte, er wär ein vollkommen tugendhafter Prälat, er wäre von seiner Kindheit an in den Klöstern zu Achaja erzogen worden; die Völker Macedoniens hatten ihn wegen seiner belannten Heiligkeit, aus seiner Einsamkeit hervorgezogen, um ihn zu ihrem Bischofe zu machen, man hätte ihn schon sehr jung, ehe er sich an die vorgeschriebenen Regeln des Alters zu binden, zum geistlichen Stande eingeweihet, er hätte sich beständig an die Lehre der Kirche gehalten; der heilige Baßlius hätte ihn selbst seiner Freundschaft gewürdiget, und der Pabst Damasus hätte eine besondere Hochachtung gegen ihn bezeiget.

Theo-

Theodor freuete sich sehr in die Hände eines so heiligen Mannes zu kommen. Er ließ ihn rufen, und da ihm schon von ihm bewußt war, daß er den durch die nicenische Kirchenversammlung, bekräftigten orthodoxen Glauben bekannte, so bat er ihn um das Sacrament der Wiedergeburt. Er empfieng es sogleich mit einer außerordentlichen Freudigkeit, und schätzte sich weit glücklicher, daß er ein Kind der Kirche geworden war, als wenn er einen Theil der Welt erobert hätte. Hierauf hielt er sich für verbunden, die Religion in dem ganzen Reiche wieder herzustellen; und Gott, der seine Anschläge segnete, schenkte ihm in kurzer Zeit eine vollkommene Gesundheit. Er unterredete sich verschiednermal mit dem Ascholius, über die Mittel, sein Vorhaben auszuführen. Er ließ sich in den vornehmsten Punkten der bestrittenen Lehren unterrichten, von dem Unterschied der neuen Secten, vom Glauben der Bischöfe, und vom Zustande der vornehmsten Kirchen des Reichs im Orient.

§. 10.

Nachdem er dergestalt alles untersucht hatte, so glaubte er, es werde gut, wenn man die Gemüther nach und nach aus dem Irrthume zu bringen, und den Anfang mit Gesetzen zu machen suchte, welche ihnen seinen Willen bekannt, und seine Gerechtigkeit fürchterlich machten. Er ließ also ein Edict, zu Thessalonich unterschrieben, ausgehen, durch welches er seinen Unterthanen befahl, dem Glauben zu folgen, welchen die römische Kirche von dem heiligen Petrus empfangen, und der von dem Pabste Damasus, und dem Petrus von Alexandrien, einem Prälaten von großer Heiligkeit gelehrt werde, und

ermahnte sie ausdrücklich, eine und eben dieselbe Gottheit in der Dreyeinigkeit der Personen, des Vaters, des
Sohnes, und des heiligen Geistes, nach der Lehre des
Evangelii, und der alten Ueberlieferung der Kirche, zu
bekennen. Er erklärte ferner, daß diejenigen, welche
diesen Glauben bekennen würden, nur allein für Christen
sollten angesehen werden, und diejenigen, welche ihn verwerfen würden, sollten als schändliche und unvernünftige
Ketzer gehalten werden, welche außer der Strafe, die sie
von der göttlichen Gerechtigkeit verdienten, noch von ihm
Züchtigungen erwarten sollten, die der Abscheulichkeit
ihres Verbrechens gemäß seyn würden.

§. II.

Er ließ dieses Edikt an die Einwohner zu Constantinopel ergehen, damit es sogleich in dieser Hauptstadt
des Reichs, welche gleichsam der Schauplatz der Ketzereyen war, zuerst möchte vollzogen werden, und von da
desto geschwinder in alle übrige Städte des Reichs gelangen könnte. Zu eben der Zeit kam Maximus, sich
vor dem Theodos zu bemühen, und ihn um die Erhaltung auf dem Stuhle zu Constantinopel zu bitten, welchen er allbereit unrechtmäßiger Weise an sich gezogen
hatte. Maximus war von Alexandrien, ein cynischer
Weltweise, von mittelmäßiger Gelehrsamkeit, unordent-
lich in seinem Lebenswandel, und ein Meister in der Kunst
sich zu verstellen. Seine Aeltern hatten ihn in der
christlichen Religion erzogen, in welcher er doch nur wenig unterrichtet war. Er hatte einen Theil seiner Jugend, als ein Landläufer, aus einer Stadt in die andre
zugebracht, um Vermögen oder Ansehen zu gewinnen,

und

und sich allenthalben, wo er sich verscharren wünschte;
in üblen Ruf gebracht. Ob er gleich geschickt war, sich
zu verstellen, so hatte er doch nicht verhindern können, in
Handlungen betroffen zu werden, die ihm die Verweisung in die Wüste Oasis zuzogen, worinnen er vier ganzer Jahre verblieb. Da er sich endlich ohne Hoffnung
wieder empor zu kommen sah, so wurde er von seinem
Stolze und Elende angetrieben, und kam mit dem verwe-
genen Vorsatze nach Constantinopel, sich daselbst zum
Bischofe zu machen.

Er breitete so gleich öffentlich aus: er stammte aus
einem Hause, das durch seinen Adel und noch mehr durch
seine Frömmigkeit berühmt wäre; sein Vater sey wegen
der Vertheidigung des Glaubens gestorben, seine Schwestern wären ein Muster christlicher Jungfrauen in Alexandrien. Er rühmte sich ein langes Elend wegen
Christo ausgestanden zu haben, und rechnete sich das,
was er wegen seiner Verbrechen erlitten, zu einer Ehre
für die Religion an. Die Erdichtung von diesen fälschlich vorgegebenen Helden, die er mit verschiedenen ausge-
sonnenen Umständen, und einigen Ansehen von angenom-
mener Frömmigkeit unterstützte, brachen ihm die Hochachtung und Freundschaft aller Katholiken in Constantinopel zuwege. Ob er gleich cynisch gekleidet, und diese
Kleidung den Christen nicht anständig war, so hielt man
ihm dieses äußerliche Betragen zu gute, so lange man
von der Richtigkeit seiner Verdienste und Tugend eingenommen war.

Gregorius von Nazianzen stund eben damals der
Kirche zu Constantinopel vor. Er war ein Jahr zuvor
durch die Kirchenversammlung zu Antiochen dahin abgeschickt,

schickt, oder durch das Volk, und durch die Bischöfe in
Thracien, wie er selbst anzumerken scheint, dahin berufen
worden. Er verwaltete sogleich das Amt eines Hirten
in dieser Kirche, wo er den bey nahe verschlossenen Glauben
wieder aufleben ließ, indem er das Beyspiel seines Lebens
mit der Stärke seiner Beredsamkeit vereinigte, und
durch seine Sorgfalt die übriggebliebenen von einer
Heerde, welche die vorgefallenen Unruhen zerstreuet hatten, wieder zusammenbrachte. Da sich aber die Anzahl
der Katholiken in kurzer Zeit ansehnlich vermehrte, so
erwählten sie ihn zu ihrem Bischofe. Der Patriarch zu
Alexandrien, Petrus, bestätigte diese Wahl durch seine
Briefe, und überschickte ihm die Zeichen seiner Würde.
Ob sich schon Gregorius geweigert hatte diese Würde anzunehmen, indem er einwendete: er könnte nicht anders
als durch eine Kirchenversammlung erwählet werden, so
unterließen sie gleichwohl nicht, ihn als ihrem Erzbischof
zu verehren. Er selbst, gerühret von der Zuneigung, die
man gegen ihn bezeigte, verdoppelte seinen Eifer, und
vergaß nichts, was er für fähig hielt, den Glauben und
Eifer der Gläubigen wieder herzustellen. Da die Ketzer
seinen Beweisen nichts anhaben konnten, so versuchten
sie verschiedenemal etwas Böses wider seine Person vorzunehmen; allein, wie er sie durch seine Reden überzeugt
hatte, so erbaute er sie auch durch seine Geduld.

Er fieng nunmehro an, die Frucht seiner Bemühungen zu genießen, da ihm Marianus vorgestellt wurde.
Gregorius empfieng ihn nicht allein mit vieler Gütigkeit,
sondern auch mit vieler Hochachtung, als einen Bekenner
Jesu Christi. Er hörte die falsche Geschichte von seinem Leben an, und glaubte sie, da er wohl bey sich anders

ders denken machte. Er behielt ihn in seinem Hause,
gab ihm seinen Unterhalt, und ließ ihn von allen seinen
Beschäftigungen und Vorhaben wissen; und indem er
glaubte, es wäre rühmlich und vortheilhaft, in einer neu-
auflebenden Kirche, einen Menschen, der für einen Märtyrer erkannt worden wäre, zu haben, so stellte er ihn
zum Beyspiele dar, und hielt öffentlich eine Lobrede
auf ihn.

Dieser Betrüger erhielt von diesem heiligen Prälaten, durch ein listiges Schmeicheln, durch oft wiederholte
Scheltungen gegen die Arianer, und durch ein heiliges
Betragen, welches aufrichtig schien, immer mehr und
mehr Gunstbezeigungen. Unterdessen führte er seinen
listigen Anschlag heimlich bey sich. Er nöthigte einen
Priester zu Constantinopel dazu, dem die Erhöhung und
das Verdienst des Erzbischofs unerträglich worden war.
Sie suchten den Patriarchen zu Alexandrien durch den
starken Briefwechsel, den sie mit ihm hatten, zu überreden, und dahin zu bringen, daß er für das Beste des
Maximus einwilligte, entweder, weil er seinem Lands-
manne nicht zuwider seyn wollte, oder weil er befürchtete,
Gelegenheit zur Aufnahme des Stuhls zu Constantinopel zu geben, wenn er daselbst eine Person von besondern
Ansehen sähe, oder auch, weil er glaubte, die Wahl,
welche er vor kurzem bestätiget hatte, wäre nicht nach den
dazu erforderlichen Stücken vollzogen worden.

Auf seinem Befehl wurden sieben Bischöfe erwählet, die unter dem Vorwande abreisen sollten, die Flotte
zu führen, welche alle Jahre Getraide aus Aegypten
nach Constantinopel brachte, um die Partey dieses Welt-
weisen zu unterstützen. So bald als sie angelangt waren,

ren, so munterte sie Marinus durch seine Reden, und
durch seine Geschenke auf. Er zog einen Kirchendiener
von der Insel Thassus an sich, welcher Marmor für seine
Kirche eingekauft hatte, und entlehnte von ihm sein
Geld, um es unter den Schiffsleuten auszutheilen, deren
er sich zu bedienen entschlossen hatte. Es war weiter
nichts mehr übrig, als die Zeit zur Einweihung zu beobachten.

Die ägyptischen Bischöfe hatten sich bey ihrer Ankunft geweigert, sich mit den Arianern einzulassen, und
traten hingegen auf die Seite der Katholiken. Gregorius hatte sie bey sich mit vieler Höflichkeit und Hochachtung aufgenommen. Da der Eingang in die Kirche
ihnen jederzeit erlaubt war, so kamen sie der eine Nacht
dahin, als sich dieser Prälat wegen einiger Unpäßlichkeit
in ein Gartenhaus, nahe bey der Stadt, hatte tragen lassen. Sie fingen die Ceremonie der Einweihung des
Marinus, in Gegenwart einer großen Anzahl Schiffs-
leute an, die größtentheils fremde waren, und das Volk
vorstellen sollten. Aber da sie der Tag übereilt hatte,
und die Geistlichen herbeygelaufen kamen, so wurde alles
unruhig, das Volk versammlete sich, man rufte der übrig-
katholischen Personen herbey, und vertrieb den Marinus
mit allen seinen Gesellen aus der Kirche, die in größter
Bestürzung in das Haus eines Flötenspielers flüchteten,
wo sie ihre ruchlose Einweihung vollführten.

Die Unabsichtigkeit dieser Handlung, welche selbst
bey den Ketzern einen Abscheu erregte, gab Gelegenheit
das Leben dieses Betrügers zu untersuchen. Man ließ
den Irrthum wegen des Märtyrerthums, dessen er sich
rühmte, fahren, und man entdeckte die Verbrechen, welche

er bis hieher zu verbergen geschickt gewesen; dieses verursachte, daß man ihn schimpflich aus der Stadt ver-
bannte.

§. 12.

Dieser üble Erfolg machte ihn nicht bestürzt. Nachdem er eine Zeit lang in Thracien herumgekehret, so machte
er sich in Begleitung einiger Bischöfe, die ihn geweihet
hatten, wieder auf den Weg, um den Theodos zu besuchen, und ihn, wenn es möglich wäre, zu seinem Vortheile einzunehmen. Allein, Ascolius, dem der Pabst
Damasus oft wegen der Angelegenheiten der Kirche zu
Constantinopel schrieb, hatte schon von alle dem, was
sich daselbst zugetragen, Nachricht erhalten, und den
Kayser davon berichtet. Da Maximus mit seinen Gefährten angekommen war, und ihm demüthigst bat, er
möchte ihn durch sein Ansehn beschützen, so antwortete
ihm dieser Prinz zornig, er wäre von seinem heuchlerischen
Verständnisse wohl unterrichtet, er haßte alle diejenigen,
welche die Ruhe der Kirche störten, und die Aufnahme
der Religion verhinderten, und er würde wissen, ihn und
seine Anhänger zu bestrafen, wenn sie jemals die Verwegenheit haben sollten, ihr Verhaben weiter fortzusetzen.
Sie wollten sich rechtfertigen, aber der Kayser verhinderte sie daran, und schickte sie zurück, ohne daß er sie ferner anhören, noch vor sich lassen wollte.

§. 13.

Indem, als Theodos bey seiner Besserung so viele
Sorge vor das Wachsthum der Religion anwandte, so
kam seine Armee zusammen, und machte sich fertig, ins
Feld zu gehen, so bald sie ihre Wache wieder hergestellet

J   haben

haben würde. Die Gothen hatten bey der Nachricht, welche sie durch ihre Ueberläufer, und durch die Geißeln, die sie bey ihm hatten, von seiner Krankheit erfuhren, über den neulichen Vertrag gespottet. Weit entfernt, daß sie aus den Provinzen des Reichs gegangen wären, wie sie versprochen hatten, so riefen sie neue Truppen von Wilden herbey, und richteten daselbst größere Verwüstungen denn vorher an. Diejenigen von ihrer Nation, welche sich in großer Anzahl in den Sold des Kaysers begaben, erleichterten ihnen heimlich den Eintritt ins Land. Das Schrecken breitete sich unter dem Volke aus; und da die Soldaten nur späte und unbestimmte Befehle vom Hofe erhielten, wußten sie nicht, zu was sie sich entschließen sollten. Dergestalt blieb alles durch die Krankheit des Prinzen gleichsam unbeweglich, der nur durch sich selbst regierte, und damals nicht im Stande war, sich mit vielen Beschäftigungen einzulassen.

Bey dem ersten Rufe von dieser Erneurung des Krieges fertigte man eilfertig reitende Boten an den Kayser Gratian ab, um ihn von der Gefahr, in der sich Theodos befand, zu berichten, und zu bitten, er möchte sogleich eine beträchtliche Anzahl Hülfstruppen nach Macedonien schicken. Unterdessen stellten sich einige Officiers von der Armee mit dem, was sie von den Truppen hatten zusammen bringen können, den Feinden entgegen, und machten ihnen die Wege streitig. Aber da die Zahl dieser Wilden täglich größer ward, so behielten sie überall die Oberhand. Sobald als sie die Hülfstruppen, die sie erwarteten, erhalten hatten, so verwüsteten sie die Gränzen des Landes, und drangen in Thessalien und Macedonien ein. Theodos ließ seine Armee von jener

Seite

Sehr marschiren, und begab sich selbst dahin, sobald als
es ihm seine Gesundheit zulassen konnte. Nachdem er
die Feinde hatte in Augenschein nehmen lassen, so rückte
er, seiner Schwäche ohngeachtet, an, in der Absicht, den
Feind anzugreifen; allein, man kam ihm zuvor, und er
sah sich bey aller seiner Vorsichtigkeit, die er gebrauchte,
auf einmal durch die Gothen verrathen, welche er in seinen Diensten behalten hatte.

Da dieser Prinz nach dem Schlusse des letztern Ver-
gleichs vom vorigen Jahre die Schwäche sah, in welcher sich das Reich befand, und urtheilte, es könnte ohne
den Beystand eben dieser Leute, welche es entkräftet hatten, nicht wieder empor kommen, so hatte er in ihrem Lager bekannt machen lassen, daß er mit ihnen im guten
Verständniß leben wollte, und daß er alle diejenigen, die
sich zu seiner Armee begeben wollten, aufnehmen würde.
Diese Wilden waren alsdenn haufenweise angekommen, in
die Dienste der Römer zu treten, und hatten sich vorhero
durch die abscheulichsten Eidschwüre verpflichtet, ihnen
durch ihren Dienst zu schaden. Theodes glaubte hingegen, sie durch seine Besoldungen und Freygebigkeit sich
verbindlich gemacht zu haben: nichts destoweniger, da
er befürchtete, sie möchten sich ihrer Menge zu Nutze machen, welche bereits die Anzahl seiner eignen Truppen
übertraf, so machte er verschiedene getheilte Haufen aus
ihnen. Er schickte einen Theil derselben nach Aegypten,
unter der Anführung des Hormisdas, eines Persers von
Geburt, und Sohnes eines Feldherrn eben dieses Namens, welcher dem Kriege des Julians wider die Perser beygewohnt hatte. Er vertheilte die andern in Oerter, wo römische Besatzung war, mit dem Befehle, an die

Gouverneurs, genaue Achtung auf sie zu geben. Da
sich der Krieg angefangen, hatte man diejenigen, welche
die Treuesten zu seyn schienen, erwählet, und ein Corps
aus ihnen gemacht, welches im Felde dienen sollte. Da
diese sich entschlossen hatten, ihre Eidschwüre zu erfüllen,
und überdies ihren Landsleuten desto mehr ergeben waren, je näher sie ihnen kamen, so gaben sie ihnen von
allem dem, was sich bey der Armee des Kaysers ereignete,
Nachricht, und versprachen sich mit ihnen zu vereinigen,
wenn sie kämen, sie in ihrem Lager anzugreifen.

§. 14.

Die Gothen machten sich bey dieser Nachricht zum
Treffen fertig, und fiengen an zu marschiren. Da
Theodos ihr Vorhaben erfahren hatte, verschanzte er sich,
stellte seine Leute in Schlachtordnung, besah die Quartiere, vornehmlich dasjenige, wo sich die Fremden befanden, welche er viel munterer antraf als die andern, und
viel fertiger, verstellter Weise sich wohl zu vertheidigen;
und nachdem er durch das ganze Lager hatte Feuer anbrennen lassen, und alle nothwendige Befehle ertheilet, so
erwartete er die Feinde. Die Nacht kam heran, und
da die Wilden sich ihre Anzahl zu Nutze machten, und
sich in verschiedene Corps theilten, deren jedes beynahe der
ganzen Armee des Reichs gleich war, so breiteten sie sich
auf der Ebene in ziemlich guter Ordnung aus, und kamen mit entsetzlichem Geschrey, das Lager auf allen Seiten beynahe zu einer Zeit anzugreifen; allein, sie trafen
überall mehr Widerstand an, als sie sich eingebildet hatten, und wurden mit großem Verlust auf ihrer Seite zurück gewiesen. Der stärkste Angriff geschah an das
Quar-

Quartier des Kaysers, welches sie bemerkt hatten, entweder durch ein Zeichen, welches ihnen die Verräther gegeben, oder durch die starken Feuer, welche sie selbst hier gesehen hatten. Sie hofften diesen Prinzen zu übermeistern, oder zum wenigsten ihn da zu fangen, da man ihm noch auf einer andern Seite ebenfalls nachstellte. Sie wagten es zu verschiednen malen, aber sie verlohren so viel, daß sie endlich völlig zurück getrieben wurden.

§. 15.

Theodos sah die Sachen in diesem Zustande, als sich um das Quartier der Fremden ein groß Geschrey erhob, welches ihn einige Unordnung besorgen ließ. Er erfuhr zu gleicher Zeit, daß die Gothen von seiner Armee sich mit den Fremden vereiniget hätten, und daß er in Gefahr wäre, umringt zu werden, wenn er nicht genau Achtung gäbe. Er schickte so gleich einige Esquadrons ab, um sich der Posten zu bemächtigen, welche ihm seinen Rückzug sicher machen konnten; und da er sah, daß ein guter Theil der Legionen mit diesen Rebellen im Handgemenge war, so ließ er in größter Eil seine Reuterey anrücken, welche sie zu gelegner Zeit überfiel, und ein so groß Blutbad unter ihnen verursachte, daß wenige davon übrig waren, welche nicht die Strafe ihrer Empörung hätten ausstehen sollen. Diejenigen, welche sie unterstützten, hatten beynahe eben das Schicksal. Endlich aber konnten die Römer nicht so viele Vortheile ohne großen Verlust erwerben; und die Gothen, deren Anzahl beständig größer ward, bemächtigten sich an verschiedenen Orten ihrer Verschanzungen. Theodos sammlete, ehe er von der Menge übermältiget wurde, seine ermüdeten Truppen noch einmal,

mal, welche sich anfiengen größtentheils wieder zu erholen. Er nahm selbst die Mühe über sich, den Rückzug
zu führen; er hielt die Feinde durch die klug abgetheilten
Haufen zurück, und wandte sich öfters um, um diejenigen
zu beunruhigen, welche ihn verfolgten, bis daß er endlich
die Anhöhen erreichte, welche seine Leute bewachten, und
das, was von seiner Armee noch übrig war, in Sicherheit setzte.

Dieser Tag konnte dem Reiche völlig unglücklich
seyn, wenn die Gothen gewußt hätten, sich ihren Sieg zu
Nutze zu machen, oder sie zertrennten sich, und liefen so
gleich wieder aus einander. Diejenigen, welche am wenigsten gefochten hatten, rennten zuerst nach dem Raube;
und diejenigen, welche den Feind verfolgten, befürchteten
ihren Antheil Beute zu verlieren, und kehrten geschwind
ins Lager zurück. Dergestalt geschah der Rückzug ohne
viele Mühe. Thessalien und Macedonien blieb aber dem
Anlaufe und Rauben dieser Wilden ausgesetzt, welche
das Land verwüsteten, die Städte aber in Ruhe und
Freyheit ließen, weil der Kayser Truppen darein gesetzt,
und sie große Schätze daraus zu erhalten hofften. Nachdem sie dieses ganze Land verwüstet hatten, so fiengen sie
an, als wenn ihr Geiz und ihre Rache nunmehro erfüllt
wäre, so viele tapfre Soldaten zu bedauern, welche sie in
der Schlacht verlohren hatten, und ihr Sieg schien ihnen
nunmehr geringer als vorher. Sie befanden sich in geringer Anzahl, und glaubten den Kayser beständig hinter sich zu sehen, sie zu beunruhigen.

§. 16.

Unterdessen richtete Theodos, der sich nach Thessalonich zurückgezogen hatte, daselbst ein Corps Truppen
auf,

auf, welches im Stande war, ihren fernern Fortgang zu
verhindern. Er hatte auf dem Wege einige neugewor-
bene Soldaten, welche man ihm zugeführt, bekommen.
Ein Theil der Legionen aus Aegypten hatten sich mit
ihm vereiniget; und er war im Stande, sich in wenig
Tagen wieder ins Feld zu begeben, da eben Ruflil aus
den Provinzen des Occidents ankam, um ihm sowohl das
Beyleid, welches Gratian und sein ganzer Hof über
seine Krankheit, als auch die Freude, welche sie über seine
Genesung gehabt hätten, zu bezeigen. Die Reise dieses
Officiers war sehr lang gewesen, weil er durch Italien
gegangen, und sich in Rom aufgehalten hatte, um sich
allda raufen zu lassen. Daselbst hatte er neue Befehle
erhalten, und brachte Briefe vom Pabst Damasus und
vom Kayser Gratian mit. Der erste schrieb dem Theodos, um ihm vor den Schutz, welchen er den Katholiken
verliehen, zu danken, und ihn zu bitten, er möchte in der
Kirche zu Constantinopel einen rechtgläubigen Bischof
einsetzen, mit welchem man Friede und Gemeinschaft haben könnte. Der andre gab ihm Nachricht, daß er ihm
eine ansehnliche Zahl Hülfstruppen zuschickte, daß er sie
selbst würde angeführt haben, wenn ihm die Angelegenheiten des Reichs solches erlaubeten; daß er ihm aber die
schönsten Truppen und die besten Feldherrn, sie zu commandiren, ausgelesen hätte; daß sie schon auf dem Marsche wären, und Befehl hätten, sich geschwind an die
Gränzen der beyden Reiche zu stellen, wo sie den Weg,
welchen sie nehmen sollten, würden erfahren können.

Theodos hörte diese Nachricht mit vielem Vergnügen, und kurze Zeit darauf wurde ihm berichtet, daß die
Hülfstruppen an der Gränze von Illyrien angekommen

J 4   waren.

waren. Baudon und Arbogastes, Franzosen von Geburt, Feldherren von großem Ansehen, die den Römern
sehr ergeben, und in der Kriegskunst erfahren waren,
schickten als die Chefs dieses Heeres, zween ihrer vornehmsten Officiers an den Hof, um zu fragen, was sie thun
sollten. Der Kayser fertigte sogleich treue und kluge
Leute an sie ab, um sie von dem Zustande der Sachen zu
unterrichten, und sie an Macedonien anrücken zu lassen,
wo er beschlossen hatte, sich mit ihnen zu vereinigen.
Diese zween Generals rückten mit starken Märschen an,
und überfielen einige Parteyen vom Feinde, welche sie
dankbar machten. Theodos machte sich zu eben der Zeit
auf den Marsch.

§. 17.

Damals gerieth die Armee der Wilden in Schrecken, denn sie glaubten, sie würden eingeschlossen werden,
und die ganze Macht des Orients und Occidents hätte
sich zu gleicher Zeit vereiniget, um sie zu vertilgen. Die
Gegenwart des Kaysers, die Annäherung zween großer
Feldherren, die Niederlage einiger von ihren Leuten, alles
setzte sie in Bestürzung. Sie zogen sich zusammen, und
da sie befürchteten, in Thessalien und Macedonien überfallen zu werden, wohin zwo Armeen auf sie losgegangen
waren, so flohen sie in Thracien. Allein, da sie daselbst
wegen der Verwüstung, die sie die vorigen Jahre allda
angerichtet hatten, nicht mit dem Proviante bestehen konnten, und nicht zweifelten, daß man sie auch daselbst verfolgen würde, so schickten sie Abgeordnete an den Theodos ab, um ihn demüthig um Friede zu bitten.

§. 18.

§. 18.

Ob sie gleich noch im Stande waren zu kriegen, willigten sie doch darein, daß sie als Ueberwundene solleten angesehen werden, und sie boten an, sich in ihr Land zurückzuziehen, oder dem Reiche zu dienen, und versprachen alle Bedingungen, die man ihnen vorschreiben würde, zu erfüllen. Die Sache wurde in Berathschlagung gebracht. Bauton und Arbogastes, die sich zum Kayser begeben hatten, waren der Meynung, man sollte diese Wilden ausrotten, und stellten ihm vor, daß sie unsere schädliche Feinde des Reichs wären; sie begehrten nur den Frieden, weil sie nicht mehr im Stande wären, Krieg zu führen; die Donau wäre die Gränzscheidung, welche sie zu überschreiten gewohnt wären; die vorige Untreue sollte zur Vorsicht auf die Zukunft dienen, und es betreffe seine eigene und des Reichs Ruhe, ein Volk zu unterdrücken, welches jederzeit den Kaysern furchtbar sey, sowohl, wenn es ihnen dienen, als wenn es mit ihnen Krieg führe.

Die andern hingegen behaupteten, man müsse einen gewissen Frieden einem zweifelhaften Siege vorziehen; es wäre nicht großmüthig, die Demüthigung der Feinde zu verachten, noch auch sicher, sich ihrer Verzweiflung auszusetzen. Sie würden jenseit der Donau ruhiger seyn, wenn man sie darüber zu gehen genöthiget haben würde; es wäre bey den gegenwärtigen Umständen schwer, den Dienst dieser Nation zu missen, und es würde leicht seyn, sich vor ihren Verrätherereyen zu hüten; das Reich wäre endlich ein durch lange Kriege geschwächter Körper, und der sich bloß durch eine Zwischenzeit des Friedens wieder erholen könnte.

J 5 §. 19.

§. 19.

Theodos lobte die Entschließung der erstern, und folgte dem Rathe der andern. Er bewilligte den Wilden den Frieden. Die Bedingungen waren: sie sollten die Waffen niederlegen, und schwören, sie niemals mehr wider das Reich zu ergreifen; sie sollten ihre vornehmsten Chefs zu Geißeln schicken; sie sollten ohne Aufschub aus den Provinzen des Reichs gehen, dessen Gränzen sie wider andre Völker vertheidigen sollten; sie sollten eine gewisse Anzahl auserlesener Truppen verschaffen, um in alle Corps der römischen Armee vertheilt zu werden; und der Kayser würde sie hingegen auch beschützen, und sie als seine Freunde und Bundsgenossen ansehen. Die Gothen nahmen diese Bedingungen an, und beschlossen, diesen Vertrag treulich zu vollziehen.

§. 20.

Unterdessen war der Befehl des Theodos zum Besten des katholischen Glaubens bekannt gemacht worden, woselbst er sehr verschiedene Wirkungen geäußert hatte. Diejenigen, welche den niсänischen Glauben bekannten, faßten von neuem Muth, und vereinigten sich mit dem Gregorius von Nazianzen so genau, daß sie ihn als ihren Bischof verehrten und ansahen. Sie wohnten in größter Menge seinen Predigten bey, und nöthigten ihn verschiedenemal, sich das Ansehn des Fürsten zu Nutze zu machen, und die Kirche den Arianern abzufordern, welche sie ihnen genommen hatten. Da aber das Edict nicht ausdrücklich diese Auslieferung forderte, und es noch nicht Zeit war, diesen Punct zu berühren, so mäßigte dieser Heilige ihren Eifer, und vermahnte sie Geduld zu haben,

bis

bis der Kaiser das, was er angefangen hatte, vollführen könnte.

Der größte Theil der Officiere und der obrigkeitlichen Personen in der Stadt, welche vorher der Ketzerey ergeben waren, glaubten, sie müßten sich in die Zeit schicken, und die Religion des Fürsten verehren. Allein, die Arianer ließen ihre Gesinnungen bey jeder Gelegenheit merken. Die Nachricht von der Taufe des Theodos hatte sie sogleich erschreckt. Sie rühmten sich von je her, die Kayser des Orients getauft zu haben; und gleich als wenn es ein Recht der Verführung vor die Zukunft gewesen wäre, beklagten sie sich, daß Ascholius bey dem Theodos dieses Sacrament verrichtet hätte, welches Eusebius von Nikomedien, Constantin dem Großen, Eugenius von Antiochien dem Constantius, und Eudoxus zu Constantinopel dem Valens ertheilet hätten. Sie sahen wohl die Folgen von dieser Handlung voraus.

Da sie aber hierauf ein Gesetz bekannt machen hörten, welches ihnen alles Ansehen benahm, und sie verdammte, so wurden sie gleichsam rasend. Sie beklagten sich öffentlich, daß man sie unrechtmäßig beschimpfte, und fielen deswegen den Gregorius von Nazianzen an, der, ohne sich der vortheilhaften Zeit, und des Schlusses des Fürsten zu bedienen, ihren Gewaltthätigkeiten nichts als Ermahnungen und Gebete entgegen stellte. Sie stiegen bis zu einem solchen Grade von Raserey, daß sie einen frommen Greis, welcher aus dem Elende zurück kam, wohin er unter der Regierung des Vaters geschickt worden, bey hellem Tage ädarten. Nach diesem mäßigten sie sich gar nicht mehr, und thaten den Katholiken alles mögliche Unrecht und Gewalt an, um ihnen alle

Hoffnung, sich wieder empor zu bringen, zu benehmen, und da sie sich sogar gegen den Magistrat empörten, so wollten sie den Kayser damit schrecken, und ihn eine allgemeine Empörung besorgen lassen, wenn er sich unterfangen sollte, eine Partey zu unterdrücken, welche seine Vorgänger erreichet hätten.

§. 24.

Theodor hatte diese Unordnungen erfahren, und verstellte sich klug, bis daß er im Stande war, dieser Sache zu steuren. Er nöthigte die Wilden den Vertrag zu vollziehen, und über die Donau zurück zu gehen; welches sie in kurzer Zeit thaten. Hierauf beurlaubte er die Hülfstruppen, nachdem er den Officiers und Soldaten eben sowohl, als wenn sie gestritten hätten, Belohnungen ausgetheilet hatte. Er erzeigte den zween Feldherren so viele Proben der Hochachtung und Gütigkeit, daß sie mit dem einigen Verdruß zurückkehrten, daß sie nicht ihr Leben vor ihm der Gefahr hätten aussetzen können. Zu gleicher Zeit fertigte er eine Gesandtschaft an den Kayser Gratian ab, um ihm Nachricht von den Sachen des Orients zu geben, und die Bemühungen zu vergelten, welche er über sich genommen, ihm in diesem Kriege beyzustehen, und das Reich erhalten zu helfen, welches er ihm so großmüthig geschenkt hatte.

Dergestalt war alles ruhig worden, dieser Prinz ließ an der Befestigung der Gränzörter arbeiten, seiner Armee, mit welcher er die auserlesenen Truppen der Gothen vereinigte, zur Erholung Quartiere anweisen, und nachdem er die benachbarten Provinzen vor den Anfällen der Feinde sicher gestellet hatte, so gieng er nach Constanti-

stantinopel. Da er vorher sah, daß er daselbst mit ei-
gensinnigen und aufrührischen Köpfen würde zu thun
haben, so nahm er einen Theil seiner Truppen mit, und
kam den vier und zwanzigsten November in dieser Hauptstadt des Reichs an, wo man ihm nicht nur einen prächtigen Einzug, als einem neuen Kayser, sondern auch noch
eine Ehrenpforte als einem Ueberwinder der Wilden zubereitet hatte. Einige Tage nach einander kamen die
verschiedenen Zünfte der Stadt, ihn zu bewillkommen,
und er machte nunmehro die gehörigen Anstalten, die bey
einer jeden neuen Einrichtung nothwendig erfordert
werden.

§. 22.

Da die Religion die wichtigste Sache war, und
allem Ansehen nach eine der ersten und vornehmsten Anordnungen seyn sollte, so wartete man mit Verlangen,
was die Sache für einen Ausgang gewinnen würde.
Die zwo Parteyen gaben auf alle Handlungen des Kaysers genau Acht, so wie es gemeiniglich in Uneinigkeiten
und Zwiespaltungen zu gehen pflegt, um daraus einige
wahrscheinliche Muthmaßungen zu ihrem Besten zu machen. Da die Arianer denjenigen mit so vielem Ansehen so majestätisch erscheinen sahen, dessen Gesetze sie verachtet hatten, so fürchten sie sich freylich, daß sie nach
demselben, so wie sie es verdient hatten, würden gerichtet
werden. Ob sie sich gleich scheueten zu ihm zu gehen, so
konnten sie sich dennoch nicht dieser Pflicht entziehen, besonders weil sie eigentlich den geistlichen Stand ausmachten, und ihnen überdies noch daran gelegen war, dasjenige zu erfahren, was man wider sie auszuführen be-

schloss

schloffen hatte. Der Kayser nahm sie mit vielen Ehrenbezeigungen an, und begegnete ihnen, ohne sich in die geringste Untersuchung der Religion einzulassen, mit gleicher Gnade, die er andern erzeigt hatte.

Die Katholiken, welche sie lieber erniedriget zu sehen
wünschten, wurden über dieses gnädige Bezeigen gegen
dieselben unwillig. Ob sie schon von den guten Absichten des Kaysers Theodos völlig versichert waren, so zweifelten sie dennoch, daß er die Macht hätte, sie auszuführ-
ren. Sie sagten öffentlich: er hätte keinen Unterschied
zwischen Katholiken und Arianern gemacht; er suchte
den Kayern gleichsam neuen Muth zu machen, wenn er
sie schonte; den gegenwärtigen Uebeln der Kirche könnte
nicht anders als durch heftige Mittel abgeholfen werden;
es wäre ihm unbekannt, daß die gottlosen Kayser so viel
Eifer zu Behauptung des Irrthums und der Lügen bezeigt hätten, und die frommen hingegen wären so langsam und bedachtsam gewesen, um die Wahrheit zu unterstützen. Gregorius von Nazianzen beklagte sich selbst
über dieses Bezeigen; aber endlich sah er ein, daß sich
dieser Fürst auf diese Weise außerordentlich klug auf-
führte; weil in Ansehung des Glaubens die Gelindigkeit
das kräftigste und beste Mittel ist, um die Gemüther zu
bessern; und die Religion sich glauben aber nicht befehlen läßt.

Theodos kehrte sich an diese Rede im geringsten nicht,
sondern erwartete die Zeit, die zu Ausführung seines
Vorhabens am geschicktesten zu seyn schien. Er urtheilte,
daß, wenn man den wahren und rechtschaffnen Glauben
wieder herstellen wollte, so müßte man den Anfang zu
Constantinopel machen, welches der gemeinschaftliche

Der

Der des Orients und Occidents, und gleichsam der Mittelpunkt war, wo sich die äußersten Gränzen der Welt wieder vereinigten, und wohin sich alsdenn der Glaube in alle Theile des Reichs ausbreiten würde. Allein, dieses Unternehmen war mit vielen Schwierigkeiten verbunden. Diese Stadt war von einem katholischen Kayser erbauet, und von zwoen der frömmsten Bischöfe dieser Zeit im Glauben unterrichtet worden. Sie hatte nicht lange Zeit die angenehmen Früchte des Friedens, welchen dieser Kayser daselbst erlanget hatte, noch auch des Unterrichts und der Lehren genossen, welche ihr die beyden heiligen Männer gegeben. Da die Kayser auf Antrieb ihrer arianischgesinnten Lehrer sich zu dieser verderblichen Secte bekannten, und sich also die weltliche Gewalt mit der geistlichen, zum Irrthum und Sturz des Glaubens vereinigte, so wurde in kurzer Zeit deswegen eine allgemeine Veränderung. Die Geistlichen folgten der Lehre ihrer Bischöfe, der Hof richtete sich nach der Religion der Fürsten, und das Volk wurde durch beyder Beyspiel hingerissen. Diejenigen, welche in dem alten Glauben standhaft verharreten, mußten sich begnügen, insgeheim darüber zu seufzen, oder sie wurden durch die Verfolgungen, die man ihnen anthat, gänzlich zerstreuet.

§. 23.

So lange diese Unruhen daureten, so entstunden in dieser Hauptstadt des Reichs noch immer andre Secten, wo eine jede Neuigkeit beständig ihre Anhänger fand. Die Macedonier richteten daselbst eine besondre Gesellschaft und Gemeinde auf. Die Apollinaristen hielten ihre Zusammenkünfte insgeheim. Die Novatianer hat-

ten

ten daselbst öffentlich ihre Kirchen, nur die Katholiken
allein hatten weder die Mittel noch die Freyheit, Zusammenkünfte anzustellen. Sie bemüheten sich von Zeit zu
Zeit mit den äußersten Kräften, um sich wieder empor zu
bringen; aber sie wurden stets bald wieder unterdrückt.
Diese Drückungen hatten 4 Jahre lang gedauret, bis
Gregorius von Nazianzen dahin geschickt wurde. Da
dieser unter dem Schutze des Kaysers Theodos stand, so
unterstund man sich nicht, ihn zu verjagen; aber da er
keine Kirche vor sich und die Seinigen hatte erlangen
können, so machte er in dem Hause des Nicobulus, seines
Anverwandten und Freundes, eine Kapelle, welche er die
Auferstehung nannte, weil der katholische Glaube, der
gleichsam in Constantinopel erstorben war, wieder von
neuem anfieng aufzuleben.

Die Sorgfalt und Bemühungen dieses Lehrers waren von einem sehr guten Erfolge, und die Anzahl der
Gläubigen wurde ansehnlich vermehret; aber in Vergleichung mit den Irtänern war ihre Gemeinde noch immer
sehr klein und geringe. Demophilus, der sich sonst durch
die Verfolgung des Pabstes Liberius bekannt gemacht
hatte, wurde von Berea nach Constantinopel als Bischof
verordnet. Valens hatte ihn daselbst eingesetzet, und er
stund dieser Kirche beynahe 10 Jahre lang vor, da er
denn sein Volk zur Vertheidigung der Ketzerey ermunterte, und aus dem Hasse, welchen es vor die Katholiken
haben sollte, das Hauptstück der Frömmigkeit machte.

§. 24.

Nachdem Theodos nunmehr von allen diesen Dingen auf das genaueste unterrichtet war, so glaubte er, die
Sache

Sache müsse nothwendig einige ohne weitern Aufschub
ausgeführet werden. Er kam im öffentlichen Gepränge
von seinem ganzen Hofstaat begleitet, in die Kapelle der
Auferstehung, wo ihn alle daselbst versammlete Katholiken mit einer ausserordentlichen Freude und Frohlocken
empfiengen. Da sich Gregorius ihm näherte, ihn zu
bewillkommen, so küßte ihn der Kaiser mit vieler Zärtlichkeit, und lobte ihn öffentlich wegen seiner Frömmigkeit, Klugheit, und des unermüdeten Eifers vor die Wiederherstellung der Religion; alsdenn wandte er sich zum
Volke, vermahnte sie, standhaft im Glauben zu seyn, und
versicherte sie insgesammt seines Schutzes. Er war bey
der feyerlichen Verrichtung der göttlichen Geheimnisse
gegenwärtig, und da sie vollendet war, so hielt er noch
eine lange Unterredung mit dem Bischofe. Er machte
ihm sein Vorhaben bekannt, daß er sich seines Ansehens
wider die Ketzer gebrauchen würde, und die Katholiken
wieder in ihre vorige Rechte einsetzen wollte.

Diesen heiligen Entschluß machte er ihm ohngefähr
in diesen Worten bekannt: „Gott gebrauchet uns, mein
„Vater, um euch in diese Kirche einzusetzen. Es ist eine
„Belohnung, die vor eure Tugend und vor eure Bemü-
„hungen gehöret. Die ganze Stadt ist in Bewegung,
„und bemühet sich, entweder meinen Befehlen sich zu wieder-
„setzen, oder mich zur Einwilligung zu bringen, sie in ihrem
„jetzigen Besitze zu lassen. Aber nichts soll einen Für-
„sten abschrecken, eine so gerechte und heilige Sache zu ver-
„theidigen. Dieses Unternehmen scheinet sehr vielen un-
„möglich, bis ich es völlig werde ausgeführet haben. Ich
„will daran mit dem Beystand und der Hülfe des Him-
„mels arbeiten. Ich kann keinen bessern Gebrauch von

K   „und

„meiner Gewalt machen, als sie zum Dienste des Herrn
„anzuwenden, von dem ich sie erhalten, noch irgend etwas
„nützlicheres vor eine der vornehmsten Kirchen der Welt
„thun, als ihr einen solchen Lehrer zu geben, wie Sie sind. „
Gregorius antwortete dem Kayser also: Der Entschluß,
den er zur Vertheidigung der Religion gefaßt hätte, wäre
seiner würdig; alle rechtschaffne, tugendhafte und
fromme Leute hätten schon längst gehofft, unter seiner Regierung glücklich zu seyn; er wäre ohne allen Zweifel von
der Vorsehung dazu verordnet, die Fehler seiner Vorfahren auszubessern; der Herr würde sein Vorhaben segnen,
das nur allzu gerecht wäre, und nachdem er dem Reiche
Ruhe geschafft hätte, so wäre ihm weiter nichts mehr
übrig, als auch der Kirche den Frieden zu schenken.

So viel Ehre als ihm der Kayser anthun wollte, so
dankte er ihm in den verbindlichsten und hochachtungsvollen Ausdrücken, und stellte ihm zugleich vor, daß er
zur ganzen Vergeltung seiner Dienste, die er der Kirche
erzeiget, nur begehrte, wieder in seine Einsamkeit nach
Urlaub zurückgelassen zu werden, aus der man ihn hervorgezogen hätte; er wäre nicht geschickt, mit den Grossen der Welt umzugehen; so zärtlich als er seine Gemeinde liebte, so würde er sie dennoch ganz ruhig verlassen, weil er sie unter dem Schutze eines so frommen Kaysers zurückließe; er bäte also desto inständiger um die
Erlaubniß, sich wieder von hier wegzubegeben, er würde
daselbst von einigen als ein Fremdling angesehen, der
sich des bischöflichen Stuhls zu Constantinopel bemächtiget hätte. Aber bey allen möglichen Bewegungsursa-
chen, die er anführete, konnte er seinen Abschied dennoch
nicht erlangen, und er wurde nicht einmal über diesen
Punkt gehöret.

§. 25.

§. 25.

Da Theodor wieder in sein Haus zurückgekommen war, und die Bestürzung und Unruhe der Arianer erfahren, so schickte er noch diesen Tag zu dem Demophilus, ihrem Bischofe, ob er das nicänische Glaubensbekenntniß annehmen, und sich mit ihm in eine Gemeinde vereinigen wollte. Dieser Ketzer antwortete, daß er den Glauben nicht ändern, noch sich in irgend einer Sache nach ihm richten und bequemen wollte. Hierauf befahl ihm der Kayser, daß, weil er sich geweigert, auf die Seite der Wahrheit zu treten, und darauf beharrete, die Uneinigkeit in der Hauptstadt des Reichs zu unterhalten, so sollte er nunmehro, ohne weitern Aufschub, alle Kirchen der Stadt verlassen, und sie den Katholiken zurück geben, so, wie sie sie unter der Regierung Constantin des Großen besessen hätten. Demophilus, der über einen so strengen und ganz unvermutheten Befehl sehr erschrocken war, schwieg eine Zeitlang stille, und gab zuerst keine andre Antwort, als, er werde den Willen des Kaysers dem Volke bekannt machen.

Er dachte unterdessen auf Mittel, diesem Befehle, entweder durch Bittschriften, oder durch einigen Aufschub, oder durch eine öffentliche Empörung zu entgehen. Allein, nachdem er eingesehen hatte, daß es schwer sey, einer solchen Gewalt zu widerstehen, und einem so klugen Fürsten zu hintergehen, der völlig entschlossen war, in diesem Punkte auch nicht das geringste nachzugeben, so versammlete er das Volk in der Kirche, und nachdem er mitten unter sie getreten war, so machte er ihnen den empfangenen Befehl bekannt. Er sagte ihnen alsdenn

ferner,

ferner, daß er nicht entschlossen wäre, den Lehrsätzen des nicänischen Concilii beyzutreten, und da er sich nicht der Macht des Kaysers widersetzen könnte, so wäre er genöthiget, diesem Befehl des Evangelii zu folgen: Wenn sie euch werden verfolgen in einer Stadt, so fliehet in eine andere. Bey diesen Umständen würde er morgen ihre Versammlungen außer der Stadt halten. Er gieng auch in der That noch eben den Tag heraus, mit dem Lucius, dem nächsten Patriarchen von Alexandrien, der sich seit einiger Zeit bey ihm aufgehalten hatte.

§. 26.

Die Ketzer wurden durch diese Rede des Demophilus so gerühret, daß sie die ganze Stadt in Bewegung setzten. Einige griffen zu den Waffen, und liefen zu den Kirchen, um sich deren zu bemächtigen, andere giengen vor die Thore des kayserlichen Palastes, um die Gnade des Kaysers demüthigst zu bitten, einige belagerten und umringten die Kapelle der Auferstehung, und droheten, sich an dem Bischofe der Katholiken wegen der Flucht des Ihrigen zu rächen. Alle Straßen und Gassen waren von weinenden Weibern, Kindern und Alten voll. Theodos, der diese Unordnung vorhergesehen, hatte Soldaten in die Hauptstraßen der Stadt aufgeschickt, um die Aufrührischen und Rebellen aus einander zu treiben, welche daselbst zusammengelaufen waren, und sich der Hauptkirche daselbst zu bemächtigen.

Nunmehro hatte er weiter nichts mehr zu thun, als den Gregorius von Nazianzen ordentlich in sein Amt einzusetzen. Er wollte bey dieser Handlung gegenwärtig seyn. Er gieng selbst, ihn bey der Kapelle der Auferstehung huldigung zu empfangen, und führte ihn gleichsam im Triumph, von seiner Garde begleitet, bis in die Kirche, woselbst man dem Herrn ein feyerliches Lobopfer darbrachte.

Da das Gebet vollendet war, so wünschten fast alle, die gegenwärtig waren, mit einem lauten Freudengeschrey dem Kayser tausend Segen, und baten ihn noch zugleich, er möchte ihnen doch den Gregorius zu ihrem Bischof geben. Dieser fromme Mann, welcher über dem Ungestüm des Volks mißvergnügt und unzufrieden war, wegen seiner großen Schwäche sich aber selbst nicht konnte hören lassen, bat denjenigen, welcher bey ihm saß, ihnen von seinetwegen zu sagen, daß sie aufhören sollten, so zu schreyen. Sie wären hier versammlet, um den dreyeinigen Gott anzubeten, und nicht, um einen Bischof zu erwählen, und in einem so glückseligen Lage, wie dieser wäre, müßte man nichts anders vorhaben, als Gott loben und preisen.

Das Volk nahm diese Vermahnung mit vieler Ehrerbiethung an, und bezeigte durch ihren öffentlichen Beyfall, wie sehr sie von der Bescheidenheit und Demuth dieses Prälaten eingenommen und gerühret wären. Der Kayser selbst gab ihm die größten Lobeserhebungen, und setzte ihn in den Besitz, nicht allein der Kirchen, sondern auch des bischöflichen Palasts, und aller übrigen geistlichen Einkünfte. So ward dieses große Unternehmen durch die Sorgfalt und Standhaftigkeit des Kaysers Theodas ausgeführet. Da er den Officiers seiner Soldaten ausdrücklich befohlen hatte, den Aufruhr zu stillen, ohne Gewaltthätigkeiten auszuüben, so wurde auch diese Unruhe nach diesem Befehle gänzlich gestillet. Dies war eine außerordentliche Freude vor dem Kayser, daß

K 3   man

man den Ketzern ohne einiges Blutvergießen die Kirche
genommen, welche sie durch den Tod so vieler heiligen
und frommen Personen erlangt hatten.

Indem nun also die Secte der Arianer im Orient
immer schwächer ward und abnahm, so hörte er mit Vergnügen,
daß die Kayserinn Justine, eine Mutter des
jungen Valentiniani, sich umsonst bemühete, sie wieder zu
Mayland einzusetzen und herzustellen, sie hätte deswegen
eine besondere Reise gethan, um einen Bischof von ihrer
Secte daselbst zu verordnen, allein, der heilige Ambrosius,
welcher bey dieser Wahl den Vorsitz gehabt, hätte
die Sache auf einmal rückgängig gemacht; Gratian, der
über das Ansuchen dieser Prinzeßinn unwillig worden
wäre, hätte ihr zwar eine Kirche der Katholiken bewilliget,
aber nachdem er die Folgen des gethanen Geschenke
eingesehen, so hätte er sie dem heiligen Ambrosius wieder
zurückgegeben, als der allein das Recht besäße, nach seinem
Belieben damit zu thun was er wollte, und weil
man auch hoffen könne, daß diese Ketzerey dadurch viel
von ihrem Ansehen und Stolz verlieren würde.

§. 27.

Nachdem nunmehro Theodos alles das, was er zur
Wiederherstellung der Religion unternommen, so glücklich
ausgeführet hatte, so fieng er nunmehro an, sich sorgfältig
mit Staatssachen zu beschäftigen. Er machte
den Anfang mit den Verordnungen und Einrichtungen
des Kriegswesens. Er machte verschiedene Generallieutenants,
denen er große Pensionen gab, er vermehrte die
Anzahl der Officiers bey den Compagnien, denn er wußte
gar zu wohl, daß nichts die Armeen so sehr verstärkte, und

zur

gar guten Kriegszucht und Ordnung so viel beytrage, als
dieses. Er machte den Obristen der Wilden, welche
ihm gedienet hatten, große Geschenke, und vergaß nichts
von dem, womit er sie gewinnen und einnehmen konnte;
einigen gab er ansehnliche Bedienungen, andere verband
er mit den reichsten Familien des Hofes oder der
Stadt, und suchte sie also von dem Eigennutze und Liebe
ihres Vaterlandes immer mehr und mehr zu entziehen.

Diese Politik befreyete ihn von den Nachstellungen
des Erindhes, und des Fravita, zweyen der vornehmsten
Feldherren der Gothen. Sie waren entweder zu Befeh-
lein erwählet worden, oder zu commandiren des Corps
der Truppen von ihrer Nation, aber sie hatten sich freywillig in den Dienst des Kaisers begeben, und waren
auf den Anschlag kommen, ihre Zeit zu beobachten, und
ihr Volk zu einer Empörung aufzuwiegeln. Der Kayser behielt sie an seinem Hofe, und überschüttete sie mit
Wohlthaten und Ehrenbezeugungen. Da Fravita sich
in eine römische Dame verliebt hatte, so verheyrathete er
sie an ihn, und machte ihn alsdenn durch diese Heyrath
und durch seine Wohlthaten dem Reiche so verbindlich,
daß er nachdem in dem ganzen Kriege die getreuesten
Dienste leistete, und machte sich alsdenn so verdient, daß
er unter der Regierung des Arcadius zu der Würde eines Consuls erhoben wurde.

§. 29.

Da dieser Feldherr seinen ersten Entschließungen gänzlich entsaget, und sich aus Dankbarkeit zum Dienste des
Kaysers Theodos ergeben, so versuchte er den Erindhs auch
zu gewinnen, und stellte ihm verschiedene mal vor, es gereiche zu seinem Besten und zu seiner Ehre, sich ganz und

gar einem Fürsten zu ergeben, von dem er schon so viel
Gnade empfangen, und auch noch in Zukunft hoffen
könne. Allein, Erdulph, der einen unversöhnlichen Haß
gegen den Kayser hegte, blieb unveränderet bey seinem einmal gefaßten Entschluß, und entschuldigte sich damals, daß
er sich dazu durch einen gethanen Eidschwur verbindlich
gemacht hätte. Es erregte sich dadurch zwischen ihnen
über diese Sache eine große Uneinigkeit, welche lange
Zeit verborgen blieb. Da Fraustas noch immer hoffte,
daß sich Erdulph endlich ergeben würde, und es überdies
nicht vor ehrbar hielt, ihn zu verrathen, auch sonst nicht
sah, daß er noch im Stande wäre zu schaden, so begnügte
er sich damit, genau auf ihn Acht zu geben, damit er seine
gemachten Anschläge vernichten möchte.

Allein, die Sache ward auf einmal entdeckt, denn
da sie eines Tages zu einem herrlichen und kostbaren
Feste, welches der Kayser seinen Hofleuten gab, eingeladen wurden, so machte der Wein, das was vorgieng, auf
einmal offenbar. Sie wurden unter einander zwistig,
und einer warf dem andern seine Untreue und Meineid
vor. Die Hochachtung und Ehrerbietung vor den Kayser verhinderte sie weiter zu gehen. Nachdem aber
Erdulph herausgegangen war, um seine Leute aufzusu-
chen, so folgte Fraustas auf dem Fuße nach, um ihm zuvor zu kommen, und da er ihn nahe bey dem Palaste
eingeholet hatte, so stieß er ihm den Dolch in den Leib, und
tödtete ihn. Es war ihm nicht schwer, die schändlichen
und mörderischen Absichten zu beweisen, weil ihm die
übrigen Gefährten seiner Bosheit und Verbrechens bekannt waren, und er selbst bewies seithero seine Treue
durch sein ganzes Leben.

Theo-

Theodos war nicht weniger sorgsam, um die Polizey des Reichs in Ordnung zu setzen. Er erwählte zum Magistrat geschickte und schöne Leute, und empfahl ihnen Jedermänniglich und Gerechtigkeit auf das nachdrücklichste an: er gab Gesetze, und ließ sie genau beobachten. Er beschloß, das Heydenthum, so viel als es die Klugheit erlauben würde, zu unterdrücken, aber nicht durch Verfolgungen, sondern durch Entziehung aller Gnaden und Gunstbezeigungen, indem er sie von allen Würden und Ehrenstellen ausschließen, und hingegen alles das, was sie wider die Religion, oder wider den Staat vornehmen würden, hart bestrafen wollte.

§. 29.

Der Geschichtschreiber Zosimus nimmt daher Gelegenheit, sein Regiment als schlecht und übel zu beschreiben; er wäre mehr auf sein Vergnügen, als auf das Beste des Volks bedacht gewesen; er hätte eine sehr herrliche und kostbare Tafel geführet, und eine große Anzahl von Officieren zu seiner Bedienung gehabt, er hätte sich von seinen Lieblingen in der Austheilung der Chargen regieren lassen; er hätte die Aemter verkauft, und neue Auflagen gemacht, um seine Ergötzlichkeiten und unerbaulichen Freygebigkeiten auszugeben: alles dieses würde allerdings tadelswürdig seyn.

Allein, außerdem, daß man einen Geschichtschreiber der verdächtig halten muß, der dasjenige, was er saget, nicht mit einer einzigen besonders angeführten Handlung bekräftiget und unterstützet, so würde es auch ungerecht seyn, das Zeugniß eines einzigen Mannes, dem gemeine christlichen Zeugnisse so vieler christlichen und heydnischen

K 5

Schrift-

Schriftsteller vorzuziehen, welche die Wichtigkeit, Spar-
samkeit und Bescheidenheit dieses Kaysers gelobt haben,
obgleich die erstern keine Ursache hatten, seine Fehler zu
verbergen, und die andern nicht gewohnt waren, ihm zu
schmeicheln. Seine Neigung zum Frieden, sein Eifer
vor die christliche Religion, die Hochachtung gegen die
Bischöfe, und die unumgängliche Nothwendigkeit, einige
Auflagen zu Anfang seines Regiments zu machen, um
den Krieg wider die Wilden fortzusetzen, können ohne
Zweifel der Grund von demjenigen seyn, was dieser
Schriftsteller geschrieben hat. Aber es ist Zeit, dem Leit-
faden der Geschichte wieder zu folgen.

§. 30.

Die Arianer waren zwar durch den Verlust, den sie
an ihren Kirchen erlitten hatten, ziemlich erschreckt worden, aber sie hatten deswegen noch nicht alle Hoffnung
aufgegeben. Demophilus wohnte in der Gegend von
Constantinopel, und die, welche zu seiner Secte gehören,
erkannten ihn noch immer vor den Bischof dieser Hauptstadt, und giengen zu ihm, um sich mit ihm zu berathschlagen, und in ihrem Irrthum zu bevestigen. Einige
unter ihnen, welche die ganze Ursache ihres Unglücks
dem Haß zuschrieben, den Gregorius wider sie hegte,
waren entschlossen, sich gänzlich von ihm zu befreyen.
Sie erkauften einen jungen aufrührischen Menschen, der
es auf sich nahm, ihn in seinem bischöflichen Palaste zu
ermorden. Es war eben nicht schwer an ihn zu kommen, zu einer Zeit, da alles haufenweise herbeygelaufen
kam, um ihm wegen des glücklichen Fortgangs der Religionssachen Glück zu wünschen. Da sich dieser Mörder

der unter eine Menge von Leuten gemischt hatte, so wurde
er mit ihnen in das Zimmer dieses Prälaten eingeführet,
der noch wegen seiner Unpäßlichkeit und Schwachheit im
Bette lag. Die Gesellschaft erfreute sich mit ihm über
die glückliche Wiedererlangung der Kirchen, und nach
vielen ehrfurchts- und hochachtungsvollen Zeugnissen
giengen sie wieder weg, und lobten Gott, daß er ihnen
einen so weisen und tugendhaften Lehrer geschenkt hatte.

§. 21.

Der Mörder blieb allein da; ganz erstaunt von der
Vorstellung seines Verbrechens, das er in dem Augenblicke ausüben wollte, und von den innerlichen Gewissensbissen verwundet, fiel er dem Gregorius zu Füßen, ihn
demüthigst um Vergebung zu bitten. Die Furcht hatte
ihn dergestalt eingenommen, daß er nicht ein einzig Wort
reden konnte. Dieser fromme Mann war über einen so
unvermutheten Anblick ganz erschrocken, und fragte ihn
zu verschiedenen malen, wer er wäre, und was er von ihm
verlangte; da er aber nur einige undeutliche, und von
Schreyen und Seufzen unterbrochene Worte hörte, so
wurde er darüber Mitleids voll gerühret, und fieng an
mit ihm zu weinen.

Seine Leute liefen bey dem Geschrey herbey, und da
sie diesen unglückseligen Menschen nicht dahin bringen
konnten, daß er von selbst herausgegangen wäre, so
brachten sie ihn mit Gewalt in das Vorzimmer; nachdem er nun daselbst wieder ein wenig zu sich selbst gekommen, so bekannte er seinen gehabten Anschlag und
schändliches Vorhaben mit zum Himmel aufgehobenen
Händen, und gab alle Zeichen eines tiefen innerlichen

Schmer-

Schmerzens von sich zu erkennen. Man führte ihn wieder vor den Bischof, welchem seine Diener voll Furcht und Schrecken sagten: „Ehren Sie doch die Gefahr, „der Sie unterworfen gewesen. Dieser junge Mensch, „den Sie hier sehen, ist ein Mörder, der Sie hat um „bringen wollen. Gott hat ihn gerührt; er bekennet „sein Verbrechen, und die Thränen, die er vor Ihnen „vergießet, zeigen von der innerlichen Reue seines Her „zens." Gregorius ließ diesen Mörder näher zu sich „kommen, küßte ihn mit vieler Zärtlichkeit, und sprach zu ihm: „Mein Sohn, Gott erhält dich, weil dieser mir „mein Leben erhalten hat, so ist es gerecht und billig, daß „ich auch das deinige rette und erhalte. Die ganze Ge „nugthuung, die ich von dir fordere, ist, daß du der Ketze „rey entsagest, und an dein Heil und Seligkeit denkest." Diese That wurde selbst von seinen eigenen Feinden be wundert. Er wollte sich niemals des besondern Zu trauens, in welchem er bey dem Kayser stund, wider sie bedienen, außer in solchen Dingen, welche überhaupt die Kirche angiengen;

§. 32.

Ob er gleich befohlen hatte, daß man um die Urhe ber dieser Verschwörung wider ihn ganz unbekümmert und unbesorgt seyn sollte, so beschloß doch Theodos, da er die Bosheit dieser Ketzer erfahren, neue Befehle zu ihrer Unterdrückung zu geben. Er ließ ein Edict ausgehen, in welchem er allen seinen Unterthanen verbot, den Ke tzern einigen Aufenthalt zu geben, um daselbst ihren Got tesdienst zu setzen, noch zu dulden, daß sie öffentlich ihre Zusammenkünfte halten könnten, damit nicht die Be

quemquermächterte zur Ausübung ihrer falschen Religion ihnen Gelegenheit gebe, eigensinnig darinnen zu verharren. Er befahl, daß man durch sein ganzes Reich nach dem Glauben des heiligen Concilii zu Nicäa ein einiges untheilbares Wesen in der Dreyfaltigkeit erkennen sollte. Daß man die Photinianer, die Arianer, die Eunomianer, und andre durchaus verabscheuen, und deren bloße Namen nicht einmal wissen sollte. Sie sollten alle Kirchen verlassen, und sie ohne weitern Aufschub den catholischen Bischöfen wieder geben, und wenn sie die geringste Schwierigkeit machten, zu gehorchen, so sollten sie aus den Städten vertrieben, und wie Rebellen angesehen werden. Dieses Edict wurde zu Constantinopel den zehnten Januar bekannt gemacht.

§. 33.

Theodor bemühte sich auch den Hochmuth der Feinde des Reichs zu demüthigen. Athanarich, König der Ostrogothen, ließ ihn um seinen Schutz und Zuflucht in seinen Landen bitten. Es war dieses ein kühner Prinz, in den Waffen von seiner Jugend an erzogen, der verschiedene mal aus seinen Staaten verjagt worden, und auch bald wieder andre erobert hatte. Er machte mit dem Procopius ein Bündniß, um dem Valens die Krone zu nehmen. Dieser führte wider ihn schon drey Jahre lang einen harten Krieg, und nöthigte ihn endlich, den Frieden zu erkaufen. Da diese Friedenshandlungen sollten geschlossen und unterzeichnet werden, so weigerte er sich diesseits der Donau zu gehen, indem er sagte, er hätte einen Schwur gethan, keinen Fuß auf römischen Boden zu setzen, außer den er erobert haben würde. Ob man

ihn

ihm gleich die Größe und Hoheit des Reichs vorſtellen
konnte, ſo wollte er doch keine andre Unterredung halten,
wenn der Kayſer ihm nicht auf gleiche Weiſe begegnete,
und wenn er nicht ſo weit, als er, über eine Schiffbrücke
gienge, welche man deswegen über einen Fluß beſonders
muſte machen laſſen.

Valens, den andre nöthige Angelegenheiten wieder
anderwohin rufen, gieng dieſe harte Bedingung ein;
aber er unterließ keine Gelegenheit, ſich an dem Athanarik zu rächen, indem er denjenigen beyſtund, welche mit
ihm Krieg führten, und ihm hingegen alle mögliche Hülfe
verſagte. Da der feindliche Einfall der Hunnen geſchehen war, ſo wollte dieſer König, der einer von denen war,
die zuerſt unterdruckt wurden, dennoch nicht in der äuf-
ſerſten Noth ſeine Zuflucht bey dem Kayſer, wie die andern nahmen, entweder, weil er in dem Entſchluſſe ver-
harrete, nichts mit dem Kayſer zu thun zu haben, oder
weil er glaubte, es würde ihm abgeſchlagen werden. Er
begab ſich in das Land der Sarmaten und Taifalen, wo
er ſich mit einem Theile ſeiner Unterthanen, durch Hülfe
der Waffen, niederließ. Er hielt ſich daſelbſt ruhig,
ohne ſich in die Kriege ſeiner Nation einzulaſſen, weil er
ſich noch nicht im Lande recht veſtgeſetzt, und auch nicht
mit dem Könige Fritigern ſtimmen konnte, welcher die
vereinigten Miſigotten und Wilden commandirte.

§. 34.

Er hatte den Tod des Valens mit vielem Vergnügen erfahren, und das beſondre Anſehen, in welchem
Theodos ſtund, hatte angefangen, ihn weniger wider die
Römer aufzubringen, als er auf einmal in ein Unglück
gerieth.

gerieth, von dem er sich nicht wieder aufhelfen konnte.
Nach dem Tode des Valens lebten die Wilden, die nunmehro alle Furcht auf einmal hatten fahren lassen, ohne
alle Ordnung und Kriegszucht.   Da es sehr schwer war,
diese Menge so vieler verschiednen Völker unter einerley
Gesetze zu bringen, so versammlete Fritigern auf der einen Seite einen Theil seiner Gothen; Alather und Sa-
frar auf der andern ihre Grotungen, und da sie also bey-
sammen stunden, trenneten sie sich nach vieler gemachten
Beute von dem großen Haufen, und giengen in die Gegenden des Occidents.   Wladten, welcher nach Illyrien
zu commandiren geschickt worden war, wollte es nicht
wagen, sich mit ihnen in ein Treffen einzulassen.   Sie
lagerten sich zwischen dem Rhein und der Donau, und
und nachdem sie alles bezwungen hatten, was sich ihnen
widersetzte, so näherten sie sich dem Rhein, und schweif-
ten bis in Gallien aus.

Gratian wurde dadurch beunruhiget, und damit er
so gefährliche Feinde von ihm entfernen möchte, ließ er
ihnen Land in Pannonien und in dem obern Theil von Mösien anbieten, wenn sie sich dahin zurück ziehen wollten.
Sie berathschlagten sich deswegen eine Zeitlang, und da
sie glaubten, daß sie daselbst die wichtigsten Vortheile
über ein oder das andere Reich gewinnen könnten, so nahmen sie diesen Vorschlag an.   Sie giengen über die Donau, in der Absicht, sich in Pannonien niederzulassen,
alsdenn nach Epirus zu gehen, und sich zu Herren von
Griechenland zu machen.   Deswegen nahmen sie alle
mögliche Maaßregeln, und damit sie nicht einen Fürsten
hinter sich zurück ließen, der ihnen fürchterlich zu seyn
schien, so fielen sie den Athanarik an, weil er sich geweigert

gert hatte, ſich mit ihnen zu vereinigen, und ihnen auch
noch wegen der alten Feindſchaft verdächtig war. Sie
bemächtigten ſich eines Theils ſeiner Unterthanen, die
übrigen machten ſie dadurch furchtſam, und verjagten ihn
ſelbſt aus ſeinem Lande.

§. 35.

Dieſer Fürſt, der ſich in der größten Noth befand,
hatte ſeine Zuflucht zu dem Kayſer Theodos genommen,
deſſen Großmuth ihm nur allzu bekannt war. Er ſchickte
auf das eilfertigſte einen von ſeinen Capitains zu ihm,
ihn um ſeinen Schutz zu bitten, und zu ſagen: „Daß,
„ob er ſchon dieſe Gnade nicht verdiente, ſo hätte er doch
„gehöret, daß es ſchon genug wäre, nur unglücklich zu
„ſeyn, um wohl von ihm aufgenommen zu werden, daß
„es nichts weniger für ihn rühmlich ſeyn würde, den Ge-
„ſchen in Gefahr beygeſtanden, als ſie überwunden zu ha-
„ben; daß es denen zukäme, welche Herren der Welt
„wären, nicht zu dulden, daß man die Rechte der könig-
„lichen Würde verletzte; daß diejenigen, welche ihn
„aus ſeinem Lande verjagten, ganz andere Abſichten hät-
„ten, als einen ſolchen König, wie er wäre, zu unterdrü-
„cken; daß er den Rath dieſer aufrühriſchen Köpfe ver-
„worfen, denen er durch den bloßen Gedanken, daß er
„ihnen ſchädlich ſeyn könnte, wäre verhaßt worden, und
„auf dieſe Weiſe wäre er unglücklich worden, weil die
„Zeit ihn klug gemacht hätte; daß er ſonſten aus Stolz
„oder aus Vorurtheil ein Feind des Reichs geweſen
„wäre, oder daß man es nicht mehr ſeyn könnte, wenn
„man daſſelbe durch einen ſo gerechten und mächtigen
„Kayſer beherrſchet ſähe; daß er die Kühnheit gehabt
hätte,

„hätte, andern gleich frey zu wollen, aber daß er sich ei-
„ne eine Ehre daraus machen würde, als sein Unterthan
„an irgend einem Winkel seiner Staaten zu leben, wenn
„es ihm gefallen wollte, ihn daselbst aufzunehmen. „

§. 36.

Theodor nahm diese Worte des Athanarik sehr gnädig auf, und ließ ihm sagen: „daß er Mitleiden mit sei-
„nem Unglücke hätte, daß er diese Gelegenheit, ihn in sei-
„nen Schutz zu nehmen, für ein großes Stück hielte; daß
„das Reich, so weit als er Herr davon wäre, solchen Kö-
„nigen, wie er wäre, die mit ihm in Freundschaft leben
„wollten, jederzeit offen stehen würde; daß er indessen, bis
„er ihn wieder in sein Königreich einsetzen könnte, ihn
„nach Constantinopel zu kommen, und diesen Hof als ei-
„nen Ort der Zuflucht und Sicherheit anzunehmen bäte;
„daß er daselbst so sollte verehret werden, wie es die
„Schuldigkeit in seinem eignen erforderte, daß man ihn
„auf alle mögliche Art zu trösten suchen würde, um ihn
„gleichsam vergessen zu lassen, daß er außer seinem Lande
„wäre. „ Er schickte, ihn an der Gränze zu empfangen, mit dem ausdrücklichen Befehl an die Gouverneurs,
welche sich in den Oertern befanden, durch welche er gehen mußte, ihm eben die Ehrenbezeigungen zu erweisen,
welche man sonst den Kaysern in dergleichen Gelegenheiten zu thun gewohnt war.

§. 37.

Athanarik, erstaunt über alle diese Ehrenbezeigungen,
ließ sich bereden, mit dem größten Theil der Officiere, die
ihm in seinem Unglücke gefolget waren, an den Hof zu

gehen.

gehen. Die Ceremonien, mit denen er allenthalben empfangen wurde, schienen seinem gegenwärtigen Schicksal
nicht gemäß zu seyn; aber er wurde dennoch dadurch auf
das empfindlichste gerühret. Theodos ließ ihn alle Anstalten zu einem prächtigen Einzuge zu Constantinopel
machen, und ob er sich gleich selbst kaum von einer sehr
gefährlichen Krankheit ein wenig erholt hatte, so gieng er
ihm doch weit vor die Stadt entgegen, und empfieng ihn
auf das freundlichste mit außerordentlicher Pracht. Er
nahm ihn in seinem Palast auf, und ließ ihn von seinen
Dienern auf das herrlichste bedienen, so, daß dieser König
öfters für große Verwunderung ausrief: Der Kayser
wäre ein Gott auf Erden, und kein sterblicher Mensch,
der nur einigen Gebrauch seines Verstandes hätte, sollte
sich nicht unterstehen ihn anzufeinden.

Er mußte sich nicht weniger verwundern, als er die
merkwürdigsten Oerter zu Constantinopel besah, wohin
ihn der Kayser selbst mit seinem ganzen Hofstaate begleitete. Diese Stadt verdiente wegen ihrer Lage, wegen
ihrer Größe und wegen ihrer Reichthümer, der Sitz des
Reichs zu seyn. Constantin hatte ihn seit ohngefähr
siebenzig Jahren erbauen lassen, und sich daselbst nieder-
gelassen, entweder um die wilden Nationen desto bequemer im Zaume zu halten, welche die Ruhe im Orient
störten; oder nach ihm ein ewiges Denkmaal seiner Größe
zurück zu lassen; aber Rom darüber eifersüchtig zu machen, mit dem er gar nicht zufrieden war, theils wegen
der großen Freyheit des Senats, theils wegen der Abgötterey, die noch daselbst herrschte. Er hatte es auch
das neue Rom genennet. Da es gewöhnlich ist, in den
ersten Ursprung der Städte und Länder Geheimnisse ein-
zumeng

zurückschen, um sie desto berühmter zu machen, so glaubt man auch, daß dieser Kayser auf einen besondern Befehl des Himmels ein so großes Unternehmen angefangen und ausgeführet habe. Man sagte, daß, da er den Grund zu einer Stadt nahe bey dem alten Ilion hätte legen wollen, so hätte ein Adler das Seil der Arbeitsleute davon getragen, und es wieder nahe bey Byzanz fallen lassen, um ihm den Ort anzuzeigen, den er erwählen sollte; und da er den Umkreis ausgemessen, den er mit Mauren umgeben wollen, wäre er sichtbarlich durch einen Engel geführet worden. Man erzählte über dieses noch viele andere ähnliche Wunder.

Dem sey wie ihm wolle, da er mit dieser Stadt fertig war, die er als sein eignes Werk liebte, so schonte er nichts, um sie auszuzieren und zu verschönern. Er bauete daselbst ein Capitolium, und einen Circum *), einen Schauplatz, und andere öffentliche Gebäude, nach Art derjenigen, welche zu Rom waren. Er nahm aus den vornehmsten Städten des Orients alles, was herrlich und kostbar war, zur Auszierung dieser. Er ließ dasjenige dahin bringen, was noch von den Königen aus Aegypten übrig war, besonders die Pyramide von Theben, die er mit vieler Mühe kommen ließ. Er setzte einen Senat nach Art des römischen; er zog aus allen Oertern der Welt die klügsten, erfahrensten und gelehrtesten Leute herbey, vor welche er besondere Collegia und Häuser bauen

J 2   ließ,

*) Ein großer langer Platz bey den Römern, an einem Erde rund gebauet, mit bedeckten Gängen und Sitzen, die stufenweise über einander waren, worinnen man mit römischen Wagen um die Wette fuhr, und allerley Hetzen hielte.

ließ, und ihnen ansehnliche Besoldungen aussetzte. Er
machte besondere Anstaltungen zur Versorgung der Einwohner und zum Unterhalt der Gebäude. Er stiftete
Kirchen und Akademien, und erlangte endlich seinen Endzweck, den er sich vorgesetzt hatte, eine Stadt zu bauen,
die dem alten Rom gleich, und noch herrlicher als jenes
wäre.

Die andern Kayser hatten nicht weniger Sorgfalt
zur Ausbesserung und Verschönerung dieser Stadt angewendet. Constantius hatte außer dem prächtigen Tempel der heiligen Sophie, noch andere Pyramiden und mar-
morne Säulen aufführen lassen. Valens hatte aus dem
Ruin der Mauern von Chalcedonien Badehäuser und
eine Wasserleitung verfertigen lassen, aus welcher alsdenn alle Quellen der Berge, die ringsherum waren zu-
sammengeführet und als ein Fluß gemacht worden, sich
durch die Stadt zertheilten, und entweder in die Häuser
der Einwohner, oder in die Springbrunnen und öffentlichen Wasserbehältnisse flossen, welche der ganzen Stadt
Wasser im Ueberfluß verschafften. Der Magistrat bemühete sich, um den Kaysern zu gefallen, die Bürger in
guter Ordnung, die öffentlichen Gebäude in ihrer Schönheit zu erhalten; und das Volk selbst, welches sich bey
seinen Freyheiten erhalten und durch Handlung bereichert
hatte, trug durch seine Pracht und durch öftere Ergötzlichkeiten nicht wenig bey, dieser kayserlichen Stadt ein
desto größer Ansehen zu geben.

Athanarik bewunderte alle diese Dinge. Er konnte
sich nicht satt genug sehen an diesem Hafen, der mit Schiffen von allen Völkern der Erden erfüllet war, und an
dieser Menge von Leuten, die durch die Bequemlichkeit
ihres

ihres Aufenthalts zurückgehalten, oder durch die Erzählung davon herbey gelocket wurden. Die gothischen Ca-
pitaine, die ihm folgten, und welche nur an die grobe
und unansehnliche Pracht ihres barbarischen Hofes ge-
wöhnt waren, machten sich nunmehro einen sehr großen
Begriff von diesem Reiche, und besonders vom Kayser,
der ihnen alles, was sonderbar und merkwürdig war,
zeigte, und ihnen selbst sein Vorhaben entdeckte, wie er die
Stadt vergrößern und noch mehr ausschmücken wollte,
welches er auch einige Jahre hernach wirklich ausführte,
und zwar mit einer solchen Pracht, als seine Vorfahren
nicht gethan hatten.

§. 38.

Athanarich fieng fast nunmehro an sein Unglück zu
vergessen, und man hatte Hoffnung, daß er die christliche
Religion annehmen würde, die er vorher auf das schreck-
lichste verfolgt hatte. Allein, da er in einem schon hohen
Alter noch die lebhaftesten Empfindungen hatte, und der
Schmerz über das erlittene traurige Schicksal schon sehr
abgenommen hatte, so nahm ihn die Freude über seinen
gegenwärtigen glücklichen Zustand dergestalt ein, und
wirkte einen solchen Eindruck bey ihm, daß er in eine
Krankheit verfiel, und funfzehn Tage nach seiner Ankunft
zu Constantinopel starb. Der Kayser, der ihm alle
Freundschaftspflichten erwiesen, ward sehr durch seinen
Tod gerühret, weil er ihn lieber und auch hoffen konnte,
sich seiner zu bedienen, um diese Nation zu einem festen
und beständigen Bündnisse mit dem Reiche zu bringen.
Er ließ ihn auf das prächtigste nach dem alten Gebrauch
der Dryden begraben, und ihm auf seinem Grabe ein herrli-

ches

ches und kostbares Denkmaal aufrichten, welches die Wilden und Römer auf gleiche Weise in Verwunderung setzte.

§. 39.

Die Güte des Kaysers Theodos hatte eine größere Wirkung, als man von den Gothen gewöhnlich hätte hoffen können. Denn außerdem, daß Athanarik, da er sterben sollte, alle Capitains, die ihn begleitet hatten, um sein Bette treten ließ, und ihnen befahl, in ihrem ganzen Leben eine unverbrüchliche Treue dem Kayser zu beweisen, und in ihrem Vaterlande, wenn sie wieder würden zurückgekommen seyn, alle empfangne Gnade öffentlich zu rühmen, so waren sie selbst über die erzeigten Wohlthaten außerordentlich gerühret. Theodos bot ihnen die größten Ehrenstellen bey seiner Armee an, aber sie entschuldigten sich deswegen, und sagten, daß sie ihm in ihrem Lande nützlicher bleiben würden: das thaten sie alsdenn auch, da sie die Gränzen der Donau bewachten, und die Römer vor einem Angriff auf ihrer Seite schützten. Also richtet die Gnade der Fürsten oft mehr aus, als ihre Macht, und die Völker, die man durch Freundschaft gewinnet, sind gewöhnlich in ihren Pflichten beständiger, als diejenigen, welche man durch die Waffen bezwungen hat.

§. 40.

Nach einem so glücklichen Erfolge, da Theodos sah, daß die Gesetze, die er zum Besten der Religion gegeben, die Unordnungen aufgehoben hatten, aber nicht die Gemüther vereinigten, so beschloß er ein allgemeines Concilium nach dem Beyspiele des großen Constantins zu ver-

anstalt

anstalten. Er hatte schon von der ersten Gelangung zum Throne an diese Gedanken gelegt, weil er es für das sicherste und geschwindeste Mittel hielt, die Uneinigkeiten und Spaltungen der Kirche mit Sanftmuth und Liebe, wie er es wünschte, zu endigen. Aber zur Ausführung hatte er den Frieden erwartet, und um diese Versammlung desto ansehnlicher zu machen, so hatte er sie in der Hauptstadt des Reichs zu halten beschlossen. Er wollte daselbst zugegen seyn, damit er alle Parteyen zur Vereinigung brächte, und dasjenige, was die Väter insgesammt durch Uebereinstimmung würden beschlossen haben, durch sein Ansehen unterstützen könnte. Sobald als er die Katholiken in den Besitz der Kirchen zu Constantinopel versetzt hatte, so glaubte er, daß das Concilium sich mit weniger Unruhe und mit mehrerem Anstande daselbst würde versammeln können. Er schrieb demnach an alle Bischöfe im Orient, um sie einzuladen, sich in dieser Hauptstadt des Reichs einzufinden, damit sie daselbst das nicänische Glaubensbekenntniß bestätigen, einen Bischof einsetzen, und die nöthigsten Anstalten zur Befestigung des Kirchenfriedens und zur Wiedervereinigung seiner Unterthanen in den Puncten der Religion machen sollten.

§. 41.

Von allen Ketzern berufte er nur allein die Macedonier zum Concilio, weil sie ordentlich in ihren Sitten waren, sich von den Arianern getrennt hatten, und ob sie schon eine besondre Gemeinde ausmachten, so unterließen sie doch nichts, um als Freunde der Katholiken und als Leute angesehen zu werden, die fähig wären, wieder in den

Schoos

Schoos der Kirche aufgenommen zu werden. Dieſe
Bewegungsurſachen ließen den Kayſer muthmaßen, daß
es nicht eben allzu ſchwer ſeyn werde, ſie wieder zu beſetz-
ten. Sie kamen an der Zahl ſiebe und dreyßig, der
größte Theil der Biſchöfe des Hellespronts, von denen die
vornehmſten waren Elias und Marcianus von lampſa-
cus. Der Kayſer vermahnte ſie ſelber, ſich zu beſſern,
und ſtellte ihnen vor, daß es Zeit wäre, in die Gemeinſchaft des Glaubens und der Kirche zu treten, und daß
ſie vor kurzer Zeit nicht die geringſte Schwierigkeit gemacht hätten, mit den Katholiken Gemeinſchaft zu haben.
Aber ſie antworteten verwegen, daß ſie ſich lieber mit den
Arianern als mit den Rechtgläubigen vereinigen wollten.
Dieſe Antwort nöthigte den Kayſer, ſie als ſeines guten
Willens Unwürdige zu verſtoßen.

§. 42.

Alle Anſtalten waren zur Verſorgung und Wohnung
der Biſchöfe gemacht, und Theodos handelte in Anſehung dieſer Kirchenverſammlung nicht weniger großmüthig und herrlich, als es Conſtantin bey dem nicäniſchen
Concilio gethan hatte. Die Biſchöfe kamen aus allen
Theilen des Orients zuſammen, und fanden ſich zu Conſtantinopel in der Zahl hundert und funfzig zu der be-
ſtimmten Zeit ein. Da die letztern Regierungen eine
Zeit der Verfolgung geweſen waren, ſo waren viele
von dieſen Prälaten gegenwärtig, welche vortreffliche
Werke wider die Ketzer geſchrieben, oder die Verweiſung
und die heftigſten Martern zur Vertheidigung des Glaubens erduldet hatten. Niemals hat die Kirche mehr
fromme Männer und Bekenner auf einmal verſammelt
geſe-

gesehen. Sie würden mit Freuden kommen, noch einmal
der Wahrheit ihren Beyfall zu geben, unter einem Kayser, der so viel Eifer zur Wiederherstellung der Religion,
als die andern zu Unterdrückung derselben bezeigt hatten.

Aber es waren auch etliche unter ihnen, welche bey
der vorigen Regierung zu ihren Bisthümern gelangt waren, in denen sie sich durch die Gunst der Statthalter der
Provinzen, und der Generale von der Armee erhalten hatten. Auch einige, welche in die Stelle der vorigen Bischöfe getreten, welche man verjagt hatte, und nach deren
Tode ruhige Besitzer geblieben waren. Da diese ihren
Glauben nach ihrem Vortheile einrichteten, so schickten
sie sich in die Zeit, und da sie unter dem Valens Ketzer
gewesen, so waren sie unter dem Theodos Katholiken worden. Sie kamen auf diese Kirchenversammlung, um zu
sehen, wie die Sachen ablaufen würden, und Unruhen daselbst anzurichten, wenn sie es anders ungestraft thun
können.

§. 43.

Meletius, Bischof von Antiochien, sollte bey dieser
Versammlung den Vorsitz nehmen. Der Kayser wünschte
mit Verlangen ihn zu sehen, sowohl wegen des Rufs seiner Heiligkeit, den sich dieser Prälat in dem ganzen
Oriente erworben hatte, als auch, weil er ihm einmal im
Traume erschienen, und ihm den Purpur mit einer, und
die Krone mit der andern Hand vorgehalten hatte. Theodos verehrte ihn stets von dieser Zeit an, selbst ehe er ihn
noch kannte, und hatte ihm zu verschiedenen malen beträchtliche Summen Geldes zugeschickt, um den Armen zu
seiner Diöces beyzustehen, und die Kirche zu vollenden,

welche

welche er dem heiligen Babylas zu Ehren jenseit des Flußes Orontes hatte bauen lassen. Sobald als die Bischöfe angekommen waren, giengen sie, dem Kayser insgesammt ihre Aufwartung zu machen, welcher, da er ersehren wollte, ob er den Meletius unter den andern erkennen würde, ausdrücklich verbot, daß man ihm denselben zeigen sollte. Es war ihm in seiner Phantasie eine so starke Vorstellung von seiner Bildung zurückgeblieben, daß, so bald als er ihn sah, ihn von selbst erkannte, und sagte, daß es derjenige wäre, den er einmal im Traume gesehen hätte. Er trat vor ihn mit einer Unzufriedenheit voll Hochachtung und Zärtlichkeit. Er umarmte ihn, er küßte ihm die Augen, den Kopf, die Brust, und besonders die Hand, welche ihm zum voraus getröstet hatte, und erwies ihm so viel Höflichkeiten, worüber aber niemand eifersüchtig wurde, weil ihn ein jeder derselben würdig schätzte. Er ergötzte alsdann auch den andern Bischöfen viele Höflichkeiten, und bat sie, als seine Väter an den Sachen aus allen Kräften zu arbeiten, um deren willen sie waren zusammenberufen worden.

§. 44.

Da die Eröffnung des Concilii mit vielen Feyerlichkeiten geschehen war, so wurde man eins, mit demjenigen den Anfang zu machen, was die Kirche zu Constantinopel anglong. Obgleich diese Sache nicht eben die wichtigste war, so schien sie doch allemal sehr nothwendig, weil Theodos vielen Antheil daran nahm, und es nöthig war, einen Stuhl mit einer sehr verdienten Person zu besetzen, dessen Rechte und Würde man zu vermehren gedachte. Maximus hatte noch nicht von seiner Foderung

rung

rung nachgelassen; allein seine Ordinarien war den Gesetzen und Gebräuchen der Kirche so zuwider, daß das
Concilium öffentlich erklärte, daß er nicht Bischof wäre,
und daß er die gewöhnlichen Verwaltungen desselben
nicht hätte verrichten können. Diejenigen, welche ihn
geschätzt hatten, wurden getadelt, und diejenigen, welche
er eingeweihet hatte, wurden abgesetzt, und vor unwürdig
gehalten, eine Stelle in dem geistlichen Stande zu haben.

Gregorius von Nazianzen war durch die allgemeine
Wahl des Volks und durch das Ansehn des Kaysers
zum Bischof erwählet worden; er war ohne Stuhl; der
zu Constantinopel war erlediget. Er war mit der Besorgung dieser Kirche beschäftiget gewesen, und man gab
ihm davon den gehörigen Titel. Also konnte man diese
Wahl vor gültig halten. Allein Gregorius, der ohne
allen Stolz lebte, und nichts wider die Kirchenordnung
unternehmen wollte, glaubte, daß er nicht an ein Amt
gebunden und verpflichtet sey, welches er nicht ordentlich
erhalten hätte. Er läugnete, daß ein Prälat ohne den
Titel Besitz von einer erledigten Kirche nehmen könne,
wenn er nicht von einem Concilio davor erkannt und be-
vollmächtiget worden wäre, und daß diese Unordnung,
die man in Absicht auf ihn begehet hätte, stolzen Bischöf-
fen Gelegenheit geben möchte, sich der erledigten Stühle
zu bemächtigen, dem Volke aber, sie selbst einzusetzen, und
den Erzbischöfen, sie aus irrdischen Absichten wieder ab-
zusetzen.

Es war eben nicht schwer, einen richtigen Entschluß
in Ansehung dieser beyden Personen zu fassen, von denen
der eine bey einer Würde erhalten zu werden wünschte,

die

die er nicht verdiente, und der andere derselben willig entsagen wollte, ob er gleich Recht dazu hatte, und derselben würdig war. Der Kayser, welcher die großen Eigenschaften des Gregorius kannte, verlangte ihn zu seinem Bischofe. Valerius, der ihn zärtlich liebte, war vornehmlich deswegen kommen, um ihn einzusetzen. Alle Väter stimmten darinnen insgesammt ein, und Gregorius war der einzige, dem es schwer fiel, seine Wahl zu billigen. Er bat den Theodos demüthig, die Sachen anders einzurichten; allein dieser Kayser stellte ihm vor: „Es wäre billig, daß man die Regierung dieser Kirche „demjenigen anvertraute, der sie mit so vieler Sorgfalt „gestiftet und ausgebessert hätte; die Liebe zur Ruhe und „Einsamkeit müßte ihn nicht die Arbeiten scheuen lassen, „wenn er dazu gerufen würde; diese Einstimmung des „Concilii wäre ein sicheres Zeichen des göttlichen Willens; wenn er Bischof dieser Hauptstadt des Reichs „wäre, so würde er vieles zur Wiederherstellung des „Glaubens im ganzen Reiche beytragen können; und „wenn er sich an einem Orte mitten zwischen dem Orient „und Occident aufhielte, so würde er gleichsam ein Ver„mittler werden, und vielleicht die beyden Hälften der „Welt mit einander vereinigen können, welche unglückli„cher Weise in Ansehung der Kirche von einander ge„trennt wären.

Valerius stellte ihm eben das im Namen der ganzen Versammlung vor, und nöthigte ihn durch seine Vorstellungen und Nachschläge, sich dem Joche zu unterwerfen, das man ihm auflegte, und seine Ruhe zum Besten der Kirche aufzuopfern. Also suchte man gleichsam insgesammt ihrer Bescheidenheit Gewalt anzuthun. Man setzte ihn auf den bischöflichen Thron, wohin ihn das Volk und die Geistlichkeit wider seinen Willen schon einige Zeit vorher geführet, und den er nicht hatte besteigen wollen. Es fehlte nichts zur Feyerlichkeit dieser Handlung. Meletius verrichtete diese Ceremonie, der Kayser war dabey gegenwärtig, das ganze Volk lief herbey, und verschiedene Prälaten, unter welchen auch Gregorius von Nyssen war, hielten bey dieser Handlung die vortrefflichsten Reden.

§. 46.

Nachdem man die Angelegenheiten der Kirchen also eingerichtet und geordnet hatte, so handelte man die Glaubenspuncte ab. Da die meisten Ketzereyen in der Kirchenversammlung zu Nicäa schon waren verdammt worden, so ließ man nur diese Concilienschlüsse verlesen, und bestätigte sie nochmals. Man las alsdann das Glaubensbekenntniß vor, welches der Pabst Damascus nach Antiochien geschickt hatte, und nach seinem Beyspiele verdammte man den Irrthum des Apollinaris, welcher die Wahrheit des Geheimnisses der Menschwerdung Christi läugnete. Man gieng alsdann weiter zu den Macedoniern, welche der Gottheit des heiligen Geistes läugneten, und schon seit einiger Zeit aller Gemeinschaft mit den Katholiken entsagt hatten. Zu dem Ende, da das nicänische Glaubensbekenntniß dem apostolischen war hinzugefügt worden, was nämlich in Ansehung der Gottheit des Vaters war beschlossen worden, so fügte man dem nicänischen Glaubensbekenntnisse das constantinopolitanische bey, was nämlich die Person des heiligen Geistes anbelangte: „wahrer Gott und Herr, der

„auf

„auf gleiche Weiſe mit dem Vater und Sohn ſoll ange-
„betet und verehret werden.„

§. 47.

Von den Lehren des Glaubens gieng man zu der Kirchenordnung. Das Vorhaben der ſieben Biſchöfe aus Aegypten, die kommen waren, um den Maximus zu Conſtantinopel zu ordiniren, gab Gelegenheit, dieſen alten Canon zu
erneuern, daß die Ordination der Biſchöfe einer jeden Provinz durch andre in eben der Provinz, oder aus der Nachbarſchaft ſollte verrichtet werden. Und weil es zu Zeiten
der Verfolgung geſchehen war, daß einige Prälaten ſich in
fremden Provinzen wegen der Angelegenheiten der Kirche
aufgehalten hatten, welches die Ruhe ſtören konnte; ſo
richtete man nunmehro das Gebiet und Gerichtsbarkeit
eines jeden Erzbiſchofs ordentlich ein, und man gab ihnen
die Macht, die Angelegenheiten der Provinzen auf Provin-
cialzuſammenkünften zu entſcheiden. Um der kayſerlichen Hauptſtadt eine ſonderbare Ehre zu erzeigen, und um
dem Kayſer zu gefallen, ſo beſchloß man, daß der Biſchof
zu Conſtantinopel der vornehmſte nach dem römiſchen
ſeyn ſollte, weil Conſtantinopel das neue oder zweyte Rom
war. Endlich ordnete man noch andre Dinge an, wie
es mit den gerichtlichen Anklagen wider die Biſchöfe
ſollte gehalten werden, und man ſuchte die Ordnung in
der Kirche völlig wieder herzuſtellen.

§. 48.

Nachdem die Väter der Kirchenverſammlung die
nöthigen Glaubenspuncte veſtgeſetzt hatten, ſo faßten ſie
dieſelben in beſondre Abtheilungen ab, und überbrachten

sie

sie dem Theodot. Sie schickten ihm zugleich ein Synodalschreiben, in welchem sie Gott besonders dankten, daß er ihn zum Frieden der Kirche, und zu Befestigung der Religion auf den Thron gesetzt hätte. Sie zeigten ihm alsdann ferner an, daß, da sie auf seinen Befehl waren versammlet gewesen, so hätten sie gemeinschaftlich gewisse Kirchenregeln vorgeschrieben, um entweder die Ketzereyen zu verdammen, oder die Mißbräuche zu verbessern; sie baten ihn, dasjenige, was sie gethan hätten, durch sein Ansehen zu bestätigen. Sie machten endlich den Schluß mit Wünschen, daß sein Regiment auf Friede und Gerechtigkeit sollte gegründet seyn, und daß es sich endlich mit der Freude des himmlischen Reiches endigen möge.

§. 49.

Obgleich die Bischöfe, welche diese Versammlung ausmachten, sehr verschieden an Sitten und Meinungen waren, so waren sie dennoch über alle vorgelegten Puncte einstimmig worden, und alles schien glücklich und ruhig geendiget zu werden, als ein unversehener Zufall einige Unordnung und Störung verursachte. Es war dies der Tod des Meletius, eines von den zween Bischöfen aus Antiochien, welches der Oberste, und gleichsam die Seele des Concilii gewesen war. Die ganze Kirche des Orients beweinte ihn. Theodot, der ihn als seinen Vater liebte und verehrte, gleichsam, als wenn er das Reich von ihm erhalten hätte, befahl, daß man ihm ein solches Leichenbegängniß machen sollte, welches mehr einem Triumph ähnlich wäre. Er war selbst zugegen, und ließ öffentliche Zeichen des Schmerzens und seiner Hochachtung von sich blicken. Der Leib dieses heiligen Mannes ward

in

in die Kirche der Apostel gesetzt, wo man Psalmen in
verschiedenen Chören in mancherley Sprachen sang, und
das Volk, das in Menge herbey gelaufen kam, eine große
Anzahl von Fackeln und Wachslichtern trug.

Die größten Redner unter den Prelaten von der
Versammlung hielten ihm zu Ehren Lobreden, und stellten die Tugenden, die er ausgeübet, und die Verfolgungen, die er wegen des Glaubens erlitten, auf das vor-
trefflichste vor. Nachdem man nun alle Pflichten der
Hochachtung vollendet hatte, die man ihm noch zuletzt zu
erzeigen schuldig war, so befahl Theodos, daß man diese
herrlichen und kostbaren Reliquien nach Antiochien führen, und sie in allem Golde sehen lassen sollte, ob es
schon nicht bey den Römern gewöhnlich war. Ganz
Constantinopel gieng vor die Thore, und niemals schien
die Anzahl der Einwohner größer zu seyn, als damals.
Man kam auf allen Seiten des Weges herbey, um diesen Leib mit Absingung der Psalmen zu begleiten, bis
man ihn zu Antiochien nahe bey das Begräbniß des heiligen Märtyrers Babylas, eines der vornehmsten Erzbischöfe dieser Stadt, geleget hatte.

§. 50.

Unterdessen antwortete Theodos der Kirchenversammlung, und gab zur Bestätigung dessen, was man daselbst
beschlossen hatte, ein Edikt, in welchem er befahl, daß
das niceische Glaubensbekenntniß allgemein sollte angenommen, und in seinem ganzen Reiche gebilliget werden, und daß alle Kirchen den Katholiken sollten wiedergegeben werden, die einen Gott in drey Personen von
gleicher Ehre und Macht bekenneten. Um die zwan-
zigste

derigen Glaubensbekenntniße zu vermeiden, so bezeigte
er, daß diejenigen nur allein würden vor Katholiken angesehen werden, welche sich in die Gemeinschaft mit gewissen Prälaten begeben würden, die er ihnen in einer
jeden Provinz anzeigte, und deren Tugend ihm bekannt
war.

§. 51.

Man konnte allerdings hoffen, daß dieses Concilium,
durch das Ansehen des Kaisers unterstützt, große Folgen
für die Religion haben würde, und daß die Spaltung zu
Antiochien, welche den Orient vom Occidente trennte,
nunmehro mit dem Tode des Meletius, der die unschuldige Ursache davon war, würde gemildigt seyn. Allein,
da sich einige aufrührische Geister widersetzt hatten, ihm
einen Nachfolger zu erwählen, so entstund die Unemigkeit
von neuem, und die Bewohner des Orients wurden selbst
unter einander uneinig, und stritten über diese Sache.

Dieser Streit hatte unter der Regierung Constantin des Großen angefangen, welcher wegen der von den
Arianern erdachten Schmähungen den Eustachius aus
Antiochien, als den Patriarchen dieser Stadt, und grossen
Vertheidiger der Gottheit Christi, vertrieben hatte.
Da die Arianer sich seines Stuhls angemaßet, und fünf
oder sechs Bischöfe von ihrer Secte nach einander dahin
eingesetzt hatten, so wurden die Katholiken unterdrückt;
einige gaben der Gewalt nach, andere aber blieben standhaft im Glauben, und nannten sich Eustachianer. Nachdem Meletius alsdenn, durch Hülfe der Arianer, welche
ihn vor ihren Mitgesellen hielten, daselbst als Patriarch
ernennet worden war, sich aber so gleich öffentlich wider
M sie

ſie erklärt hatte, ſo ſah er ſich alsbald von beyden Theilen verlaſſen. Die Ketzer, welche ihn erwählt hatten, waren über ſeine Veränderung erzürnt; die Katholiken lobten zwar ſeinen Eifer, aber ſie billigten nicht ſeine Wahl.

Da er außer einer großen Gottesfurcht noch eine beſondre Sanftmuth und wunderbare Art, ſich beliebt zu machen, beſaß, ſo zog er in kurzer Zeit vieles Volk an ſich und zu ſeiner Gemeine. Viele, die unter der Tyranney der Arianer geſeufzet hatten, nahmen deſto williger ihre Zuflucht zu ihm, weil er ſie mit vieler Zärtlichkeit und Liebe aufnahm. Die Verfolgung, die er in kurzem darauf erdulden mußte, vermehrete nur die Hochachtung, die man vor ihn hatte, und die Heerde, die ſich angefangen hatte zu ſammlen, wuchs immer mehr an. Obgleich die Katholiken dieſer Stadt in der Lehre eins waren, ſo waren ſie doch in den Gemeinen verſchieden, und hielten ihre Zuſammenkunft in zwey beſondern Oertern. Die Einen in der Kirche, welche die Arianer dem Paulin aus Hochachtung gelaſſen hatten, die ſie für ſein Alter hatten, und in Betracht deſſen, daß er dem Meletius zuwider wäre; die andern hingegen verſammleten ſich in einer Kirche, die man die alte zu nennen pflegte.

Dieſe Trennung war dem ganzen Orient ſchimpflich. Da Lucifer, Biſchof zu Caglari in Sardinien, aus ſeinem Exilio von Theben wieder zurück kam, gieng er durch Antiochien, und bemühete ſich, dieſe Streitigkeiten beyzulegen; aber da er ſah, daß die Euſtachianer unentſchloſſen waren, keine Gemeinſchaft mit einem Biſchofe zu haben, der durch Ketzer wäre eingeſetzt worden, und ſonſt von Natur hart und unbeweglich war, in Anſehung der

Religion nichts zu vergeben und nachzugeben, so setzte
er den Paulin ein. Er glaubte, daß die Partey des
Meletius, welche sehr geneigt zum Frieden schien, sich
gar leicht mit den Eustathianern vereinigen würde, wenn
sie einen Bischof ehren würden, der es verdienet zu seyn,
und der niemals mit den Feinden der Kirche etwas zu
thun gehabt hätte. Allein, er betrog sich: denn die
Freunde des Meletius, erzürnt über das Unrecht, das
man ihnen angethan hatte, und daß man sie nicht einmal gewürdiget hätte, um Rath zu fragen, widersetzten
sich, und sagten, daß sie keinen andern Lehrer ausser ihm
haben wollten, und er hätte nicht durch einen einzigen
Bischof ausser seinem Gebiete können abgesetzt werden,
und ohne einmal gehöret zu werden. Sie baten ihn, auf
das eilfertigste zu kommen, und vereinigten sich nunmehro
noch genauer mit ihm, denn zuvor.

Seitdem als dieser Prälat aus Armenien angekommen war, wo er lange Zeit im Elende gewesen war, so
bemühten sie sich, ihn auf eben den Stuhl mit dem Paulin zu setzen. Dieser aber, da er weiter nichts als den
Frieden suchte, begnügte sich damit, wieder in seine Kirche
einzukehren. Er besuchte den Paulin, und bat ihn, er
möchte doch zugeben, daß sie zusammen die Schaafe hü-
teten, welche der Herr der Heerde ihnen anvertrauet
hätte, und daß sie sie alle zu einer Heerde bringen und
sammeln möchten. Er schlug vor, um alle Gelegenheit
zur Uneinigkeit zwischen ihnen zu benehmen: „daß das
„heilige Evangelium auf den bischöflichen Stuhl sollte
„geleget werden, daß sich einer auf eine, und der andre
„auf die andre Seite setzen sollte, und daß derjenige, der
„seinen Collegen überleben würde, der einige und ruhige

M 2 „Besitzer

„Bischer bleiben sollte.„ Paulin schlug dieses ab, und
wollte keine Gemeinschaft mit einem Menschen haben,
den die Arianer zum Bischof gemacht hatten.

Unterdessen hatte diese Unruhigkeit die ganze Kirche
beunruhiget. Paulin, der von Geburt ein Welscher
war, hatte mehr Mittel gehabt, die römische Kirche und
den ganzen Occident zu seinem Besten einzunehmen, und
der Pabst, welchem er als ein in seinem Glauben und
Sitten unverbesserlicher Mann bekannt war, hatte sich
ebenfalls seiner angenommen. Der ganze Orient war
im Gegentheil vor dem Meletius eingenommen, als einen
Geistlichen, der keinem andern an Tugend etwas nach-
gab, und der zu dreyenmalen um des Glaubens willen
war verjagt worden. Es war ein wenig Erbarmung
und Mitleiden zu der Hochachtung kommen, welche man
vor ihn hatte, da man erfahren, daß er die Verfolgungen der Ketzer und der Katholiken mit gleicher Geduld
ertragen, und daß er, ohne sich seiner Rechte zu bedienen,
nur bloß um Frieden bat, und ihn nicht erhalten konnte.
Allein, ob man schon Fehler in ihrer Wahl bemerkte,
so unterließ man dennoch nicht, ihre Person zu verehren,
und man stimmte darinnen überein, daß Meletius des
Stuhls zu Antiochien würdig gewesen wäre, wenn er
nicht durch die Arianer daselbst wäre eingesetzt worden,
und daß Paulin verdienet hätte zum Bischof eingeweihet
zu werden, wenn es in einer andern Kirche als zu Antiochien gewesen wäre.

Nachdem endlich die Arianer aus dieser Stadt, vermöge des Befehls vom Theodos, waren verjagt worden,
so wurde Meletius vor dem Paulin in den Besitz aller
ihrer Kirchen eingesetzt. Aber man ließ sie darinnen
einen

einen Vergleich treffen, daß, wenn der eine von ihnen gestorben wäre, so sollte man niemanden an seine Stelle
setzen, und alle Kirchen sollten dem noch lebenden bleiben.
Einige Geschichtschreiber melden noch, daß dieser Vertrag von sechs Personen der Geistlichkeit wäre unterzeichnet worden, die zwar am fähigsten gewesen wären, ihnen
zu folgen, man hätte sie aber einen Schwur ablegen lassen, keine Wahl zu diesem Bisthum anzustellen, und sie
selbst nicht einzunehmen, so lange einer von den zween
Patriarchen leben würde.

§. 52.

Nach aller dieser angewendeten Vorsicht sollte man
glauben, daß der Tod des Meletius ihre Uneinigkeit
und Trennung auf einmal endigen würde, um destomehr,
da dieser fromme Mann noch auf seinem Todbette die
Bischöfe gleichsam beschworen hatte, ihm keinen Nachfolger zu verordnen, und den Paulin einzig und allein
im Besitz seiner Kirche zu lassen. Aber kaum hatte
man von dieser Sache geredet, so waren auch schon die
Gemüther getheilt; einige hatten Neigung zum Frieden,
andre zur Zwietracht. Der größte Theil der alten
Prälaten stellte der Versammlung vor: daß man die
Spaltung und Uneinigkeit durch die Wahl eines neuen
Patriarchen verlängern würde, daß der, welcher noch
übrig wäre, ein untadelhaftes Leben geführet hätte, daß
er in einem Alter wäre, wo er nur kurze Zeit noch leben
könnte, und daß es noch allein an sich selbst gestorben sollte,
ihn in Ruhe und Friede sterben zu lassen, sondern man
müßte ihm auch nach der Gerechtigkeit das Wort halten, das man ihm versprochen hätte.

M 3 Aber

Aber die jüngern Prälaten behaupteten im Gegentheil, Paulin wäre eine Creatur des Pabstes; er wäre von einem Bischofe aus dem Occident eingeweihet worden, welcher dazu weder Recht noch Befehl gehabt hätte, und daß also die Kirche des Orients ihn nicht ohne ihren Nachtheil erkennen und annehmen könnte.

Gregorius, der hierauf den Vorsitz bey der Kirchenversammlung hatte, und der nur den Stuhl zu Constantinopel in der Absicht angenommen hatte, um die Unruhen der Kirche zu stillen, wurde über diesen Streit ausserordentlich und empfindlich gerühret, dessen Folgen er schon voraus sah.

Wenn die Reihe an ihn kam zu reden, so setzte er sich denjenigen stark entgegen, welche eine neue Wahl vorschlugen, und zeigte ihnen, daß dieser Vorschlag nicht allein dem Frieden und der Ruhe, sondern auch der Ehre und Treue entgegen wäre; daß sie mehr auf das gemeine Beste, als auf die besondern Absichten Ache haben sollten; daß die bischöfliche Würde einerley wäre, und daß man nicht einen so großen Unterschied unter den Bischöfen des Orients und des Occidents machen sollte; daß, wenn sie so große Lust hätten einen Patriarchen von Antrochen zu wählen, so würde ihnen der Tod des durch Jahre und Arbeiten abgematteten Paulins bald Gelegenheit dazu verschaffen, und also würden sie dadurch nichts verlieren, wenn sie ihn allein bey seiner Würde ließen, weil sie alsdann das Recht haben würden, ihm einen Nachfolger nach seinem Tode zu geben, und daß sie ihr Gewissen dadurch würden beruhiget haben, wenn sie der Kirche den Frieden schenkten.

Es

So klug als dieser Rath war, so verwarfen ihn doch
alle junge Bischöfe, und führten keine andere Ursache an,
als daß sie keinen Theil an dem vorigen Vergleich hätten,
der zwischen den beyden Bischöfen zu Antiochien wäre
gemacht worden, und weil Christus im Orient hätte erscheinen wollen, so wäre es billig, daß der Orient vor dem
Occident einige Vorzüge hätte. Sie brachten noch einige alte Bischöfe auf ihre Seite, welche durch den Widerstand eine größere Spaltung zu erregen befürchten.
Sie baten den Gregorius deswegen beständig, aber da
sie sahen, daß er unbeweglich war, so sahen sie ihn gleichsam als einen besondern Anhänger derer im Occident an,
und konnten ihn nicht länger dulden. Ein so unver-
nünftiges Verfahren mißfiel dem Gregorius dergestalt,
daß, da er nicht in ihre Ungerechtigkeit einwilligen wollte,
so gieng er aus der Versammlung und aus dem bischöflichen Hause, wo man sich versammlet hatte, weg, und
beschloß, sein Bisthum zu verlassen, weil er daselbst nicht
alles das Gute ausführen und erlangen konnte, das er
gehofft hatte.

§. 13.

Da Theodos diese Unruhe erfahren, so wünschte er
nichts so sehr, als ihn zurück zu halten. Er vermahnte
ein und andere, sich zum allgemeinen Besten der Kirche
mit einander zu vergleichen.

Er billigte die Meynung und das Urtheil des Gregorius. Aber das heimliche Verbündniß der andern
ward so allgemein, daß er glaubte, es wäre nicht billig,
ihnen die Freyheit ihrer Wahl zu benehmen. Man
hatte weiter nichts mehr zu hoffen, wenn die Bischöfe

von

den Aegyptern und Macedoniern, die man erwartete, nicht
eeran die Sache beelegen würden. Der Kayser hatte
sie nicht bald anfänglich auf das Concilium berufen; die
erstern, weil sie dem Maximus wohl wollten, die andern
aber, weil sie zu der Kirche des Occidents gehörten.
Aber wegen der Sache zu Antiochien glaubte er, daß einige von ihnen wohl den im Stande seyn, die Rechte des
Paulins zu vertheidigen; die in Aegypten, weil das Concilium zu Alexandrien ihre Weihung genehm gehalten;
die aus Macedonien aber, weil sie mit dem Pabste in genauer Gemeinschaft stunden. Allein, da sie angekommen
waren, so suchten sie die Wahl des Erzbischofs von Constantinopel auf alle mögliche Art zu verhindern.

§. 54.

Timotheus, Patriarch zu Alexandrien, behauptete,
daß diese Wahl gar nicht richtig und gültig wäre, weil
sich nichts besonders dabey ereignet und zugetragen hätte.
Diejenigen, welche er dazu eingeladen hatte, waren unwillig und erzürnt darüber, daß man sie nicht erwartet
hatte, und vereinigten sich wider ihn. Ob sie sich gleich
stellten, als wenn sie den Gregorius besonders hochschätz-
ten und verehrten, und keine besondre Person hätten,
welche sie an seine Stelle setzen wollten, so unterließen sie
doch nicht, sich wider ihn aufzulehnen, zum Verdruß derjenigen, welche ihn erwählet hatten. Nichts destoweniger, um ihre Neigung unter dem Schein der Gerechtigkeit zu verhüllen, führten sie unter andern an, daß er
wider die Canones das Bißthum zu Sosimus verlassen,
und nach Maylans gegangen, und von diesem letztern wieder nach Constantinopel. Obgleich ein übler Mißbrauch
diese

diese öftern Versetzungen wider die alten Gesetze beynahe
ganz gebilliget hatte, so traf doch dieser Vorwurf nicht
den Gregorius, obgleich einige Schriftsteller davon geschrieben haben. Denn da die zween Erzbischöfe zu gleicher Zeit zu dem Bisthume von Cosarius gelangten, so
war er aus Liebe zum Frieden gewichen, besonders da
ihn sein Vater nach Nazianz gerufen hatte, um ihn in
der Verwaltung dieser Sache beyzustehen. Also war
es ihm ein leichtes, sich darüber zu rechtfertigen, und seine
Erhebung zu vertheidigen.

§. 55.

Die Bischöfe, die ihn erwählet hatten, und welche
damit übel zufrieden waren, würden ihn sehr gerne verlassen haben; aber aus Wohlanständigkeit suchten sie das,
was sie gethan hatten, zu behaupten. Gregorius, der
unzufrieden darüber war, daß er ein Spiel der verschiedenen Leidenschaften der Menschen seyn sollte, welche ihn
aus Eigensinn entweder verklagten oder vertheidigen,
brauchte diese Gelegenheit dazu, sein Vorhaben, das er
schon lange Zeit gehabt, auszuführen, und sich in die
Einsamkeit zu begeben. Er gieng in die Versammlung,
und sagte zu den Bischöfen: „Er bäte sie inständig, das-
„jenige was ihn angienge, zu unterlassen, und nur an die
„Ruhe und Einigkeit der Kirche zu denken; weil er die
„Ursache der Bewegungen wäre, so wollte er sehr gerne
„wie ein anderer Jonas ins Meer geworfen werden; er
„hätte das Bischofthum wider seinen Willen angenom-
„men, und er würde dasjenige mit Freuden wiedergeben,
„was man ihm anvertrauet hätte, sein Alter und seine
„Schwachheiten verlangten schon nach so vielen Be-

M 5   „mühun-

„anlößungen die stille Ruhe, um sich zu einem seligen Tode
„zuzubreiten.„ Er nahm von ihnen Abschied, und bat
sie instständig, weil er ihnen die vornehmste Ursache ihrer
Uneinigkeit nunmehro benahme, so sollten sie sich in dem
übrigen allen vergleichen, und ihm einen Nachfolger geben, welcher eifrig vor das Beste der Kirche und vor
die Vertheidigung des Glaubens wäre.

Diese Rede erschreckte die Bischöfe, aber sie war ihnen eben nicht unangenehm. Einige hatten das Vergnügen, dasjenige weder von selbst verfallen zu sehen,
was man ohne sie gethan hatte; die andern waren erfreut, aus dem Kummer errettet zu werden, dasjenige zu
behaupten, das sie nunmehro reuig gethan zu haben.
Die Entlassung des Bischofs ward bewilligt, und er
gieng aus der Versammlung, ohne daß jemand ihn genöthiget hätte, diese Würde zu behalten.

§. 56.

Es war weiter nichts mehr übrig, als den Kayser in
sein Vorhaben einwilligen zu lassen. Er gieng zu ihm,
und nachdem er ihn gebeten hatte, den Frieden in dem
Concilio wieder herzustellen, so bat er ihn auch um die
Erlaubniß, sich seines Amtes zu entledigen. Theodos,
der nicht gewohnt war, um dergleichen Gnade gebeten zu
werden, ward über dieses Ansuchen bestürzt, und bemühete sich, ihn durch starke Vorstellungen zurück zu halten,
da wollte die Sache selbst zu vermitteln suchen, um ihn
in seiner Würde zu erhalten. Allein, der Erzbischof
stellte ihm vor, daß ein gerechter und frommer Kayser,
wie er wäre, nicht den Nutzen einer einzelnen Person dem
Besten der ganzen Kirche vorziehen müßte; und daß er
sich

sich selbst dazu verpflichtet sähe, zu einer Zeit, da ihm sein
Alter und seine Krankheit beynahe keine Kraft mehr lies-
sen, seiner Heerde anders als durch Wünschen und Beten zu helfen.

§. 57.

Nachdem er sich der Einwilligung des Kaysers versichert hatte, so versammlete er das Volk in seiner Kirche,
und hielt in Gegenwart aller Väter der Kirchenversammlung diese letzte und herrliche Rede, in welcher er von seiner Amtsführung und übrigen bisherigen Rechenschaft
ablegte. Er stellte den Zustand der Kirche zu Constantinopel vor, wie sie daselbst zugenommen hätte, was er
gethan oder erlitten hätte. Er trug die Lehre öffentlich
vor, die er geprediget hatte, und da er sich auf seine Unschuld verließ, so nahm er, nach dem Beyspiele Samuels
und des heiligen Paulus, seine Zuhörer zu Zeugen seiner
uneigennützigen Absichten und seiner gehabten Sorgfalt
und Mühe an. Er zeigte ihnen in wenig Worten die
vornehmsten Ursachen der Niederlegung seines Amts,
welche die in der Kirche entstandenen Streitigkeiten und
die heftigen Vorwürfe waren, daß er mit den Ketzern zu
gelinde handelte, und überdies weiter nichts gethan hätte,
welches die Größe seines Verzugs hätte zu erkennen gegeben.

Nachdem er endlich das Volk vermahnet hatte, in
dem Glauben zu verharren, in welchem er sie unterrichtet
hätte: die Ketzer, sich zu bekehren, die Hofleute, sich zu
bessern, die Bischöfe, sich wieder zu vereinigen, und ihren
Widern, wie er, zu entsagen, wenn sie dadurch zum Frieden etwas beytragen könnten; nachdem er ihnen einen
freun

frommen Mann zum Nachfolger gewünschet hatte, welcher, ohne der Liebe zu ermangeln, Muth genug hätte, sich
Freunde wegen der Gerechtigkeit zu machen: so nahm er
von einer jeden von seinen Kirchen Abschied, und besonders von seiner geliebten Auferstehung, (der Capelle) alsdenn von allen Gesellschaften und Ordnungen der Stadt.
Er bat sie, sich seiner und seiner Bemühungen zu erinnern, vor welche er keine andre Vergeltung und Belohnung verlangte, als die Erlaubniß, sich derselben nunmehro
zu entziehen. Man hörte, so lange diese Rede daurete,
nichts, denn Seufzer und Wehklagen; ein jeder gieng mit
thränenden Augen zu Hause, und der Bischof war auf
das stärkste gerühret; aber, unverändert in seiner Entschließung, gieng er, nunmehro die süße Ruhe der Einsamkeit zu genießen, die er beständig so zärtlich geliebt hatte.

§. 58.

Der Kayser, der die Erwählung eines neuen Bischofs zu Constantinopel als eine der wichtigsten Angelegenheiten ansah, gieng den folgenden Tag in die Kirchenversammlung, und beklagte sich über die beständigen Uneinigkeiten, welche den Katholiken schimpflich wären, und
aus denen die Ketzer großen Vortheil ziehen würden.
Er bezeugte den Bischöfen das Mißvergnügen, welches
er hätte, den Gregorius genöthiget zu sehen, den bischöflichen Stuhl seiner kayserlichen Hauptstadt zu verlassen,
wohin man ihn hätte berufen sollen, wenn er noch nicht
daselbst gewesen wäre. Er sagte zu ihnen: „So schwer
„als es ihm gefallen wäre, in seinen Abschied zu willi-
„gen, zu einer Zeit, wo die Kirche kluge, friedfertige und
„heilige Lehrer so sehr nöthig hätte, so hätte er aus Liebe

„zum

„zum Frieden schon seine Einwilligung dazu geben müß-
„ten; aber er bäte sie nunmehro, ihm einen Menschen
„auszusuchen, der seine Stelle würdig besetzen, und sich
„so gut in diese Wahl schicken könne, daß weiter keine
„Unannehmlichkeit unter ihnen entstehen dürfte. „

§. 59.

Er befahl, daß ein jeder ein Verzeichniß von denjenigen machen sollte, welche er zu dieser Würde fähig halten würde, und ihm alle diese Namen auf einem einzigen
Blatte aufzuzeichnen, damit er einen unter ihnen erwählen könne. Die Bischöfe, welche nunmehro vergnügt
und zufrieden waren, ihre Absichten erfüllt zu haben,
suchten den Theodor wieder gut zu machen, der ihnen
über ihre vorige Aufführung übel zufrieden zu seyn schien,
und richteten ihr Augenmerk auf verschiedene Personen
von ihrer Bekanntschaft. Da sie mit dieser Unterredung beschäfftiget waren, so gieng Nectarius von Tar-
sen, aus Cilicien gebürtig, aus einem sehr alten Hause der
Senatoren, der bisher das Amt eines Statthalters zu
Constantinopel verwaltet hatte, eben da er im Begriff
war, in sein Land zurück zu kehren, von ohngefehr den
Diodorus seinen Bischof zu besuchen, um von ihm zu
wissen, ob er ihm nichts vor seiner Abreise zu befehlen
hätte. Sie unterredeten sich von verschiedenen Dingen,
und da Diodorus von dieser Wahl seinen Kopf voll hatte,
so betrachtete er verschiedne mal den Nectarius genau,
und da er etwas sanftmüthiges in seiner Unterredung,
und etwas majestätisches und ehrwürdiges in seiner Ge-
staltsbildung fand, so war er entschlossen, ihn vorzuschlagen.

Ohne

Ohne ihm etwas zu sagen, bat er ihn, zu einem Bischof von seinen Freunden mitzugehen, dem er ihn mit vielen Lobererhebungen vorstellte. Er recommandirte ihn alsdann den Nectarius noch ins besondere, und bat ihn sehr, er möchte ihm seine Wahlstimme geben, und seinen Namen mit den andern aufschreiben. Dieser Prälat, der eben mit der Einrichtung des Verzeichnisses, das dem Kayser sollte übergeben werden, beschäftiget war, wunderte sich gleichsam über diese Bitte, die Diodorus an ihn gethan hatte, aber er unterließ nicht, den Nectarius unter die Anzahl der Prätendenten zu setzen, ob er gleich nichts an ihm als sein Alter und gute Gestalt anzupreisen fand.

§. 60.

Der Kayser, welcher in wenig Tagen darauf das Verzeichniß der Bischöfe forderte, untersuchte es auf das genaueste, und nachdem er die Namen derjenigen mehr denn einmal gelesen, die ihm zur Nachfolge des Gregorius vorgeschlagen wurden, so blieb er bey dem Nectarius stehen, an welchen man am wenigsten dachte. Er ernannte ihn zum Bischof von Constantinopel, entweder, weil er ihn besser als die andern kannte, weil er bey seinem Hofe war, oder weil er ihn am meisten vor fähig hielt, den Frieden bey den gegenwärtigen Begebenheiten zu unterhalten. Nectarius, welchen Diodorus gebeten hatte, seine Reise noch aufzuschieben, erfuhr diese Neuigkeit, und wollte sie nicht glauben. Der größte Theil der Väter der Versammlung verwunderten sich über diese Wahl, und fragten einer den andern: „Wer dieser Ne-„ctarius wäre, wo er herkäme, und was sonst seine Be-
„schaf-

„schaffenheit wäre." Aber da sie erfuhren, daß er kein tugendhaftes Leben geführet hätte, und also nicht verdiente, auf einmal zu einer so hohen geistlichen Würde erhaben zu werden, und überdies auch gar noch nicht getauft wäre, so glaubten sie, daß der Kayser übereilt worden sey, und daß ein blosses Ohngefähr, wie es sich bisweilen bey solchen Angelegenheiten ereignet, an dieser Wahl den grössten Antheil hätte.

§. 61.

Sie stellten dem Theodos auf das bemächtigste vor, da sie alle Hochachtung vor der Entschliessungen des Kaysers hätten, so könnten sie doch nicht unterlassen, dem Kayser vorzustellen, daß sie an dem Nectarius Hauptfehler fänden; daß sein Alter und die verschiedenen Aemter, die er unter dem Kayser gehabt hätte, ihm zwar eine große Erkenntniß von weltlichen Dingen zuwege gebracht hätten; aber daß er noch niemals eine einzige Stufe des geistlichen Standes betreten, und da er noch nicht einmal der Taufe erhalten hätte, so wäre er unmöglich im Stande, Bischof zu werden. Obgleich nichts billigers und gerechters als diese Vorstellung war, so hatte doch der Kayser bey denen, die diese Vorstellung thaten, schon so viele Cabalen bemerkt, daß er glaubte, nachdem sie den andern Bischof verjagt hätten, wollten sie auch diesen wieder ausschliessen, um zu versuchen, ob sie einen von ihrem Anhängern an seine Stelle setzen könnten. Er blieb bey seinem Entschlusse, und die Bischöfe willigten ohne weiteres Widersetzen darein.

§. 62.

§. 62.

Also wurde Nectarius durch den Kayser erwählet. Er wurde getauft, und da er erst ein neubekehrter Christ war, so wurde er schon zum Bischof gemacht, ohne ein andres Verdienst zu dieser bischöflichen Würde mitzubringen, als dieses, daß er sich nicht darum beworben hatte. Weil er beynahe gar keine Kenntniß von geistlichen Sachen hatte, so gab man ihm den Cyriacus, Bischof von Adane in Cilicien, Evagrus von Pontus, welchen Gregorius von Nyssen zum Diaconus gemacht, und einige andre kluge und gottesfürchtige Männer, um ihn in geistlichen Sachen zu unterrichten; andre aber, um ihn vor den Nachstellungen der Ketzer zu bewahren. Sein Leben war nach seiner Einweihung unsträflich, und sein Glaube richtig: aber er war so blödsinnig gegen alles, und bezeigte eine solche große Gleichgültigkeit gegen die Kirchenzucht, daß die Arianer sich wieder würden yernlich hervorgethan haben, wenn sie der Kayser nicht unterdrückt, und alle mögliche Sorgfalt und Wachsamkeit, die diesem Bischof fehlte, auf sich genommen hätte.

§. 63.

Da diese Sache geendiget war, so dachte man nunmehro auch an die Endigung des Concilii. Diejenigen, welche bey den erstern Zusammenkünften nicht gegenwärtig gewesen waren, gelobeten sich dasjenige auf, was man wider die Ketzer und wider die Mißbräuche beschlossen hatte. Nectarius wurde unter die Zahl der vornehmsten Bischöfe gesetzet, welche gleichsam der Mittelpunct von der Gemeinschaft in ihren Provinzen waren.

Theo-

Theodos ermunterte auf seiner Seite die Völker zum Besten der Religion; und um das Concilium mit einer feyerlichen Ceremonie zu beschließen; so ließ er den Leib des
heiligen Paulus nach Constantinopel bringen, welcher
sonst Bischof daselbst gewesen war, und den die Arianer
zu Cucusus tyrannisch getödtet hatten, wohin er durch
den Constantius war verwiesen worden.

Also wurde das Concilium gegen das Ende des Monats Julius völlig geschlossen, welches der Orient für ein
allgemeines erkannte, und das der Pabst Gregorius
selbst unter diejenigen viere zählte, welche er wie die vier
Evangelia verehrte. Die besondern Neigungen, und
die eigennützigen Absichten einzelner Personen störten den
Fortgang dieses Concilii; aber die Wahrheit unterließ
nicht sich wider den Irrthum der Macedonier zu behaupten. Also vereinigte Gott, zur Bevestigung seines Glaubens, die Gemüther der Menschen, der sie öfters, wenn
er will, ihren Vorurtheilen und Sinnen überläßt, und
aus den Unordnungen und Streitigkeiten, welche bisweil-
len in der Religion entstehen, Früchte hervorbringet,
welche seine Vorsehung daraus entstehen zu lassen beschlossen hat.

§. 64.

Da die Bischöfe sich von einander getrennet hatten,
um wieder ein jeder zu seiner Kirche zu gehen, so reiste
Theodos ebenfalls ab, um sich mit seiner Armee zu vereinigen, welche Promotus, einer von seinen Generalen,
an den Gränzen von Mösien zu versammeln den Befehl
erhalten hatte. Die Hunnen, die Scyther und die Car-
podacker hatten einen Einfall von dieser Seite gewaget,

M
und

und ein so großer Schrecken in allen benachbarten Provinzen verursachet, daß das ganze Landvolk ihre Erndte verlassen, und in der größten Unordnung in die entferntesten Gelden geflohen war. Der Kayser sammlete sie gleichsam durch seine Ankunft und Gegenwart wieder, und nachdem er seine Armee gemustert hatte, so gieng er gerade auf die Feinde los, und wagte in wenig Tagen darnach eine Schlacht mit ihnen. Die Geschichtschreiber erzählen von dieser Sache keine andern Umstände, als daß er einen herrlichen Sieg davon getragen, und diese Armee der Wilden geschlagen habe, von denen der größte Theil getödtet, und die übrigen genöthiget worden wären, wieder in ihr Land zu gehen, da sie sich alsdenn weiter nicht mehr hervorgewagt hätten. Seit dieser Schlacht hielten sich die Truppen unter dem Theodos für unüberwindlich, und das Volk überredete sich, man könne sie nicht mehr beunruhigen, und fiengen also ihren Landbau wieder an. Sie erholten sich alsbald wieder von dem erlittenen Verlust, und das Reich genoß der Frucht der gerechten und ruhmwürdigen Regierung des Theodos.

§. 65.

Es war um eben diese Zeit, als der König von Persien beschloß, ihm eine ansehnliche Gesandschaft zu schicken, ihn um seine Freundschaft zu bitten, und ein beständiges und dauerhaftes Bündniß mit ihm zu schließen. Diese beyden Völker, welche stets mit einander, entweder wegen der Entscheidung ihrer Gränzen, oder sonst über alte Forderungen stritten; und ganz unvermuthete Streitigkeiten, welche sich oft zwischen gleich mächtigen und benachbarten Staaten ereignen, unterhielten für langer

Zeit

Zeit einen Krieg, welcher nur manchmal durch einen kurzen Frieden einige Jahre lang unterbrochen ward. Constantius hatte schon verschiedenemal versucht über den Tygris und Euphrat zu gehen, und seine Gränzörter von dieser Seite zu erweitern, aber es wäre ihm schwerlich gelungen; und wenn er ja bisweilen einige Vortheile durch seine Generale erhalten hätte; so wäre er doch stets überwunden worden, weil er selbst in Person zugegen war.

Julianus setzte den Krieg fort: aber nachdem er in einem Treffen war getödtet worden, und die Armee in dem feindlichen Lande entweder durch die Waffen oder durch den Hunger umkommen mußte, so versammleten sich die Officiers, einen Chef zu erwählen, der im Stande sey, sie aus der Noth, in welcher sie steckten, zu erretten, und richteten ihr Augenmerk auf den Jovianus, welchen sie auch wirklich mit Uebereinstimmung der ganzen Armee zum Kayser erwählten. Dieser Fürst, der nunmehro den Fehler seiner Vorfahren wieder gut machen sollte, suchte alle Mittel und Gelegenheiten zu schlagen, und erhielt so gar in einigen feindlichen Unternehmungen wider den Feind einigen Vortheil. Allein, Sapor, der König von Persien, welcher schon erfahren hatte, daß die Römer das Fleisch ihrer Pferde zu essen genöthiget worden, hatte nicht lust mit ihnen zu schlagen, und wollte sie durch den Hunger aufreiben. Unterdessen, ob er sie gleich in dieser äußersten Noth sah, und nicht einen von ihnen durfte entfliehen lassen, so fürchte er doch die Verzweiflung so vieler tapfern Leute, und meynte, das, was er durch eine Unterhandlung erhalten könne, würde gewisser und sicherer seyn, als was er durch der Macht der

Waf-

Waffen zu hoffen hätte. Er schickte demnach zurück zu
ihnen, und ließ ihnen gleichsam aus Gnaden Friedensvorschläge anbieten.

Diese Bescheidenheit, die er von sich blicken ließ, war
dem ohnerachtet noch immer sehr hart: denn außerdem,
daß er sie vier Tage lang in Unterhandlungen aufzögerte, zu einer Zeit, da sie den größten Hunger erlitten,
so legte er ihnen noch schändliche Bedingungen vor,
welche sie aus äußerster Noth alle bewilligen und annehmen mußten. Diese Bedingungen waren: „Der Kay-
„ser sollte den Persern fünf Provinzen über dem Tygris,
„nebst verschiedenen Schlössern abtreten; er sollte ihnen
„die Städte Nisibe und Singara wiedergeben, und be-
„sonders müßte er sich verpflichten, dem Arsaces, Könige
„von Armenien, wider die Perser keine Hülfe zu leisten,
„ob er gleich einer der treuesten Bundsgenossen des
„Reichs war. „ Jovianus war genöthiget, diese Artikel zu unterschreiben, und ob man ihn gleich nöthigte,
wenn er außer der Gefahr wäre, diese Einwilligung und
Bündniß wieder zu brechen, weil er dazu wäre gezwungen worden, und die Einwohner zu Nisibe sich selbst
vertheidigen, und die ganze Macht des Königs von Persien aufhalten wollten, so wie sie schon oft gethan hätten,
so machte er nicht einmal von diesem Vorschlag etwas
anführen, und wollte die einmal versprochene Treue und
Glauben nicht brechen. Also wurden auf beyden Theilen
Geisein geschickt, und der Friede wurde zwischen den beyden Kronen auf dreyßig Jahre geschlossen.

Diese Friedenshandlung war eben eine Quelle zu einer neuen Uneinigkeit. Die Perser, die stolz über ihr
Glück

Stück waren, glaubten alles unternehmen zu können, und die Römer hingegen suchten nur Gelegenheit, um sich von ihrem erlittenen Verlust wieder zu erholen. Da Armenien zwischen den beyden Reichen lag, so konnte es den Sachen allerdings ein großes Gewicht geben: man stritt sogar von beyden Seiten, wer sich dessen würde bemächtigen können. Nachdem sich Sapor einige Zeit ruhig verhalten, so beschloß er endlich, sich dieses Königreichs zu bemächtigen. Er suchte den Adel daselbst an sich zu ziehen, er bezwang das Volk durch die beständigen Streifereyen, die er bis in das Innerste des Landes wagte, und nachdem er den König Arsaces durch Liebkosungen und Freundschaftsbezeugungen zu einer Unterredung bewegt hatte, so ließ er ihn in der Vestung Agaban tödten.

Da Para, ein Sohn des Arsaces, ein gleiches Schicksal befürchtete, so gieng er, nach dem Rath der Königinn, seiner Mutter, sich den Römern zu ergeben. Valens, der dem Jovian gefolgt war, nahm ihn auf, und schickte ihn nach Neocäsarien, wo er ihn als einem Könige begegnen und ihn erziehen ließ. Er befahl alsdenn einige Zeit hernach dem Terentius, einem von seinen Anführern, diesen jungen Prinzen nach Armenien zurück zu führen, und ihn in den Besitz seiner Staaten zu setzen, die ihn wieder verlangten. Obgleich der Kayser große Vorsichtigkeit gebrauchte, und dem Terentius befohlen hatte, keine Truppen mit zu führen, und der Krönung des Königs nicht beyzuwohnen, so unterließ Sapor dennoch nicht, sich darüber zu beklagen, daß man Armenien unterstützte, und also einen von den vornehmsten Artikeln des letzern Frie-

N 3

dens-

densschlusses verletzer. Er gieng mit einer Armee in dieses Königreich, und da er sich nicht der Person des Königs selbst hatte bemächtigen können, der schon auf die
Berge geflohen war, wo er sich fünf Monate versteckt aufhielt, so verwüstete er daselbst das Land, und nahm nach
einer sehr schweren Belagerung die Vestung Artogerassi
ein, wo sich die königliche Mutter mit dem Schatze des
vorigen Königs eingeschlossen hatte.

Valens, welcher den Untergang Armeniens als unvermeidlich sah, wenn man es nicht so gleich zu retten
suchte, ließ dem Aruaceus befehlen, auf jener Seite mit
seiner unterhabenden Armee zu marschiren, und ihnen zu
Hülfe zu kommen, wenn ja nicht die feindlichen Einfälle
daselbst aufhören sollten. Sapor, der nach den Zeit-
umständen gar wohl wußte, demüthig und stolz zu seyn,
gieng nicht weiter, so bald er hörte, daß die Armee des
Reichs sich näherte. Er wollte den König Para dadurch einnehmen, und sich seiner bemächtigen, indem er
ihm ein Bündniß und einen völligen Schutz versprach,
und hingegen von ihm verlangte, nach dem Rath einiger
Hofleute, die er mit Gelde bestochen hatte, daß er sich von
zween Ministern befreyen und entledigen sollte, welche ihm
doch treue Dienste leisteten. Unterdessen schickte er Gesandten an den Hof nach Constantinopel, um daselbst vorzustellen, daß der Kayser kein Recht hätte, dem Könige
von Armenien zu helfen, und wenn er weiter fortfahren
sollte, sich mit ihm zu verbinden, und ihm Armeen zuzuschicken, so wäre es ein Friedensbruch, welchen der König zu rächen genöthiget seyn würde.

Valens

Valens achtete diese Gesandschaft ziemlich geringe,
und antwortete weiter nichts, als: „Er mischte sich nicht
„in die Streitigkeiten der Perser mit den Armeniern;
„es wäre den Sauverainen allemal erlaubt, auf ihre bin-
„der Armeen auszuschicken, so wie sie es vor das Beste
„ihrer Sachen hielten; er machte kein Bündniß, das
„dem Friedensschluß zuwider wäre, sondern er hätte
„mehr Recht, den König von Armenien zu schützen, als
„Sapor Ursache hätte, ihn zu unterdrücken; und wenn
„eines wider den Friedensschluß wäre, so wäre das andre
„wider die Gerechtigkeit und alles Völkerrecht.„ Auf
dieses schickte er die Gesandten wieder zurück. Sapor
sah diese Antwort als einen offenbaren Friedensbruch an,
zog seine Völker zusammen, und machte große Kriegs-
rüstungen auf den Frühling. Der Kayser schickte hingegen wider ihn den Trajan und Vadomir, König der
Allemannen, mit dem Befehle, die Perser zu beobachten,
und nichts feindliches wider sie als bey der äußersten
Noth vorzunehmen.

Diese beyden Generale giengen mit ihren Legionen an
die Gränzen, und nahmen stets solche Stellungen, welche
der Infanterie besonders bequem waren, die bey ihrer
Armee die größte Macht und Stärke ausmachten. Daselbst hielten sie Stille, und giengen so gar zurück, als sie
den Feind anrücken sahen, damit sie sie nicht beschuldigen
sollten, daß sie die ersten gewesen wären, die den Frieden
gebrochen hätten. Allein, da endlich die Perser kommen
waren, um sie zu bezwingen, und in den Gedanken stunden, daß sie aus Furchtsamkeit die Flucht nähmen, und
nicht aus Klugheit, so mußte es nunmehro nothwendig zu

einem

einem Treffen kommen. Die Schlacht war groß, und
Saper war genöthiget, ſich nach Cteſiphonte zurück zu
ziehen, nachdem er die Schlacht verlohren, und ſelbſt um
einen Stillſtand gebeten hatte, der ihm auch ſogleich bewilliget wurde.

Unterdeſſen ſchrieben diejenigen, welche auf die Sachen in Armenien Acht hatten, dem Kayſer, daß er einen
andern König dahin ſchicken müßte, daß alles daſelbſt
in der größten Bewegung wäre, daß Poras mit ſeinen
Unterthanen übel umgienge, und ſie durch ſeinen Stolz
nöthigen würde, ſich dem Könige von Perſien zu unterwerfen, welches für das Reich von großen Folgen ſeyn
könnte. Da ihn Valens hatte zu ſich bitten laſſen, unter dem Vorwande, ſich über die gegenwärtigen Angelegenheiten mit einander zu unterreden, ſo ließ er ihn zu
Tarſen in Cilicien zurück, ohne ihm weiter etwas zu ſagen, und gab ihm eine große Anzahl Officiers, unter dem
Schein, ihn zu bedienen, aber in der Wahrheit, um ihn
zu bewachen. Da dieſer junge Prinz ſein Gefängniß
gewahr wurde, und ſelbſt ſein Leben fürchtete, ſo befreyte
er ſich ſelbſt des einen Morgens mit ſolcher Geſchwindig-
keit, daß, ob er gleich verfolgt wurde, dennoch ſeine
Staaten glücklich erreichte, ohne in die Fallſtricke zu gerathen, welche man ihm in verſchiedenen Oertern gelegt
hatte. Er wurde von ſeinem Volke mit vieler Freude
aufgenommen, und da er alle Urſachen, ſich über den
Kayſer zu beklagen, verhöhlte und verbarg, ſo verblieb er
bey ſeiner Treue, die er dem Reiche geſchworen hatte.

Allein, da diejenigen, die in Armenien und in den
benachbarten Provinzen commandirten, ſich fürchteten, er
möchte

möchte ein Königreich den Persern überlassen, schrieben
sie wider ihn an den Hof, und klagten ihn an, daß er ein
geheimes Verständniß mit den Feinden unterhielte, und
zwar von seinen Absichten, die ihm den treuesten Dienst
geleistet, und vor das Beste des Reichs besorgt gewesen
wären, hätte hinrichten lassen. Einige sagten, er hätte
das Geheimniß, die Menschen zu verwandeln, oder sie
durch unheilbare Krankheiten umzubringen. Diejenigen, die ihm nachgefolget waren, sagten, er hätte ihnen
die Augen verblendet. Valens, der leichtgläubig, mißtrauisch, und auf nichts so aufmerksam war, als auf die
Gefahren seines Lebens, befahl insgeheim, daß man ihn
entweder durch Gewalt oder List von einem so gefährlichen
Menschen erretten sollte. Dieses wurde kurze Zeit darauf bey einem Feste ausgeführet, wo dieser junge Prinz
unmenschlich ermordet wurde.

Sapor, der über die letzt verlohrne Schlacht und
noch mehr über den Tod des Königs von Armenien heftig erschrocken war, mit welchem er etwas wider die Römer unternehmen zu können hoffte, nahm nunmehro seine
Zuflucht zu Unterhandlungen. Er schickte den Arsaces,
einen von den vornehmsten Herren seines Hofes, um dem
Kayser die Verlegung und Erhebung aller Gerechtigkei-
ten vorzuschlagen, und Armenien mit einander zu verwüsten, welches nunmehro keinen König mehr hätte, und
die einzige Ursache ihrer Uneinigkeit und Krieges wären.
Valens nahm diesen Vorschlag nicht an, und antwortete,
daß er sich an das alte Bündniß hielte, und nichts ver-
neuern wollte.

Man kam endlich zu Drohungen, und in kurzer
Zeit rüſtete man ſich auf beyden Seiten zum Kriege.
Valens ließ unter den Scythen Werbungen anſtellen,
und beſchloß, zu Anfange des Frühlings mit drey Corps
der Armee in Perſien einzudringen. Sapor verlangte
von ſeinen Bundesgenoſſen Hülfe, und brachte eine große
Armee zuſammen. Er kam den Römern zuvor, und
gieng in einige benachbarte Provinzen, welche er erſt neulich erobert hatte. Da aber alsdenn eine Empörung
unter den Parthen entſtanden war; ſo mußte man alles
von den Perſern erdulden, und mit wenig rühmlichen
aber höchſt nöthigen Bedingungen, Friede mit ihnen
machen.

§. 66.

Sapor ſuchte ſich die Vortheile zu nutze zu machen,
die er aus den gegenwärtigen Umſtänden und der Be-
ſchaffenheit der Dinge ziehen konnte, und da er von ſeiner Jugend an im Kriege war erzogen worden, ſo dachte
er ſtets auf neue Unternehmungen, und ſein Hochmuth
war in einem ziemlich hohen Alter nicht das geringſte
vermindert. Aber da er wußte, daß Theodos Kayſer
war, und von ſeinen großen Eigenſchaften und herrlichen
Thaten gehört hatte, ſo ſchickte er ihm eine anſehnliche
Geſandtſchaft, und ließ ihm, entweder aus beſonderer Hochachtung gegen dieſen Prinzen, oder aus Furcht, dasjenige wieder zu verlieren, was er unter den vorigen Kayſern erobert hatte, durch ſeine Geſandten ſagen: „daß
„er ſich über ſeine Erhöhung zum Kayſer ſehr freuete;
„daß, nachdem er mit vier Kayſern Krieg geführet hätte,
„und ſich verſchiedner Siege über ſie rühmen könnte, ſo
„wäre

„wäre es ihm nunmehro sehr angenehm, einen unter ih„nen zu finden, mit welchem er in einem sehr guten Ver„ständnuß leben könnte, daß er ihn um seine Freundschaft „ersuchte, und wünschte, den noch übrigen Rest seiner „Tage in Ruhe und Friede mit ihm zu leben.„ Er trug ihm vor, die alten Streitigkeiten dieser beyden Na= tionen zu endigen, und ihre Forderungen auf Armenien und Iberien durch einen billigen Vergleich auszuführen.

§. 67.

Theodat, der gar wohl wußte, wie sehr das Reich den Frieden nöthig hätte, und wie viel der Krieg das Volk koste, hörte diese Friedensvorschläge mit Vergnü= gen an, und antwortete den Gesandten: „Er dankte „ihrem Könige vor das geschehene Anerbieten, und verfi„cherte ihn seiner Freundschaft; da er zur Regierung „kommen wäre, so hätte er sich bemühet, den Krieg, den „er gefunden, wieder zu endigen; seine Vorfahren hätten „ohnfehlbar Ursache gehabt, mit Persien den Frieden zu „brechen, aber was ihn anbelange, so werde er stets mit „den Gesinnungen der Fürsten übereinstimmen, die ru„hig mit ihm leben wollten, und daß, da ihr Herr die„sen Entschluß hätte, so könnte er keinen aufrichtigern „Freund, noch treuern Bundesgenossen, als ihn erwählen.„ Der Kayser hatte diesen Gesandten mit einer außeror= dentlichen Pracht empfangen, und nachdem er sie eine Zeitlang an seinem Hofe behalten, um mit ihnen die vor= nehmsten Angelegenheiten der beyden Reiche in Ordnung zu bringen, so ließ er sie, mit reichen Geschenken über= häuft, und voll Verwunderung über seine Größe und Güte, wieder von sich zurückkehren.

§. 68.

§. 68.

Zu gleicher Zeit kamen auch zu Conſtantinopel einige von dem Concilio zu Aquileja abgeordnete Prieſter an, zween Biſchöfe von Illyrien, die des arianiſchen Irrthums überführet waren, in Bann zu thun. Sie verlangten mit dem Kayſer zu ſprechen, und brachten ihm Briefe von der Kirchenverſammlung zu Aquileja, bey welcher Ambroſius von Milan und Valerius von Aquileja die vornehmſten waren. Nachdem dieſe Prieſter dem Theodos vielen Dank geſagt hatten, daß er die Kirche von den Druckungen der Arianer befreyet hätte, ſo klagten ſie ihm das Vorhaben, welches man gefaßt hätte, dem Meletius zu Conſtantinopel einen Nachfolger zu geben. Sie ſahen dieſes als eine Verfolgung an, die man dem Paulin anthun wollte. Sie baten ihn, daß er, um dieſen Unruhen wieder abzuhelfen, ein Concilium von der ganzen katholiſchen Kirche zu Alexandrien ſollte zuſammenkommen laſſen, und es durch ſein kayſerliches Anſehn beſtätigen möchte. Theodos, der kein größer Verlangen hatte, als die Streitigkeiten der Kirche völlig geendiget zu ſehen, hatte ihnen das, was ſie gebeten, bewilliget; aber weil er nichts ohne Rath thun wollte, und ſich befürchtete, ſchon erzürnte und zur Einigkeit unfähige Gemüther zu verſammlen, ſo ſchrieb er den Biſchöfen des Orients, und bat ſie, zu Anfange des künftigen Sommers nach Conſtantinopel zurück zu kommen, um über die Sache zu berathſchlagen.

§. 69.

In kurzer Zeit darauf empfieng der Kayſer neue Briefe, in welchen ihn die Biſchöfe des Occidentes ba-

ten,

ten, und ihm von neuem die Nothwendigkeit einer allgemeinen Concili vorstellten, um die Ketzerey des Apollinarius zu verdammen, um die Wahl des Flavians zu untersuchen, und um alle Unruhen der Kirche beyzulegen, und baten ihn, diese Versammlung nicht nach Alexandrien, sondern nach Rom zu berufen. Der Kayser Gratian wünschte es sehr, und beeiferte sich mit seinen Bischöfen darinnen um die Wette. Theodos, der den Eigensinn der Orientaler kannte, die über gewisse Kirchen eifersüchtig waren, die sie sich fälschlich anmaßten, sah voraus, daß sie sich schwerlich entschließen würden, nach Rom zu gehen. Er wußte, daß sie niemals leiden würden, daß man dasjenige berührte, was sie zu Constantinopel gethan hatten, also würde die Uneinigkeit, an statt sie beyzulegen, vielmehr größer werden. Er war auch eben nicht allzu geneigt, ein neues Concilium zu berufen, bey dem man sich vorgenommen hatte, dasjenige wieder umzustoßen, was man das vorhergehende Jahr behauptet und vestgesetzt hatte. Deswegen antwortete er weder dem Gratian nach den Bischöfen eher, bis daß er die Absichten derjenigen wissen konnte, welche diese Zusammenkunft verlangt hatten.

§. 70.

Unterdessen fing Maximus seine listigen Anschläge von neuem an. Da er von Constantinopel vertrieben, und von dem Theodos verstoßen war, so hätte er sich nach Alexandrien zu dem Patriarchen begeben, der ihm sehr geringschätzig begegnete. Daselbst war er auf Mittel bedacht, die Kirche zu beunruhigen, und drohete diesem guten Alten, ihn selbst von seinem bischöflichen Sitze zu verstoßen, wenn er es nicht dahin brächte, ihn an die

Stelle

Stelle des Gregorius von Nazianzen wieder einzusetzen. Vielleicht würde er es auch so weit gebracht haben, wenn der Statthalter von Aegypten, der gar wohl wußte, wie gefährlich und rebellisch dieser Mann wäre, ihm nicht befohlen hätte, aus der Stadt zu gehen. Er wurde genöthiget, auf freyem Felde zu bleiben, wo er sich eine Zeitlang wider seinen eignen Willen ruhig verhielt. Aber bey der ersten Nachricht von der Versammlung eines allgemeinen Concilii zu Rom reiste er so gleich eilfertig ab, und begab sich nach Italien, um denjenigen zuvorzukommen, denen noch nichts von seinem lasterhaften Leben bekannt war. Er gieng, den Kayser Gratian zu besuchen, und da er seinen Eifer vor die catholische Religion wußte, so überreichte er ihm ein Buch, das er selbst wider die Arianer, nach seinem Vorgeben, verfertiget haben sollte.

Hierauf machte er sich zu den Bischöfen, und sagte ihnen: „Nachdem er im Orient so sehr wäre gemißhandelt worden, so käme er endlich in Oerter, wo die Gerechtigkeit bekannt wäre, und wo die verfolgten Prälaten stets ihre Zuflucht gefunden hätten; Seine Erwählung wäre canonisch, und von verschiedenen Bischöfen verrichtet worden; aber zu einer Zeit, wo die Arianer unglücklicher Weise alle Kirchen eingenommen hätten, und unterdessen hätte man dem Gregorius aufgeholfen, und den Nectarius zu seinem Nachtheil erwählet.„ Er zeigte ihnen seine Briefe, die er mit dem Bischof von Alexandrien wechselte, und vergaß nichts, was sie zum Wohlbleiben gegen ihn bewegen konnte.

Durch diese listige Rede erregte er die Leidenschaft derjenigen von neuem, die schon wider die Kirche im Orient

Orient eingenommen waren. Diese Prälaten nahmen
ihn in ihre Gemeinschaft als einen guten ehrlichen Mann
auf, den man im Orient verfolgte, und der allerdings
Recht hätte, das Bisthum zu Constantinopel zu fordern;
da sie aber dennoch von der Sache nicht genug unterrichtet waren, so überließen sie das Urtheil dem Concilio, welches bald aus allen Theilen der Welt zusammenkom-
men sollte, und begnügten sich damit, dem Theodos zu
schreiben, um ihn zu bitten, auf das Beste des Maximus bedacht zu seyn, in wie weit es die Ruhe der Kirche
erlaubte.

§. 72.

Indem, daß sich diese Dinge im Occident ereigneten,
so giengen die Bischöfe des Orients, die von dem Kayser
zum zweytenmal waren zusammen berufen worden, nach
Constantinopel.

Der größte Theil derjenigen, welche sich das vorige
Jahr daselbst befunden hatten, kamen wieder, und diejenigen, welche nicht aus ihren Provinzen gehen konnten,
gaben ihre Einwilligung schriftlich, und Macht, in ihrem
Namen zu thun, was sie wollten. Gregorius von Nazianzen wollte nur allein keinen Antheil daran haben,
und entschuldigte sich darüber wegen des schlechten Nu-
tzens, der gewöhnlich aus diesen unruhigen Versammlungen entstünde, und wegen seiner Schwachheiten, die
ihm nicht erlaubten, diese Reise vorzunehmen.

Sobald als diese Prälaten angekommen waren, so
machte er ihnen den Vorschlag bekannt, welchen die Bischöfe aus Italien gethan hätten, und wollte ihre Gesinnungen wegen eines allgemeinen Concilii wissen, das

man zu Rom anstellen wollte. Sie antworteten:
„Sie weigerten sich nicht, etwas zur Befestigung des
„Glaubens, und zur Einigkeit der Kirche beyzutragen,
„aber sie bäten ihn nur, zu bedenken, daß gar keine
„dringenden Ursachen wären, um sie so weit gehen zu
„lassen; so lange als der Occident einer vollkommenen
„Ruhe genösse, so wäre der Orient durch grausame Un-
„gewitter beunruhiget worden; überdies hätten sie von
„ihren Mitbrüdern nur die Einwilligung auf das Con-
„cilium zu Constantinopel, und es wäre ihnen nicht so
„viel Zeit mehr übrig, um sich mit ihnen wegen dieser
„Sache zu berathschlagen.„

Sie gaben denjenigen, die sie zu diesem Concilio
eingeladen hatten, eben diese Antwort. Sie fügten
ein Glaubensbekenntniß wegen der Dreyeinigkeit und
Menschwerdung hinzu; und nachdem man ihnen von
der Wahl des Nectarius und des Flavians Rechenschaft abgelegt, so baten sie dieselben, ihren besondern
und persönlichen Haß vor das allgemeine Beste der
Kirche fahren zu lassen. Sie schickten so gar die Bischöfe von ihnen nach Italien ab, um ihnen das Verlangen zu begegnen, das sie gehabt hätten, sie zu sehen,
und sie ihrer Liebe zur Einigkeit und ihres Eifers vor die
Religion zu versichern. Da der Kayser bey diesen Versicherungen der Freundschaft und Religion viel Kaltsinn
und Gleichgültigkeit in ihren Herzen bemerkte, so nahm
er ihre Entschuldigungen an, und glaubte, daß man allerdings eine Versammlung hindern müßte, welche aus
zwo Parteyen bestehe, und wahrscheinlich eben solche
Unruhen, wie zu Constantinopel, verursachen würde.
Er sagte zu dem Kayser Gratian, und zu den Bischöfen

von Italien: „Er hätte ernstliche Unterhandlungen über
„die Forderungen eines allgemeinen Concilii zu Rom
„angestellet, und die Prälaten seines Reichs, welche er
„darüber zu Rathe gezogen, hätten ihm die Schwierig-
„keit der Reise in einer so späten Jahrszeit, und die
„Unmöglichkeit, ihre Kirche zu verlassen, vorgestellt,
„und sich bey einer Versammlung einzufinden, die nicht
„eben so nothwendig wäre; er hätte diesen Vorstellun-
„gen nicht widerstehn können; aber er bäte sie, versi-
„chert zu seyn, daß er alles Mögliche zum Frieden und
„der Einigkeit beytragen würde.„

§. 72.

Unterdessen waren die Sachen von dem Gefolge des
Athanarik in ihrem Lande angekommen. Da sie nicht
aus einem besondern Haß, den man wider sie gehabt
hätte, waren verjagt worden, so wurden sie daselbst ohne
einige Schwierigkeit aufgenommen. Die Treur, die sie
ihrem Herrn bis an sein Ende bewiesen, schien selbst den
Wilden lobenswürdig zu seyn: und Fremdgern behielt sie
gerne bey sich, und erzeigte sich bey jeder Gelegenheit
gütig gegen sie.

Diese erzählten die großen Sachen, die sie an dem
Hofe zu Constantinopel gesehen hatten, und lobten besonders die Pracht und Gnade des Throns. Sie erzählten dem Könige und dem Volke die Höflichkeiten,
welche er dem Athanarik erworfen, und wie er ihm auch
nach seinem Tode beehret hätte. Sie zeigten die Geschenke, die sie von ihm erhalten, und sagten ihnen die
verbindlichen Worte wieder, die er zu ihnen gesagt hatte,
und durch diese Erzählung brachten sie die ganze Nation,

O   die

die so sehr wider ihn eingenommen war, zu einer besondern Furcht und Hochachtung gegen ihn.

§. 73.

Jetelgern, der sein Alter sah, Empörungen befürchtete, und sonst die Tugend zu schätzen wußte, entschloß sich, ein Bündniß und Schutz bey einem Fürsten zu suchen, den man ihm so mächtig und großmüthig vorstellte. Er machte der Armee sein Vorhaben bekannt. Die Kapitains und Soldaten willigten darein; einige waren durch das gute Bezeigen gegen ihre Freunde gerührt, andre hingegen wurden durch die Hofnung gereizt, einem Kayser zu dienen, der so freygebig und wohlthätig wäre. Der König bat die Grevungen, welche sich mit ihm seit einigen Jahren vereiniget hatten, eben diese Partey anzunehmen. Aber sie schlugen es ab, weil sie vielleicht noch einen Einfall in die kayserlichen Länder zu thun, und eine ansehnliche Beute daselbst zu erhalten hofften.

Frithgern suchte die vornehmsten Chefs seiner Armee aus, und schickte sie zum Theodos, seine Freundschaft zu erlangen, und ihn zu bitten, er möchte vor ihm und sein Volk eben die Güte bezeigen, die er dem Athanarik und seinem Gefolge erwiesen hätte. Er versprach, stets auf das Beste des Kaysers bedacht zu seyn, und ihm so viele Dienste zu erzeigen, als er ihm sonst Unrecht erwiesen hätte.

Theodos nahm diese Gesandschaft mit aller möglichen Ehren- und Freundschaftsbezeigung an. Er versprach, die Gothen als seine Bundesgenossen anzusehn, und sie wie seine Unterthanen zu lieben. Ob sie gleich

seine

keine Bedingungen vorgeschlagen hatten, so machte er ihnen doch selbst sehr vortheilhafte; denn er befahl, daß man ihnen Lebensmittel in Menge herbeyschaffen sollte, und ließ ihnen sogar Land in einigen Provinzen des Reichs anweisen. Die Gothen dienten von dieser Zeit an stets dem Kayser. Es waren beynahe zwanzig tausend, welche sich zu seinen Truppen schlugen; die übrigen stunden in den Gegenden der Donau, um die andern alsdenn zu verhindern, daß sie nicht in das Land der Römer einfallen konnten.

§. 74.

Zu dieser Zeit erneuerten die Bischöfe ihre Bitte bey dem Kayser Gratian, wegen der Zusammenberufung eines allgemeinen Concilii, welches sie zu Rom zu halten verlangten: Aber dieser Kayser schickte sie wieder zu dem Theodos, um sich dieser Mühe zu überheben. Sie schrieben deswegen an den Theodos. Sie fügten noch harte und schwere Klagen wider den Flavian und Nectarius hinzu. Sie mißbilligten sogar die Wahl des Gregorius von Nazianzen, und erklärten sich vor den Maximus, indem sie verlangten, seine Sache sollte zu Rom so gerichtet werden, wie Athanasius, Petrus von Alexandrien, und verschiedne andere Prälaten des Orients, die sich auf das Urtheil der römischen Kirche berufen hätten.

Der Kayser schrieb ihnen, um diese Sache zu endigen und alle Gelegenheit zur Uneinigkeit zu benehmen: „Ihre Vorstellungen wären nicht hinreichend, ein allge„meines Concilium zu berufen. Da die Wahl des Fla„vians und Nectarius schon geschehen wäre, so müßte „sie nicht außer dem Orte, wo alle Parteyen gegenwär-

„Ihr

„tig wären, gerichtet werden; die Bischöfe des Orients
„hätten einige Ursache, sich über ihre unbilligen Forde-
„rungen aufzuhalten; was den Maximus anbelangte,
„so wunderte er sich sehr, daß so kluge Prälaten so
„leichtsinnig gewesen wären, einem so bekannten Betrü-
„ger zu glauben; er wäre entschlossen, ihn zu bestrafen,
„sobald er sich unterstehen sollte, nach Constantinopel zu
„kommen.„

So nahm sich Theodos sowohl des Staats, als der
Kirche mit aller möglichen Sorgfalt an, und erlangte
dadurch, daß ihn der Herr mit so großen und wunder-
barren Segen in seinen Handlungen beglückte, welche
seine Regierung besonders rühmwürdig und
herrlich machten.

Das
dritte Buch.

Innhalt des dritten Buchs.

Das dritte Buch.

§. 1.

Theodos regierte ruhig im Orient. Seine Völker lebten in Ruhe und Reichthum, und selbst seine Feinde waren seine Freunde worden. Da aber die ganze Welt seine Größe verehrte, oder seine Gewalt furchte, so beschäftigte er sich damit, seine Staaten in bessere Verfassung zu setzen, und die Reinigkeit der Religion wieder herzustellen, welche seine Vorgänger unterdrückt hatten; und er sah den Frieden, den er genoß, als eine Vergeltung und Belohnung desjenigen an, was er vor das Beste der Kirche gethan hatte.

§. 2.

Das Reich des Occidents wäre nicht weniger glücklich gewesen, wenn die Schwäche oder Nachläßigkeit der Kayser nicht Gelegenheit zu Empörungen und bürgerlichen Kriegen gegeben hätte. Der junge Valentinian, welcher zu seinem Antheil Italien, Africa und Illyrien hatte, war zur Regierung noch nicht alt genug, und die Kayserinn, seine Mutter, mißbrauchte seinen Namen und sein Ansehen. Sie war arrianisch gesinnt. Die Sorgfalt ihrer Regierung gieng nur allein dahin, einen Bischof von ihrer Secte zu erwählen, oder den Katholiken eine Kirche zu nehmen. Sie bezeigte sich gegen diejenigen gnädig, welche ihren Leidenschaften und

Nei-

Neigungen Schmeicheleien. Man hatte alles mögliche unter einem so jungen Kayser zu befürchten, den man so übel erzog; und unter einer Kanzlerim, die mehr auf die Vermehrung und das Beste ihrer Güter, als auf die Ruhe und das Wohl des Reichs bedacht war.

§. 3.

Gratian, der dißseits der Alpen regierte, war mitten in der besten Blüthe seines Alters, und wurde von seinen Feinden gefürchtet, über welche er verschiedene Siege erhalten hatte. Er zeigte eine Neigung zur Gerechtigkeit und Güte, welche ihm die Freundschaft des Volks zuwege gebracht; aber er verließ sich ganz und gar auf die eigennützigen Rathschläge seiner Minister, und untersuchte die Sachen nicht selbst. Er war sanftmüthig, bescheiden, höflich. Die Kenntniß der schönen Wissenschaften war ihm vollkommen eigen, und er mochte entweder öffentlich reden, oder schreiben, so konnte man leicht urtheilen, daß er von der Unterweisung des Ausonius großen Nutzen gehabt, und daß Ausonius hingegen auch ein gutes Genie an ihm gefunden hätte. Seine Neigungen waren großmüthig, und giengen aufs Gute. Er hatte in der Hitze seiner Jugend die Keuschheit und Mäßigkeit eines Alten. Er war nicht allein gegen seine Freunde getreu, sondern auch freygebig. Gnade zu erzeigen war sein größtes Vergnügen, und er suchte sogar dem Bitten und Verlangen der Leute zuvor zu kommen. Niemals ist ein Fürst im Kriege geschäfftiger und wachsamer gewesen: er war stets an der Spitze seiner Truppen, und gieng zuerst auf den Feind los. Nach dem Treffen bezeigte er alle mögliche Sorgfalt vor die verwundeten Soldaten;

er gieng sie in ihren Zellen besuchen und trösten, er versorgte sie mit allen nöthigen Bedürfnissen, und öfters verband er sogar mit seinen eigenen Händen ihre Wunden.

Alle Schriftsteller loben seine Ehrfurcht vor Gott, und seinen brennenden Eifer vor die Reinigkeit des Glaubens. So große Eigenschaften, die mit einer bewundernswürdigen Güte vereinigt waren, und die er in allen seinen Handlungen von sich blicken ließ, schienen sein Glück zu befördern. Allein er hatte einen so großen Abscheu vor der Arbeit, und so starke Neigung zur Jagd und andern Uebungen des Leibes, daß er den ganzen Tag mit Erlegung wilder Thiere in einem Garten zubrachte. Diejenigen, welche ihn, so zu sagen, regierten, unterstützten ihn in diesem Leichtsinne, anstatt, daß sie ihn hätten bessern sollen; und so lange dieser junge Prinz sich mit lustigen Beschäftigungen vergnügte, und seine ganze Ehre und Ruhm in eine unnütze Zerstreuung setzte, so waren sie indessen Herren des Reichs, und dachten auf ihren eigenen Vortheile.

§. 4.

So waren die Sachen beschaffen, da sich Maximus, General der römischen Armee in England, zum Kayser aufwerfen ließ. Denn außerdem, daß ihn sein Hochmuth schon seit langer Zeit dahin verleitet hatte, alles zu wagen, um nur zu herrschen, so sah er schon ohnedem das Reich als ein Gut an, das ihm zugehöre, weil er von der Familie der Helena, einer Mutter des Constantius, herstammte. Er hatte nicht leiden können, daß ihm Theodos war vorgezogen worden. Er brachte gar bald die

die vornehmsten Officiers auf seine Seite. Die vornehmsten Herren in England gewann er ebenfalls, und gebrauchte alsdenn alle mögliche Anschläge, die fähig waren, eine Empörung in Gallien und Italien zu verursachen.

Gratian hatte angefangen, die heidnische Religion zu stürzen, die sein Vater stets aus politischen Absichten geschonet hatte. Er hatte sie schon dadurch sehr geschwächet, da er ihren Priestern die Einkünfte, und das, was zur Unterhaltung ihrer Opfer gefordert wurde, verminderte. Er hatte dem Stadthalter zu Rom die Gewalt gegeben, alle Streitigkeiten wegen der Abgötterey zu richten. Ein so großmüthiger Eifer erzürnte die Heyden, und besonders einige römische Rathsherren, welche die vornehmsten unter ihnen waren.

§. 5.

Da Maximus sah, daß sie ihm zu seiner Empörung würden behülflich seyn können, so machte er ihnen die Hoffnung, daß er ihren Göttern die Ehre wiedergeben würde, die man ihnen genommen hätte; daß er ihre Altäre, ihre Priester und ihre Opfer wieder herstellen würde. Ob er gleich ein Christ war, so schien er ihnen doch so geneigt zu seyn, ihren Götzendienst wieder zu erneuern, daß sie ihn als ihren Erretter ansahen, und fiengen an, ihn sehr zu lieben, als wenn Gratian ein Tyrann, und Maximus der rechtmäßige Prinz gewesen wäre. Also verriethen einige den Kayser aus einem Vorurtheile der Religion; der andere aber verrieth seine Religion aus einer Leidenschaft, um Kayser zu werden.

§. 6.

§. 6.

Er verführte die Armee eben ſo geſchwinde zu ſeinem böſen Vorhaben, ſo wie er den Senat dazu verleitet hatte. Gratian war mit den Officiers der römiſchen
Truppen nicht gütig genug umgegangen. Er zog ihnen gewöhnlich die Alanen und andre Wilden vor, die
er ſeines Zutrauens und ſeiner Gunſt würdigte, und ſtets
bey ihm ſeyn mußten; ja er hatte ſogar ein Vergnügen
daran, ſich auf ihre Art zu kleiden. Dieſe Aufführ-
rung machte ihn den Römern verhaßt, die ihm ſo nützliche Dienſte bisher geleiſtet hatten; und um die Freundſchaft der Fremden zu gewinnen, verlohr er die Gunſt
der Soldaten. Marimus bediente ſich dieſer Gelegenheit. Er ließ in der Stille dieſe Truppen bitten, die
ohnedem über die Verachtung, die man gegen ſie bezeigte,
empfindlich waren. Einige fügen hinzu, er hätte ihnen
zu verſtehen gegeben, als wenn er ein geheimes Verſtändniß mit dem Theodos hätte.

Ein Reich war nicht hinreichend, den Stolz dieſes
Rebellen zu befriedigen. Er glaubet, nachdem er den
Gratian geſtürzt hätte, ſo würde er gar leichte mit dem
Valentinian und ſeiner Mutter Juſtina fertig werden.
Das Alter des einen, die Schwäche des andern, und der
Haß aller rechtſchaffenen Leute, den er ſich durch die Ver-
folgung der Katholiken zugezogen hatte, machten ihm
Hoffnung, daß er ſich bald aller beyden Reiche bemäch-
tigen würde; daß er dem Theodos wenigſtens furcht-
bar ſeyn würde, und alſo in Ruhe die Früchte ſeines
boshaften Unternehmens würde genießen können.

§. 7.

Mit dieser Hoffnung gieng er zu Schiffe, und kam mit seiner Armee am Rhein an. Die Truppen, welche in Deutschland lagen, erkannten ihn alsbald vor ihren Kaiser, und alle Besatzungen nahmen ihn auf. Gratian, erfreut über diese Veränderung, versammlete denjenigen Theil der Armee, welchen er zurückgelassen hatte, und suchte den Rebellen auf, in der Absicht, mit ihm ein Treffen zu wagen. Die beyden Armeen stunden beynahe fünf Tage lang gegen einander über, ohne daß es Maximus wollte zu einem Haupttreffen kommen lassen. Die römischen legionen, die mit dem Gratian übel zufrieden waren, schienen furchtsam und erschrocken zu seyn. Die ganze Cavalerie der Mauren trennte sich, um sich mit den Rebellen zu vereinigen. Die meisten von der Armee folgten ihrem Beyspiele; das Volk, welches die Neuerung liebte und stets von der größten Parthey war, erklärte sich auch alsbald hernach für ihn, und Maximus herrschte sogleich in Gallien, als er angekommen war.

§. 8.

Gratian hatte bey dem ersten Ruf von dieser Empörung die Hunnen und Alanen zu Hülfe gerufen, aber sie kamen nicht zu rechter Zeit an. Er hatte nur noch etliche wenige Truppen bey sich, deren Treue ihm auch verdächtig schien. Alsdann irrte er in seinem eigenen Reiche herum, und war von den Seinigen verlassen, da er niemanden zu seiner Beschützung, ja nicht einmal zu seiner Begleitung hatte. Endlich floh er gegen die Alpen mit einem Gefolge von dreyhundert Pferden, welche er mit vieler Mühe zusammen gebracht hatte, um ihm in seiner Flucht beyzustehen; allein, auch da fand er alle Wege von Leuten besetzt, denen er sich nicht vertrauen konnte. Er kehrte sogleich wieder zurück, und wußte nicht den Weg, den er zu seiner Rettung nehmen sollte. Da er zu ihnen ankam, so erhielt er die Nachricht, daß die Kayserinn, seine Frau, ihn aufsuchte, um ihm in seinem Unglücke zu folgen.

§. 2.

Dieser Prinz vergaß gleichsam auf eine Zeitlang die Gefahr, in welcher er war, mehr durch das Unglück seiner Gemahlinn, als durch sein eignes gerühret; sein Herz ward voll Zärtlichkeit, und er gieng über die Alpone, um ihr entgegen zu gehen. Sogleich als er über den Fluß war, so sah er eine Sänfte, die mit Wachen umgeben war. Er lief sogleich hin; allein er sah anstatt seiner Frauen den Andragatius, General der Cavalerie, herausstetgen, den Maximus nach ihm ausgeschickt hatte. Da ihn dieser Verräther auf so eine Weise gefangen hatte, bemächtigte er sich seiner, und tödtete ihn tyrannisch den vier und zwanzigsten September, im acht und zwanzigsten Jahre seines Alters, und siebzehnten seiner Regierung.

So war das Ende dieses Kaysers. Er erlitte den Tod standhaft, und war nur allein darüber betrübt, daß er nicht den heil. Ambrosius bey sich hatte, um ihn zum Sterben vorzubereiten. Die Kirche, die er stets beschützt hatte, beweinte seinen Tod, und diejenigen, die nach ihm regierten, konnten hieraus diese Lehre ziehen, daß es zu ihrem Ansehen, zu ihrer Ruhe, und selbst zu ihrer Sicherheit gereiche, ihre Staaten selbst zu regieren.

§. 10.

Maximus, stolz über ein so glückliches Schicksal, machte sich fertig, nach Italien zu gehen, und den Valentinian, einen jungen Prinzen ohne Erfahrung und Stärke, zu überfallen. Allein außerdem, daß er einige Anordnungen in den erst kürzlich eroberten Provinzen machen mußte, so hielt er es für nöthig, vor er über die Alpen zu gehen, und die Gesinnungen des Theodos zu entdecken. Er schickte ihm Gesandten, mit dem Befehl, ihm seine Freundschaft anzubieten, wenn er ihn zum Reichsgehülfen annehmen wollte, oder ihm den Krieg anzukündigen, wenn er es abschlagen sollte. Theodos, der über den Tod des Gratian, seines Freundes und Wohlthäters, empfindlich gerührt war, hatte schon beschlossen, ihn zu rächen; allein, da er sich nur wenige Truppen nach dem letzten allgemeinen Frieden behalten hatte, so fürchtete er, daß man den Valentinian vorher unterdrücken würde, ehe er noch im Stande wäre, ihn zu beschützen. Er verstellte sein Vorhaben, und antwortete dem Gesandten, daß er das Anerbieten des Maximus annähme, daß er sich demjenigen nicht entgegen setzte, was die Armee für ihn gethan hätte, und weil er in die Stelle des Gratians getreten, so sähe er ihn als seinen Nachfolger in der Regierung an. Die Beschaffenheit der Sachen erforderte es also, daß er ihn als seinen Collegen ansah, bis er sich als einen Feind gegen ihn würde erklären können.

P

§. 11.

§. 11.

Allein indem, daß er mit ihm in Unterhandlungen war, ſo glaubte die Kayſerinn Juſtina ſtets, daß Maximus einen Einfall in Italien thun würde. Sie hatte weder Geld, ſich ihm zu widerſetzen, noch Hülfe von ihren Bundsgenoſſen zu hoffen. Sie beſchloß, Geſandten an ihn zu ſchicken, um ſich zu bemühen, ihn durch Demüthigung zu gewinnen, und ihn über den Alpen zurückzuhalten. Allein ſie fand niemanden an ihrem Hofe, der ein ſo wichtiges Geſchäffte übernehmen konnte oder wollte, dergeſtalt, daß ſie genöthigt war, ihre Zuflucht zu dem heil. Ambroſius zu nehmen. Sie verbarg eine Zeitlang den Zorn, den ſie wider ihn gefaßt hatte, und nöthigte ihn, dieſe Geſandſchaft zu unternehmen. Dieſer Biſchof nahm dieſen Antrag willig an, und reiſete ſogleich eiffertig ab, denn er war entſchloſſen, ſeine Ruhe und ſein Leben ſelbſt vor ſeinen Fürſten und das für Vaterland aufzuopfern. Er traf den Markxus in einem Zuſtande an, da er eben im Begriff war, alles zu unternehmen. Seine Eroberungen hatten, anſtatt ſeinen Hochmuth zu ſtillen, ihn noch mehr aufgebracht. Er hielt es vor nichts, Herr in Gallien, Spanien und England zu ſeyn, wenn er nicht auch zugleich in Italien herrſchen könnte. Er hatte ſchon das Blut eines Kayſers vergoſſen, und wollte nun auch einen andern aus ſeinem Reiche verjagen.

§. 12.

Allein, dieſer Prälat redete ihn mit ſolcher Gewalt an, und brachte es durch ſeine Beredſamkeit und Klugheit ſo weit, daß er endlich den Entſchluß fahren ließ,

den

den er gefaßt hatte, über die Alpen zu gehen. Die
Waffen fielen ihm aus den Händen, und entweder, weil
ihm die Hochachtung und Ehrfurcht vor diesem großen
Manne einige Bescheidenheit eingeflößt hatten, oder weil
er seine Leidenschaften durch die freyen und ehrenden
Reden gestillt und gemindert fühlte, oder endlich, weil
ihm Gott, der ein Herr der Könige ist, der den Tyrannen den Zorn benimmt und sie zurückhält, wenn es ihm
gefällt, diese Gränzen vorgeschrieben hatte; so that er,
ohne zu wissen warum, das, was der heil. Ambrosius
von ihm verlangte. Wider alles Vermuthen blieb er
in Gallien, richtete zu Treves den Sitz seiner Herrschaft
auf, und nahm mit Einwilligung der beyden Kayser den
Titel Augustus an. Es reuete ihn seitdem stets, daß
er eine so gute Gelegenheit hatte vorbeygehen lassen.

§. 13.

Da Theodos indessen seinen Sohn erwachsen sah,
so beschloß er, ihn zum Augustus zu erklären, ob er gleich
nur sieben oder acht Jahr alt war. Die Ceremonie geschah in einem Palaste, der das Tribunal genennt wurde,
und zur Rechnung der Kayser bestimmt war, in Gegenwart aller Herren des Hofs und der meisten Bischöfe.
Ein jeder bezeigte durch seinen Zuruf die Freude über
die Erhöhung dieses jungen Prinzen, und wünschte, daß
er die Tugenden seines Vaters haben möchte, so wie er
schon die Würde und den hohen Charakter desselben erlangt hätte.

§. 14.

Theodos hatte ein großes Vergnügen darüber, daß
er einen neuen Kayser aus seinem Hause gemacht, und

auch

auch den allgemeinen Beyfall deswegen erlangt hätte.
Allein, er war mehr auf ſeine Erziehung, als auf jene
irrdiſchen Vorzüge bedacht, und glaubte, es wäre etwas
geringes, ihm große Provinzen zu laſſen, wenn er ihm
nicht Klugheit verſchaffte, ſie zu regieren. Er hatte
ſchon lange Zeit einen klugen und gelehrten Mann ge-
ſucht, um ihm dieſes Kind anzuvertrauen, welches einmal ſo viele Völker beherrſchen ſollte. Er hatte deswegen an den Kayſer Gratian geſchrieben, und Gratian
hatte den Pabſt Damaſus gebeten, ſelbſt jemanden aus-
zuleſen, und alsdann denjenigen nach Conſtantinopel zu
ſchicken, den er zu dieſem wichtigen Amte würde fähig
erkennen. Dieſer Pabſt, der viel Gelehrſamkeit, eine
große Gottesfurcht und viel Klugheit beſaß, erwählte
endlich den Arſenius, der Diaconus der römiſchen Kirche
war, und deſſen Tugend und Gelehrſamkeit er nur allzu
wohl kannte.

§. 15.

Es war ein Mann aus einem ſehr edlen Hauſe ent-
ſproſſen, in der griechiſchen und lateiniſchen Sprache,
und in weltlichen und geiſtlichen Wiſſenſchaften vollkommen erfahren. Ob er ſchon ſtets eine Neigung zur
Einſamkeit hatte, und vor ſich ſehr ernſthaft war, ſo floh
er doch nicht eine anſtändige Geſellſchaft, und war niemanden beſchwerlich; Damaſus recommandirte ihn als
einen klugen und weiſen Menſchen, der an dem Hofe leben würde, ohne ſich daſelbſt verführen zu laſſen, und
der nicht allein dem Prinzen gute Unterweiſung, ſondern
auch den Hofleuten gute Exempel geben würde.

§. 16.

§. 16.

Der Kayser nahm den Arsenius als ein Geschenk des Himmels auf, und bat ihn, alle mögliche Sorgfalt vor die Erziehung des Arcadius anzuwenden, ihn als seinen eigenen Sohn anzusehen, sich des Ansehens eines Vaters über ihn anzumaßen, und durch seine Unterweisung einen klugen und frommen Kayser zu machen. Er empfahl alsdenn diesem jungen Prinzen Gehorsam und Ehrfurcht, und wiederholte öfters diese Worte zu ihm: „Erinnere dich, mein Sohn, daß du deinem Lehrmeister mehr als mir selbst schuldig bist. Von mir „hast du die Geburt und das Reich; aber von ihm wirst „du die Weisheit und Furcht Gottes lernen, und der„gestalt wird er mehr dein Vater, als ich seyn.„   Er vergaß nichts, was den Lehrer in Ansehen setzen, und den Schüler hochachtungsvoll gegen seinen Lehrer machen sollte: Denn da er einmal in das Zimmer des Prinzen gegangen war, und hatte den Prinzen auf einem Stuhle, und den Arsenius vor ihm stehend angetroffen, so war er deswegen auf alle beyde unruhig.

Arsenius wollte sich mit der Ehre entschuldigen, die er einem Kayser zu erweisen sich für verpflichtet hielt. Allein Theodos, ohne seine Entschuldigungen anzuhören, befahl ihm, sich zu setzen, und seinem Sohne zu stehen, und, um die Sache noch besser einzurichten, so ordnete er an, daß man dem Prinzen alle Zeichen seiner Würde beym Studiren abnehmen sollte, und sagte hinzu: Er würde ihn des Reichs unwürdig halten, wenn er nicht wissen würde, einem jeden gehörig zu begegnen, und mit den Wissenschaften zugleich die Erkenntlichkeit und Ehrerbietung erlernen würde.

§. 17.

Arſenius bemühte ſich nicht allein, ſeinem Schüler gute Künſte und Wiſſenſchaften beyzubringen, ſondern ihn auch im Glauben und in der Ausübung chriſtlicher Tugenden zu erziehen. Er erforſchte ſeine Neigungen, und unterdrückte oder verbeſſerte ſie, nachdem ſie gut oder böſe waren. Dieſer junge Prinz hatte einen lebhaften und offenen Geiſt, edle und großmüthige Geſinnungen, und eine Seele, die zur Religion und Gerechtigkeit geneigt war. Aber er war ein Feind von aller Arbeit, veränderlich in ſeiner Freundſchaft, und mehr geneigt, denjenigen zu glauben, die ihm in ſeinen Fehlern ſchmeichelten, als denjenigen, die ihn deswegen beſſern wollten.

Da Arſenius die traurigen Folgen voraus ſah, welche dieſe laſterhaften Neigungen bey einem Kayſer haben konnten, und nachdem er umſonſt verſucht hatte, ſie durch Klugheit zu entfernen, ſo entſchloß er ſich endlich, ſie mit einer gewiſſen Strenge und Ernſt zu unterdrücken. Er verwies es ihm etliche mal, er beklagte ſich bey dem Kayſer, ſeinem Vater: er vereinigte endlich mit den Klagen und Verweiſen noch Züchtigungen. Arcadius nahm die Beſtrafung als eine Beleidigung an, und wollte ſich von ſeinem Lehrmeiſter auf einmal ganz losmachen. Er offenbarte ſein Vorhaben einem ſeiner Offi-ciere, zu dem er ein großes Zutrauen hatte, und befahl ihm, ihn von einem Menſchen zu befreyen, der ihn miſshandelte. Dieſer Officier verſprach ihm, ſeine Befehle zu erfüllen, nur damit er die Sache nicht einem andern auszuführen anbefohlen möchte, und er ſelbſt gieng zu dem Arſenius, ihm insgeheim zu berichten, daß er auf ſeine Sicherheit bedacht ſeyn ſollte.

§. 18.

§. 18.

Da Arsenius gar wohl sah, daß es nur ein kindlicher Zorn wäre, der keine Folgen haben konnte, und sonst schon über das Unglück der Fürsten Betrachtungen angestellt hatte, welche beynahe von ihrer Geburt an diejenigen lieben, die sie betrügen, und diejenigen für Feinde halten, die sie bestrafen, so war er ernstlich darauf bedacht, sich eines Amtes zu entziehen, wo er sein Leben in Gefahr setzte. Der Himmel rufte ihn auch zu gleicher Zeit zu einer ruhigen und heiligen Bestimmung. Denn da er von Gott in der Inbrunst seines Gebets verlangte, er möchte ihn doch selbst dasjenige lehren, was er zu seiner Rettung thun sollte, so erzählt man, er hätte eine Stimme gehört, die ihm geantwortet: Arsenius, fliehe die Menschen; das ist das Mittel dich zu retten.

Einige Tage darauf gieng er von Constantinopel verkleidet weg, und floh in die Wüsten Aegyptens, wo er über funfzig Jahr lebte, ohne den geringsten Umgang mit der Welt zu haben; er erhielt sich nur allein von Wurzeln, brachte Tag und Nacht mit Beten und Weinen in seiner Zelle zu, und war nur allein auf die Glückseligkeit seines unsterblichen Geistes bedacht.

Der Kayser erfuhr mit dem empfindlichsten Mißvergnügen die Flucht des Arsenius, davon er nicht die geringste Ursache wußte. Er ließ ihn in allen Provinzen des Reichs aufsuchen; allein, Gott wollte ihn vor der Welt verbergen, nachdem er derselben entflohen war. Arcadius aber sah den Verlust nicht ein, den er dadurch erlitten hatte.

§. 19.

Nachdem Theodos seinen Sohn erzogen hatte, so war er ferner darauf bedacht, die Angelegenheiten der Kirche in Richtigkeit und Ordnung zu bringen. Um seinem Eifer darinn ein Genüge zu thun, und keine Gelegenheit zur Uneinigkeit im Oriente zu lassen, wenn er im Stande seyn würde, wider den Maximus zu kriegen; so wagte er alles mögliche, um die Ketzereyen auf einmal zu zerstören, und die Gemüther wieder zu vereinigen. Deswegen ließ er die Vornehmsten von den verschiednen Sekten zu sich kommen, um von ihrem Glauben und der Bewegungsursache, warum sie sich von den Katholiken getrennt hätten, Rechenschaft zu fordern. Sie kamen alle; einige, um zu versuchen, ob sie wieder zu ihren Bisthümern gelangen könnten, die sie sonst besessen hatten; andere aber, um ihre Meynungen und Gesinnungen zu vertheidigen.

Der Kaiser machte sein Vorhaben dem Erzbischofe zu Constantinopel bekannt, und fragte ihn wegen der Mittel, die zur Vereinigung der Religionen erforderlich wären, um Rath. Dieser Mann, der bey Hofe ohne die geringste Kenntniß der heil. Schrift alt worden, und besonders von den gegenwärtigen Streitigkeiten wenig oder gar nicht unterrichtet war, befand sich bey dieser Anfrage in der äußersten Bestürzung. Er fürchte sich vor den Streitigkeiten und Unterredungen, und da er seine wenige und schlechte Fähigkeit wußte, so nahm er seine Zuflucht zu den Novatianern. Dieser Prälat schickte ihn wieder zu dem Sisinnius, welcher zwar noch lehrer in ihrer Kirche, aber dennochunerachtet in allen Alten

der Wissenschaften erfahren war.   Dieser rieth ihm,
alle Streitigkeiten bey einer Zusammenkunft zu vermeiden, denn er sagte: Die Gemüther, anstatt sie zu überzeugen, würden nur desto mehr erbittert; der Wunsch
zu überwinden, oder die Schaam, überwunden zu werden, triebe auch die klügsten und weisesten Leute zu är-
gerlichen Zänkereyen, und auf diese Weise würde die
Liebe beleidiget, und die Wahrheit niemals in ein helleres
Licht gesetzt.

§. 20.

Er schlug ein kürzeres Mittel vor, die Streitigkeiten
zu endigen, ohne erst lange Untersuchungen der Lehre anzustellen.   Dieses bestand darinn, man sollte die alten
Lehrer der Kirche, welche die Geheimnisse der christlichen
Religion erkläret hätten, zu Richtern über die gegenwärtigen Streitigkeiten annehmen; er fügte noch hinzu,
daß, wenn die Ketzer sich auf das Zeugniß der heiligen
Väter berufen wollten, so könnte man sie leicht überführ-
ren, und wenn sie sich alsdenn nicht ergeben und demüthigen wollten, so würden sie sich dadurch dem Volke
verhaßt machen.

Nectarius machte sich dieses zu Nutze, und kam so
gleich deswegen mit dem Kayser zu reden.   Dieser
Prinz fand, daß dieses das kürzeste und leichteste Mittel
wäre, seine Absichten glücklich zu erreichen.   Eines Tages, da die Bischöfe versammlet waren, so gieng er in
die Versammlung, redete sie freundlich, aber auch ernsthaft an, und nachdem er sie zum Frieden und zur Untersuchung der Wahrheit vermahnet hatte, so fragte er sie,
was sie von den heil. Vätern urtheilten, die den Glau-

ben

ten und die Lehre Jesu Christi vor den letztern Ketzereyen abgehandelt hätten. Sie antworteten sogleich,
daß sie sie vor ihre Lehrer erkennten, und jederzeit die
größte Hochachtung für sie bezeigten. Aldenn sagte
Theodos zu ihnen: „Entweder verdammet diejenigen,
„welche ihr gelobt habt, oder bekennet das, was sie von
„der Gottheit Jesu Christi geschrieben haben.„

§. 21.

Er sagte diese Worte mit einem so starken Tone,
daß auch die verstocktesten Gemüther stille und ohne
Antwort schwiegen, und bestürzt darüber waren, daß sie
sich selbst dadurch verrathen hätten. Der Kayser, der
sie in diese Verwirrung sah, nöthigte sie, eine oder die
andere Partey zu erwählen: Allein, da der Irrthum
niemals mit sich selbst eins ist, so theilten sie sich wieder
unter einander. Die nur halb erianisch waren, welche
die Väter zu ihrem Besten auszulegen glaubten, willigten darein, daß man sich an die Lehre des Alterthums
halten sollte. Die andern, die sich nur durch ihre Disput-
en helfen konnten, verlangten, daß man zur Untersuchung
der bestrittenen Punkte schreiten sollte. Sie wurden
gegen einander heftig aufgebracht, bis sie endlich ihre
Lehren als solche verdammen und verwerfen mußten, die
entweder dem Zeugniß der alten Kirche zuwider wären,
oder von der Vernunft nicht eingesehen werden könnten.

§. 22.

Der Kayser machte sich diese Unordnung, in welche
er sie versetzt hatte, zu Nutze, und sagte zu ihnen, daß
er selbst die Bemühung auf sich nehmen wollte, sie wie-

der

der zu vereinigen. Er befahl demnach einer jeden Secte, ihm ihr Glaubensbekenntniß schriftlich zu übergeben, und alsdenn gieng er aus der Versammlung. Die Klügsten unter ihnen bemüheten sich, dieses Glaubensbekenntniß so abzufassen, daß sie sowohl den Kayser damit befriedigen, als auch ihren Meynungen nichts vergeben möchten.

Nachdem sie der Kayser einige Tage darauf hatte wieder zu sich rufen lassen, so kamen sie zu ihm. Demophilus, der von dem bischöflichen Stule zu Constantinopel war vertrieben worden, bekannte schriftlich, daß der Sohn Gottes nur eine bloße Creatur wäre; daß er nicht von seinem Vater geboren, sondern aus nichts geschaffen und hervorgebracht worden sey. Eunomius, aus Cappadocien entsprossen, ein aufrührischer Kopf, der selbst diejenigen, die doch von seiner Partey waren, nicht ausstehen konnte, brachte auch sein Glaubensbekenntniß dar, das eben so unheilig wie jenes, aber in weit prächtigern und hochachtungsvollen Ausdrücken gegen Christum abgefaßt war. Eleusius, der Vornehmste von der macedonischen Secte, brachte zu gleicher Zeit auch das seinige, in welchem er weitläuftig von der Größe und Würde des Sohnes Gottes redete, aber dennoch den Ausdruck, eines Wesens, verwarf, und noch einige Lästerungen wider den heiligen Geist hinzugefügt hatte. Es war ein leichtsinniger Mensch, der sich zweymal von seinem Irrthum bekehret hatte, der wieder zweymal darein verfallen war, und auch endlich darinne starb. Der Patriarch Nectarius und Agelius überreichten auch ihr Glaubensbekenntniß, in welchem sie die Lehre des nicäischen nischen Glaubensbekenntnisse vertheidigten, und des Wort, eines Wesens, beybehielten.

§. 23.

Der Kayser nahm diese Abschriften auf das liebreichste an, und gieng in sein Kabinet. Er las sie, und nachdem er sein Gebet verrichtet hatte, um den Segen des Himmels zu einer Handlung zu erlangen, die er nunmehro vornehmen wollte, so gieng er wieder in das Zimmer, wo die arianischen Bischöfe waren. Daselbst zerriß er in ihrer Gegenwart ihr Glaubensbekenntniß, und sagte ihnen: „Daß er entschlossen wäre, in allen sei-„nen Staaten keine andere Religion, als diejenige zu „dulden, welche den Sohn Gottes eines Wesens mit „seinem Vater erkennte; es wäre Zeit, sich nunmehro „wieder zu vereinigen, und die heilige Lehre der alten „Kirche wieder anzunehmen; er würde sich seines gan-„zen Ansehens zur Verherrlichung Gottes bedienen, und „da er die, welche Feinde Jesu Christi wären, zugleich „als seine Feinde ansähe, so würde er gar wohl wissen, „sie in einer Sache zum Gehorsam zu bringen, wo es „auf das Heil und die Ruhe seiner Unterthanen an-„käme.„ Darauf ließ er sie wieder von sich gehen, ohne ihre Antwort zu erwarten.

§. 24.

Die Majestät des Fürsten, ihre Unwissenheit, der nahe Untergang ihrer Secten, die Schaam, ihre Sache schlecht vertheidigt zu haben, erregten in ihren Gemüthern Unruhe und Verwirrung. Sie entfernten sich vom Hofe, und da sie sich alsbald von dem größten Theile

ihrer

ihrer Anhänger verlassen sahen, so sammleten sie endlich
den Rest ihrer Sekte, und sagten ihnen, zum Trost, daß
die Anzahl der Auserwählten klein wäre, daß die Wahrheit gewöhnlich auf Erden verfolge, und ihr Glaube
Gott desto angenehmer seyn würde, je mehr die Menschen Gewalt brauchen würden, ihn zu unterdrücken.

§. 25.

Um diese Ketzereyen gänzlich zu zerstören, so ließ
der Kayser sogleich einen Befehl ergehen, durch welchen
er den Ketzern verbieten ließ, Zusammenkünfte anzustellen, das Volk weder in Städten noch auf dem Lande
zu unterrichten, kein Gebäude zu haben, welches die
Gestalt einer Kirche hätte, und endlich nichts, weder öffentlich noch insgeheim, zu reden und zu thun, das der
katholischen Religion zuwider wäre, und damit zugleich
allen rechtschaffnen und tugendhaften Leuten seines Reichs
die Erlaubniß gab, sich insgesamt zu vereinigen, und
diejenigen aus der bürgerlichen Gesellschaft zu verbannen, welche sich unterstehen würden, wider diesen Befehl zu handeln. Er gab zugleich allen Officieren und
dem Magistrate den ausdrücklichen Befehl, daß sie die
Arianer nöthigen sollten, in ihren Städten und Provinzen zu bleiben, damit sie nicht durch eine zu freye Gemeinschaft mit dem Volke ihr Gift weiter ausbreiten
möchten. Und um die Ausübung und Erfüllung seiner
Edikte wirklich zu zeigen, so befahl er, daß der Magistrat der Städte, wo die Arianer irgend eine Zusammenkunft würden gehalten haben, sehr hart sollten gestraft
werden, und die Häuser, in denen sie wären überfallen
worden, sollten ihnen sogleich weggenommen werden.

§. 26.

§. 26.

Darzu wurde nothwendig eine Gewalt und Ansehen, wie die seinige war, erfordert, um diese so rebellische, so weitläuftige und so herrschende Secte zu vernichten. Aber bey aller der Macht und Gewalt war er dennoch sehr gütig. Er erschreckte die Ketzer, ohne sie zu strafen. Er hielt sie im Gehorsam, ohne eine gezwungene Bekehrung zu fordern; und überließ es Gott, ihre Herzen durch seine Gnade zu rühren, er begnügte sich damit, sie durch einige geringe Strafen zu demüthigen, oder sie durch Gnade zu gewinnen, wenn sie in seine Gemeinschaft traten, und gerieth nicht eher auf Drohungen, als bis er alle mögliche Mittel der Güte versucht hatte.

Diese Güte war öfters den Katholiken so verdrießlich, welche durch einen überalten Eifer nur auf einmal alle ihre Widersacher ausgerottet zu seyn wünschten. Theodos hatte, wie wir schon erinnert haben, beschlossen, so viele der Religionen abzuschaffen, und um die Vornehmsten von den Secten zu gewinnen, oder wenigstens nicht zu erschrecken, so hielt er verschiedne Unterredungen mit ihnen. Die Drohungen und die Liebkosungen, die er ihnen erzeigte, verursachten vielen heiligen Bischöfen große Unruhe, welche aber seine Absichten nicht einsehen konnten. Sie fürchteten, er möchte sich durch diese listigen Menschen fangen lassen, die ihre Bosheit zu verbergen wußten. Sie wurden ferner dadurch auf das höchste bestürzt, weil er sich geweigert hatte, seine Befehle wider die Arianer zu erneuern.

§. 27.

§. 27.

Da sie sich verpflichtet und genöthigt sahen, diesem Kayser und seinem Sohne Arcadius, der erst neulich war zum Kayser erwählt worden, ihre Ergebenheit zu bezeigen, so folgte Amphilocius, ein, durch sein Alter, durch die Reinigkeit seines Glaubens, und durch die Erkenntniß der heil. Schrift ehrwürdiger Prälat den andern in den Palast nach.   Sobald als er in dem Ausbreußsaal war, und vor dem Theodos erschien, so bezeigte er ihm seine Hochachtung mit vieler Ehrfurcht; hierauf näherte er sich dem Arcadius, der an seiner Seite saß, und sagte mit einem höfischen Lächeln zu ihm: „Gott „bewahre dich, mein Sohn! „   Alle, die gegenwärtig waren, erschraken darüber, und der Kayser, der über dieses verächtliche Bezeigen gegen seinen Sohn erzürnt war, gab den Garden ein Zeichen, diesen unhöflichen Alten hinaus zu führen.   Hierauf kehrte sich dieser heilige Bischof zu ihm, und redete ihn folgendermaßen frey und ernsthaft an: „Man beleidigt Sie dadurch, gnädiger „Herr, wenn man Ihrem Sohne nicht diejenige Ehre er- „weiset, welche man Ihnen erzeiget. Glauben Sie, daß „der himmlische Vater die Beleidigungen nicht so be- „straft, welche ihm diejenigen anthun, die sich weigern, „seinen Sohn anzubeten, und ihn schmähen. „   Der Kayser bewunderte diese einigermaßen grobe Klugheit, die aber besser war, als alle Weisheit der Kinder dieser Welt.   Er bat diesen Prälaten um Verzeihung, und nachdem er ihm vor die gegebene Vermahnung gedankt hatte, so versicherte er ihn, daß er sich dieselbe zu Nutze machen würde.

§. 28.

§. 28.

Indem, daß die Ketzer ihren Verfall im Orient beweinten, so bemühten sich die Heiden, unter der Anführung des Symmachus, in Rom wieder empor zu kommen. Die gegenwärtigen Umstände waren ihnen günstig. Maximus unterstützte sie bey diesem Vorhaben, und Valentinian fürchte sich, den Maximus zu erzürnen. Es fehlte ihnen nur noch an Gelegenheit, um die Wiederherstellung ihrer Religion zu fordern.

Es war dieses Jahr ein großer Mangel an Lebensmitteln im ganz Italien gewesen, sowohl wegen der Winde und Dürre, als auch wegen der wenigen Vorsicht des Magistrats. Rom befand sich in der äußersten Hungersnoth. Das Brod wurde um einen außerordentlich hohen Preiß verkauft; das Volk war daselbst genöthiget, sich von Eicheln und Wurzeln zu ernähren. Die Noth wurde alle Tage größer. Man mußte diese große Stadt von einem Theile ihrer Bewohner befreyen, und man trieb die Aermsten unter ihnen heraus, gleich als wenn es erlaubt gewesen wäre, mit demjenigen als Fremdlingen umzugehen, die am meisten der Hülfe bedürftig waren.

§. 29.

Symmachus hatte die erste Stelle im Senate. Seine Eigenschaften, seine Beredsamkeit, die Aemter, die er bekleidet hatte, und der Ruf seiner Aufrichtigkeit und Redlichkeit, machten ihn bey dem Kayser beliebt und vorzüglich. Allein er ward, entweder aus einer zu starken Neigung zu dem Dienste der falschen Götter, oder aus einer alten Leidenschaft, eine geschwächte Religion zu

unter-

unterstützen, seinen Herrn unten. Er verehrte sie
mehr oder weniger, nachdem sie seine Götzen verschonten
oder verfolgten. Alle Edikte wider die Heiden schienen
ihm Gotteslästerungen zu seyn, und das allgemeine
Elend hielt er in seinem Geiste vor eine Rache des erzürnten Himmels.

Dieser Mensch, der stets fertig war, neue Betrügereyen zu spielen, sich zu beklagen, oder Bittschriften vor
den Dienst seiner Götter zu überreichen, indem er vor-
aussetzte, daß der Hunger und andres Elend im Reiche
göttliche Strafen wären, schickte dem Kayser Valentinian eine wohl abgefaßte Bittschrift. Er bat ihn von
Seiten des Senats, die Religion zu Rom wieder herzustellen, auf die Gewohnheit und das Alterthum eines
vernünftigen Glaubens zu sehen, diesem Volke ihre
Freyheit, wenigstens den Gebrauch ihres Gewissens zu
überlassen; den Altar der Victoria, einer Göttinn,
welche niemals die Römer in ihren Kriegsverrichtungen
verlassen hätte, wieder aufzubauen, und wenigstens,
nach dem Beyspiele seiner Vorfahren, dasjenige nicht
merken zu lassen, was er keineswegs zu erlauben beschlossen hatte.

Er stellte Rom mit den bittersten Klagen vor, welches von seinen Kaysern denjenigen Dienst wieder forderte, in dem es alt worden wäre, und unter welchem
es beynahe die ganze Welt erobert hätte. Er machte
noch andere Vorstellungen mehr; daß, wenn man ihre
Götter nicht erkennen noch annehmen wollte, so sollte
man sie wenigstens in Ruhe lassen; da es glaubwürdig
wäre, daß sie alle einerley Luft schöpften, und von einem
Himmel bedeckt würden, so verehrten sie endlich in der

Q

That alle eine und eben dieselbe Sache; es waren verschiedene Arten der Philosophie, und es käme nicht darauf an, durch welchen Weg man zur Wahrheit gelangte,
wenn man nur endlich dahin gelangte.

Er fügte hinzu, es wäre wunderbar, daß große
Fürsten dasjenige ändern wollten, was gottlose Prinzen
eingeführt hätten; der königliche Schatz, anstatt ihn mit
feindlicher Beute anzufüllen, würde nunmehro von dem
den Priestern und Vestalen entzogenen Gehalte vermehret. Der Hunger und andres Ungemach und allgemeines Elend käme weder von dem Einfluß des Gestirns,
noch von der strengen Kälte des Winters, noch von der
Hitze des Sommers, sondern von dem Zorne der Götter
her, welche allen Völkern den Unterhalt entzögen, weil
man ihnen ihre Priester genommen hätte.

Er machte endlich den Beschluß mit den Exempeln
der letztern Kayser, und vermahnet den Valentinian,
den Menschen die Freyheit zu lassen, welche sein Vater
ihnen erlaubet hätte; er sollte ferner bedenken, daß Gratian, sein Bruder, dem Rathe eines Fremden gefolgt,
und nicht gewußt hätte, daß er den Senat dadurch be-
leidigte, wenn er diese Veränderung in der Religion
vornähme.

§. 30.

Sie glaubten wohl, daß dieser Kayser ihnen nicht
günstig seyn würde; denn man wußte gar zu wohl, daß
er den Cynegius, einen General, nach Aegypten geschickt
hatte, mit dem Befehle, die Tempel zu verschließen, die
Opfer abzuschaffen, den Heiden die Ausübung ihrer
Religion nicht allein in Alexandrien, sondern auch im

ganzen

ganzen Orient zu untersagen; und eben dieses hatte auch
dieser General auszuüben und zu erfüllen angefangen.

Die Vorschrift des Symmachus, die von Ehrfurcht
und Kühnheit zugleich erfüllt war, erschreckte sogleich den
jungen Valentinian. Er fürchtete alles, und hatte noch
das blutige Bild, des durch seine eignen Freunde erthei-
ten Gratians vor sich. Die Kayserinn, welche Ar-
gentina war, dachte mehr auf die Sicherheit, als an die
Religion, und Staatssachen schienen ihnen wichtiger,
als Gerechtigkeit und Frömmigkeit zu seyn. Der heil.
Ambrosius wurde von dieser Sache berühret, und da er
seine lebhaften und großmächtigen Vermahnungen dem
kühnen Ansuchen der Heiden entgegen setzte, so schrieb er
alsbald dem Valentinian, und stellte ihm vor: „Es
„wäre nur ein Gott, dem die Kayser, so wie die ge-
„ringsten von ihren Unterthanen, zu gehorchen verbun-
„den wären; es wäre einerley, seinen Glauben ver-
„läugnen, oder in den Dienst der Götter williegen; sie
„hätten große Ursache, sich über die Einführung et-
„niger Propheten zu beklagen, da sie selbst weder die
„Kirchen, noch das Blut der Christen verschonet hätten.
„Es wäre billig und gerecht, auf die Bitten vornehmer
„und verdienstvoller Personen Acht zu haben; aber in
„Religionssachen müßte man nur allein auf Gott sehen;
„ihr Eifer, den Irrthum und Lügen zu behaupten, wäre
„ein Beyspiel, das ihn ermuntern sollte, die Wahrheit zu
„beschützen; man unternehme nichts, das der römischen
„Freyheit zuwider wäre, man wolle sie nur von der
„Götterverehrung abhalten; es wäre zu verwundern,
„daß kluge Leute von einem christlichen Fürsten die
„Wiederherstellung ihrer Götzen verlangten.

Zwey

Zwey Jahre waren vorbey, da die Helden eben eine gleiche Bittschrift im Namen des ganzen Senats überreichten; aber man hatte alsdenn erfahren, daß dies nur ein besonderer Anschlag einiger Rathspersonen gewesen, die den Namen ihres ganzen Collegii mißbrauchten, von welchem der größte Theil diese Handlung mißbilligte, und dem Pabst Damasus eine Widerlegung dieser Bittschrift überreichte. Der heil. Ambrosius unterließ nicht, dieses dem Prinzen sogleich bekannt zu machen, um die Furcht zu mindern, die er etwan vor dem Senat haben könnte. Er zeigte ihm den Muth und Eifer der Bischöfe, und sagte mit seiner gewöhnlichen Freymüthigkeit zu ihm: „Was werden sie einem Bischofe antworten, „der zu Ihnen sagen wird: die Kirche hat nichts von „Ihren Geschenken, da Sie den Göttern, der Helden „auch solche machen; gehen Sie, und bringen Sie auch „zugleich Ihre Opfer dar, wenn Sie die Altäre der Götzen „wieder aufrichten; Jesus Christus mag nichts von „Ihren Versprechungen und Verpflichtungen wissen, „wenn Sie seinen Feinden auch so viele Pflichten er= „weisen. Hat er Ihnen nicht in seinem Evangelio ge= „sagt, niemand kann zweyen Herren dienen. Und glau= „ben Sie denn, daß die Priester vor Sie beten, da Sie „das Gebet der Helden dem Gebet der Christen vor= „ziehen? ·· Sie werden sich vielleicht damit entschuldi= „gen, daß Sie noch in Ihrer Kindheit wären? Ein „jedes Alter ist vor Jesum Christum vollkommen, und „die Kinder selbst haben ihn bekannt.„

§. 31.

Endlich schwur er, hierüber nichts zu beschließen, ohne die Gesinnungen des Kaysers Theodos vorher zu

wissen,

wissen, der ihm statt eines Vaters seyn sollte, und den er sonst schon gewohnt war, in wichtigen Angelegenheiten um Rath zu fragen. Unterdessen hat er den Bartholomäus um eine Abschrift dieses Schreibens, und einige Tage darauf fertigte er eine Antwort voll rührender Unterredungen an ihn ab. Er betheuerte sogleich, daß er, um in der gegenwärtigen Noth behutsam zu gehen, und diese Sache näher aufzuklären, seine Vernunft richtig zu gebrauchen, und gelassentlich zu urtheilen gesucht hätte, und im übrigen dem Symmachus gerne den Ruhm der Beredsamkeit und Klugheit überließe, weil es eine besondere Eigenschaft der Heiden wäre, den Geist durch viele unächte Farben, so wie ihre Götzen, glänzend zu machen, und öfters schöne Sachen ohne Wahrheit zu reden. Er ließ Rom auf das gütigste und ernsthafteste sagen: „Es hätte die Welt durch die „Tapferkeit seiner Soldaten, und nicht durch den „Dienst seiner Götter besiegt; es dürfte sich nicht scheuen, „eine Veränderung vorzunehmen, weil es sich durch die„selbe verbesserte; die Götter ihrer Religion wären nicht „auf die Jahre gegründet; es wäre besser, den Willen „Gottes aus dem göttlichen Worte, als aus dem Ein„geweide ermordeter Thiere zu erfahren; es könnte nie„mand von Gott besser reden, als Gott selbst, und die „Menschen, welche nicht Einsicht genug hätten, sich „selbst zu erkennen, könnten auch unmöglich eine hinrei„chende Einsicht haben, denjenigen zu erkennen, der sie „geschaffen hätte.„

Er hielt sich noch weiter über die Dienstschaft des Symmachus auf, und zeigte darinnen den Unterschied zwischen den Heiden und Christen, daß die erstern die

Daher bitten, ihren Göttern den Frieden zu ſchenken, und die andern hingegen bitten Jeſum Chriſtum, um ihren Kaiſern den Frieden zu geben; daß die erſtern nicht die geringſte Verminderung ihrer Einkünfte deßhalben ſchämten, ohne ſich betrübt zu beklagen; und die andern hingegen entſagten ihren irdiſchen Gütern, und gäben ſelbſt freywillig ihr böſes daſelbſt.

Er ſtellte ferner vor, man ſähe Unrecht, die Urſache alles Elendes bloß demjenigen zuzuſchreiben, weil man den Prieſtern und Veſtalen ihre Einkünfte vermindert hätte; wenn ſich ihre Götter an einem ganzen Reiche rächen wollten, wegen des Unrechtes, das man einigen wenigen Perſonen zugefügt hätte, ſo wären ſie ungerecht, und die Rache ſey ärger, als das Verbrechen; man hätte ja ſchon ſeit einer langen Zeit ihren Tempeln alle Freyheiten benommen; und es wäre ihnen bisher noch nicht eingefallen, ſich deswegen zu rächen; man hätte nichts gethan, um ſie wieder gut zu machen; und unterdeſſen wären dennoch die Felder mit einer reichen Ernte angefüllt, und die Fruchtbarkeit wäre allgemein. Endlich ſpottete er noch über den Eifer, den man wegen des Altars der Victoria bezeigte, welches doch nur ein bloßer Name ſey, und vermahnte den Valentinian, in dieſer Begebenheit dasjenige genau zu beobachten, was er ſeinem Glauben und der Erinnerung ſeines Bruders ſchuldig wäre.

§. 72.

Da dieſe Sache im Rathe des Kaiſers unterſucht worden war, ob ſich gleich dieſer Hof mehr nach den Forderungen der Politik, als nach den Regeln der Sanftmüthigkeit

fähigkeit verbirgt, so nahen man doch die Vorstellungen
en, welche der heil. Ambrosius gehabt hatte. Die Hochachtung gegen den Theodos, dessen Erklärungen man
wohl wußte, benahm die Furcht, welche man vor dem
Tyrannen Maximus hatte, und man glaubte, es wäre
besser, eine geringe Anzahl von Rachspersonen, als alle
rechtschaffne und fromme Diener des ganzen Reichs dadurch zu beleidigen. Also trug Symmachus von seinen Bemühungen nichts weiter, als den Ruhm seiner
Beredsamkeit und die gute Vertheidigung seiner ungerechten Sache davon: Dieses gab einem Dichter der damaligen Zeit Gelegenheit zu sagen: „Die Victoria
„wäre eine sehr blinde oder undankbare Göttin, weil
„sie ihren Vertheidiger zum Besten ihres Feindes ver-
„lassen hätte.„

§. 37.

Wenn nur der bloße Name des Theodos im Occident den kühnen Forderungen der Abgötterey Einhalt zu
thun im Stande war, so konnte er hingegen auch im
Orient durch sein Ansehen die ganze Secte der Arianer
vernichten. Gregorius von Nazianzen, der damals als
Einsiedler lebte, unterhielt noch immer einen Briefwechsel zu Constantinopel, und ob er sich schon von der bischöflichen Würde in dieser Stadt entledigt hatte, so behielt er dennoch eine zärtliche Liebe vor diese Kirche, die
er gleichsam wieder aufgeweckt hatte. Er wurde durch
einige von seinen Freunden berichtet, daß diese Ketzer
nach einige Häuser in Constantinopel hätten, wo sie insgeheim ihre Irrthümer ausbreiteten, und wo sie durch
ihre List den strengen Befehlen des Fürsten zu entgehen

hoff-

hofften. Er hörte zugleich, daß die Anhänger des Apollinarius die Kühnheit gehabt hätten, ihre Lehrer öffentlich auszubieten, und öffentliche Versammlungen anzustellen, und wenn man nicht gehörige Anstalten deswegen machte, so würde alles, was man bisher gethan hätte, nichts helfen.

§. 34.

Dieser fromme Mann schrieb deswegen an den Erzbischof Nectarius mit aller Hochachtung, die er seiner Würde schuldig war, aber auch zugleich mit demjenigen Eifer, welchen er vor die Religion hatte, und machte dadurch gleichsam die eingeschläferte Frömmigkeit dieses Prälaten wieder auf, der wirklich gute Absichten hatte, aber nicht standhaft und geschickt genug dazu war. Da der Kayser von dieser Unordnung berichtet worden war, so bemühte er sich, derselben aufs möglichste abzuhelfen, und ließ ein Edikt ausgehen, in welchem er befahl, daß man eine genaue Untersuchung über diejenigen anstellen sollte, welche Irrthümer lehren oder bekennen würden; die verdächtigen Häuser sollten durchsucht werden, und man sollte diese schändlichen Leute aus der Stadt und der Gesellschaft tugendhafter Menschen ausrotten und vertreiben, damit, wenn sie außer aller Gemeinschaft und Verbindung lebten, sich alsdann nur allein selbst schaden könnten.

§. 35.

Er machte zu gleicher Zeit noch eine Verordnung wegen einer andern Unruhe, die die Religion betraf, da die Juden alle Hoffnung, nach den vielen Bemühungen des

der Kayſers Juliens verlohren hatten, wieder empor zu
kommen, und ihre Grauſamkeiten, die ſie wider die Chriſten ausgeübet hatten, nicht weiter fortſetzen konnten, ſo
bemüheten ſie ſich, wenigſtens einige von ihnen zu verführen. Deswegen kauften ſie getaufte Sklaven, und
nöthigten ſie, entweder durch Zureden, oder durch Drohungen und Gewalt, den Glauben an Chriſtum zu ver-
läugnen, und hingegen ihren Aberglauben anzunehmen.
Theodos verlernte dieſes, und gab einen Befehl, durch
welchen er ihnen verbot, einen Chriſten zum Sklaven
oder Diener zu haben; und alſo befreyte er den wan-
kenden Glauben der Schwachen aus den Fallſtricken,
welche ihm die Feinde legten.

§. 36.

Er ſuchte alſo im Frieden die Unordnungen des Reiches zu verbeſſern, als ihm Gott, zur Belohnung ſeiner
angewendeten Sorgfalt für das Beſte der Kirche, den
zweyten Sohn gab, der Honorius genennet wurde. Der
ganze Hof hatte eine außerordentliche Freude über die
Geburt dieſes Prinzen, und Theodos, der nun die Anzahl ſeiner Kinder vermehret ſah, und der zärtlichſten
Freundſchaft und Liebe des Volks genoß, erkannte vollkommen, daß die Frömmigkeit und Gottesfurcht die
wahre Quelle der Ruhe des Landes, und der Glückſelig-
keit der Geſchlechter wäre.

§. 37.

Zu dieſer Zeit hatte Maximus Geſandten zu Conſtantinopel, und ob er gleich ein ruhiger Beſitzer ſeiner
eroberten Provinzen war, ſo blieb er dennoch ſtets mit

Q 5   dem

dem Theodos in Unterhandlungen. Er wollte mit ihm
ein Bündniß ſchließen, auf daß man ſehen könnte, daß
er nicht allein zum Reichsgehülfen angenommen, ſondern
auch mit den Kayſern aufs genaueſte verbunden wäre.
Die Sache gelung, ſo wie er es gewünſchet. Theodos
ließ den Valentinian noch dazu rathen, und ſo wurde das
Bündniß unter dieſen dreyen Prinzen geſchloſſen. Ihre
Abſichten waren verſchieden. Die Kayſerinn Juſtina,
die ihren Sohn ganz und gar regierte, rathſchlagte ihm, den
Frieden zu verlangen, damit ſie alsdann die unterdrückte
arianiſche Lehre wieder empor bringen, und der unbeweglichen Geiſt des heil. Ambroſius demüthigen könnte,
der alle ihre Anſchläge zu nichte machte. Maximus aber,
der immer nach Italien zu gehen dachte, wollte ſich nur
eine Ehre aus dieſem Bündniß machen, das er ſchwerer
bey der erſten Gelegenheit zu brechen entſchloſſen war.
Theodos, der die Unterdrückung des Valentinians befürchte, ſelbſt aber mit einem feindlichen Einfall der
Oſtrogiler bedrohet wurde, willigte gleichfalls in alles.
Dergeſtalt war es ſehr wahrſcheinlich, daß es im kurzen
zum Kriege kommen würde; da der eine nur aus Furcht
zurückgehalten wurde; der andre nichts von ſeiner
Kühnheit und unermäßlichem Stolze nachließ, und der
letztere endlich in ſeinem Herzen ſtets das heftigſte Verlangen zu einer gerechten Rache nährete.

§. 38.

Unterdeſſen beherrſchen ſie ihre Staaten, ein jeder
nach ſeinen Geſinnungen. Nachdem Maximus ſich des
Reichs bemächtiget hatte, ſo ließ er den Marobaudus,
einen durch ſeine Klugheit und Tapferkeit berühmten
Mann

Mann, eitern, entweder, weil er nicht eher den Tod der vornehmsten Freunde des Gratians ruhig zu regieren glaubte, oder weil er der Einziehung ihrer Güter benöthigt war, um die Truppen zu befriedigen, welche ihren Prinzen nicht umsonst wollten verrathen haben. Er schickte den Bassus, einen von den größten Kapitains seiner Zeit, das Blut, mit dem Befehl an die Garden, die ihn begleiten sollten, ihn lebendig an dem Orte seines Exils verbrennen zu lassen. Er ließ ferner den Marius und Leucadius, einen von den vornehmsten Magistratspersonen in Gallien, ins Gefängniß setzen, und eisfrn auch eitern.

§. 39.

Der heilige Martinus, Bischof zu Tours, reisete eilfertig ab, da er dieses hörte, um Gnade für sie auszubitten. Er fiel dem Maximus zu Füßen und bat ihn, er möchte nicht unschuldig Blut vergießen; allein, er erhielt darauf nur eine zweydeutige Antwort. Er wiederholte seine Bitten, und drohete ihm mit den göttlichen Gerichten; allein er konnte deswegen kein entscheidendes Versprechen erhalten. Maximus hatte dennoch viele Mühe, ihm das, was er verlangte, abzuschlagen, und verlohr gegen diesen Prälaten seinen natürlichen Stolz und Hochmuth. Er rufte ihn eilfertig in sein Kabinet, und hörte ihn von heimlichen Dingen reden. Er nahm seine Vorstellungen an, und ließ sich seine freyen und großmüthigen Handlungen gefallen. Er bat ihn, an seiner Tafel zu speisen, und da es dieser fromme Mann abschlug, und sagte, er wollte nicht mit einem Menschen an einer Tafel Gemeinschaft haben, der einem

Kayser das Reich und leben genommen hätte; so antwortete ihm dieser, daß die Armee ihn wider seinen Willen auf den Thron erhoben hätte, daß er sich durch die Waffen darauf erhalten, daß Gott ihn selbst durch so viele glückliche Begebenheiten darauf gesetzt zu haben scheine, und wenn es auch jemanden leben gekostet hätte, so würde es das Unglück des Kriegs, und nicht sein Verbrechen gewesen.

§. 40.

Die Begierde und das Verlangen, diesen durch seine Tugenden und Wunder berühmten Bischof zu gewinnen, und besonders der Gedanke, unter dem Scheine der Frömmigkeit tugendhafte leute, die er durch seine Untreue erschreckt hatte, wieder an sich zu ziehen, nöthigten ihn um desto mehr, sich um die Freundschaft dieses heiligen Mannes zu bemühen, die er auch endlich nach vielem Bitten erhielt: Allein, bey aller der Hochachtung, die er gegen seine Person bezeigte, so hatte er dennoch keine Achtung auf seine Vorstellungen und Bitten, besonders in der Sache des Priscillianus, Bischofs zu Avila, und einiger andern von seinen Anhängern.

§. 41.

Diese Ketzer, die von Geburt Spanier waren, vereinigten mit den Irrthümern der Manichäer und des Sabellius die Unreinigkeiten der Gnostiker in den nächtlichen Versammlungen, die sie mit verschiednen Frauenspersonen hielten, die sie verführt hatten. Sie bedeckten alle ihre Schandthaten unter dem Scheine der Demuth, eines thörichten Leichsinns in ihrer Kleidung und einer harten

harten und rauhen Lebensart. Da sich dieses Uebel, welches von einem Aegypter in Spanien war ausgestreut
worden, daselbst immer mehr und mehr ausbreitete, so
suchten einige Bischöfe demselben abzuhelfen; allein, da
ihr Eifer nicht mit Liebe und Güte vermischt war, so
verfolgten sie diejenigen, die sie vielleicht durch Sanftmuth hätten gewinnen und bessern können. Man ließ
sie vor den Conciliis erscheinen. Man erhielt vom Kayser Gratian den Befehl, sie aus den Städten und von
ihren Kirchen, ja sogar aus allen Provinzen des Reichs
zu verbannen. Allein, sie fanden bald Mittel, ihrem
Schicksale ein ganz ander Ansehen zu geben; sie brachten durch List und Geschenke die Minister des Kaysers
auf ihre Seite, und verfolgten alsdenn alle diejenigen,
die ihnen zuwider waren.

§. 42.

Sobald als diese erfahren hatten, daß Maximus
nach Gallien gehen würde, so erwarteten sie ihn daselbst,
und überreichten ihm eine Bittschrift wider den Priscillianus und seine Anhänger. Sie wurden alle auf ein
Concilium verwiesen, welches zu Bordeaux sollte gehalten werden. Da sich Priscillianus daselbst einer gänzlichen Absetzung befürchtete, so appellirte er an den neuen
Kayser. Die catholischen Prälaten ließen sich dieses
ebenfalls gefallen. Der Beklagte wurde vor Gerichte
gefordert, und seine Ankläger, die mehr auf seinen Fall,
als auf seine Bekehrung bedacht waren, folgten ihm auch
dahin.

§. 43

§. 43.

Da der heilige Martinus, der sich damals zu Trevbes aufhielt, gar zu wohl einsah, daß die verschiedenen Leidenschaften mehr Antheil an dieser Sache hätten, als die Liebe zur Wahrheit, so stellte er ihnen zu verschiednen malen vor, daß ihre Aufführung niederträchtig wäre, daß sie die ganze Ordnung der geistlichen Gerichte verkehrten; daß man nicht die Sache Gottes aus reinen menschlichen Leidenschaften vertheidigen müßte, und daß es für Bischöfe gar nicht anständig wäre, jeden Uebelthäter bis auf den Tod zu verfolgen.

Diejenigen, welchen er diese Vermahnung gab, ergrimmten sich darüber, anstatt, daß sie einen guten Gebrauch davon hätten machen sollen. Sie giengen darinnen so weit, daß sie ihn als einen Beschützer der Ketzer, ja als einen Ketzer selbst anklagten. Allein dieser fromme Mann achtete diese Schmähsucht nicht, und fuhr fort, bey dem Kayser vor das Leben und die Erhaltung dieser Unglückseligen zu bitten; er stellte ihm zugleich vor, wie sehr ungewöhnlich es wäre, daß ein weltlicher Fürst, wie er, die Sache der Kirche richtete. Martinus wurde durch diese Vorstellungen bewogt, und versprach ihnen das Leben zu schenken; allein, man wußte ihn dennoch dergestalt, daß er endlich den Priscillianus zum Tode verurtheilen ließ.

§. 44.

Diese Verurtheilung war eine Quelle vieler Unordnungen: Denn der Tod dieses Ketzers gereichte nur zum Wachsthum und zur Zunahme ihrer Ketzerey. Die Anhänger

hänger seiner Secte begruben ihn auf das prächtigste,
und verehrten ihn als einen Märtyrer; und diejenigen,
welche ihn zum Tode verurtheilt hatten, mißbrauchten
ihr Ansehen und die Gunst des Hofes dazu, daß sie sogar viele fromme und tugendhafte Personen ohne Scheu
verfolgten.   Es war schon genug, um ihnen verdächtig
zu seyn, wenn man faßete und die Einsamkeit liebte.
Diejenigen, welche ihnen nicht gefielen, waren sogleich
Priscillianer; sie nahmen das Leben und die Güter wenn
sie wollten, und suchten das Zutrauen und die Gunst des
Tyrannen durch Schmäichungen, Grausamkeiten und andern dergleichen Handlungen zu erlangen.

§. 45.

Indem, daß Maximus sich der Rechte der Kirche
im Occident anmaaßte, so erwarb Theodas derselben zu
Constantinopel.   Denn da einige Bischöfe eine geistliche
Sache vor ein weltliches Gericht gebracht hatten, und
Personen von einem ehrwürdigen Character und Alter
zu Rede gesetzt worden waren, so wurde es sogleich darüber unwillig, als er es ersahe.   Er gab ein Edict, in
welchem er allen seinen Richtern verboten hatte, Sachen,
welche die Religion anlangen, zu richten; zugleich befahl er auch, daß die Bischöfe und andere gottgeheiligte
Personen ihre Richter und ihre Gesetze vor sich besonders haben sollten.

§. 46.

Zu gleicher Zeit verbot er auch den Heiden, ihren
Göttern zu opfern, und in den Eingeweiden der ervößg-
ten Thiere Geheimnisse zu suchen, damit er ihnen dadurch

alle

alle Gelegenheiten zu eitlen Hoffnungen, die sie sich
durch Vorbedeutungen und andere abergläubische Beobachtungen gemacht hatten, benehmen möchte, welches
schon zu verschiednen malen im Reiche viele Unruhen
verursachet hatte.

§. 47.

Er suchte die Besserung der Sitten auf alle mögliche
Weise zu befördern, und die Freyheit gewisser Personen
einzuschränken, welche mit allerhand spielenden Instru-
menten von Haus zu Haus giengen, und durch unge-
ziemende Gesänge die Gemüther junger Leute verderben.

§. 48.

Nachdem er also Ordnung und Zucht in seinen
Staaten durch strenge Befehle eingeführt hatte, so ließ
er auch zugleich seine Sanftmuth und Frömmigkeit
durch ein gnädiges Gesetz offenbar werden. Die Kayser
waren gewohnt, alle Jahre um die Zeit des Osterfestes
einige Gefangene losgelassen, und an diesem Tage, an
welchem das Geheimnis der Seligkeit der Menschen
war vollendet worden, einigen Missethätern das Leben zu
schenken. Constantin der Große hatte dieses schon
beobachtet; seine Kinder waren seinem Beyspiele gefolget,
und der junge Valentinian hatte ein ordentliches Gesetz
daraus gemacht. Allein, Theodos gieng noch weiter.
Er ließ einen Befehl ausgehen, nach welchem alle Gefängnisse geöffnet, und die Missethäter losgelassen werden mußten, damit sie anstatt der Klagen und Seufzer,
Lob und Dank gen Himmel schickten, und ein jeder an
diesem Freudentage ruhig zu Gott beten könnte, ohne
durch Mitleiden und Traurigkeit daran gehindert zu
werden.

Er

Er fügte noch diese Worte hinzu, die ein heidnischer Kayser einmal gesagt hatte: „Wollte Gott! ich könnte „die Gräber so gut wie die Gefängnisse öffnen, und das „Leben den Todten schenken, wie ich es den lebendigen „dadurch schenke, daß ich ihnen ihr Verbrechen ver- „derbe. „

Allein, damit nicht eine zu große Gnade Gelegen- heit geben möchte, allerley Arten von Lastern zu begehen, so machten die Kayser in denjenigen Dingen eine Aus- nahme, die von Erheblichkeit waren, und nicht in dieser Gnade mit begriffen zu seyn verdienten.

§. 49.

Diese beständigen und wichtigen Bemühungen, welche Theodas zur Einrichtung des Reichs anordnete, wurden durch den Schmerz und Betrübniß über den Tod seiner Tochter, der Prinzeßinn Pulcheria, gleichsam unterbrochen. Ob sie gleich noch in den zartesten Jah- ren ihres Alters war, so wurde er doch über den Ver- lust derselben auf das schmerzlichste gerührt. Er ließ ein prächtiges Leichenbegängniß anstellen, und Gregorius von Nyssa, der sich damals zu Constantinopel befand, hielt eine Trauerrede. Kaum hatte er sich über dieses traurige Schicksal ein wenig beruhiget, so kam noch ein anderes dazu, das ihn untröstlich machte; denn die Kay- serinn Flaccilla, seine Gemahlinn, starb plötzlich in ei- nem Dorfe in Thracien, in welchem sie hatte die Brun- nencur brauchen wollen.

§. 50.

Diese Prinzeßinn war aus Spanien von dem alten Geschlechte der Aeler entsprossen, von welchem auch der

N   Kap.

Kayſer Valerianus herſtammete; allein, ſie hatte ſich durch
ihre Tugenden noch weit über ihre Geburt erhoben.
Ihre vornehmſten Beſchäfftigungen waren das Gebet
und die Sorgfalt für die Armen. Dieſe beſuchte ſie,
ſie bediente ſie ſelbſt, und machte ſich eine Ehre daraus,
ſich bis auf den niedrigſten Dienſt der chriſtlichen Liebe
herabzulaſſen. Sie ſorgte für alle Kranken in den Spi-
tälern und Gefängniſſen; und ihre Krankheiten moch-
ten noch ſo fürchterlich ſeyn, ſo pflegte ſie dennoch dieſelben mit ihren eignen Händen. Man ſtellte ihr verſchiedne mal vor, daß es weder nothwendig noch wohl-
anſtändig wäre, daß ſie ſich bis zu den äußerſten Pflichten der Gottſeligkeit erniedrigte. Allein, ſie antwortete:
„Sie überließe dem Kayſer die Sorgfalt, Schätze aus-
„zutheilen, und der Kirche wichtigere Dienſte zu erzei-
„gen, wenn er zur Ehre der Religion die ganze Herr-
„lichkeit des Reichs gebrauchte; was ſie anbelangte, ſo
„wäre es für ſie Ehre genug, wenn ſie Gott ihre gerin-
„gen Bemühungen und den demüthigen Dienſt ihrer
„Hände erzeigte, und ſie könne ihm ihre Dankbarkeit
„dadurch zu erkennen geben, wenn ſie ſich von dem
„Throne, auf welchen er ſie geſetzt hätte, herunterließe,
„um ihn in der Perſon der Armen zu dienen.„

Dieſe Demuth vermehrte die Hochachtung, welche
der Kayſer vor ſie hatte, noch immer ſtärker, und ſie bekam dadurch immer mehr Gewalt über das Gemüth dieſes Prinzen. Sie bediente ſich aber deſſelben nur dazu,
um ihm nützliche Rathſchläge zu ertheilen; ſie redete mit
ihm vom göttlichen Geſetze, in welchem ſie eine vollkommene Erfahrenheit hatte, und flößte ihm eben den Eifer
vor die Religion ein, von welchem ſie ſelbſt angefeuret
wurde.

werde. Sie stellte ihm öfters zu bedenken vor, was er
gewesen wäre, damit er nicht dasjenige, was er war,
mißbrauchen sollte. Sie erweckte also in ihm eine demüthige Dankbarkeit gegen Gott, vor die Gnade, die
er von ihm empfangen hatte, und beförderte dadurch seine
Gottesfurcht, welche eine Menge von Geschäfften und
seine Erhöhung hätten vermindern können. Sie hatte
ein gröſſers Vergnügen, ihn heilig und fromm zu sehen,
als sie mehr würde gehabt haben, wenn sie ihn auch selbst
als einen Beherrscher der ganzen Welt erblickt hätte.

Ob sie gleich vielen Verstand hatte, so wollte sie
in Ansehung der Religion nicht mehr wissen und durch-
forschen, als was zu ihrer Seligkeit nothwendig war.
Sie verabscheute die Arianer eben so wie die Abgötter,
und sagte: „Es wäre ein geringer Unterschied zwischen
„denjenigen, welche Götter anbeteten, die es nicht wä-
„ren, und zwischen denjenigen, welche nicht erkennen
„wollten, daß Jesus Christus Gott, oder es. Sie wollte
niemals einige Gemeinschaft mit ihnen haben, und keine
andere Regel ihres Glaubens, als die Beschlüße des nicänischen Concilii annehmen. Sie suchte sogar den Kayser von dem Vorhaben abzureden, da er den Eunomius
hören wollte, der zu Chalcedonern predigte, und welchen
die Arianer für den größten Geist, und für den größten
geistlichen Redner seiner Zeit hielten. Dadurch verhinderte sie, daß dieser Ketzer diesem Kayser keine übeln
Gesinnungen beybringen konnte, und daß ihnen die Ehre,
die er ihnen erzeigen wollte, nicht dazu diente, ihrem
Redner sowohl, als ihren Versammlungen ein desto gröſ-
ser Ansehen zu geben. Theodes ließ also diese gefährliche Neugierde fahren, und verließ sogar einige von

R 2   seinen

ſeinen Bedienten von ſeinem Hoſe, welche ein geheimes
Verſtändniß mit dem Eunomius unterhielten.

Alle dieſe Tugenden der Kayſerinn machten, daß
man ihren Verluſt beklagen. So bald als man die
Nachricht von ihrem Tode hörte, ſo wurde die ganze
Stadt darüber beſtürzt von Armen geſchoſſen bis Thed-
nen, und das Volk lief häufig an den Ort, wo ſie geſtorben war. Theods ließ ihren Leichnam nach Conſtantinopel bringen, und in der größten Traurigkeit
konnte er kein ander Mittel einiges Troſtes finden, als
wenn er ihr nach gäbe alle mögliche Ehrenbezeugungen
erwieſe. Sie hinterließ zwey Kinder am Leben, und
fand deren zwey im Himmel wieder, welche Gott kurze
Zeit nach ihrer Geburt zu ſich genommen hatte. Gregorius
von Nyſſa hielt ihr die Trauerrede in Gegenwart des
Kayſers, in welcher er ſie als eine Gabe der Kirchen,
als einen Schatz der Armen, und als die Zuflucht der
Elenden vorſtellte.

§. 51.

Zu dieſer Zeit glaubte die Kayſerinn Juſtina, die
auf den heiligen Ambroſius ergrimmt war, daß ſie nunmehro ihre Geſinnungen beſſer entdecken könnte. Der
Tod des Gratian, die Entfernung des Theods, der
mit dem Maximus getroffene Vergleich ließen ihr alle
Freyheit, ſich ihrer ganzen Macht zu gebrauchen. Der
zu Sirmium wider ihren Willen erwählte Biſchof der
Kirche, die ſie aus ſich erhalten, und die ſie wieder harte
zurückgeben mußten, und alle ihre, wider die Rechtgläu-
verderbte Unternehmungen kamen ihr nunmehro wieder

der ein. Sie beschloß also, diesen Bischof, der alle ihre
Vornehmen verhinderte, zu unterdrücken.

§. 52.

Sie gab im Namen ihres Sohnes Valentinian ein
Edikt, in welchem sie den Arianern die öffentliche Ausübung ihrer Religion versprach, und erklärte alle diejenigen, welche sich dran zu widersetzen unterstehen würden,
für Rebellen, Störer der Ruhe der Kirche, der beleidigten Majestät schuldig, und der Todesstrafe würdig.
Sie ließ den Benevolus, den ersten Staatssekretär, rufen, und befahl ihm, dieses Edikt zu verfertigen; allein,
er entschuldigte sich darüber, und wollte lieber sein Amt
verlieren, als einen Befehl wider seinen Glauben zu billigen. Die Kaiserinn nöthigte ihn, ihren Willen zu erfüllen, und versprach, ihn zu den größten Ehrenstellen zu
erheben: Allein, dieser Mann, welcher den Namen eines
Christen weit höher, als alle Würden des Reichs schätzte,
antwortete ihr großmüthig: „Ich kaufe ihre Würden
„nicht um diesen Preiß, gnädige Frau, nehmen Sie
„dasjenige hin, was ich besitze, und lassen Sie mir mein
„Gewissen und meine Religion.‚‚ Bey diesen Worten
warf er zugleich den Gürtel vor die Füße dieser Prinzessinn, welches das Zeichen seiner Würde war, und gieng
nach Brescia, wo er die übrige Zeit seines Lebens mit
Ausübung christlicher Tugenden zubrachte.

§. 53.

Es war nicht schwer, einen Officier zu finden, den
man an seine Stelle setzte; und das Edikt wurde bald
untergezeichnet. Allein, es fehlte den Arianern noch eine

R 3   Kirche,

Kirche, und ſie hatten es mit einem Biſchöfe zu thun,
der nicht willens war, ihnen hierinnen nachzugeben.
Die Kaiſerinn Juſtina hatte einen gewiſſen Aurentius,
von Geburt einen Scythen zum Biſchof erwählen laſſen,
der aus ſeinem Lande wegen ſeiner Laſter und Ueberrechen
war verjagt worden, der nur wenigen Verſtand beſaß,
ſonſt aber viel Lärmen machte. Sie machte einen Anſchlag,
daß er den heiligen Ambroſius zu einem öffentlichen Di-
ſput in ihrem Palaſte auffordern ſollte; denn ſie hoffte,
wenn er es abſchlagen würde, ſein Anſehen dadurch zu
ſchwächen; oder wenn er es annähme, ihn durch gewiſſe
erkaufte Perſonen für überwunden erklären zu laſſen,
und ihn alsdann aus ſeiner Kirche zu vertreiben. Dal-
matius, ein Tribunus, wurde abgeſchickt, dem Biſchof
dieſen Vorſchlag zu thun, und ihm den Tag anzuzeigen,
welchen der Kaiſer zu dieſer Unterredung beſtimmt
hätte.

§. 54.

Dieſer fromme Mann, beſtürzt über dieſen Antrag,
berathſchlagte ſich mit einigen Biſchöfen, die bey ihm
waren, hierüber, und ſchrieb dem Kaiſer folgenders:
„Es wäre der Antrag, den man an ihn gethan hätte,
„den Rechten der Kirche, der Gewohnheit der vorigen
„Zeiten, und den Geſetzen des Valentinians, ſeines Va-
„ters, zuwider; es wäre nicht billig, daß Layen oder
„Heiden Richter in Glaubensſtreitigkeiten ſeyn ſollten;
„in Religionsſachen ſollten die Kaiſer durch Biſchöfe,
„und nicht die Biſchöfe durch Kaiſer gerichtet werden;
„man könne über ſein Leben Gewalt ausüben, aber
„man würde ihn nicht dazu bringen, daß er ſein Prie-
„ſterthum

„ Reichthum vermehren würde; er wollte dem Avinerius
„ auf einem Concilio antworten; er würde die heiligen
„ Geheimnisse in der Kirche abhandeln, aber er könnte
„ nicht einen noch so jungen Prinzen vor einem Richter des
„ Glaubens erkennen und annehmen, der nur noch ein
„ Anfänger in den Lehren des Christenthums wäre. „
Er bat ihn, ihm diese Freyheit zu gute zu halten, die
weder wider die Hochachtung, noch wider den Gehorsam
wäre, welche er ihm schuldig sey, und ihn deswegen zu
entschuldigen, daß er ihm nicht selbst diese Antwort
persönlich überbrächte, weil die Bischöfe und das Volk
ihn davon abhielten.

§. 55.

Da die Kayserinn ihn also nicht zu einer Unterredung bringen und bewegen konnte, so beschloß sie, ihn
gefangen wegnehmen zu lassen. Sie suchte durch Versprechungen und Geld einen Menschen zu bestechen, der
einige Tage nach einander in einem Hause, nahe bey der
Kirche auf ihn mit einem Wagen warten sollte, der dazu
stets bereits war, um ihn hineinzusetzen, und eilends aus
der Stadt zu führen. Allein, dieses Vorhaben wurde
entdeckt. Es war also nichts mehr übrig, als diesen
Mann gänzlich zu unterdrücken, den man nicht mit List
fangen konnte. Deswegen ließ Justina allen katholischen Priestern anbefehlen, ihre Kirchen zu verlassen.
Avrentius hatte zu gleicher Zeit Befehl, so viel Soldaten, als er haben wollte, mit sich zu nehmen, und sich
derselben zu bemächtigen.

§. 56.

Da ſich hierauf das Gerüchte durch die Stadt ausgebreitet hatte, daß man Soldaten ausſchickte, um ſich
der Kirchen zu bemächtigen, und den Biſchof zu tödten,
wenn er ſich weigern wollte, ihnen die Kirchen zu überlaſſen; ſo lief das Volk von allen Seiten herbey, ſchloß
ſich in die Hauptkirche ein, und war entſchloſſen, ſowohl
die Kirche, als den Lehrer, bis auf den letzten Blutstro-
pfen zu vertheidigen. Der heil. Ambroſius ſuchte alsdenn durch ſeine Standhaftigkeit, durch die Verſicherungen des göttlichen Schutzes, durch erbauliche Reden,
und durch den Geſang der Pſalmen das Volk aufzurichten und zu ermuntern.

Sie hatten einige Tage in dieſem Zuſtande zugebracht, als die Tribuni die Kirche angreifen hießen, und
forderten den Biſchof vermöge des letztern Edikts zur
Uebergabe auf, da ſie ihm als eine Gnade die Freyheit
anboten, ſich mit denjenigen, welche ihm folgen wollten,
davon zu machen. Dieſer aber antwortete ihnen:
„Man könnte ihn in ſeiner Kirche umbringen; allein er
„würde niemals willig herausgehn: wenn man ſeine
„oder der Kirchen Einkünfte einziehen wollte, ſo würde
„er dieſe Gewaltthätigkeit erdulden; allein, was das Erb-
„theil Jeſu Chriſti anbelangte, ſo würde er es mit Ver-
„luſt ſeines eignen Lebens zu erhalten ſuchen: er hätte
„keine andern Waffen, als Seufzen, Thränen und Ge-
„bet; allein, wenn er gleich keinen Widerſtand thun
„könnte, ſo würde er wenigſtens nicht entfliehen: er
„ſähe wohl, wie weit die Rache des Kayſers gehen
„könnte; allein er müßte, wie weit die Gedult und
„Stand-

„Standhaftigkeit eines Bischofs gehen müßte, dem der
„Verlust seines Lebens etwas geringer seyn müsse, wer
„damit er Gott treu bliebe. „

§. 57.

Die klügsten und weisesten Räthe stellten alsdenn
dem Kayser die Schwierigkeiten dieser Sache vor, und
riethen ihm, sich durch einen Vergleich davon loszuma-
chen. Der Statthalter, dem die Ausführung dieser
Sache aufgetragen worden, kam den folgenden Tag zu
dem Bischof, und sagte ihm auf das höflichste: „Er
„hätte ihm sehr billige Vorschläge zu machen. Der
„Kayser ließe ihm seine Kirche, und wäre mit einer Kirche
„in der Vorstadt zufrieden; wenn der Prinz auf seiner
„Seite nachgäbe, so wäre es aus Liebe zum Frieden bil-
„lig, daß er auch etwas nachgäbe. Uebrigens rieth er
„ihm als ein guter Freund, den Hof zu befriedigen,
„und es so bald als möglich zu thun. „ Das Volk
aber kam mit der Antwort zuvor, und schrie insgesamt:
„Man könnte hierüber keinen Vergleich treffen, man
„müsse den Katholiken die Kirchen lassen, die ihnen ge-
„gehörten. „

§. 58.

Hierauf wurde der Zorn und Haß der Kayserin
noch mehr aufgebracht. Sie befahl allen Officieren ihrer Garde, mit ihren Kompagnien zu marschiren, und
sich der Kirche in der Vorstadt zu bemächtigen. Sie
giengen sogleich dahin, um ihren Befehl auszuführen;
das Volk griff zu den Waffen, um sich zu widersetzen.
Es war des Morgens am Palmensonntage, und Ambro-

sius

war gieng eben nach der Predigt die Messe zu verrichten,
als man ihm diese Nachricht brachte. Er unterließ
deswegen nicht, die geheiligten Geheimnisse zu verrichten,
und da er bey dieser heiligen Handlung erfuhr, daß ein
arianischer Priester dem Volke in die Hände gekommen,
und in Gefahr seines Lebens wäre, so schickte er seine
Priester nad Diakonos ab, um ihm das Leben zu retten.
Darauf bat er Gott mit Thränen, er möchte doch seinem
Volke Frieden geben, und bot ihm selbst oftmals sein Leben vor die Wohlfahrt derjenigen an, die ihn verfolgen.

Die ganze Stadt war in der größten Verwirrung.
Man sah nichts, als Soldaten und bewaffnete Bürger,
die einen vor dem Prinzen, die andern vor die Religion.
Der Magistrat ließ alle Gefängnisse mit einer großen
Anzahl dieser Rebellen anfüllen, um diese Unruhe zu
stillen, und verdammte diejenigen zum Tode, welche ihm
am meisten rebellisch zu seyn schienen. Allein, diese
Strafen brachten das unruhige Volk nur bestomehr auf,
anstatt sie zu besänftigen. Die Kapitains von den Garden und einige gothische Officiere, welche in kayserlichen
Diensten stunden, kamen zu dem heil. Ambrosius, und
sagten ihm, er möchte doch dem Volke Einhalt thun, und
diese Unruhen zu verhindern suchen, da der Kayser doch
nur eine Kirche in der Vorstadt verlange, und es wäre
ja wohl billig und gerecht, da er Herr in seinem Reiche
wäre.

Der Bischof gab ihnen zur Antwort: „Der Kayser
„hätte kein Recht über das Haus Gottes; er wäre be-
„reit, ihm sein weniges Vermögen, das er übrig hätte,
„zu überlassen; was aber die Kirche anbelange, so wäre
„es einem Bischof ein Verbrechen, sie wiederzugeben,

„und

„ und für einen Prinzen ungerecht und sträflich, sich der
„ ren gewaltthätig zu bemächtigen; übrigens aber wäre
„ er weit davon entfernt, daß er das Volk aufrührisch
„ machen sollte, er suchte sie vielmehr davon abzuhalten,
„ und vermahnte sie, sich nur durch Thränen und Beten
„ zu vertheidigen; allein, wenn sie einmal aufrührisch
„ würden, so stünde es nur allein bey Gott, sie wieder zu
„ besänftigen. „   Diese Officiere konnten ihm darauf
nichts antworten, und giengen also wieder weg, nachdem
sie vorher durch seine Reden sehr waren erbauet worden.

Unterdessen beschloß die Kayserinn, mit dem Kayser
den folgenden Tag selbst diese Kirche in Besitz zu nehmen.
Sie schickte Soldaten dahin, um sich derselben zu bemächtigen.   Man brachte sogleich diesem Bischof die
Nachricht, daß diese Kirche verloren wäre, und daß
man ein jämmerliches Geschrey von denjenigen hörte, die
darinnen wären; sie suchten Hülfe bey ihm, und es wäre
Zeit, daß er sich selbst dieser unrechtmäßigen Besitznehmung widersetze.   Allein er antwortete: „ Gott würde
„ dafür sorgen; was ihn anbelangte, so wollte er nicht
„ gewaltsam widerstehen, noch aus dem Tempel des Herrn
„ ein Schlachtfeld machen. „   Er beschloß endlich,
sich der geistlichen Waffen und seines eignen Ansehens zu
bedienen.

Nachdem er in der Hauptkirche angekommen war,
wo ihn eine ganze Menge Volks erwartete, so that er
öffentlich alle die Soldaten in den Bann, welche so frech
und verwegen gewesen waren, sich der Kirche gewaltthätig zu bemächtigen.   Da diejenigen, welche die Kirche
umringt hatten, dieses hörten, so giengen sie paarweise
hinein, und versicherten, sie kämen nicht als Feinde, son-

dern

tern als Brüder, sie sollten zu beten, und nicht zu
schlagen. Der heil. Ambrosius nahm sie auf, und fieng
seine Rede über das Buch Hiob an.

Unterdessen waren diejenigen, die sich der Kirche in
der Vorstadt bemächtiget hatten, kaum eingetreten, da sie
denn von einer innerlichen Empfindung gerühret wurden;
sie schickten einige von ihren Officieren zu dem Kayser,
um ihm zu sagen, daß sie seinen Befehl ausgerichtet hätten, daß sie ihn in der Kirche erwarteten, wenn er mit
den Katholiken Gemeinschaft haben wollte; allein, wenn
er sich zu der Partey der Arianer schlüge, so nöthigten sie
ihr Gewissen, zu dem Bischof Ambrosius zu gehen.

§. 59.

Der Kayser wurde noch weit mehr darüber bestürzt,
da die vornehmsten Officiere des Reichs, und die vornehmsten Herren des Hofs kamen, ihn im Namen der
ganzen Armee demüthigst zu bitten, in diesen Tagen die
Kirchen zu besuchen, die dem Andenken des lieben Jesu
gewidmet wären, damit das Volk durch dieses Zeugniß
der Gottesfurcht und Reinigkeit des Glaubens sich von
aller seiner Furcht wieder besetzen möchte. Diese Gesandschaft ärgerte ihn so sehr, daß er ihnen erhitzet antwortete: „Ich sehe wohl, daß ich hier nur der Schatten
eines Kaysers bin, und daß ihr hingegen solche Leute
seyd, die im Stande seyd, mich eurem Bischofe jederzeit zu überliefern, wenn er es verlangen wird.„ In
diesem Zorne schickte er sogleich einen von seinen Secre-
tären zu dem heil. Ambrosius, um ihn zu fragen, ob er
willens wäre, den Befehlen seines Herrn eigensinnig zu
widerstehen, und ob er verlangte, das Reich als ein Ty-

rann

rann an sich zu ziehen, damit man sich zum Kriege wider ihn rüsten könne. Der fromme Mann antwortete darauf sehr klug: „Er hätte die Rechte der Kirchen vertheidiget, ohne der Hochachtung aus den Augen zu setzen, die er dem Kaiser schuldig wäre; er würde seine Macht verehren, aber sie ihm niemals bedienen; man dürfte nur den Maximus fragen, ob Ambrosius ein Tyrann des Kaisers Valentinian wäre. Die Bischöfe wären niemals Tyrannen gewesen, aber sie hätten öfters Verfolgungen der Tyrannen ausstehen müssen. Der Oberschatzmeister, Calligonus, wollte sich darein mengen, und, um seinem Herrn zu gefallen, schickte er zum Bischof, und ließ ihm sagen, er sollte aufhören ungehorsam und rebellisch zu seyn, wo nicht, so wollte er ihm selbst in seinem eignen Hause den Kopf abschlagen.,, Der Bischof ließ ihm antworten: „Er würde diesen Tod ohne Entsetzen annehmen; sie würden alsdenn etwas haben, mit dem sie alle beide zufrieden seyn könnten, der eine, das zu erdulden, was die Bischöfe um Christi willen zu leiden gewohnt wären, der andere, das zu thun, was gewöhnlich die Hofleute den Menschen zu gefallen thun.,,

§. 60.

Endlich hörte die Verfolgung auf, da sie am heftigsten zu seyn schien. Valentinian fieng nummehro an, einzusehen, daß man sein Ansehen mißbrauchte; die aufgebrachte Stadt, der erzürnte Hof, die Armee, welche entschlossen war, mit dem Bischof in Freundschaft zu stehen, der fehlbare Schatz des Himmels über die Katholiken, die traurigen Folgen, welche die Leidenschaft des

Kap.

Kayſerinn Juſtine nach ſich ziehen könnte, wenn man
weiter fortfuhre, ihr zu folgen; alle dieſe Bewegungsurſachen nöthigten ihn, die Sachen in ihren erſten Zuſtand
wieder zu verſetzen, und die Soldaten von Belagerung
der Kirchen zurück zu rufen. Bey dieſer glücklichen
Zeitung des Friedens wurde die ganze Stadt in die
größte Freude verſetzt. Das Volk legte die Waffen ab.
Ein jeder lief zur Kirche, nicht mehr, um ſie zu bewachen,
ſondern daſelbſt dem Herrn zu danken. Einige lieſſen
ten die Altäre, die ſie vertheidigt hatten, andere ſungen
Pſalmen und andere Geſänge, ſie wünſchten ſich einander
Glück wegen ihrer Standhaftigkeit. Der Biſchof, der
von einer außerordentlichen und heiligen Freude ganz
durchdrungen war, gab dem Herrn, dem großen Gott,
alles Lob wieder, das man ihm darbrachte, und ſuchte
ſein Volk durch ſeine lebhaften und rührenden Vorſtel-
lungen zu ermahnen, ein Leben zu führen, das mit dem
Glauben, welchen ſie ſo tapfer vertheidigt hatten, über-
einſtimmte.

Die Kayſerinn blieb allein noch immer verſtockt,
und bediente ſich der ſchrecklichſten und ungerechteſten
Mittel, um dieſen Biſchof aus dem Wege zu ſchaffen,
und zeigte dadurch, wie weit die Gemüthsbewegungen
einer mächtigen und erzürnten Frau gehen. Allein, die
Furcht ſchränkte zuletzt noch ihre Wuth ein, und der Zuſtand der Sachen nöthigte ſie gar bald, wieder ihre Zuflucht zu eben dieſem Biſchof zu nehmen, den ſie ſo grau-
ſam verfolgt hatte.

§. 61.

Maximus, der ſich in der Stille fertig machte, nach
Italien zu gehen, und nur eine Gelegenheit ſuchte, um

seinem Einfall zu rechtfertigen, schrieb dem Valentinian einen Brief, um Ihn zu vermehren, bey der katholischen Religion zu bleiben, und die Verfolgung gegen den Heil. Ambrosius und gegen diejenigen, welche die Partey der Wahrheit hielten, aufzuheben. Er gab sogar zu verstehen, daß er sich vor einen Beschützer dieses Bischofs erklären wollte. Er schickte zu gleicher Zeit den Gesandten Befehl zu, die sich am Hofe zu Constantinopel aufhielten, sich über die Kayserinn Justina zu beklagen, und ihnen zugleich bekannt zu machen, daß er sich Italien näherte, um die Religion daselbst zu schützen.

§. 62.

Theodos, der die Gewaltthätigkeiten der Kayserinn Justina nicht dulden konnte, und sah, daß Maximus sich unter diesem Vorwande der Sachen des Valentinian bemächtigen wollte, war selbst willens, sich den Alpen zu nähern, um alle beyde einzuschränken. Allein, Thracien wurde von einem neuen Ueberfall der Wilden bedrohet, und also wagte er es nicht, sich weit zu entfernen. Die Grotunger, ein unruhiges und wildes Volk, war aus Scythien gegangen, in der Absicht, entweder gutwillig oder mit Gewalt in die Provinzen des Reichs einzudringen. Es waren deren sehr viele, alle bewaffnet und gut abgerichtet. Alatens und Sefrar, Kapitains ihrer Nation, welche der Niederlage des Valens beygewohnet, hatten sie zu diesem Unternehmen überredet, und ihr König, Odotheus, begleitete sie selbst dahin, als zu einer ganz sichern Eroberung. Man erlaubte ihnen an einigen Oertern einen freyen Durchzug, und in andern nahmen sie sich desselben eigenmächtig. Nachdem sie alles

das

was ſich ihnen widerſetze, bezwungen, und alles, was zu ihnen gehören wollte, eingenommen hatten, ſo gelangten ſie an die Donau, und begehrten, daß man ihnen erlauben ſollte, hinüber zu gehen. Sie gaben die ſtärkſten Verſicherungen, daß ſie ruhig und im Friede leben wollten; aber das Exempel der Gothen war noch allzu neu, und Theodos war nicht ſo leichtſinnig, wie Valens.

§. 63.

Da ſie ſahen, daß ihnen dieſes abgeſchlagen wurde, ſo entſchloſſen ſie ſich, wider Willen der Römer hinüber zu gehen. Sie hatten in drey Tagen tauſend kleine Schiffe gemacht, und verſuchten in verſchiedenen Orten überzugehen. Promotus, der die Armee von Thracien commandirte, und ſeine Quartiere längſt des Fluſſes ausgebreitet hatte, hielt ſie allenthalben mit großem Verluſt der Ihrigen ab. Allein, da er Befehl hatte, ſeine Truppen zu ſchonen, und überdies den Unterhalt und die Wache dieſes Heeres beſorgte, ſo vereinigt er Liſt mit Gewalt. Er fand bey ſeiner Armee einige Soldaten von einer beſondern Treue, welche die Sprache dieſer Wilden verſtunden, und ſchickte ſie in ihr Lager, um ihre Geſinnungen zu erforſchen, und ihn davon zu berichten. Dieſe ſtellten ſich, als wenn ſie Flüchtlinge und Mißvergnügte wären; ſie wurden dem König und den vornehmſten Officieren vorgeſtellt, und boten ſich an; ihnen die ganze römiſche Armee und ihren General zu überliefern; aber ſie machten deswegen ſolche ungewöhnliche Forderungen, daß die Wilden ſelbſt geſtehen mußten, ſie könnten ihnen einen ſo großen Dienſt nicht bezahlen. Nach vielen Vorſchlägen, die man auf beyden Seiten gemacht hatte, wurde man endlich mit einer ansehnlichen Summe eins, von welcher der eine Theil zum voraus bezahlt wurde, die andre Hälfte aber den Tag nach der Ausführung dieser Sache versprochen wurde.

§. 64.

Es wurde nämlich beschlossen, daß ihre besten Truppen bey der Nacht sogleich übersetzen, und die Alaner überfallen sollten, von denen man sich zum voraus überredete, daß sie schon schlafen müßten, daß sie von den andern von der Armee sollten unterstützt werden, und daß die Frauen und Kinder alsdann ohne alle Gefahr in die vor sie bestimmten Schiffe kommen würden. Prommenus, der von diesem Anschlage der Bewegung benachrichtiget worden war, brauchte seiner Seits alle mögliche Sorgfalt und Vorsicht. Er ließ immer drey und drey von den kleinsten Schiffen an einander binden, und da er sie zwanzig Stadien längst des Flusses ausbreitete; so machte er dadurch gleichsam eine Kette, damit er die Landung der Feinde verhindern möchte; die großen Schiffe bestimmte er dazu, daß sie den Feind beym Uebersetzen mit Ungestüm anfallen sollten. Die Truppen wurden zu diesem Vorhaben völlig eingerichtet und geordnet. Der Mond schien nicht, und die Nacht war zum größten Vergnügen der beyden Parteyen sehr finster. Oecheus ging mit seinen auserlesenen Truppen zu Schiffe, und glaube keineswegs entdeckt zu werden. Allein, kaum waren sie an das Ufer des Flusses gelangt, so wurden sie von den Römern, die daselbst Wache hielten, überfallen. Hierauf fiengen sie erst an einzusehen, daß sie verrathen worden, und stunden in Zweifel, was sie thun sollten; denn vorrücken durften sie sich nicht unterstehen, und zurückgehen konnten sie auch nicht.

Da sie in dieser Bestürzung waren, so schifften die Römer, die auf den großen Schiffen waren, mit Gewalt fort, fielen ihnen in die Flanken, und griffen sie so herzhaft an, daß sie einander mit ihren kleinen Schiffen unterstützten, und der größte Theil von ihnen ersaufen mußte. Die übrigen wurden alle, entweder niedergemacht, oder gefangen genommen. Nach der Niederlage der Tapfersten unter ihnen war es eben nicht schwer, mit den andern fertig zu werden, welche der Tod ihres Königs und ihrer Cameraden erschreckt hatte. Ob sie sich schon auf Gnade und Ungnade hatten ergeben müssen, so wollte doch der erhitzte Soldat alles niedermachen: Allein Promotus machte dem Blutbade ein Ende, und verhinderte sogar, daß man mehr einmal ihr Lager plünderte, damit der Kayser, der alsbald bey der Armee ankommen sollte, selbst ein Zeuge dieses Sieges wäre, und die Erheblichkeit desselben durch die Menge der Todten und Gefangnen sehen könnte.

§. 65.

Niemals ist ein Vortreffen den Feinden des Reichs empfindlicher gewesen, als dieses. Der Fluß war mit den Ruinen so vieler zerbrochnen und umgestürzten Schiffe bedeckt. Man sah ganze Haufen von Körpern der Wilden, welche die Wellen an das Ufer geworfen hatten. Theodos aber kam in kurzem darauf an, um diesen Anblick selbst zu sehen. Er ließ sogleich alle Gefangnen in Freyheit. Diese, da sie keinen Herrn hatten, und ohne Hoffnung waren, ihr Land wieder zu gewonnen,

winnen, ergaben sich ihm freywillig, und dienten ihm
von nun an im Kriege.   Er befahl, daß man der
Beute den Soldaten austheilen sollte, und nachdem er
die Klugheit und Herzhaftigkeit des Promotrus sehr gelobet hatte, so vertraute er ihm sein Vorhaben, nämlich
dem Marimus den Krieg anzukündigen, und gab ihm
zugleich das Commando über die Armee.

§. 66.

Von allen diesen Brotungern, die sich bey seinen
Truppen befanden, suchte er die tapfersten aus, und damit er sie zu seinem Dienste desto mehr verbindlich machen
möchte, so versprach er ihnen doppelten Sold, schenkte
einem jeden ein golden Halsband, und wies ihnen ihre
Wohnungen in Kleinskythien um die Gegend der Stadt
Tomes an.   Da sie ohne alle Zucht und Ordnung zu
leben gewohnt waren, so machten sie Streifereyen auf
das Land, und bewiesen sich sogar gegen die Stadt feind-
selig.   Geroneclus, der Statthalter daselbst war, ver-
wehrte ihnen den Eingang, und drohete ihnen, mit seiner Besatzung herauszukommen, und alles von ihnen
niederzumachen; allein sie verachteten seine Drohungen.
Darauf ließ dieser seine Officiere zusammen kommen,
und machte ihnen sein Vorhaben bekannt, das er gefaßt
hatte, diese Fremden zu überfallen; allein, sie weigerten
sich alle, einige aus Klugheit, andere aber aus Feigheit
ihm zu folgen.

§. 67.

Da er sich also von jedermann verlassen sah, so
nahm er seine Waffen, stieg zu Pferde, in Begleitung
einiger von seinen Leuten, und gieng in der Absicht, diese

S 2   Menge

Menge von Wilden zu schlagen. Die Wilden spotte-
ten über seine Kühnheit, und begnügten sich nur einige
von ihnen wider ihn abzuschicken. Geroncius lief mit
dem Degen in der Faust auf den erstern los, der sich
ihm näherte. Es wurde zwischen ihnen ein hartnäcki-
ges Treffen. Geroncius, sobald er mit einem fertig
war, griff sogleich wieder andere an; und die von seinem
Gefolge waren, stritten mit eben der Tapferkeit, wie er.
Allein, bey aller angewandten Macht konnten sie dennoch nicht lange Zeit der großen Menge widerstehen,
und ihre Kühnheit wäre gewiß gestraft worden, wenn
nicht einige Officiere von der Besatzung, die auf den
Mauern der Stadt gestiegen waren, und ihren Com-
mandanten in Gefahr sahen, sogleich zu seiner Hülfe herbey geeilet wären.

§. 68.

Da diese die andern durch ihr Beyspiel angefeuret
hatten, so waren sie nicht mehr auf die Unternehmung
des Statthalters, sondern auf die Ehre des römischen
Namens bedacht. Einwohner und Soldaten giengen
zusammen heraus, und griffen diese Wilden so tapfer an,
daß nur eine kleine Anzahl derselben übrig blieb, die in
eine Kirche geflohen waren.

Geroncius glaubte, daß er an diesem Tage ganz
Scythien errettet hätte, und eilte, dem Kayser von dieser Begebenheit zu berichten, gleichsam, als wenn er einen Sieg davon getragen hätte, von dem er Lobeserhebungen und Dank erwartete; allein, Theodos wurde sehr
erzürnt darüber. Denn außer dem Verlust an so vielen tapfern Soldaten, die er durch seine Wohlthaten und

Liebe

Ueberlegungen an sich gezogen hatte, fürchtete er noch, daß die andern Wilden, die in seinem Solde waren, von dem Dienste des Kaysers dadurch abgeschreckt würden, oder den Tod ihrer Cameraden bey der ersten Gelegenheit rächen möchten.

§. 60.

Da man eben im Begriff war, einen großen Krieg anzufangen, und nichts gefährlicher war, als die Armee des Reichs zu schwächen, und die Gemüther der Bundsgenossen aufzubringen, so erhielt Geroncius Befehl, an den Hof zu kommen, und von seiner Aufführung Rechenschaft zu geben. Er wollte sich damit entschuldigen, daß die Herulanger in Gepheln ohne alle Zucht und Ordnung gelebt hätten, und nachdem sie das Land verwüstet hätten, so wären sie willens gewesen, sich der Stadt Tomes zu bemächtigen, er hätte ihnen zu verschiedenen malen drohen lassen, und endlich wäre er gezwungen worden, sie als Feinde und Rebellen anzusehen, und so mit ihnen umzugehen. Man klagte ihn aber dennoch deswegen an, daß er Truppen ohne allen Befehl nicht allein angegriffen, über welche er doch gar keine Gewalt gehabt hätte, sondern er hätte sich auch ihre Beute, und besonders die Geschenke zugeeignet, die der Kayser ihnen gegeben hätte.

Wegen dieser Auflage ließ ihn Theodos ins Gefängniß setzen, und befahl, man sollte diese Sache auf das schärfste untersuchen; und ob sich schon alsdenn Geroncius rechtfertigte, und man auch nicht gern einen tapfern Menschen, der zu den größten Kriegsbedienungen geschickt war, tödten wollte, so ließ man ihn dennoch

in

im Geldgeitz, und drohete ihm mit der schrecklichsten
Todesstrafe, damit er sowohl von den andern Statthaltern Mäßigung lernen möchte, als auch, daß die Nation
der Juden dadurch befriediget würde, welche sich darüber beklagt hatte.

§. 70.

Ob schon Theodos glaubte, er hätte nunmehro das
Reich von den Anfällen des Maximus sicher gestellt, so
schickte er dennoch Abgeordnete zu ihm, um ihn zu versichern, daß er nicht weniger als er über die Verfolgung
des Valentinian gegen den Bischof zu Mailand, und gegen
alle Katholiken unwillig wäre; daß er sich etwas Ansehens bey diesem jungen Kayser bedienen würde, um ihn
in dem Glauben seiner Väter zu beruhigen, und er
machte sich auch Hoffnung, daß es ihm hierinnen gelingen würde. Er schrieb der Kayserinn Justina, um sie
zu vermahnen, daß sie wohl auf die Gefahr Acht haben
sollte, in welche sie die Granzen ihres Sohns versetzte,
wenn sie fortfahren sollte, die Ruhe der Kirche zu stören; daß, obschon das Verhaben des Maximus ungerecht wäre, so schiene doch die Bewegungsursache davon
gut zu seyn; und es würde allerdings schwer seyn, einen
Krieg wider ihn zu behaupten, von welchem das Volk
glauben würde, er wäre zur Vertheidigung der Religion
unternommen worden. Diese Vorstellungen hätten
vielleicht den von dem Theodos gehofften Nutzen gehabt;
allein es war schon zu spät, und die Sache hatte schon
ihre ganze Gestalt verändert.

§. 71.

Man erfuhr zu gleicher Zeit, daß Maximus große
Rüstungen zum Kriege machte, und daß er eben im
Begriff wäre, über die Alpen zu gehen. Justina und
ihr Sohn, der Kayser, richteten sogleich ihr Augenmerk
auf den heil. Ambrosius, und baten ihn, das Vergangene
zu vergessen, und eine zwote Gesandtschaft zu dem Maximus zu unternehmen; der glückliche Erfolg der erstern
versprach ihnen noch mehr gutes von dieser. Die Absicht
war, die Gesinnungen dieses Prinzen zu entdecken, den
geschlossenen Vergleich noch mehr zu befestigen, und wenn
es nöthig wäre, einen neuen Friedensvertrag zu machen,
damit sie ihn aufzögern und dem Valentinian Zeit
verschaffen möchten, auf seine Vertheidigung bedacht zu
seyn.

Da der Bischof den gemeinen Nutzen und den Dienst
des Kaysers seiner eigenen Ruhe vorzog, ehe er an die Beleidigungen zu denken, die man ihm angethan hatte, noch
an die, welche er vom Maximus zu fürchten hatte, der
nicht mit ihm zufrieden war, so gieng er kurz darauf
nach Trewes. Des andern Tages nach seiner Ankunft
gieng er an den Hof um Audienz zu bitten. Ein Kam-
merling, von Geburt ein Gallier, Großschatzmeister des
Kaysers, wurde geschickt, ihn zu fragen, ob er sein Be-
glaubigungsschreiben hätte, und ihm zugleich zu sagen,
daß man ihn nur in der Versammlung des Raths hören
könnte. Er antwortete darauf: „Es wäre nicht die
„Gewohnheit, mit einem Bischofe so umzugehen, er hätte
„dem Kayser ganz besondre Dinge zu sagen, und er ver-
„langte deswegen eine geheime Unterredung mit ihm."

S 4 Der

Der Kämmerling gieng noch einmal hinein, und weil er entweder schon wieder mit seinem Herrn geredet hatte, oder auch seine Gesinnungen wußte, so brachte er ihm bald die vorige Antwort wieder.

§. 72.

Der Bischof wurde also genöthigt, wieder weg zu gehen. Er kam den folgenden Tag wieder, und wurde in den Rath geführet. So bald er eingetreten war, stund Maximus von seinem Throne auf, und zeigte sich gegen ihn, um ihn zu küssen. Der Bischof stund stille, und da man ihm von allen Seiten zuredete, er sollte weiter gehen, und der Kayser ihm auch zurufte, so antwortete er ihm: „Er glaubte nicht, daß er einen Menschen küs-„sen wollte, dem er eine geheime Unterredung abgeschla-„gen hätte, und mit dem er nicht so umgegangen wäre, „wie es sein Charakter und die Würde des Prinzen, der „ihn abgeschickt hätte, erforderte.„

Hierauf machte er ihnen dasjenige bekannt, was er anzubringen hatte, und verlangte von Seiten seines Herrn die Bestätigung des geschehenen Vergleiches und den Körper des Kaysers Gratian, den er ohne Zweifel zu ermorden müßte befohlen haben, weil er ihn nicht ein-mal zu begraben erlaubte. Maximus, der von den in-nern Empfindungen seines Gewissens und von den Vor-stellungen des Bischofs gerühret wurde, kunnte ihm dar-auf weiter nichts antworten, als, er würde sehr gern mit dem Valentinian einen Vergleich treffen. Einige Tage darauf, da er gehöret hatte, daß er mit ihm und mit den Prälaten seines Hofes keine Gemeinschaft haben wollte, so bediente er sich dieses Vorwandes, um ihm zu befeh-len, sogleich aus seinen Staaten zu gehen.

§. 73.

§. 73.

Ambrosius schickte sogleich einen Abgeordneten zu dem Valentinian, und ließ ihm den schlechten Erfolg seiner Gesandschaft melden, und ihm zugleich anrathen, sich ja nicht auf die Reden dieses Tyrannen zu verlassen, der unter dem Schein des Friedens sein Vorhaben, Krieg mit ihm anzufangen, verdeckte. Valentinian, der noch keine Erfahrung hatte, urtheilte von dieser Gesandschaft nach dem Erfolg, und schickte den Domnius, einen von seinen vornehmsten Ministern dahin, damit er die Unterhandlungen wieder erneuern, und durch seine Klugheit dasjenige wieder gut machen sollte, was der Bischof nach seinem Urtheil durch seinen unmäßigen Eifer verderben hatte. Maximus nahm diesen neuen Gesandten mit aller möglichen Höflichkeit auf; bewilligte alle seine Vorschläge, und nöthigte ihn sogar selbst, dem Valentinian einige Truppen von den seinigen zuzuschicken, um ihm wider die Wilden Hülfe zu leisten, welche Pannonien beunruhigten. Dieser Minister, der über die erhaltenen Ehrenbezeigungen und über den Dienst, den er geleistet zu haben glaubte, vergnügt war, gieng über die Alpen zurück, und begleitete gleichsam im Triumph die Hälfte einer feindseligen Armee, unter dem Namen der Hülfstruppen.

§. 74.

Maximus folgte ihm so nahe, daß er fast eben so bald als er, mit seiner ganzen Armee in Italien anlangte, und gieng gerade nach Aquileja zu, wo er den Valentinian zu überfallen glaubte. Die Besatzung war so groß, daß niemand im Stande war, ihm zu widerstehen.

De

Da Valentinian, der ihn für seinen Bundesgenossen gehalten hatte, ihn als einen Feind ankommen sah, so war
er bloß auf seine eigne Sicherheit bedacht. Er floh an
das adriatische Meer, wo er sich mit der Kayserinn, seiner Mutter, einschiffen ließ, und gieng auf Thessalonich
zu, um die Hülfe und den Beystand des Theodos zu
suchen. Maximus, der darüber erzürnt war, daß er
sich nicht der Person des Kaysers hatte bemächtigen können, breitete sich alsbald wie ein reißender Strom aus,
zerstörte Modena und Bologna von Grund aus, und
verwüstete alle Städte, die sich auf seinem Marsche
rechts und links befanden. Es war keine Grausamkeit,
Gewaltthätigkeit und Bosheit, die nicht durch seine Truppen wären verübt worden. Ein Theil der Einwohner
wurde durch Schwerd umgebracht, und diejenigen,
welche vom Schwerte verschont geblieben, mußten in einer harten Gefangenschaft seufzen. Mailand war nur
allein von diesen öffentlichen Drangsalen frey, und bey
alle dem Haß, welchen man wider den Bischof dieser
Stadt hatte, so ließ man ihn dennoch seinem Volke in
Ruhe und Frieden Buße predigen. So sehr ist die
Heiligkeit auch selbst Tyrannen verehrungswürdig.

§. 75.

Da hierauf Maximus sah, daß alles glücklich von
statten gieng, so ließ er mit dem Verwüsten aufhören,
und befahl den Officieren seiner Armee, die Truppen in
Zucht und Ordnung zu halten, damit sie die Freundschaft dieser Völker erlangen könnten. Die erste Sache,
die er vornahm, war diese, daß er Gesandten nach Constantinopel schickte, um dem Theodos zuvorzukommen,
und

und ihm vorzustellen, daß er nicht nach Italien gegangen wäre, um das Reich an sich zu ziehen, sondern um die katholische Religion, die man daselbst unterdrücken wollte, wieder empor zu bringen. Er schrieb eben dasselbe dem Pabst, und ließ ihm sagen, er wollte durchaus, daß man die Reinigkeit des Glaubens, ohne irgend eine Ketzerey zu dulden, erhalten sollte. Um die Heiden zu gewinnen, führte er die Opfer wieder ein, welche Gratian abgeschafft hatte, und erlaubte ihnen, der Victoria im Capitolio einen Altar aufzurichten. Er schonte sogar der Juden, und ließ ihre Synagogen zu Rom wieder aufbauen.

§. 76.

Unterdessen langte Valentinian, nach vielem auf dem Meere ausgestandenen Gefahren, an den Gränzen des Orients an; von da schickte er einen von seinen Leuten zum Theodos, um ihm von seiner Flucht und dem Beifall des Maximus Nachricht zu geben, und ihn zugleich demüthig zu bitten, einen herum irrenden Prinzen in Schutz zu nehmen, der die Ehre hätte, sein College, sein Freund und sein Bundsgenosse zu seyn. Theodos wurde über dieses unglückliche Schicksal dieses Prinzen auf das empfindlichste gerühret, und gab sogleich alle nöthige Befehle zum Kriege. Hierauf gieng er mit einem Theile seiner Hofstatt ab, und gieng bis an Thessalonich, wo er diesen flüchtigen Kayser und die Prinzessinn Galla antraf, welche die Kayserinn Justina mit sich weggeführt hatte. Er erzeigte dieser unglücklichen Familie alle mögliche Höflichkeit und Liebe, die er dem Hause des Valentinians des Großen schuldig war.

Nach

Nachdem er sie getröstet hatte, so redete er mit ihnen wie ein Vater, und als ein christlicher Kayser, und sagte zu diesem jungen Prinzen: „Er müßte, um sich „von seinem Elende zu befreyen, die Ursache dazu be„nehmen; wenn er Gott nicht auf seiner Seite hätte, „so würde selbst die Macht des ganzen Reichs nur dazu „dienen, sein Unglück zu vergrößern; er müßte sich „mehr auf die Gerechtigkeit seiner Sache, als auf die „Anzahl und Stärke seiner Soldaten verlassen. Va„lentinian der Große hätte stets gesiegt, weil er den „Glauben bekennet, und deswegen hätte ihn Gott selbst „beschützt; sein Vetter Valens hingegen, nachdem er „die Irrthümer unterstützt, die Bischöfe verjagt, die „Heiligen getödtet hätte, wäre mehr durch seine Bos„heit, als von seinen Feinden geschlagen und verbrannt „worden; er sollte sich wieder bey Gott in Gnaden se„tzen, und den Glauben, den er verläugnet hätte, aufs „neue annehmen, wenn er anders wollte, daß die Hülfe, „die man ihm leiste, den gewünschten Erfolg haben „sollte.‟

§. 77.

Diese Vorstellung rührte das Gemüth dieses jungen Prinzen, und vereinigte ihn auf das genaueste mit dem Glauben der katholischen Kirche. Justina, an welche diese Vermahnung mehr als an ihren Sohn gerichtet war, verbarg ihren Unmuth darüber, stellte sich, als wenn sie ihrer Ketzerey absagen wollte, und suchte den Theodos durch ihre Thränen und Gebet zum Kriege immer mehr und mehr zu bewegen. Dieser Kayser entschloß sich dazu, und, um ihr eine gewisse Versiche-

rung

rung seines Schutzes zu geben, so betrachtete er ihre Tochter, die Prinzessinn Galla.

§. 78.

Da er beschlossen hatte, zu Anfange des Frühlings mit einer mächtigen Armee ins Feld zu gehen, so wurde er genöthigt, neue Auflagen zu machen, um die Unkosten des Kriegs dadurch zu verschaffen. Einige Städte wurden darüber unwillig, weil sie diese Forderungen zu übermäßig hielten; und einige Einwohner zu Antiochien wurden sogar rebellisch. Sie verachteten den Befehl, den sie vom Kaiser bekommen hatten, zerstörten die Statuen des Kaisers und der Kaiserinn Flacille, seiner ersten Frauen, und schleppten sie durch alle Gassen der Stadt. Eine so schändliche Handlung wurde noch mit den schimpflichsten und ärgerlichsten Worten begleitet, welche ihnen die Wuth nur immer eingeben konnte. Einige Geschichtschreiber erzählen, man hätte die Nacht vorher ein fürchterliches Gespenst gesehen, welches die Luft mit einem schrecklichen Gestanke erfüllte, und die Leute zum Aufruhr beweget hätte.

Sobald der Kaiser diese Nachricht hörte, so war sein Zorn desto heftiger, je gerechter er war. Außer dem, daß er von einem hitzigen und empfindlichen Temperamente war, so brachte ihn der Undank dieses Volks noch mehr auf, gegen welches er stets so gütig gewesen war. Aber was ihm am meisten empfindlich fiel, war die Beleidigung, die man dem Andenken der Kaiserinn Flacille angethan hatte, die er so sehr geliebt hatte, die vor zwey Jahren fromm und heilig gestorben, und deren Name ihm stets verehrungswürdig war.

§. 79.

§. 79.

Um diese Kühnheit zu bestrafen, so beschloß er, alle Güter der Einwohner zu Antiochien einzuziehen, alle Häuser, nebst allen denen, die sie bewohnten, zu verbrennen, und sie von Grund aus zu zerstören, damit nicht das geringste Merkmaal dieser königlichen Stadt übrig bliebe, welche das Haupt vom ganzen Orient war. Ob es gleich gerecht und billig war, die Verwegenheit dieses Volks zu bestrafen, so war dennoch der Zorn dieses Prinzen zu unmäßig und allzu ungestüm, denn er verdammte die Unschuldigen mit den Schuldigen. Doch es kam nicht so weit. Er begnügte sich, zween Commissarien nach Antiochien zu schicken, um die Urheber und Mitverbrecher dieses Aufruhrs zu entdecken, und eine nachdrückliche Strafe an ihnen zu beweisen.

§. 80.

Unterdessen war diese Stadt in der größten Bestürzung. Angst, Furcht und Verzweiflung folgten auf die Wuth. Viele von ihren Einwohnern, die über ihr Verbrechen und über die Drohungen des Kaysers erschrocken waren, verließen ihre Häuser, welche sie ohne dem für verlohren hielten. Diejenigen, welche zurückgeblieben waren, hatten stets das Bild des Todes vor ihren Augen, und erwarteten nur die Stunde ihres Endurtheils. Sie hatten keine andre Zuflucht, als die Kirche, keinen andern Trost, als den sie von den Ermahnungen des heil. Chrysostomus erhielten; keine andre Hoffnung, als die ihnen ihr Bischof Flavian machte, der es auf sich genommen hatte, zu dem Kayser nach Constantinopel zu gehen, und für sie zu bitten.

Die

Die Commissarien fanden die Sachen in diesem Zustande bey ihrer Ankunft. Sie verboten alsobald allen
Einwohnern die Schauspiele, das Wettlaufen und die
öffentlichen Bäder. Sie nahmen der Stadt den Titel
der Hauptstadt von Syrien und vom Orient, gaben ihr
der Stadt beobirea, und fiengen also an, dieses Volk,
daß dem Spielen so sehr ergeben und auf seine Ehre so
eifersüchtig war, durch die Einschränkung ihrer Ver-
gnügens und ihrer Freyheiten zu bestrafen. Sie stellten eine genaue Untersuchung über die Rebellen an, und
füllten die Gefängnisse mit denjenigen, welche schuldig
waren, und auch mit denen, die ihnen verdächtig schienen. Man zog die Güter des größten Theils derjenigen ein, die in Ansehen stunden, und das Verbrechen
entweder selbst begangen, oder doch gebilliget hatten.
Ein jeder fürchte sich wegen seiner Anverwandten und
wegen sich selbst, und sogar die Richter konnten eine so
große Verwüstung nicht ohne Mitleiden ansehen. Unterdessen führten sie den Befehl dieses Prinzen aus, und
stellten bewaffnete Soldaten vor die Gefängnisse, damit
nicht etwan die Verzweiflung noch einen neuen Aufruhr
erregen möchte.

§. 81.

Die Einsiedler, welche in der Nachbarschaft von
Antiochien lebten, kamen von ihren Gebirgen herunter,
um diese betrübte Stadt zu trösten. Einige vermahn-
ten sie, der Welt zu entsagen, und den Tod zu verachten;
andere versicherten sie des göttlichen Schutzes und der
Gnade des Fürsten, sie betheuerten aber, daß sie kommen wollten, entweder mit ihnen Gnade zu erlangen, oder

zugleich mit ihnen zu sterben. Wenn sie den ganzen Tag vor der Thüre des Richthauses geblieben waren, um bey den Richtern zu bitten, so legten sie sich abermal des Nachts vor die Thüre des Gefängnisses, und waren bereit, ihr Leben und ihre Freyheit vor die Rettung und Befreyung ihrer Brüder hinzugeben.

Da einer unter ihnen, Macedonius genannt, der sonst ein einfältiger Mensch und ohne alle Kenntniß der Welt, aber von einer besondern Gottesfurcht war, einmal zween Richtern mitten in der Stadt begegnete, so sagte er zu ihnen, sie sollten vom Pferde steigen. Diese Officiere, die weder an seiner Kleidung, noch in seiner Person etwas ansehnliches finden konnten, erzürnten sich auf ihn: Allein, da sie von seiner Heiligkeit und Gottesfurcht hörten, stiegen sie vom Pferde, küßten ihn und baten ihn um Verzeihung. Hierauf erhob dieser Alte, von göttlicher Weisheit erfüllt, seine Stimme, und sprach zu ihnen: „Gehen Sie, meine Freunde, und machen „Sie dem Kayser von meinetwegen diese Vorstellung: „Sie sind Kayser, aber sie sind ein Mensch. Sie be- „schützen den Menschen, welche Bilder Gottes sind. „Fürchten Sie den Zorn des Schöpfers, wenn Sie die „Creatur umbringen und vernichten wollen. Sie sind „beleidigt, daß man ihre Bildnisse zerstört hat, und „Gott wird nicht weniger dadurch beleidigt, wenn man „die seinen zerstöret; die Ihrigen sind leblos und un- „empfindlich, die seinen aber sind lebendig und vernünf- „tig. Die Statuen sind bald wieder errichtet und her- „gestellt, aber wenn sie die Menschen tödten werden, wie „wollen sie alsdenn ihren Fehler wieder ausbessern? „Werden Sie dieselben wieder aufwecken, wenn sie todt

„ſeyn werden?„ Dieſe Worte voll Eifer und Liebe
machten in dem Gemüthe dieſer Officiere einen kleinen
Eindruck, und der Kayſer ſelbſt wurde durch die Erzählung derſelben auf das innerſte gerühret: dergeſtalt, daß
er, anſtatt der Drohungen, die er den Einwohnern zu
Antiochien gethan hatte, ſich nunmehro gleichſam ſelbſt
anklagte.

Die andern Einſiedler bekamen nicht wenigern Muth.
Sie giengen zu dem Magiſtrat und baten ihn, ein bil-
liges Urtheil zu fällen, und die Beklagten loszulaſſen; da
ſie hierüber keine andre Antwort erhalten konnten, als,
ſie wären nicht Herren über dieſe Sache, es wäre gefährlich, ein Staatsverbrechen ungeſtraft zu laſſen, und
ſie würden in ihrem Urtheilen den Regeln der Pflicht und
Gerechtigkeit folgen: ſo ruften ſie aus: „Wir haben
„einen Prinzen, der Gott liebt, der gerecht iſt, und der
„fromm und gottesfürchtig lebt. Beflecket euer
„Schwerd nicht mit Blut. So groß die Bosheit die-
„ſer Stadt geweſen iſt, ſo iſt ſie doch nicht größer, als
„die Gnade des Kayſers.„ Zuletzt giengen ſie noch in
den Palaſt, als man eben diejenigen verurtheilen wollte,
welche des Verbrechens waren überzeugt worden. Sie
baten die Richter, nur noch einige Tage die Sache auf-
zuſchieben, und neue Befehle vom Hofe zu erwarten.
Sie ſtellten vor, ſie wollten zum Kayſer gehn, und ihn
durch ihre Thränen und Bitten bewegen, daß ſie dasjenige erlangen, was ſie ſuchten.

§. 82.

Eben zu dieſer Zeit kam der Biſchof aus dieſer betrübten Stadt zu Conſtantinopel an, deß wegen der Än-

T

fang

fang der Fasten abgezielt war, und weder die Kälte der
Jahrszeit, noch die Unbequemlichkeit der Reise, noch sein
eignes Alter geachtet hatte.. Er gieng in den Palast,
wo der Kayser war, und blieb weit entfernet von ihm stehen, gleich als wenn er durch Furcht, Schaam und
Schmerz zurückgehalten würde. Er schwieg stille, und
schlug die Augen zur Erde nieder, so traurig und so bestürzt, als wenn er selbst schuldig gewesen wäre, und vor
sich um Vergebung bitten wollte.

Dadurch suchte dieser Bischof das Gemüth des Theodos nach und nach vorzubereiten, und es durch seine
Seufzer und Thränen zu rühren, ehe er ihm noch durch
seine Vorstellungen zureden wollte. Der Kayser trat
näher zu ihm, und sagte mit vieler Bescheidenheit zu
ihm: „Er hätte große Ursache, über die Einwohner zu
„Antiochien Klage zu führen; er hätte diese Stadt al-
„len andern seines Reiches vorgezogen; er glaubte nicht,
„daß er ihnen Unrecht gethan hätte.„ Er hielt bey
diesen Worten inne, und nachdem der Bischof seine Thränen abgewischt hatte, so unterbrach er auf einmal sein
Stillschweigen.

§. 83.

Er fieng seine Rede mit einem aufrichtigen und
ernstlichen Bekenntniß des Verbrechens an, welches die
Einwohner zu Antiochien begangen hatten, und gestund
selbst zu, daß keine Strafe ihrer Bosheit gleich zu schätzen wäre. Nachdem er ihren Undank auf das ärgste
beschrieben hatte, so stellte er ihn alsdann mit der höchsten Güte des Kaysers in Vergleichung, und stellte ihm
vor, daß, je größer die Beleidigung wäre, desto herrli-

oder

ter und desto rühmlicher würde die Gnade seyn, die er
ihnen erzeigen würde. Er stellte ihm das Beyspiel des
Constantius vor, welcher, da er von seinen Hofleuten genöthiget wurde, an einigen Rebellen Rache auszuüben,
welche eine von seinen Statüen mit Steinwürfen ver-
unehret hatten, weiter nichts that, als mit der Hand
über sein Gesicht fuhr, und ihnen lächelnd antwortete:
Er fühlte nicht, daß er verwundet wäre. Er stellte
ihm seine eigne Gnade vor Augen, und erinnerte ihn an
eins von seinen Gesetzen, in welchem er befohlen hatte,
daß man zur Zeit des Osterfests die Gefängnisse öfnen,
und den Missethätern Gnade erzeigen sollte. Daselbst
fügte er noch diese merkwürdigen Worte hinzu:
„Wollte Gott! ich könnte selbst die Todten auferwecken.„

Er stellte ihm noch weiter vor, daß es nicht um die
Erhaltung der Stadt Antiochien, sondern um die Ehre
der christlichen Religion selbst zu thun sey. „Die Ju-
„den, sagte er, die Heyden, selbst die Wilden, bey denen
„sich der Ruf von dieser Begebenheit ausgebreitet hat,
„haben aller Augen auf Sie gerichtet, und warten auf
„das Urtheil, das Sie sprechen werden. Wenn sie den-
„selben vergeben, so werden sie alle dem Gott der Christ-
„ten die Ehre geben, ihn loben; und einer zum andern
„sagen: Diese Religion ist mächtig, welche den Zorn
„der Kayser mässiget, und der Gott der Christen ist groß,
„weil er die Menschen über die Natur erhöhet, und sie
„die Macht ihrer Leidenschaft überwinden läßt.„

Um dem Kayser bey dieser Vorstellung die politischen Absichten eines bösen Exempels, wenn er sie ungestraft liesse, zu benehmen, so stellte er ihm vor, es geschehe
nicht aus einem Unvermögen sich zu rächen, weil er ih-

nen vergebe, sondern bloß aus Gnaden und um der
Religion willen; und die Stadt Antiochien wäre durch
ihr Schrecken mehr gestraft worden, als wenn sie durch
Schwerd oder Feuer verwüstet wäre. Endlich versicherte er, daß er nicht eher wieder nach Antiochien zurückgehen wollte, bis diese Stadt wieder die Gnade des
Kaysers erlanget haben würde.

§. 84.

Theodos konnte nicht länger der Macht dieser Rede
widerstehen. Es kostete ihn Mühe, sich der Thränen
zu enthalten, und da er seine innerliche Bewegung so viel
als möglich zu verbergen suchte, so sagte er nur diese
wenigen Worte: „Wenn Jesus Christus den Menschen,
„die ihn kreuzigten, hat vergeben wollen, sollte ich denn
„nicht meinen Unterthanen, die mich beleidiget haben,
„auch vergeben, der ich doch nur ein sterblicher Mensch,
„wie sie sind, und ein Knecht meines Herren bin.„ Hierauf fiel ihm Flavian zu Füßen, und wünschte ihm alle
mögliche Glückseligkeit, die er durch diese Handlung verdiente; und da dieser Bischof einige Lust bezeigte, das
Osterfest aber in Constantinopel zu bleiben, so sagte Theodos zu ihm: „Gehe, mein Vater, und verzögere den
„Trost nicht einen Augenblick länger, welchen euer Volk
„bey eurer Zurückkunft erhalten wird. Ich weiß, daß
„es noch in Furcht und Traurigkeit ist. Reise sogleich
„ab, und bringet ihnen auf das Osterfest die Erlassung
„ihres Verbrechens. Bittet Gott, daß er meine Waf-
„fen segne, und seyd versichert, daß ich nach diesem
„Kriege selbst kommen werde, Antiochien zu erlösen.„

§. 85.

Man kann aus dieser Erzählung die Bosheit des Geschichtschreibers Zosimus erkennen, der sich bemühet, den ungerechten Zorn der Einwohner zu Antiochien dadurch zu entschuldigen, daß er die Empörung der strengen Regierung des Kaysers Theodos zuschreibt. Er sagt nichts von der Reise des Flavian, und eignet den glücklichen Ausgang dieser Begebenheit dem Sophisten Libanius zu, wider alle historische Wahrscheinlichkeit, und wider das eigne Zeugniß der damaligen Schriftsteller, und besonders des heil. Chrysostomus. Hieraus kann man sehen, daß die beyden Reden über die Statüen, welche wir noch unter den Werken dieses Sophisten antreffen, erst nach seinem Tode sind verfertigt worden.

Da die Sache von Antiochien so glücklich war geendigt worden, so geschah die Zurückkunft des Bischofs gleichsam im Triumph. Man bestreute die öffentlichen Straßen mit Blumen, man zündete allenthalben Fackeln an, und ein jeder war von der Gnade des Kaysers gerühret, und that für ihn und den glücklichen Fortgang seiner Waffen die eifrigsten Wünsche.

§. 86.

Zu dieser Zeit eben nöthigte er die Wittwe Olympias, auf Verlangen eines von seinen Anverwandten, sich zu verheyrathen. Sie war eine Tochter des Seleukus, und Enkeltochter des Ablavus, Großschatzmeisters des Reichs, unter der Regierung des Constantius. Sie war mit einem jungen Herrn, Nebridius verheyrathet worden. Verschiedene Bischöfe waren bey ihrer Hochzeit gegen-

T 3   wärtig

wärtig gewesen, und da sich Gregorius von Nazianzen
nicht selbst dabey hatte mit einfinden können, so hatte er
ihr einige Verse, in Form eines Hochzeitgedichts, zugeschickt. Sie wurde schon nach zwanzig Monaten Wittwe,
und verlangte nunmehr, sich weiter mit niemanden, als
mit Gott allein zu verbinden. Elpidus, ein Spanier
von Geburt, und ein Verwandter des Kaysers, bezeigte
ein außerordentliches Verlangen sie zu heyrathen; denn
außerdem, daß sie aus einem hohen Hause stammte, und
sehr schön war, so besaß sie noch sehr große Reichthümer.
Ob er gleich alles mögliche versucht hatte, ihre Liebe zu
gewinnen, so hatte es ihm doch noch nicht gelingen wollen. Er gieng zum Kayser und bat ihn, er möchte ihm
doch die Gunst der Olympias mit helfen erlangen. Theodes, der über alles das, was seine Verwandtschaft betraf, sehr gerührt war, und auch sich selbst schon überreden konnte, daß sein Schutz und die Ehre seiner Freundschaft diese junge Wittwe bewegen würde, ließ ihr diese
Heyrath vorschlagen; allein, er konnte nichts über ihr
Herz gewinnen. Sie antwortete mit vieler Bescheidenheit und Großmuth zugleich: „Sie würde stets mit der
„größten Hochachtung alles dasjenige annehmen, was
„ihr der Kayser anrathen würde, aber sie bäte ihn, er
„möchte ihr erlauben, sie ohne alle Verbindung leben zu
„lassen; wenn sie der Himmel im Stande der Ehe hätte
„haben wollen, so würde er ihr nicht ihren Mann ge-
„nommen haben; und da Gott dieses Band getrennt
„hätte, so wäre sie entschlossen, sich ihm nun allein zu
„widmen, und nur allein zu seinem Gefallen und zu sei-
„nem Dienste zu leben.„

§. 87.

§. 87.

Theodas hielt es nicht für billig und gerecht, sie mit Gewalt dahin zu bringen, daß sie die von ihm geschehenen Vorschläge annehmen müßte. Allein, da es ein Unglück der Regenten ist, daß sie nicht allein ihren eignen Leidenschaften, sondern auch noch den Leidenschaften anderer unterworfen sind, so ließ er sich wider sie einnehmen. Die Anverwandten, welche man bestochen hatte, beklagten sich darüber, daß, da sie vorher eine Frau von vielem Vermögen gewesen wäre, so suchte sie dasselbe ihr auf Anrathen einiger eigennützigen Geistlichen, die sie ganz regierten, durch Geschenke und unmäßige Almosen durchzubringen. Auf diese Klage befahl der Kayser, daß der Statthalter zu Constantinopel über das Vermögen der Olympias die Aufsicht und Verwaltung haben sollte, bis sie dreyßig Jahr alt wäre. Elpidius ließ diesen Befehl auf das genauste erfüllen. Man nahm dieser tugendhaften Dame alle Gewalt über ihre Einkünfte; man ließ ihr nicht einmal die Freyheit, einige Gemeinschaft mit den Bischöfen zu haben, noch in die Kirche zu gehen, damit sie durch die bittere Empfindung der Armuth und Knechtschaft genöthigt würde, in die Heyrath, die sie vorher abgeschlagen hatte, zu willigen. Allein, sie konnte nicht durch ein so ungerechtes und heftiges Verfahren von ihrem Vorsatze wankend gemacht werden. Sie erduldete es nicht allein gelassen, sondern auch mit Freuden, und nachdem sie zu Gott gebetet hatte, so schrieb sie dem Kayser in folgenden Worten: „Gnä„digster Herr! Sie haben sich gegen mich nicht allein „als ein Kayser, sondern auch als ein Bischof bezeigt, „daß Sie mich von der Sorge meiner zeitlichen Güter,

„und von der Gefahr, einen übeln Gebrauch davon zu
„machen, befreyet haben. Nunmehro bin ich von dieſer
„Laſt entledigt. Die Gnade würde vollkommen ſeyn,
„wenn Sie beſehlen wollten, daß man mein Vermögen
„den Armen und der Kirche austheilte. Ich habe ſchon
„längſtens gefürchtet, daß die Eitelkeit die Frucht mei-
„ner Almoſen verhindern möchte, und daß die Unruhe
„der zeitlichen Reichthümer mich gegen die geiſtlichen
„unachtſam und nachläßig machen würde.„

§. 82.

Sie mußte in dieſem Zuſtande bleiben, bis der Krieg
gegen den Maximus glücklich geendigt war. Da hierauf Theodos alsdenn einſah, daß er hierinnen übereilet
worden wäre, und das Unglück bedauerte, das ſie ſo
großmüthig ausgeſtanden hatte, ſo ſchenkte er ihr ihre Güter und Freyheit zugleich wieder. Sie verwaltete alsdenn das Amt einer Diakoniſſin in der Kirche zu Conſtantinopel, und gab das herrlichſte Beyſpiel der Beſcheidenheit, Klugheit, Gottesfurcht und einer gänzlichen Ver-
läugnung aller irrdiſchen Sorgen und Eitelkeiten.

§. 83.

Bald zu Anfange des Frühlings erklärte Theodos,
der die Geſandten des Maximus bisher noch in Unge-
wißheit gelaſſen hatte, öffentlich, daß er Krieg mit ihm
anfangen würde, und reiſte ſogleich von Conſtantinopel
ab, woſelbſt er ſeinen Sohn unter der Aufſicht des Tatian, eines klugen, treuen und erfahrnen Mannes zurück
ließ, den er ausdrücklich von Aquileja hatte kommen laſſen — Ihn zum General über — zu machen;

er

er ließ ihn aber nach der Aufsicht des Philosophen Themistius, den er ihm zum Lehrmeister gab. Seine Gesandten hatten auf seinen Befehl den Frieden mit allen
benachbarten Provinzen des Reichs erneuert. Er hatte
die besten Soldaten von den Gothen, Hunnen, Scythen
und Alanen in seine Dienste genommen, sowohl um seine
Armee zu verstärken, als die Wilden zu schwächen, die
ihm vielleicht verdächtig waren. Arbogastes hatte ihm
ein beträchtliches Corps Franzosen und Sachsen zuge-
führet. Die größten und erfahrensten Generale, die unter ihm commandiren sollten, hielten so viele verschiedene
Truppen in gehöriger Zucht und Ordnung. Mit einem
Worte, er hatte für alles gesorget, was irgend fähig seyn
konnte, ein für die Ehre und das Wohl des Reichs so
wichtiges Unternehmen zu begleiten.

Aber seine vornehmste Sorge war gewesen, wie er
den Segen des Höchsten über seine Armee ausbreiten,
und sich durch Gottesfurcht und Frömmigkeit zum Siege
geschickt machen könne. Er ließ öffentliche Andachten
anstellen, und schrieb zu den so berufenen Einsiedlern von
Aegypten, daß sie in ihrem Gebete zu dem Höchsten für
den glücklichen Ausgang dieses Krieges bitten sollten.
Besonders fragte er den heil. Abt Johannes um Rath,
der ihm die sichersten Versicherungen machte, daß er gewiß den Sieg davon tragen würde. Dieser bewunderns-
würdige Mann, der gleichsam das Orakel seiner Zeit
war, sagte ihm die vornehmsten Veränderungen seiner
Regierung, seine Kriege, seine Siege, ja selbst den Einfall
der Wilden voraus, welches er alles bis auf die geringsten Umstände anzeigte.

T 5   §. 90

§. 90.

Es war nicht genug, daß der Kayser die Hülfe des Himmels durch Gebet und Flehen suchte, er wollte sie auch durch gute Handlungen verdienen; denn ehe er von Theßalonich abreiste, so erneuerte er seine alten Edikte, und gab deren noch neue wider die Ketzer; er verbot ihnen, Zusammenkünfte anzustellen, den Namen der Bischöfe weder zu geben noch anzunehmen, und befahl hingegen dem Magistrat, sie sollten verhindern, daß diese unheiligen Religionen, welche sich wider die wahre verschworen zu haben schienen, weder öffentlich noch insgeheim ihren lästerlichen Gottesdienst halten dürften. Und da die Arianer einige von seinen vorhergehenden Befehlen zu ihrem Vortheil ausgelegt hatten, so machte er nunmehro durch ein besonderes Gesetz bekannt, daß alles, was sie vielleicht zu ihrem Besten wider den deutlichen Namen, falsch und seiner Absicht zuwider seyn sollte. Durch so großen Eifer für den Schutz seiner Kirche suchte er Gott zu bewegen, ihn auch zu beschützen, und gieng also, von einer heiligen Zuversicht ermuntert, seine Truppen zu verstärken.

§. 91.

Da Maximus sah, daß man seinen Gesandten keine entscheidende Antwort gegeben, so hatte er sich nicht allein zur Vertheidigung, sondern auch, wenn es nöthig wäre, zum Angriff fertig gemacht. Um sich der Gallier in seiner Abwesenheit zu versichern, hatte er seinen Sohn Victor unter der Anführung des Marndus und Ononius, seiner Generale, zurückgelassen. Ein Theil von den deutschen Völkern, von denen er große Geldsummen erpresst hatte,

hatte, kamen ihm zu Hülfe; und er konnte allerdings
mit der Anzahl und Tapferkeit seiner Soldaten zufrieden
seyn. Er theilte sogleich seine Armee in drey Corps.
Er schickte den Andragatius mit dem Befehl ab, die einigen Pässe von den Alpen zu besetzen. Er ließ seinem
Bruder Marcellus sagen, er sollte sich der Küste der Drau
mit einem Theil der Hülfstruppen bemächtigen, und es
selbst genug mit römischen Legionen auf Pannonien zu
Nachdem er sich also der Gebirge und der Flüsse bemächtigt hatte, so glaubte er, nunmehro alle Zugänge von
Italien verschlossen zu haben, und machte seine Rechnung
so, daß er sich in kurzer Zeit mit seinem Bruder vereinigi-
gen könnte, wenn er es vor nöthig halten würde.

§. 92.

Theodos war kaum von Constantinopel abgegangen,
da er alsbald Nachricht erhielt, es hätte sich eine Verrätherey unter seiner Armee angefangen, woselbst Marianus
schon einige Officiere auf seine Seite gezogen hätte, und
man müßte diesen listigen Anschlägen eines solchen Bube-
bes Einhalt thun, der mehr die Truppen zu bestechen,
als zu schlagen gewohnt wäre. Diese Nachricht wurde
von glaubwürdigen Leuten berichtet, und die bisherige
Aufführung des Marianus machte ihm die Sache nur allzu
wahrscheinlich. Der Kaiser rückte sogleich in größter
Eil mit seiner Armee an, und ließ nach den Urhebern
der des Marianus forschen, und eine Untersuchung wieder diejenigen anstellen, die mit ihnen einige Gemeinschaft
gehabt hatten.

Der Ruf von dieser Verrätherey breitete sich sogleich
aus, die man gar bald zu entdecken hoffte, und die Verräther

nicht glaubten wohl, daß ſie der Strafe, die ſie verdienet hatten, nicht entgehen würden, wenn ſie ſich nicht alſobald durch die Flucht zu retten ſuchten. Sie redeten inzwiſchen die Art und den Ort ab, wenn ſie entfliehen wollten, ſie verſammelten ſich des Nachts, und liefen in die Wälder von Macedonien, um ſich daſelbſt zu verbergen. Da Theodos des Morgens hörte, daß ein Bataillon von Wälſchen entflohen wäre, ſo fürchte er, ſie möchten vielleicht Truppen aus ihrem Lande an ſich ziehen, und damit ſie nicht die Ruhe dieſer Provinz in ſeiner Abweſenheit ſtören möchten, ſo ſchickte er einige Eſcadrons ab, die ſie verfolgen ſollten; Dieſe machten den größten Theil von ihnen nieder, ehe ſie noch die Wälder erreichen konnten, und nöthigten die übrigen, auf die Gebirge zu flüchten.

§. 92.

Nachdem Theodos alſo dieſen Aufruhr geſtillt hatte, ſo ließ er den Valentinian und die Kayſerinn Juſtina wieder zu Schiffe ſetzen, und ſicher nach Rom begleiten, entweder, weil ſie Italien zurück begehret hatten, oder weil er glaubte, daß ihre Gegenwart dieſem Volke wieder neuen Muth machen würde, welches eine große Zuneigung und Liebe vor ſie hätte, und die Tyranney des Maximus nicht ertragen konnte. Nach dieſem machte er ſehr ſcharfe Verordnungen, die Kriegszucht der Soldaten betreffend, und nöthigte alle Officiere, dieſe genau zu erfüllen, damit man die Gerechtigkeit ſeiner Sache durch die Beſcheidenheit ſeiner Truppen erkennen, und den Unterſchied zwiſchen der Armee eines Kayſers und eines Tyrannen wahrnehmen könne.

Dieſe

Diese Befehle wurden so genau beobachtet, daß nicht
die geringste Verwirrung noch Unruhe unter so vielen
verschiednen Völkern entstand, die ohne Ordnung und
Zwang zu leben gewohnt waren. Weder Städte noch
Dörfer hatten Ursache, sich über ihren Durchmarsch zu
beschweren; und da sie sogar an Lebensmitteln einige
Tage einen Mangel gehabt hatten, so war dennoch kein
einziger Soldat, der nicht lieber den Hunger geduldig
getragen, als etwas thun wollen, was dem Kayser hätte
mißfallen können.

§. 94.

Da also alles eingerichtet und angeordnet war, so
marschirte Theodos auf das eilfertigste und glaubte, daß
der gute Erfolg dieses Feldzuges eines Theils von der Geschwindigkeit seines Marsches abhangen würde. Pro-
moerus commandirte die Cavalerie, Timasius führte die
legionen an, Arbogastes und Richomer führten den größten Theil der Wilden, die Hülfsvölker waren, der Kayser
aber hatte die Aufsicht über alle. Er theilte, so wie
Maximus, seine Armee in drey Corps, um theils dadurch
den Weg zu verbergen, den er nehmen würde, theils aber
auch, um seine Leute desto besser in Ordnung zu halten.

Da er auf der Seite von Pannonien anrückte, so
erhielt er die Nachricht, daß Maximus hatte gewußt,
und seine Armee in der Gegend von Siscia gelagert
hätte. Dieses war eine Stadt, die weder durch ihre
Größe, noch durch ihre Bestungswerke, noch durch ihre
vortheilhafte Lage bekannt war. Der Tyronn, Magnentius, hatte sich derselben einmal im Kriege wider den
Kayser Constantius bemächtigt.

Theo-

Theodon zog auf einmal alle seine Truppen zusammen, und zwar mit solcher Geschwindigkeit, daß er sich zwischen die Drau und Sau gelagert hatte, ehe es der Feind verhindern konnte, und benahm ihm dadurch alle Gemeinschaft mit seinen beyden Armeen. Da er alsdenn sah, daß es schwer seyn würde, den Marimus zu einem Haupttreffen zu bewegen, so faßte er den Entschluß, über die Sau zu gehen, es möchte kosten was es wollte, und ihn in seinen Posten anzugreifen. Er machte hierauf sein Vorhaben seinen Generalen bekannt; die die Vollziehung desselben für sehr gefährlich hielten. Nichtsdestoweniger ließ sie die Gegenwart des Kaisers, der seinen Truppen Muth machte, die Tapferkeit und Klugheit der Officiere, die Kühnheit und Herzhaftigkeit der Soldaten hoffen, daß ihnen nichts unmöglich seyn würde.

Der Kaiser machte sich diesen Muth und dieses große Zutrauen, das er bey seinen Truppen bemerkte, gar wohl zu Nutze, marschirte mit einer außerordentlichen Eilfertigkeit, und gelangte bey Sissieg an. Er erregte ein Schrecken in ihrem ganzen Lager, und ließ zu gleicher Zeit an verschiednen Oertern des Flusses versuchen, wo man hinübersetzen könnte. Marimus, der aus Blödheit glaubte, daß Theodon noch sehr weit entfernt wäre, wurde sogleich überfallen. Er bemühete sich, seine Leppoten auf zumuntern, ließ sie so weit als möglich verrücken, und glaubte, daß, wenn sie die erste Wuth ausgehalten hätten, so würde es ihm alsdann etwas leichtes seyn, sie wieder herum veste zu setzen. Da unterdessen Theodon, der an den Fluß angerückt war, um die Standhaftigkeit der Feinde zu beobachten, durch ihre Bewegungen und Verwirrung sah, daß sie völlig zum Weichen gebracht wer-

den

den waren, so hätte er sie auch gern angreifen wollen, ohne ihnen einige Zeit zu lassen, sich wieder zu erholen; allein, der Fluß war sehr tief, und Marianus schickte ihrs neue Truppen, um diejenigen zu verstärken, die schon an dem Ufer waren. Da er nunmehr den unglücklichen Augenblick verstehe, der diesen Krieg auf einmal hätte endigen können, und befürchtete eine Gelegenheit zu sehen vorbeygehen zu lassen, welche ihm das Glück vielleicht nicht mehr wieder verschaffen würde, so ließ er mit unglaublicher Geschwindigkeit Brücken bauen.

§. 95.

Da er sich in dieser Unruhe befand, so brachte ihm Arbogastes einige Officiere seiner Nation herbey, die sich anboten, über den Fluß zu setzen. Der Kayser lobte ihre Entschließung, versprach ihnen große Belohnungen, und versicherte sie, daß er ein Zeuge ihrer Tapferkeit seyn würde, und sie selbst mit allem, was er von tapfern Soldaten bey seiner Armee hätte, unterstützen wollte. Diese Officiere vereinigten ihre Eskadrons, die sie alsdenn mehr durch ihr eigenes Beyspiel, als durch Worte aufzumuntern suchten. Arbogastes führte sie selbst an, und da sie sich zu gleicher Zeit auf einmal alle in den Fluß stürzten, so schwammen sie zu Pferde glücklich hinüber, vor dem Angesichte des Kaysers, der sie selbst unterstützte.

Die Feinde, die über eine so vermessene Entschließung erschrocken waren, flohen in größter Unordnung und Bestürzung, und machten unter den übrigen von der Armee Schrecken. Da Arbogastes unterdessen das Ufer erreichet hatte, so machte er alles, was ihm vorkam, darnieder, die andern

andern Truppen, die Theodos auch sogleich übersetzen ließ, überfielen den Feind auf einer andern Seite, und machten ein groß Blutbad unter ihnen. Viele stürzten sich selbst in den Fluß. Viele wurden unter den Füßen der Pferde zertreten. Das Feld war mit Todten bedeckt, die Gräben von Grässig waren mit Körpern von denjenigen angefüllt, die darein geflohen waren. Nachdem nun Maximus schon zu verschiedenen malen seine Truppen wieder zu vereinigen umsonst versucht hatte, so war er endlich nur allein auf seine eigene Rettung bedacht, und floh so gut er konnte, nach Aquileja, wo er die Ueberbliebenen von seiner Armee wieder zu sammeln suchte, da unterdessen Marcellin, sein Bruder, den Eingang von Italien vertheidigen sollte.

§. 96.

Nachdem Theodos Gott vor seinem Sieg gedankt, und alle diejenigen sogleich belohnt hatte, die sich bey dieser Gelegenheit besonders hervorgethan hatten, so gieng er mit solcher Eilfertigkeit auf den Marcellin los, daß er ihm keine Zeit übrig ließ, die Alpen zu erreichen, ja selbst nicht einmal die Niederlage seines Bruders zu erfahren. So bald als er bey Pettau, unter kleinem Stabe an der Drau, angelangt war, wo sich Marcellin gelagert hatte, so beschloß er, ihn noch denselben Tag anzugreifen; allein es war späte, und die Truppen waren ermüdet: Die- se rietheten ihm, die Schlacht auf den folgenden Tag zu verschieben. Ein jeder machte sich die Nacht durch dazu fertig, und bey Anbruch des Tages ließ der Kayser den Feind angreifen, der sich tapfer zu vertheidigen schien. Der Streit fieng auf beyden Seiten hitzig an. Auf der

einen

einen Seite machte die Begierde zu überwinden, das
Vergnügen einem Fürsten zu dienen, welcher die Dienste,
die man ihm leistete, belohnte; auf der andern aber die
Hoffnung, ganz Italien zu berauben, und die Furcht, ge-
straft zu werden, den Streitern Muth. Allein, Mar-
cellin hatte gar bald eben das Schicksal seines Bruders.
Nach dem ersten Widerstande wurden einige von seinen
Truppen in Unordnung gebracht, die andern aber war-
fen ihre Fahnen und Waffen nieder, und baten um
Pardon.

§. 97.

Da Theodos diesen Krieg beynahe geendigt sah, so
schickte er sogleich den Arbogastes mit einem Corps von
der Cavalerie ab, daß er den jungen Victor in Gallien
auffangen sollte, welchem Maximus den Titel des Cäsars
gegeben hatte. Hierauf verfolgte er die Flüchtlinge auf
das hitzigste. Andragatius, der es auf sich genommen
hatte, die Alpen zu bewachen, hatte Befehl erhalten, bey
dem ersten Ruf von der Einschiffung des Valentinian,
sich mit allen Schiffen, die er zusammen bringen könnte,
aufs Wasser zu begeben, und ihn auf seinem Wege gefangen zu nehmen. Allein, er erwartete auf der Seite
von Istrien den Valentinian umsonst, der schon fort
war, und er überließ also die Zugänge der Gebirge dem
Theodos.

Dieser fand daselbst keinen Widerstand. Die Stadt
Hemone, und andere, die sich auf seinem Wege befanden,
nahmen ihn mit einer außerordentlichen Freude auf, und
verschafften seiner siegenden Armee alle Erfrischungen,
deren sie benöthigt war. Endlich gelangte er bey Aqui-

U

leja an, und machte sogleich den Anfang von der Belagerung dieses Orts. Maximus, der sich nach verschiednen Umwegen daselbst eingeschlossen hatte, anstatt,
daß er nach Gallien hätte gehen sollen, sah nunmehro
gar wohl, daß er einem Unglück nicht entgehen könnte,
das er voraus hätte sehen sollen, und erinnerte sich zugleich an dasjenige, was ihm der heil. Martinus vorhergesagt hatte, daß er ebendiglich in Italien umkommen
würde. Er wollte zwar einigen Widerstand thun: Da
aber seine Soldaten ihren Verlust vor Augen sahen, so
öffneten sie den Belagerern die Thore, und bemächtigten sich alle zugleich seiner Person, stießen ihn vom
Throne, woselbst er eben einigen Cavalieren von den
Mauren, die ihm gefolgt waren, Geld austheilte, und
nachdem sie ihn alles Schmucks seiner Würde beraubt
hatten, so brachten sie ihn dem Ueberwinder dar.

Theodos mißbrauchte seinen Sieg nicht. Er schien
mehr über das Unglück dieses Tyrannen gerührt, als
über sein Verbrechen erzürnt zu seyn. Er hielt ihm
seine Untreue vor, mit einem solchen Bezeigen, welches
mehr Mitleiden als Zorn anzeigte; und da er über die
Gerechtigkeit der Gerichte Gottes, und über die Unbeständigkeit der menschlichen Hoheit Betrachtungen anstellte, so krönte er alsdann nach seinem Sieg mit einer
Handlung, die voll christlicher Großmuth war, dadurch,
daß er seinen Gefangnen verzeihen wollte. Allein, da
er sich ein wenig wegwendete, um diese mitleidsvolle
Bewegung zu verbergen, die man an seinem Gesichte
sehen konnte, so entrißen ihm die Soldaten seiner Gnade,
und als sie ihn aus dem Zelte herausgezogen hatten, so
ließen sie ihm vor dem Angesichte der ganzen Armee den

Kopf

Kopf abschlagen. Da Andragathus einige Zeit dernach diese Nachricht hörte, und nicht hoffte, daß der Mörder des Gratian die Gnade des Theodos erlangen könnte, so wollte er sich lieber ins Meer stürzen, als ihm in seine Hände fallen.

§. 98.

Ein so glücklicher und geschwinder Erfolg, welcher das Reich des Occidents wiederbrachte, und auch den Orient dem Theodos und seinen Kindern sicher stellte, ward allenthalben bekannt gemacht. Aber die Güte und Bescheidenheit des Ueberwinders machte seinen Triumph noch herrlicher. Denn er begnügte sich mit dem Tode zweyer oder drey Personen, die der Gnade unwürdig waren, und nahm die andern alle nicht als ein Ueberwinder, sondern als ein Vater an. Es waren da weder eingezogene Güter, noch verlohrne Chargen, noch vergoßnes Blut. Ein jeder hatte die Freyheit, in sein Haus zurück zu kehren, und unter einem so gütigen Prinzen wurde es fast niemand gewahr, daß er überwunden worden war. Er gab sogar der Gemahlinn des Maximus große Summen, er ließ ihre Töchter mit Sorgfalt erziehen, und vergaß nichts von alle dem, was sie in ihrem Unglück trösten konnte. Er hätte dem Victor, ihrem Bruder, eben diese Gnade erwiesen, wenn ihn nicht Arbogastus wider seine Absicht hätte tödten lassen, um sich dadurch Gallien zu versichern, und daselbst alle Gelegenheit zu einem Aufstande zu benehmen. Was noch am größten und heldenmüthigsten bey diesem Feldzuge gewesen ist, war nicht, daß er das ganze Reich des Occidents erobert, sondern daß er es wiedergegeben hatte. So

bald

bald als er sich desselben bemächtiget, so setzte er den jungen Valentinian wieder daselbst ein, fügte noch neue Provinzen zu denen hinzu, die man ihm genommen hatte, und befahl vor alle seine Bemühungen keine andere Belohnung, als den Ruhm eines uneigennützigen Schutzes.

§. 99.

Der Ruf von diesem Siege setzte die Arianer zu Constantinopel in Erstaunen, den sie nicht vermuthet, und selbst nicht gewünschet hatten. Erzürnt über die strengen Befehle, die man wider sie gegeben hatte, breiteten sie boshafter Weise ein falsches Gerücht in der Stadt aus, und endigten diesen Krieg nach ihrem Verlangen, ehe er noch selbst war angefangen worden. Sie versicherten, daß Theodos die Schlacht verlohren hätte, daß er kaum selbst noch davon gekommen wäre, und daß er vor dem Maximus flöhe. Sie machten diesen Irrthum durch verschiedne Umstände, die sie noch dazu setzen, wahrscheinlich, und wußten sogar die Anzahl der Todten und Verwundeten anzugeben. Man sagte, sie wären die Zuschauer von dem gewesen, was noch nicht geschehen war. Sogar diejenigen, die dieses falsche Gerüchte ausgestreuet hatten, nahmen es alsdenn vor wahr an, und glaubten den Verlust des Kaysers gewiß, weil sie ihn wünschten. Da es stets unruhige Köpfe giebt, die aus einem natürlichen Leichtsinn oder aus besondern Eigennutz sich über das gegenwärtige Regiment beschweren, so machten so viele diese Neuigkeit bekannt, an welcher niemand mehr zweifelte, oder dieselbe zu läugnern sich unterstund.

§. 100.

§. 100.

Die Arianer bedienten sich dieser Gelegenheit, um sich deswegen zu rächen, weil man ihnen ihre Kirche genommen hatte. Sie giengen aus ihren Häusern heraus wie Furien, und hatten Fackeln in der Hand; und da sie überall Unordnung und Aufstand verursachten, so giengen sie sogar den Palast des Patriarchen Nectarius anzuzünden. Sie hätten sich noch in mehrere Ausschweifungen eingelassen: Allein, da die Nachricht von dem Siege des Theodes fast zu gleicher Zeit angekommen war, so schränkte nunmehro die Furcht vor der Strafe den fernern Fortgang dieses Aufstandes ein, welchem die Hoffnung, daß man keine Rache weiter fürchten dürfte, erregt hatte. Diese Ketzer fielen dem Arcadius zu Füßen, und baten ihn so sehr, er möchte doch für sie bey seinem Vater bitten, daß er endlich durch ihr Bitten, durch die Reue, die sie über ihr Verbrechen bezeigten, und durch die Versprechungen, die sie thaten, nachgiebige demütiger und ruhiger zu seyn, bewegt wurde, und für sie zu bitten versprach. Theodes, der nichts so sehr wünschte, als seinen Sohn zur Gnade zu gewöhnen, und ihn gleichsam aufzumuntern, solche Bitten mehr zu thun, bewilligte sogleich dasjenige, warum er gebeten hatte.

Nachdem sich der Kayser eine Zeitlang in Aquileja aufgehalten hatte, damit er von den Beschwernissen des Krieges ausruhen, und die nöthigen Befehle vor die Ruhe und Sicherheit des Reichs geben könnte, so gieng er nach Mayland, woselbst er ein Edict ausgehen ließ, in welchem er alle Verordnungen des Maximus aufhob, und das Andenken derselben ganz und gar vertilgen wollte. Zu

dieser

dieſer Zeit geſchah es, daß einige Biſchöfe ſich über ein
Urtheil beklagten, das er gefällt hatte, und ſuchten den
Eifer des heil. Ambroſius dadurch wider ihn aufzu-
bringen.

§. 101.

Es war die Gewohnheit der Kirchen des Orients,
alle Jahre das Andenken der heil. Märtyrer zu verehr-
ren, ſich an Tage ihrer Feſte zu verſammeln, Proceſſio-
nen anzuſtellen, und Pſalmen und Hymnen zu ſingen.
Den erſten Auguſt hatten ſich einige Einſiedler verſammelt, um das Feſt der heil. Marabber zu feyern, und
giengen in Proceſſion aufs Land, da ſie denn von vielen
andächtigen Perſonen aus ihrer Nachbarſchaft begleitet
wurden.   Sie giengen vor ein Dorf, das Callicin hieß,
woſelbſt die Juden eine Synagoge, und die Ketzer Va-
lentinianer einen Tempel hatten.   Da ihnen nun entweder der Geſang der Pſalmen zuwider war, oder ſie
bloß Ceremonie für eine Beleidigung vor ihre Religion
anſahen, ſo kamen einige heraus, machten ſich über die
Chriſten her, verboten ihnen weiter zu gehn, und beleg-
ten ſie mit vielen Schimpfreden.   Der Ruf von dieſer
Gewaltthätigkeit breitete ſich ſogleich aus, die Einſiedler
beſchwerten ſich darüber, das Volk wurde darüber aufgebracht, und der Biſchof, vom Eifer erfüllt, reizte einige
ſo ſehr an, das dem Herrn und den Märtyrern angethane
Unrecht zu rächen, daß ſie die Synagoge der Juden
und den Tempel der Ketzer anzündeten.   Da der Kayſer von dieſer Sache gehöret hatte, ſo befahl er, daß der
Tempel und die Synagoge auf Unkoſten des Biſchofs
wieder ſollten aufgebaut werden, und daß diejenigen, die
ſie angezündet hätten, ſollten geſtraft werden.

§. 102.

§. 102.

Die Bischöfe des Orients hielten dafür, daß dieser Befehl sehr hart wäre; sie gaben dem heil. Ambrosius davon Nachricht, und baten ihn, er möchte alles mögliche thun, um die Sache zu hintertreiben. Dieser Bischof war damals zu Aquileja, um dem Valerian, Bischof dieser Stadt, der vor kurzem gestorben war, einen Nachfolger zu erwählen. Da er den Theodos nicht antreffen konnte, so schrieb er ihm einen Brief, der voll großmüthiger Gesinnungen war, mit denen er Wahrheit und Gerechtigkeit den Kaysern zu predigen gewohnt war. Er stellte ihm vor: „Wenn er nicht das Bitten „der Bischöfe hören wollte, so würde Gott auch nicht „das Gebet erhören, das die Bischöfe vor ihn thun „würden; darinnen wäre der Unterschied zwischen gu„ten und schlimmen Fürsten, die einen wollten freye Un„terthanen, die andern aber nur Sklaven haben; was „ihn anbelange, so wollte er lieber für grob und unhöf„lich angesehen werden, als für nachläßig in irgend einer „Sache, welche die Ehre Gottes, und die Wohlfahrt „der Kaiser angienge; er hielt ihn wirklich für einen „frommen und gottesfürchtigen Prinzen, aber auch die „frömmsten ließen sich bisweilen von einem unbilligen „Eifer, und von einer falschen Vorstellung der Gerech„tigkeit übereilen. „

Nach diesem zeigte er ihm auch die Folgen von dieser Sache an: „Er nöthigte gleichsam einen Bischof, „ihm ungehorsam zu werden, oder sein Amt zu verläu„gnen; er würde dadurch entweder einen Treulosen, „oder einen Märtyrer machen. Die Feinde der Kirche

U 4   „wür-

„würden in diesen Gebäuden erkennen, die sie vom
„Raube der Christen, und von dem Erbtheile Jesu
„Christi aufgebauet hätten; es sollte schon genug seyn,
„um ihn von Erbauung der Synagogen abzuhalten,
„wenn man ihm sagte, daß es Julian hätte thun wollen,
„und daß wieder Feuer vom Himmel fallen könnte, so
„wie damals geschehen war; der Palast des Prätor=
„chen zu Constantinopel wäre erst verbrannt worden,
„und viele durchs Feuer verzehrte Kirchen rauchten noch,
„ohne daß man sie rächte; man wäre nur damit be=
„sorgt, um heidnische Tempel aufzurichten. Maximus
„hätte einige Tage zuvor, ehe er wäre von Gott verlas=
„sen worden, einen gleichen Befehl gethan.„ Er bat
ihn alsdenn, seine Freymüthigkeit als ein Zeichen der
Hochachtung anzusehen, und zu glauben, daß es eine
große Probe des Eifers und der Zärtlichkeit wäre, die
man vor ihn hätte, daß man sich sogar unterstünde, ihn
vielleicht gar wegen seiner Wohlfahrt und eignen Heils
zu erzürnen. Er vermahnte ihn noch zuletzt, seinen
Entschluß zu ändern, und sich nicht zu schämen, sich zu
bessern, und gab ihm zu verstehen, daß er sich bemühete,
ihn insgeheim zu ändern, damit er nicht genöthigt wäre,
mit ihm öffentlich in der Kirche zu reden.

§. 103.

Dieser so nachdrückliche Brief hatte noch nicht den
gewünschten Erfolg, den man hoffen konnte; und Theo=
dos verschob es stets, ihm nach seinem Begehren zu ant=
worten: Dies verursachte denn, daß ihn der Bischof
bey seiner Zurückkunft zu Mayland öffentlich vor dem gan=
zen Volke deswegen anredete, so wie er ihm gedrohet
hatte.

hatte. Denn des einen Tages, da der Kayser in der
Kirche war, um die Predigt zu hören, so erwählte er
einen Text, der zu seinem Vorhaben geschickt und bequem war, und nachdem er den Nutzen gezeigt hatte,
welchen man von den Ermahnungen machen sollte, so
gerieth er, da eben die Zuhörer in der größten Aufmerksamkeit waren, auf die Begebenheit der angezündeten
Synagoge. Er richtete seine Rede an den Kayser, und
führte Gott selbst mit diesen Worten redend ein: „Von
„mir kommt es, daß du die Krone trägst. Ich habe
„dich aus einem niedrigen Stande zum Kayser erhoben.
„Ich habe dich von der Armee deines Feindes errettet.
„Ich habe seine Person selbst in deine Hände gegeben.
„Ich habe dir Kinder gegeben, die nach ihrem Vater
„regieren werden. Ich habe dich ohne Mühe triumm-
„phiren lassen, und durch einen Befehl, den du gegeben
„hast, willst du meine Feinde triumphiren lassen.„

§. 104.

Diese Verweise machten einen so tiefen Eindruck
bey dem Theodos, daß er sogleich zu dem Bischof gieng,
da er von der Kanzel kam, und zu ihm sagte, gleichsam
als wenn er sich über ihn beklagte; „Sie haben wohl
„wider Uns geredet, mein Vater; der Bischof antwortete
ihm, seine Absicht wäre gewesen, vor ihn zu reden, und
er würde stets eben den Eifer bezeigen, so oft es seine
Seligkeit betreffen würde. Hierauf gestund er es selbst,
daß der Befehl, den er wider den Bischof hätte ergehen
lassen, zu hart wäre, und daß man ihn wiederrufen müßte.
Einige Herren, die gegenwärtig waren, wollten behaupten, um ihm zu gefallen zu reden, man möchte wenig-

stens

ferns die Einsiedler bestrafen, welche die Urheber dieser Unruhe und dieses Aufstandes gewesen waren. Aber dieser Bischof antwortete ihnen: „Ich rede gegenwärtig mit dem Kayser, und ich weis, wie ich mit Ihnen reden soll, wenn es nöthig seyn wird. Sie unterstunden sich also fernerhin nicht mehr, einem Manne zu widersprechen, dessen Freymüthigkeit Sie kannten.‟ Also erlangte er die Wiederrufung des Befehls, und nachdem er die gewissen Versicherungen darüber aus dem eignen Munde des Kaysers erhalten hatte, so preiste er deswegen den Herrn.

Zu der Zeit, da Theodos zu Mylan war, so schickten ihm alle die vornehmsten Städte des Reichs Abgesandten, um ihm die Freude zu bezeigen, die sie über seinen Sieg hatten. Der Rath zu Rom waren die ersten, die ihre Pflicht und Schuldigkeit hierinn beobachteten. Symmachus ließ heidnische Abgesandten ernennen, und befahl ihnen im Namen des Senats, um die Erhaltung des Altars der Victoria zu bitten, welchen Maximus aufgeführet hatte.

§. 105.

Dieser Altar war seit der Regierung Constantin des Großen eine Quelle des Zanks gewesen. Er war in einer Kapelle aufgerichtet worden. Man sah daselbst eine goldne Statue, welche die Victoria unter der Gestalt eines jungen Mädchens vorstellte, welche Flügel hatte, und in ihrer Hand einen Lorbeerkranz hielt. Nachdem die Heiden einen großen Theil ihrer Tempel verlohren hatten, die ihren Göttern geheiligt waren, so hatten sie die ganze Hoffnung ihrer Religion auf eine Göt-

Altar gesetzt, deren Name so angerufen war. Man schwur bey diesem Altar; man brachte ihm Opfer dar, und man erlaubte noch diesen Rest des Aberglaubens und der Abgötterey wegen der Religion des ganzen Senats. Es war den Christen allerdings ärgerlich, daß sie vor ihren Augen die Ausübung eines Dienstes sehen sollten, welcher dem ihrigen so zuwider war, und die Gebete anhören mußten, die man zu einer falschen Gottheit that.

§. 106.

Die Kayser rissen diesen Altar bald nieder, bald bauten sie ihn wieder auf, nachdem sie entweder nach den Grundsätzen der Frömmigkeit oder Politik handelten. Constantin hatte ihn aus Klugheit gelitten, denn er hielt dafür, daß diese Erlaubniß in der Veränderung der Religion und des Reichs nothwendig wäre. Constans, sein Sohn, ließ ihn darniederreissen. Der Tyrann, Magnentius bauete ihn wieder auf, einigen heidnischen Rathsherren zu gefallen, welche er dadurch auf seine Seite bringen wollte. Constantius ließ ihn bloß aus Hochmuth zerstören, denn er wollte den Römern eine gute Meynung von seinem Glauben beybringen, weil er ihnen den Pabst Liberius genommen hatte. Julian befahl, daß man ihn wieder aufrichten sollte, entweder aus großer Neigung zur Abgötterey, oder aus großem Haß gegen die Christen. Jovian und Valentinian der Große ließen ihn in dem Zustande, wie sie ihn gefunden hatten, denn sie ließen einem jeden die freye Uebung seiner Religion. Gratian aber zerstörte den Altar wieder aufs neue, und glaubte, er hätte ihn nunmehro auf

immer

immer vernichtet. Allein Maximus erlaubet alsbald, alles das wieder aufzubauen, was man nur begehrte, weil er entweder nichts mit einem Prinzen gemein haben wollte, den er hatte tödten lassen, oder weil er dadurch die Freundschaft der Helden wider denjenigen zu erlangen suchte, welchen er aus seinen Staaten vertreiben wollte.

§. 107.

Man sah also unter einem jeden Kayser das Schicksal dieser Götter verändert. Da die Abgesandten des Senats zu Milan angekommen waren, so freueten sie sich mit dem Theodos über das Glück seiner Waffen, und nachdem sie alle deswegen ihre Glückwünsche abgestattet hatten, so waren sie alsdenn mit seinen Ministern wegen ihrer Religion in Unterhandlungen. Sie konnten sich hierinnen viel gutes versprechen. Die Furcht, eine Partei von Mißvergnügten in Rom zu lassen, die Gemüthsbeschaffenheit, in welcher man sich befindet, Gnade zu erzeigen, nach einem erhaltenen Siege, schien den Theodos zu bewegen, ihnen den Altar zu lassen, um welchen sie ihn baten. Allein der heil. Ambrosius, der sich dem Symmachus schon einige Jahr vorher so tapfer entgegengesetzt hatte, war nunmehro gleichergestalt diesen Abgesandten zuwider, und stellte dem Kayser so gut vor, daß man nicht den Vortheil der Religion aus weltlichen Absichten und aus einer falschen Furcht fahren lassen müßen, daß dieser Fürst lieber den Senat unwillig machen wollte, als dasjenige zu unterlassen, was er der Kirche schuldig wäre, und schlug ihnen also dasjenige völlig ab, was sie verlangten.

§. 108.

§. 108.

Nachdem Theodos den ganzen Winter und einen Theil des Frühlings zu Mailand zugebracht hatte, so reiste er von da nach Rom ab, um daselbst die Ehre des Triumphs zu empfangen. Er hielt daselbst seinen Einzug im Monat Junius mit aller Pracht, die seinen großen Thaten gemäß war. Die größte Zierde dieses Triumphs war die Bescheidenheit des Triumphirers. Er wollte, daß Valentinian, der ihn nach der Niederlage des Maximus besuchen gekommen war, mit ihm die Ehre dieses Tags theilen sollte, und er ließ ihn auf seinen Wagen setzen, mit dem Prinzen Honorius, den er deswegen von Constantinopel hatte kommen lassen. Man trug die Beute und Bilder von den eroberten Provinzen vor ihm her. Er kam alsdenn selbst von allen Cavaliern seines Hofs begleitet. Sein Wagen wurde von Elephanten gezogen, welche der König von Persien ihm vor kurzen geschickt hatte. Der Senat, der Adel und alles Volk folgten unter einem beständigen Glückwünschungszuruf nach. Obgleich der Pomp von diesem Einzuge außerordentlich prächtig war, so sah man doch nur auf den Ueberwinder, um dessentwillen man solches alles angestellt hatte. Er redete mit dem Volke bey dem Tribun auf dem großen Platze, und mit dem Senate auf dem Capitolio mit vieler Gnade und Majestät, und nahm die Lobreden, die ihm gehalten wurden, sehr gnädig auf, besonders aber diejenige Rede, welche Pacatius mit vielem Beyfall des Senats und allen Ordnungen der Stadt vor ihm gehalten hatte.

§. 109.

§. 109.

So lange sich Theodos zu Rom aufhielt, so gewann er durch seine Höflichkeit und Aufrichtigkeit die Herzen des Volks, die sich noch immer bemüheten, einen Rest von ihrer alten Freyheit zu behaupten. Er besaß die öffentlichen Werke, und gieng ohne alle Wache und ohne Stolz, mehr wie ein Rathsherr als ein Kayser einher. Allenthalben wandte er alle mögliche Sorgfalt an, um den Rest der Abgötterey zu vertilgen, welche seine Vorfahren gebilliget hatten. Er verbot die heidnischen Feste und Opfer, er ließ alle Tempel ihrer Auszierungen berauben, die man im Capitolio gelassen hatte, und alle Götzenbilder zerbrechen, die man daselbst angebetet hatte. Er verschonte aber dennoch die Statuen, die von berühmten Künstlern waren gemacht worden, und da er sie aus denjenigen Oertern wegnahm, wo sie zur Abgötterey gedienet hatten, so wollte er nunmehro haben, daß sie in die Gallerien oder andre öffentliche Plätze zur Zierde der Stadt gestellet werden sollten.

§. 110.

Alle diese Dinge geschahen mit so vielem Vergnügen, daß der Kayser nichts so rührendes bey seinem ganzen Triumphe sah, als die Freude war, die man bey dieser Gelegenheit blicken ließ. Ein jeder unterstützte seinen Eifer, und gieng Gott zu loben, und den Theodos in diesen Tempeln, die so lange Zeit abgöttisch gewesen waren, zu segnen. Es war niemand als Symmachus der sich seinen Zorn durch die ungestümen Bitten wegen seiner Götter zuzog. Dieser Mann, der mit dem Maximus

mus in der genauesten Verbindung gestanden, und ihm zu Ehren eine Lobrede gehalten hatte, die voller Schmeichelepen war, furchte, daß Theodos sich dessen erinnern möchte. Da er sogar von einigen des Verbrechens der beleidigten Majestät angeklagt, und von den eigenen Gewissensbissen geplagt wurde, so floh er in eine Kirche, denn er glaubte nicht, daß der Schutz seiner Götter so mächtig seyn würde, ihn zu retten, da er ihnen doch so große Dienste erwiesen hatte.

Allein, da er sah, daß Theodos aus dieser Anklage nicht viel machte, so bekam er wieder Muth, und um den Fehler, den er begangen, wieder gut zu machen, so verfertigte er diesem Prinzen zu Ehren eine Lobrede, die er in dem Senate in seiner Gegenwart hielt. Allein, da die Gemüther, die sehr eingenommen sind, stets auf den Vorwurf ihrer Sachen gerathen, so gerieth dieser ebenfalls gegen das Ende seiner Rede auf die Religion und auf den Altar der Victoria. Theodos wurde durch dieses eigensinnige und anhaltende Bitten ermüdet; und nachdem er ihm vor seine Lobeserhebungen gedankt hatte, so befahl er ihm wegzugehen, und sich niemals mehr vor ihm sehen zu lassen. Er rufte ihn aber kurze Zeit nach seiner Verweisung wieder zurück, und bezeigte ihm eben die Freundschaft, wie vorher; denn er wollte diesen geschickten Mann durch seine Sanftmuth gewinnen, den er schon durch seine Ungnade sehr gebessert zu haben glaubte.

§. 111.

Er war nicht allein damit zufrieden, daß er die Abgötterei gestürzt hatte, er wollte auch noch alles,

was

was sich von Ketzern in dieser Stadt befand, verjagen, und befahl besonders dem Albinus, keinen Manichäer daselbst zu dulden. Er hatte selbst verschiedene Unterredungen mit dem Pabste Siricius gehabt, nach welchen er alsdenn verschiednen Mißbräuchen, die er erfahren hatte, abhelfen wollte. Er gab scharfe Edicte wider die Zauberer und wider diejenigen, die sich unterstehen wollten, sie aufzunehmen, und dem Gerichte zu entziehen. Er reinigte die Stadt von verschiednen Unordnungen, ließ die Schenkhäuser darniederreißen, und der Bosheit der Räuber Einhalt thun, welche die Einwohner und besonders die Fremden in ihre Netze zogen, die sie beraubeten, oder auch öfters in unterirdischen Oertern eingeschlossen hielten. Also gieng dieser Prinz in Ausübung der Gerechtigkeit und Gottesfurcht immer weiter, ohne zu ermüden, und glaubte nicht, daß ein christlicher Kayser einige Zeit in einer Stadt seyn sollte, ohne daselbst Sicherheit, Religion und Mäßigkeit zu rück zu lassen.

§. 112.

Theodos hielte eben zu der Zeit die Nachricht von der Zerstörung des berühmten Tempels Serapis in Alexandrien, welches er befohlen hatte, um die Heyden wegen eines von ihnen erregten Aufstandes zu bestrafen. Es war in Alexandrien ein alter zerstörter Tempel, welchen der Kayser Constantius sonst den Arianern gegeben hatte. Da die Anzahl der Katholiken täglich zunahm, so bat der Patriarch, Theophilus, den Kayser, ihm diese zerstörte Kirche zu geben. Er erhielt sie, er gieng sie zu besehen, und wollte sie ausbessern lassen. Da man

als

alsdenn daselbst grub, so fand man finstre Höhlen, die
mehr geschickt waren, Laster und Verbrechen auszuüben,
als den Dienst der Religion daselbst zu halten. Die
Helden, welche nicht wollten, daß man die Schande ihrer Geheimnisse aufdecken, noch in diesen geheimen Oertern graben sollte, wo man Reste von enthaupteten Men-
schenkörpern fand, welche ihnen zu ihren schändlichen
Opfern gedient hatten, verhinderten deswegen die Arbeitsleute, weiter zu arbeiten. Die Christen aber wollten nicht nachgeben; die Sache kam zu einem öffentlichen
Aufstande. Obgleich der Christen sehr viel waren, so
wurden sie doch einigemal geschlagen, weil sie sich mehr
mäßigten, als die andern. Es waren sogar einige gefangen und grausam getödtet worden, weil sie nicht den
Göttern hatten opfern wollen.

Der Magistrat gieng etlichemal zu dem Tempel
Serapis, wo sich die Rebellen gleichsam verschanzt hatten, und bemühte sich, sie wieder zum Gehorsam zu
bringen: Allein, da sie sie weder bezwingen, noch durch
Vorstellungen und Drohungen bewegen konnten; so be-
richteten sie es dem Kayser, der ihnen darauf antwortete: „Die Märterer, die sie gemacht hätten, wären
„mehr zu loben, als zu beklagen; allein, um in Zu-
„kunft dergleichen Unordnungen abzuhelfen, so müßte
„man die Ursache davon wegschaffen, nämlich die Tem-
„pel niederreißen.„

Da der Brief öffentlich war verlesen worden, so
bezeigten die Christen darüber ihre Freude, durch ein
außerordentliches Frohlocken; die erschrocknen Helden

aber

aber verſteckten ſich entweder, oder flohen davon. Man fieng an, den Ausſpruch des Kaiſers durch Zerſtörung des Tempels Serapis, und durch Umſtürzung dieſes ſchändlichen Götzen zu vollziehen, welche der König Seſoſtris hatte machen laſſen. Man zerſchlug es in viele Stücke, und ſchleppte es durch die Gaſſen.

§. 113.

Auf gleiche Weiſe gieng man mit allen andern heidniſchen Gottheiten um. Ihre Ohnmacht wurde nun mehro offenbar, die Betrügereyen der Prieſter wurden entdeckt, und viele bekehrten ſich zu Chriſto. Da Theodos dieſe gewünſchte Nachricht hörete, hob er ſeine Hände gen Himmel auf, und rief aus: „Ich danke dir, mein „Gott, davor, daß du der Irrthümer dieſer abergläu-„biſchen Stadt zerſtöret haſt, ohne daß ich genöthigt ge-„weſen bin, das Blut meiner Unterthanen zu vergieſ-„ſen.„ Er ſchrieb ſogleich dem Patriarchen, daß er ſich mit ihm über die Gnade erfreuen ſollte, welche Gott ſeiner Kirche erzeigt hatte, und ließ ihm ſagen, er ſollte alle goldne und ſilberne Götzenbilder, die man niederge-riſſen hatte, ſammlen und den Werth davon unter die Armen austheilen; er ſügte noch hinzu, man müßte den Heiden zeigen, daß der Eifer der Chriſten von keinem Geize begleitet würde, und ihnen dadurch ein Beyſpiel von einer reinen und uneigennützigen Religion geben. Man verkaufte alle Stücke von dieſen koſtbaren Sta-tüen. Theophilus behielt nur ein einziges Götzenbild zu-rück, welches er an einem öffentlichen Orte aufrichten ließ, damit ſich die Nachkommen einmal über die Heiden är-

gern

gern machten, wenn sie noch die Reste von ihrem lächer-
lichen Götterdienste sehen würden; dieses war ihnen viel
schmerzhafter und empfindlicher, als alles übrige. Dieser
Patriarch ließ dem heiligen Johannes dem Täufer zu
Ehren auf der Stelle des Tempels Serapis eine Kirche
bauen. Alle Bischöfe von Aegypten folgten diesem
Beyspiele, und in kurzer Zeit war diese Provinz, die so
sehr der Abgötterey ergeben war, davon völlig befreyet.

§. 114.

Theodos, der mehr über den glücklichen Fortgang
der Religion, als über seine eigne Siege erfreut war,
reiste den ersten September von Rom nach Mailan ab,
und von da nach Constantinopel. Er gab das Reich
dem Valentinian wieder, und brachte ihm die katholische
Religion durch den oft wiederholten Unterricht so gut
bey, daß dieser junge Prinz, der von Natur zum Guten geneigt war, ein Vertheidiger des Glaubens ward,
und sich ganz der Unterweisung des Ambrosius überließ,
den er als seinen Vater ehrte.

Die Kayserinn Justina, die so viele Mühe angewandt hatte, ihm die Ketzerey beyzubringen, mit der sie
selbst angesteckt war, hatte nicht das Vergnügen, ihren
Endzweck zu erreichen. Gott ließ geschehen, daß sie zur
Zeit des Kriegs starb. Sie war eine Tochter des Ju-
stus, Gouverneurs unter dem Kayser Constantius. Sie
hatte zuerst den Tyrannen Magnentius geheyrathet, der
sich aber nach einer verlohrnen Schlacht in Pannonien
selbst tödtete, um der Strafe zu entgehen, welche er wegen seiner angestifteten Empörung verdient hatte. Va-

sintdem der Große wurde in sie verliebt, und hatte sie
also nach dem Tode der Kayserinn Eudora, seiner ersten
Gemahlinn, geheyrathet. Es war eine Fürstinn, die
vermögen, herrschsüchtig, rigensinnig und von allen Bosheiten der Arianer eingenommen war. Die Macht,
welche sie über das Herz ihres Mannes hatte, und das
Ansehen, dessen sie sich über ihren Sohn anmaaßte, hatten große Unruhen in der Kirche verursacht, und wenn
ihr Gott nicht einen solchen Bischof entgegengesetzt hätte,
wie der heil. Ambrosius war, so hätten die Arianer die
Oberhand zu Mailan behalten, und man hätte dasjenige
erfahren, was eine ungerechte Fürstinn vermag, die mit
der Schwäche ihres Geschlechtes die Hitze ihrer
Leidenschaft vereiniget.

Das
vierte Buch.

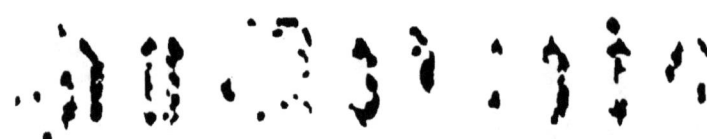

Innhalt des vierten Buchs.

✻ ✻ ✻

Das

Das vierte Buch.

§. 1.

Das Reich hatte sich nach der Niederlage des Maximus eines vollkommenen Friedens zu erfreuen, und Theodos suchte es wieder in den vorigen Stand zu setzen, ehe er nach Constantinopel zurückkehrte, da er eben die Nachricht von einer Empörung erhielt, die zu Thessalonich entstanden war. Die Ursache davon war wenig erheblich, aber die Folgen derselben waren so groß, daß sie einen wichtigen Theil dieser Geschichte ausmachen.

Botherik, Gouverneur von Illyrien und Generallieutenant von der Armee des Kaysers, hatte Befehl bekommen, in seinem Gouvernement mit den Truppen zu bleiben, die man ihm gelassen hatte, damit er das Volk im Gehorsam erhalten, oder sich den Wilden widersetzen könnte, wenn sie sich so unterstehen sollten, einen Einfall in die Provinzen des Reichs von jener Seite zu wagen. Er blieb zu Thessalonich, einer sehr reichen und bevölkerten Stadt, die das Haupt nicht allein von Macedonien, worinnen sie lag, sondern auch noch von den meisten benachbarten Provinzen war. Daselbst beobachtete und ordnete er alle Dinge mit vieler Klugheit und Treue an, indem, daß Theodos mit dem Kriege wider den Maximus beschäfftigt war. Sobald als er von dem Siege hörte, welchen Theodos davon getragen hatte,

E 5

so befahl er, öffentliche Freudensbezeigungen in allen Städten seines Gouvernements anzustellen. Die Einwohner zu Thessalonich, die vor die Ehre ihres Fürsten eingenommen waren, und eine natürliche Neigung zu allen Arten von Schauspielen hatten, thaten sich bey dieser Gelegenheit besonders hervor. Sie hielten einige Tage nach einander öffentliche Spiele mit einer außerordentlichen Pracht.

Ein Kutscher des Botheris hatte daselbst viel Bewunderung erlanget, und schien so klug und fertig mit den Pferden umzugehen, und die Wagen in der Laufbahn zu führen, daß das Volk nicht aufhören konnte ihm zuzusehen, und ihn deswegen zu loben. Er genoß aber nur kurze Zeit diese Gunst des Volkes; denn da er einiger Ausschweifungen wegen angeklagt und davon überführet worden war, so ließ ihn Botheris, ein ernsthafter und strenger Mann, gefangen nehmen, und setzte ihn in ein sehr enges Gefängniß, um ihn dadurch zu bessern, und alle seine Leute durch dieses Beyspiel der Strenge und Gerechtigkeit in der Mäßigkeit zu erhalten.

Da man noch immer mit Zurüstungen auf das Wettlaufen der Pferde zu Thessalonich beschäftiget war, so beschloß das Volk, welches von der Geschicklichkeit und Fertigkeit dieses Mannes ganz eingenommen war, um seine Freyheit zu bitten, denn man glaubte, er wäre nur allein fähig, die Ehre dieses Festes zu machen. Da diejenigen, welche es auf sich genommen hatten, die Sache zu erlangen, das Gemüth des Gouverneurs durch ihre demüthige Bitten nicht haben bewegen können, so lief das Volk haufenweise vor den Palast, und wiederholten

holten ihre Bitte: allein Botheric wollte nichts in einer
Sache nachgeben, wo es nicht allein auf die Zucht und
Ordnung seines Hauses, sondern auch auf das Ansehen
seines Charakters ankam; vor welchem man eben nicht
zu viel Hochachtung zu haben schien. Hierauf fiengen
diejenigen an zu murren, die am meisten rebellisch waren, und da man diese Verweigerung vor ein Unrecht
ansah, das man ihnen anthäte, so forderten sie die Freyheit dieses Gefangenen nicht mehr als eine Gnade, sondern als eine Nothwendigkeit. Die ganze Stadt kam
nach und nach in Bewegung. Einige liefen vor die
Thüren des Gefängnisses, um sie aufzuschlagen, andre
verfolgten die Magistratspersonen mit Steinwerfen, die
sich widersetzen wollten; und da der Pöbel zu allen Ausschweifungen geschickt ist, wenn er einmal recht aufgebracht ist, so brachen sie die Thüren des Palastes mit
Gewalt auf, zerstreuten die Wache, die sich daselbst befand, und tödteten sogar den Botheric selbst, welcher
ihnen entgegen gieng, um sich zu bemühen, ob er sie
besänftigen könne.

§. 2.

Da der Kayser diesen Aufstand erfahren hatte, so
wurde er dergestalt aufgebracht, daß er sich entschloß,
diese Stadt zu vertilgen, und verurtheilte indessen einen
Theil ihrer Einwohner zum Tode. Der heilige Ambrosius, welcher die Gemüthsbeschaffenheit dieses Prinzen
kannte, fürchtete, er möchte sich seinen ersten Bewegungen oder den blutigen Rathschlägen einiger Herren von
seinem Hofe überlassen. Er redete ihn also mit solcher
Woche an, er suchte ihm die Gesinnungen der Sanft-

muth und Gottesfurcht so klug beyzubringen, daß er sein Urtheil widerrufte, welches er in der ersten Hitze seines Zorns gegeben hatte. Viele andere Prälaten vereinigten nach ihre Vorstellungen und Bitten mit dem Bischofe; und erhielten also vom Kayser, daß er allen diesen Schuldigen das Leben schenkte.

Allein, die vornehmsten Officiers, und besonders Ruffin, Oberhofmeister, der viel beym Kayser vermochte, nahmen ihre Zeit in Acht, um dem Kayser vorzustellen, daß er die Freyheit des Volkes einschränken müßte, welche täglich durch die Hoffnung, nicht bestraft zu werden, mehr und mehr wachsen würde; er hätte schon zu viel vergeben, weil keine Furcht vor die Gesetze nach Sicherheit vor seine treusten Diener noch übrig wäre; er würde sich selbst dem Ungestüm seiner Unterthanen aussetzen, wenn er sein Ansehen schwächen ließe, da er ihren Aufstand nicht strafen wollte; man hätte alsdenn Ursache sich zu verwundern, daß ein Kayser, welcher seine Feinde so gut überwinden könnte, nicht einmal die Gewalt hätte, seine Rebellen zu überwinden; die Bischöfe wären zwar verbunden, stets die Gelindigkeit und Sanftmuth zu predigen; aber Fürsten käme es zu, sich dessen nach Erforderung ihrer Umstände zu gebrauchen, weil sich ein Reich nicht wie eine Diöces regieren ließe, und die Kirche und der Staat hätten ganz verschiedene Regeln und Maximen; Es gebe auch sogar eine Ungerechtigkeit in Vergebung der Laster, so wie in der Bestrafung derselben, und es wäre Zeit, den Unruhigen Einhalt zu thun, mit denen der Staat bedrohet würde, und man müßte diejenige hart bestrafen, die sich anitzt ereignet hätte.

Sie

Sie machten dem Kayser die niedergerißenen Sta-
tuen der Kayserinn zu Antiochien wieder eingedenk, den
Palast des Patriarchen zu Constantinopel, der von den
Orianern war angezündet worden, und die Synagoge
des Callein, welche aus einem unmäßigen Eifer einiger
Einsiedler zerstöret wurde. Sie ließen ihn tausend üble
Folgen vorher sehen, und brachten seinen Zorn durch
diese neue Vorstellungen dergestalt auf, daß er das Wort,
welches er schon von sich gegeben hatte, wieder aus der
Acht ließ, und den Entschluß faßte, Thessalonich der
Wuth und dem Ungestüm der Soldaten zu überlassen,
welche er dahin schickte. Er reiste selbst von Mailand ab,
um den Vorstellungen der Bischöfe zu entgehen, und
beklagte sich in seinem Rath über diejenigen, welche alle
seine gefaßten Entschließungen dem heiligen Ambrosius
sorgfältig anzeigten und offenbarten.

§. 3.

Theodos war von einem geschwinden und hitzigen
Temperament, und ließ sich leicht zum Zorn wider diejenigen aufbringen, die ihn beleidiget hatten; aber nach
dieser ersten Bewegung, von der er selbst nicht Herr
war, kam er sogleich wieder zu sich selbst, und wenn
man anders nur die Güte seines Naturels nicht durch
böse Rathschläge zu verderben suchte, so verhielt er sich
hernach desto mildiger, jemehr er erzürnt gewesen war. Er
war gegen diejenigen gut gesinnt, die ihn bey diesen Vor-
fällen ändern konnten, und weil er sich entweder schämte, sich seiner Leidenschaft überlassen zu haben, oder weil
er seinen Fehler wieder gut machen wollte, oder weil er
glaubte, daß der Zorn der Fürsten nur Strafe sey, die

sehr

sehr schwer zu ertragen wäre, so nahm er öfters Missethäter wieder zu Gnaden an, durch die bloße Vorstellung, daß er sie zu hart gestraft hätte. Allein er hatte, wie die meisten guten Fürsten, ein allzugroßes Zutrauen gegen diejenigen, von denen er glaubte, daß sie seine Freunde wären, die seine Leidenschaften erregten, und die ihr eigen unter dem Schein des allgemeinen Besten verdeckten. Also ließ er sich bisweilen übereilen, und ob er gleich gute Absichten hatte, so war er doch fähig große Fehler zu begehen.

§. 4.

Da der Entschluß gefaßt war, ein Beyspiel der Strenge an dieser Stadt zu beweisen, so wurde die Sache im Rathe vorgeschlagen; es wurde einmüthiglich beschlossen, daß er Truppen nach Thessalonich schicken müsse, die alles von diesem erbitterten Volke niedermachen sollten. Man hielt eine geheime Berathschlagung. Man schickte die nöthigen Befehle zur Vollziehung desselben, und fürchtete bey diesem Uebel, das man ausüben wollte, nichts so sehr, als daß Ambrosius Nachricht davon bekommen möchte. Die Officiere, welchen diese blutige Ausführung aufgetragen war, erfüllten dasjenige mit aller Klugheit und Grausamkeit, die man ihnen anbefohlen hatte. Sie suchten durch Vorbereitungen zu Wettlaufen und öffentlichen Spielen dieses Volk zu vergnügen, welches vielmehr Strafen als Schauspiele zu gewarten hatte, und nachdem sie eine große Anzahl von ihnen auf den Schauplatz herbey gelockt hatten, so gaben sie das Zeichen, über welches sie eins worden waren.

Hierauf

Hierauf sah man von allen Seiten Soldaten herbey laufen, welche mit gewaffneter Hand auf den Gassen
in die Häuser, und besonders in den Platz des Markt-
fens eindrungen, wo das Volk versammlet war. Daselbst wurde alles durchs Schwerd niedergemacht, ohne
Unterschied des Alters, Geschlechts und Standes. Der
erstere, der ihnen vorkam, ward aufgeopfert. Die Unschuldigen kamen mit den Schuldigen ums Leben. Fremde, die keinen Antheil an dem Verbrechen hatten, befanden sich mit in die Strafe verwickelt, und die zum Mor-
den erhitzte Soldaten suchten nicht mehr ein Verbrechen
zu bestrafen, sondern ihre viehische Wuth zu erfüllen.

Bey dieser Gelegenheit geschah es, da einer von
den reichsten Kaufleuten der Stadt sah, wie seine Familie grausam sollte ermordet werden, so warf er sich denen Mördern zu Füssen, versuchte umsonst sie durch seine Thränen und Bitten zu bewegen, und flehete sie,
sein Gut und eigenes Leben vor die Erhaltung zweyer
Kinder zu nehmen, die ihm gleich lieb waren. Hierauf antworteten sie ihm, gleich als wenn sie von einigem Mitleiden gerühret worden wären: daß die Anzahl
der Todten nach dem erhaltenen Befehl noch nicht völlig
wäre, daß sie ihm nur eine Gnade erzeigen könnten, und
er sollte sich geschwind entschlüssen, welches er von den
beyden Kindern wollte leben lassen. Allein da sich dieser unglückliche Vater in der traurigen Nothwendigkeit
sah, eines zu übergeben, um das andre zu retten, und
sich nicht geschwind genug über diese Wahl entschlüssen
konnte, so konnten diese Tyrannen diese Verzögerung nicht
länger dulden, und tödteten die beyden Brüder auf eine
grausame Art und Weise. Die Stadt ward die ey Stun-

den

den lang dem Schwerd überlaſſen, und es wurden gegen ſieben tauſend Perſonen umgebracht.

Ob man gleich leicht hätte glauben können, daß Theodos nicht dieſe unmäßige Rache befohlen hätte; nichts deſtoweniger ſo wie Fürſten verbunden ſind, alles zu verantworten, was man in ihrem Namen thut, und alſo auch die Ausſchweifung, die man in Erfüllung ihrer Befehle ausübet, ſo warf ein jeder die Schuld auf ihn. Der Ruf breitete ſich gar bald durch den ganzen Orient aus. Die Nachricht davon gelangte auch nach Mitan, wohin ſich verſchiedene Biſchöfe begeben hatten, um dem Concilio beyzuwohnen, welches man daſelbſt wider den Jovian und ſeine Anhänger halten ſollte. Dieſe Prälaten hatten einen Abſcheu vor dieſer ſo grauſamen Handlung, und waren alſo mit dem nothwendig übel zufrieden, der der Urheber davon war.

§. 5.

Da der heilige Ambroſius erfahren hatte, daß dieſer Fürſt willens wäre, einen Beſuch bey ihm abzuſtatten, ſo ſchrieb er ihm alsbald einen Brief, um ihm die Größe ſeines Verbrechens vorzuhalten, und ihn zur Buße zu bewegen zu vermahnen. Er entſchuldigte ſich darüber, daß er nicht die Ehre hätte ihm entgegen zu gehen. Er ſagte ihm mit vieler Ehrerbietung: „Ob er ſchon „in ſeinem Herzen alle mögliche Dankbarkeit vor die „Bezeugniſſe ſeiner Freundſchaft, und vor die von ihm er- „haltene Gnade hätte; ſo fühlte er doch nicht mehr eben „dieſelbe Freude in ſich, die er ſonſt bey ſeiner Ankunft „würde gehabt haben; er wollte ihn lieber ruhig laſſen, „und ihm Zeit geben, ſeine Aufführung Betrachtun- „gen

„gen anzustellen, als ihm mit seinen vertigen Ermah=
„nungen beschwerlich zu fallen; er erkennte ihn für einen
„großen Petrgon, der Gott fürchtete, eifrig vor dem
„Glauben und voll guter Gesinnungen wäre, aber von
„Natur zu übereile, und zu sehr geneigt, dasjenige an=
„zunehmen, was man ihm entweder zum Verzeihen oder
„zur Rache beyzubringen suchte.

Nachdem er also die Schilderung des Kaysers dem
Kayser selbst gemacht hatte, so kam er alsdann auf die
Sache zu Thessalonich, und stellte ihm vor: es wäre eine
Art einer unerhörten Strafe; sein Vergehen wäre um
desto merklicher, da man ihm die Größe desselben, noch
ehe er die Sache unternommen, vorgestellt hätte; die
versammelten Bischöfe hätten darüber gesessen, und
dafür gehalten, es wäre nöthig, daß er sich bevorgen
vorher wieder mit Gott aussöhnete, ehe er wieder an den
heiligen Geheimnissen Theil nehmen könnte; er sollte
weinen, und seine Sünde durch Thränen und Buße aus=
söhnen, und sich nicht schämen, dasjenige zu thun, was
David selbst gethan hätte, der ein großer König gewesen
sey, von welchem Christus hergekommen wäre nach dem
Fleisch, und der doch nur des Todes eines einzigen Un=
schuldigen schuldig gewesen wäre; er sagte ihm diese Sa=
chen nicht etwan, um ihn dadurch zu beschämen, sondern
um ihn durch dieses Beyspiel zur Erkenntniß und De=
müthigung vor Gott zu bringen; daß ein jeder Mensch,
er sey so groß als er wolle, fehlen könne; daß er ihm als
ein Freund den Rath gebe, und als ein Bischof vermahn=
te, seinen Fehler wieder gut zu machen; es würde eine
häßliche Sache seyn, wenn ein Prinz, der so große Be=
weise der Frömmigkeit und Gnade gegeben, verstockt

Ŋ   bliebe,

würde, und alsdenn noch Anſtand nehmen ſollte, es zu bereuen, daß er ſo viele Unſchuldige hätte tödten laſſen, da er vorher ſo vielen Miſſethätern verziehen hätte, bey den großen Eigenſchaften, die er zu regieren hätte, und bey alle den Schlachten, die er gewonnen, wäre er noch mehr durch ſeine Frömmigkeit als durch ſeine Siege verehrungswürdig geweſen, allein durch eine einzige Handlung hätte er den Ruhm, den er ſich durch ſo viele andere erworben, wieder verloren.

Er zeigte ihm noch weiter an, daß die Dankbarkeit, Hochachtung und Ehrfurcht, die er vor ihm im Herzen hätte, nicht verhindern würde, daß er nicht den Befehlen der Kirche folgen ſollte, bis er Gott befriediget und ausgeſöhnet hätte; übrigens ſchrieb er ihm dieſes mit ſeiner Hand, damit er darüber insgeheim Beurtheilungen anſtellen ſollte; er wünſchte lieber die Gunſt ſeines Kayſers durch Höflichkeit zu erlangen wollen, als ihm mit harten Verweiſen beſchwerlich zu fallen, allein da es die Sache Gottes betroffen, ſo müſſe er ſeine Neigung ſeiner Pflicht aufopfern.

Zuletzt vermahnte er ihn noch, ſeine Sünde ſelbſt anzuklagen und zu verdammen, und ſchloß mit dieſen Worten, die voll von einer väterlichen Zärtlichkeit waren: „Wollte Gott, gnädiger Herr, daß ich mehr mei„nem eigenen Antriebe, als der Erfahrung geglaubt „hätte, die ich von Ihrer Güte hatte! Allein, weil ich „mir einbildete, da ich Sie ſo oft hatte verziehen und „von Ihrem Zorn wieder zu ſich ſelbſt kommen geſehen, „ſo habe ich mich zu ſehr auf Ihre Gerechtigkeit verlaſ„ſen; Sie ſind übereilt worden, und ich habe das nicht „verhindert, was ich fürchten ſollte, und das ich ſelbſt

„nicht

„nicht voraus sehen konnte. Gott weis die herzliche „Liebe, die ich vor Sie habe, und die Inbrunst, mit „welcher ich um Ihr Seligkeit bitte. Wenn Sie über„zeugt sind, daß ich die Wahrheit zu Ihnen rede, so fol„gen Sie dem Rath, den ich Ihnen gebe; wo nicht, so „entschuldigen Sie meinen Eifer; und nehmen Sie es „nicht übel, daß ich mehr Gott, als Ihnen zu gefallen „suche.„

§. 6.

Da der Kayser diesen Brief gelesen hatte, so fand er sich über eine so freye und so kluge Vorstellung gerüh‐ ret. Da der Nebel der Vorurtheile vertrieben war, so betrachtete er die Handlung, die er gethan hatte, ohne alle Vorurtheile und Einbildungen einer falschen Poli‐ tik. Seine Seele, die von Gewissensbissen über sein Verbrechen geängstiget ward, wurde von einer heiligen Furcht vor dem Gerichte Gottes erfüllt. Da er also in diesem Zustande sich selbst unerträglich war, und nur einen wahren Trost von dem heiligen Bischof hoffen konn‐ te, dessen Rath er nicht genugsam verehret, und dessen Eifer er immer unverändert erfahren hatte, so reiste er sogleich nach Mayland ab.

§. 7.

So bald als er daselbst angekommen war, so dachte er an nichts, als Proben seiner Gottesfurcht zu zeigen, um den übeln Eindruck, den er von sich gemacht hatte, dadurch zu benehmen; deswegen wollte er in die Haupt‐ kirche gehen, dem öffentlichen Gebet beywohnen, und an den heiligen Geheimnissen Theil nehmen. Der Bischof

erfuhr

erfuhr solches, gieng sogleich aus dem Chor der Kirche,
wo er war, und gieng in die Halle, um ihn daselbst zu
erwarten. So bald er ihn erblickte, so gieng er auf
ihn zu, und redete ihn mit dem Ansehen an, welches ihm
sein Charakter und die Heiligkeit seines Lebens gab.

„Es ist augenblicken, o Kaiser, daß Sie noch nicht
„von der Schrecklichkeit Ihrer Sünde überzeugt sind,
„weil sie sich unterstehen, hier einzufinden. Vielleicht
„sind Sie von der Größe Ihrer Würde eingenommen,
„und verbergen sich selbst Ihre Schwachheiten, und der
„Hochmuth verblendet Ihre Vernunft. Denken Sie
„nur, daß Sie eine hinfällige Natur haben, daß Sie
„aus Staube wie andre Menschen hervor gezogen wor-
„den sind, und daß Sie auch wieder in denselben, wie sie,
„zurückkehren werden. Lassen Sie sich nicht den Glanz
„dieses Purpurs blenden, welcher einen schwachen und
„sterblichen Leib bedecket. Diejenigen, welchen Sie befeh-
„len, sind von eben der Natur, wie Sie, und dienen mit
„Ihnen eben dem Gott, der zugleich ein Herr der Un-
„terthanen und der Obern ist. Wie unterstehen Sie
„sich denn, in seinen Tempel einzukehren? welchen Sie
„es wohl wagen, Ihre mit unschuldigen Blut besudel-
„ten Hände auszustrecken, um den geheiligten Leib Jesu
„Christi zu empfangen? Würden Sie sich wohl unter-
„stehen, sein heiliges Blut in diesen Mund zu nehmen,
„der in der Ausschweifung Ihres Zorns so vielen Mör-
„dern befohlen hat? Gehen Sie wieder weg, und fügen
„Sie nicht noch ein neues Verbrechen zu demjenigen hin-
„zu, was Sie schon begangen haben: nehmen Sie viel-
„mehr mit Demuth das Urtheil an, das ich auf Erden
„spreche, und welches Christus im Himmel wider Ihre

„Sünde

„Sünde billiget, weil es wider Ihre Seligkeit gesündi-
„get."

Theodor war über diese Rede sehr gerührt, und blieb
eine Zeitlang mit niedergeschlagenen Augen stehen, ohne
etwas zu sagen; alsdenn aber antwortete er dem Bischof, daß er seine Sünde erkennte, aber er hoffte, daß
Gott seine Schwachheit ansehen würde, und da er das
Beyspiel des Davids anführte, der einen Todtschlag und
Ehebruch zugleich begangen hatte, so antwortete ihm der
Bischof: „Sie haben ihm in seiner Sünde nachgeah-
„met, folgen Sie ihm nunmehro auch in seiner Buße
„nach." Anstatt, daß sich alsdenn dieser Fürst, der von
den Grundsätzen der Artigkeit und von der Gewalt der
Kirche wohl unterrichtet war, über diesen Widerstand
hätte erzürnen sollen, so sah er ihn vielmehr als ein voll-
kommenes Mittel an, ihn von einem Uebel zu befreyen, davon er die Folgen bisher nicht erkannt hatte. Er gieng
mit thränenden Augen in seinen Palast zurück, und blieb
acht Monate lang von den heiligen Geheimnissen entfernte,
lebte wie ein Bußfertiger, und wurde es beynahe nicht
einmal gewahr, daß er Kayser war.

§. 8.

Da unterdessen das Fest der Geburt unsers Heylan-
des eintraf, so stund Theodor, der von einem lebhaften
Schmerz durchdrungen war, weit früher auf, als er
sonst gewohnt war, und da er keinen Theil an der Feyerlichkeit dieses Tages haben konnte, so schickte er sich an,
dieselbe in einer tiefen Traurigkeit zuzubringen. Nachdem Ruffin, den er wegen seiner Freundschaft und Zutrauens hoch schätzte, in sein Zimmer eingetreten war,

so

so fand er ihn in diese Niedergeschlagenheit, und fragte ihn deswegen um die Ursache. Da er sie gehört hatte, so suchte er ihn zu trösten, und stellte ihm nöthig vor, man müsse sich über eine gewisse Furcht hinaussetzen, die man mit dem Namen der Religion bedecke; man müsse als ein Herr handeln, wenn man es wäre, es sey gefährlich, sich den Urtheilen solcher Leute zu unterwerfen, welche niemals Schätze regiert hätten; wenn es dennoch ein so zartes Gewissen hätte, so könne er seiner Gottesfurcht zwar hierinnen ein Genüge thun, ohne in eine Niederträchtigkeit deswegen zu gerathen; das Uebel wäre nicht so groß, als man es machte; er hätte allerdings Ursache gehabt, die Missethäter zu strafen, und dürfte sich also deswegen nicht so sehr betrüben. Nachdem also dieser Liebling seinen Herrn zu Ausübung eines großen Verbrechens bewegt hatte, so suchte er auch nach die Reue desselben in ihm zu verhindern.

Theodos, der weit davon entfernt war, diese Erinnerungen anzunehmen, schien itzt noch mehr gerühret zu seyn, als er es zuvor war, und nachdem er eine Zeitlang stille geschwiegen hatte, ohne darauf zu antworten, so sagte er alsdenn mit Unmuthen: „Höret auf, Rufin, „höret auf, meinen Schmerz zu reizen, ich unterhalte bes= „ser, als ihr von dem Zustande, in welchem ich mich „befinde. Habe ich nicht Ursache betrübt zu seyn, wenn „ich daran gedenke, daß der niedrigsten von meinen Un= „terthanen heute ihr Gebet zu den Füßen der Altäre „verrichten werden, und daß ich der einzige bin, dem „nicht allein der Eingang in die Kirche, sondern auch „selbst in den Himmel versagt ist, nach diesen Worten

„des

„des Evangelii, alles was ihr auf Erden binden wer-
„det, soll auch im Himmel gebunden seyn.„

§. 9.

Da Rufin keinen Anschein sah, dem Gemüthe dieser Prinzen diese heilige Furcht zu benehmen, welche
Ambrosius durch seine Vorstellungen in ihm gewürkt
hatte, so bot er sich an, selbst zu dem Bischof zu gehen,
und ihn durch Bitten dahin zu bewegen, daß er das Urtheil des Bannes aufheben möchte. Theodos antwortete ihm: Er hätte mit einem unbeweglichen Manne zu
thun, welcher keine Achtung vor die Würde und Gewalt
der Kayser hätte, wenn es auf die Gesetze und Zucht der
Kirche ankäme; er sähe gar wohl ein, daß das Urtheil
des Bischofs gerecht wäre, er wollte lieber fortfahren,
seine Sünde auszusöhnen, als vergeblich um die Gnade
einer baldigen Lossprechung zu bitten.

Die Gewohnheit der Kirche, da man die Büssenden
erst gegen das Osterfest öffentlich in der Gemeine aufnahm, brachte dem Kayser die Meynung bey, als wenn
diese Prüfung ganz unnütz wäre. Rufin nöthigte ihn
stets so sehr, sich von seiner Unruhe, in welcher er sich
befand, zu befreyen, und machte ihm so gute Hoffnung,
daß der Kayser ihm endlich erlaubte, zu dem Bischof zu
gehen, und er entschloß sich, in kurzem selbst nachzu-
kommen. Rufin trug seine Sache mit vieler Klugheit
vor; allein, da Ambrosius sah, daß er aus der Aufführung der Kirche eine Staatsunterhandlung machen
wollte, so antwortete er ihm nach seiner gewöhnlichen
Freymüthigkeit: „Er, als der erste Urheber dieses Ver-
„brechens, wäre nicht fähig, die Absolution auszuwirken,

„und

„und wenn er nur einige Furcht vor den Gerechten Got-
„tes hätte, so sollte er nur an die Begebenheit zu Thes-
„salonich gedenken, um die bösen Rathschläge, die er
„seinem Herren gegeben, zu bereuen.„ Ruffin wurde
nicht durch diese Verweise erzürnt, er bat vielmehr flehent-
lich und vergaß nichts, was das Gemüthe des Bischofs irgend bewegen konnte. Da er sah, daß er hierinnen nichts erlangen würde, so berichtete er ihm, daß
der Kayser bald in der Kirche erscheinen würde. Der
Bischof antwortete ihm: „Er würde ihn vor der Thüre
„erwarten, um ihm den Eintritt zu verwehren; wenn
„er als ein christlicher Kayser käme, so würde er die Ge-
„setze seiner Religion nicht verletzen; wenn er aber ein
„Tyrann werden wollte, so würde er gar leicht einen Bi-
„schof elbten können, da er schon so viele Unschuldige
„hätte hinrichten lassen.„

§. 10.

Da Ruffin diese Antwort gehört hatte, so meldete
er sogleich dem Theodos, daß die Sache nicht so glücklich
von statten gegangen wäre, wie er es gehofft hatte, und
er bäte ihn demnächst, ja nicht erst zu kommen. Der
Kayser war schon ziemlich weit, da er diese Nachricht
hörte. Er hielt stille, und nachdem er die Sache überlegt hatte, so gieng er also weiter, und entschloß sich,
die Beschämung zu erdulden, welche er glaubte verdient zu haben. Der Bischof war auf einem Saale
nahe an der Kirche, wo er gewöhnlich mit sich sprechen
ließ, da man ihm die Nachricht brachte, daß der Kayser
vor der Thüre wäre. Er gieng ihm entgegen, und sagte
zu ihm, daß er nicht als ein christlicher Kayser handelte,

wenn

wenn er sich unterstände, die Kirche zu zwingen; das
heiße, sich wider Gott empören, und die göttlichen Gesetze mit Füßen treten, wenn er bey den geheiligten Geheimnissen gegenwärtig seyn wollte, ehe er wegen seiner
Sünden Buße gethan hätte. Theodos antwortete ihm
mit vieler Demuth: Seine Absicht wäre nicht, mit Gewalt ins Heer des Herrn einzudringen, noch die Kirchengesetze zu verletzen, sondern er käme ihn zu bitten, seine
Banden zu zerreissen, und ihm die Thüre des Heils um
Christi willen zu öffnen, der seine Barmherzigkeit den
Sündern öffnet, die sich aufrichtig und ernstlich zu ihm
bekehren. Ambrosius fragte ihn, was für Buße er gethan, und was für Mittel er angewendet hätte, um eine
so gefährliche Wunde zu heilen, so antwortete ihm der
Kayser: „Ich komme zu Ihnen als zu einem Arzt, bey
„Ihnen stehe es, mir zu sagen, was ich thun soll.„

§. 11.

Hierauf stellte ihm der Bischof das Unglück eines
Fürsten vor, der seine Leidenschaften nicht zu regieren
wüßte, der ungerechte Urtheile fällte, und unschuldig
Blut vergieße, und befahl ihm, ein Gesetz zu geben, welches ihm zu Bezähmung seines Zorns dienen könnte.
Dieses Gesetz wolle haben, daß, wenn die Kayser wider
ihre Gewohnheit genöthiget wären, gegen jemand eine
ausserordentliche Strenge zu gebrauchen, so sollten sie,
wenn sie gleich das Todesurtheil schon gesprochen hätten,
die Vollziehung desselben dennoch einen ganzen Monat
aufschieben lassen, damit, wenn die Leidenschaften wieder
beruhiget wären, sie ihre Urtheile noch einmal untersuchen, und alsdenn den Schuldigen von dem Unschuldi-

gen unterscheiden können. Theodos ließ diesen Befehl
sogleich aufschreiben, unterzeichnete ihn, und versprach
ihn zu beobachten.

Hierauf wurde er losgesprochen, und da er in die
Kirche war eingelassen worden, so fiel er auf die Knie,
und fieng sein Gebet mit diesen Worten des Königs an,
der ein Sünder und zugleich bußfertig wie er war:
Gott! sey mir gnädig nach deiner Güte, und tilge meine
Sünde nach deiner großen Barmherzigkeit. Er blieb
eine Zeitlang in dieser Stellung, schlug oft an seine
Brust, erhob seine Stimme gen Himmel um Gnade zu
bitten, und bereuete seine Sünde in Gegenwart des
ganzen Volks, welches darüber auf das äußerste gerühret
wurde, und mit ihm weinte. Da er alsdenn zum Opfer
gehen mußte, so stund er auf, trat zu dem Altar, wo
er seine Gaben darbrachte, wie er gewohnt war, und
gieng sich alsdenn auf das Chor unter die Priester zu
stellen.

§. 12.

Da dieses der Bischof sah und er gern eine Gewohnheit abschaffen wollte, welche die Höflichkeit der
Bischöfe eingeführet hatte, so schickte er zu ihm, und ließ
ihn fragen, auf was er denn daselbst wartete; und da
man ihm wieder von ihm die Antwort brachte, daß er die
Zeit erwartete, um zu dem heil. Abendmahl zugelassen
zu werden, so ließ er ihm durch einen von seinen Diako-
nen sagen: „Er verwunderte sich, daß er ihn an diesem
„Orte im Heiligthum sähe; der Purpur machte ihn
„zwar zum Kaiser, aber nicht zum Priester, und er
„hätte keine andre Stelle in der Kirche, als die andern
„Layen."

„ haben. „ Der Kayser antwortete: „Es wäre dieses
„ weder wider die Ordnung der Kirche, noch aus Stolz
„ geschehen, um sich von andern dadurch zu unterscheiden,
„ sondern er hätte geglaubt, es wäre eben die Gewohn-
„ heit zu Mailand, wie zu Constantinopel, wo er seine
„ Stelle im Chore hätte, und nachdem er dem Bischof
„ vor der Chüre hatte danken lassen, die er gehabt hätte,
„ ihn an seine Pflicht zu erinnern, so gieng er aus dem
„ Chore und stellte sich unter das Volk. „

Diese Vermahnung machte einen tiefen Eindruck
in sein Gemüthe; denn da er nach Constantinopel zurück-
gekehret, und einmal an einem großen Feste in der Hauptkirche war, so gieng er aus dem Chore, nachdem er geopfert hatte. Und da ihn Nectarius bitten ließ, er
möchte doch wieder daselbst einkehren und den Platz
nehmen, der vor seine Majestät gehörte, so sagte er mit
Seufzen zu ihm: „Ey, ich habe lange Zeit nicht den
„ Unterschied zwischen einem Bischof und einem Kayser
„ gewußt. Ich bin mit Leuten umgeben, die mir schmei-
„ cheln; ich habe nur einen einzigen Mann gefunden, der
„ mich gebessert und mir die Wahrheit gesagt hat, und
„ ich kenne nirgends einen rechtschaffnern Bischof, als
„ den Ambrosius. „ Von dieser Zeit an blieben die
Kayser außer dem Chore, und hatten ihre Stelle ein
wenig über dem Volke, aber unter den Priestern.

Die ganze Kirche wird noch durch den Glauben dieses Kaysers erbauet. Die heiligen Väter haben in ihren Schriften das Andenken seiner Frömmigkeit unsterb-
lich gemacht, und durch dieses Beyspiel haben sie alle
Fürsten belehret, ihr Ansehen nach Gerechtigkeit, und nicht
nach ihren Leidenschaften zu gebrauchen, guten Rath

vom

vom böſen zu unterſcheiden, und mehr Scheu vor den
Sünden zu haben, die ſie thun.

§. 13.

Nachdem ſich alſo Theodos ſelbſt den Geſetzen der
Kirche unterworfen hatte, ſo gebrauchte er nunmehro
auch ſein Anſehen, um ſie auch von andern beobachten zu
laſſen, und ſuchte die Ketzerey des Jovian und ſeiner Schüler zu unterdrücken, welche die Kirchenverſammlung zu
Mailand verdammt hatte. Dieſer Jovian war ein Mönch
in einem Kloſter in der Vorſtadt zu Mailand geweſen,
welches der heil. Ambroſius durch ſeine Sorgfalt ſtets
in einer genauen Beobachtung der Ordensregel erhielt.
Dieſer leichtſinnige und wollüſtige Menſch hatte es gar
bald überdrüßig, ein ſo ſtrenges und bußfertiges Leben zu
führen. Er ließ eine ſolche Lebensart fahren, und zog
einige ſchwache Gemüther an ſich, die er mit ſeiner
ſchädlichen Lehre angeſteckt hatte. Er war alsdenn willens, wieder in dieſe heilige Geſellſchaft zu treten; allein,
man glaubte, daß ſeine Reue nicht aufrichtig wäre, und
daß ſein Umgang gefährlich ſeyn würde; man ſchlug es
ihm alſo ab, ihn daſelbſt aufzunehmen. Er wurde
darüber ſo erzürnt, daß er öffentlich lehrte; das Faſten
und andre Uebungen der Buße wären nichts verdienſtli-
ches; diejenigen, welche getauft worden, könnten nicht
durch Verſuchungen verzagt gemacht und niedergeſchla-
gen werden; es gäbe nur einerley Belohnung vor alle
Seligen, und noch andre Maximen mehr, die zum Verderben der Sitten und der Zucht gereichten. Außerdem,
daß ſeine Sache an und vor ſich ſchlecht und übel war,
ſo ward ſie noch ſchlechter vertheidigt, weil er nicht die

ge-

geringste Beredsamkeit in seinen Schriften zeigte; allein, da sie den sinnlichen Neigungen der Menschen schmeichelte, so ward man leicht davon eingenommen. Da er den Ruhm der Keuschheit zu verringern suchte, so verführte er verschiedne chrakische Jungfrauen, und weil er sehr auf den ehelosen Stand schimpfte, so verleitete er dadurch tugendhafte Leute zu einem unzüchtigen Leben.

Fromme und kluge Priestern schrieben beydes wider seine Lehre und wider sein Leben, welches seinen Meynungen sehr gemäß war, und hielten ihm selbst seine Schwelgerey und andern Ausschweifungen öffentlich mit vielem Verdruß vor. Nachdem der Pabst, Siricius, diese Ketzerey verdammet hatte, so schickte er seine Gesandten nach Milan, um daselbst eine Kirchenversammlung zu berufen, und diese neuen Irrthümer an demjenigen Orte selbst zu unterdrücken, wo sie entstanden waren. Diese Versammlung, die damals anfing zusammen zu kommen, da eben die Nachricht von der Begebenheit von Thessalonich einkam, hatte den Jovian und seine Anhänger eben nach dem Urtheile von Rom gerichtet, es war also nichts mehr übrig, als das gesprochene Urtheil zu vollziehen. Theodo nahm dieses selbst über sich, und verjagte diese unordentlichen Leute von Rom, welche noch den Namen und die Kleidung nach ihrem ersten Stande beybehielten, und verwies sie in die entlegensten Wüsten, allwo sie in einer gezwungenen Mäßigkeit hätten leben müssen, wenn anders der Magistrat in Vollziehung und Ausübung des empfangenen Befehls strenger gewesen wäre.

§. 14.

§. 14.

Der Eifer dieses Fürsten blieb nicht allein dabey; denn nachdem er erfahren hatte, daß diese Ketzerey zu Rom neue Unordnungen erregt hatte, so ließ er sehr strenge Befehle wider alle Arten von Ausschweifungen ergehen, und befahl ausdrücklich dem Statthalter, diesem Verderben durch solche Strafen Einhalt zu thun, die solchen Bosheiten gemäß wären, damit er unter den Einwohnern zu Rom die Ehrbarkeit der Sitten wieder einführen möchte, woraus Constantin der Große sonst schon einen guten Anfang gemacht hatte. Zu eben dieser Zeit war es, als er durch sehr harte Strafen die Verheyrathung zwischen leiblichen Geschwisterkindern verbieten ließ, und erneuerte alle die alten Edicte wieder, welche eine ausgelassene Freyheit bisher unterdrückt hatte. Er gab noch verschiedne andre Gesetze, welche die Ruhe des Staats und die Ordnung der Kirche betrafen. Die Einrichtung, welche er mit denen Diakonissen machte, verdiene hier ebenfalls nach allen ihren Umständen erzählt zu werden, sowohl weil die Gelegenheit dazu ein desto größer Ansehen giebt, als auch, weil die Fürsten einige Lehre vor ihr Verhalten daraus herleiten können.

§. 15.

Die Kirche hat stets von Bußfertigen ein öffentliches oder geheimes Bekenntniß ihrer Sünden, als eine nothwendige Demüthigung und sichtbares Zeichen der Traurigkeit und Reue gefordert. Die Priester, welche zur Aufsicht über die Gewissen bestimmt waren, hörten also die Anklagen an, welche ein jeder gegen sich selbst that, und legten ihnen Strafen und Büßungen nach

Maaß-

Maaßgebung ihrer Sünden auf. Der Bischof behielt sich dieses Gericht der Buße so lange allein vor, als die Christen in der Einigkeit der Lehren des Evangelii lebten. Allein, da sich ihre Anzahl immer vermehrte, und die Zucht sogleich nachgelassen hatte, so bald die Verfolgungen aufhörten, so wurden die Sünden alsdenn so gemein, und die Bischöfe sahen sich mit so vielen Sorgen umgeben, daß man deswegen in einer jeden Kirche einen besondern Priester der Buße setzen mußte. Dieser nun nahm die Bekenntnisse der Bußfertigen an, schrieb ihnen die Art und Zeit der Buße vor, und stellte sie alsdenn dem Bischof selbsten vor, damit sie wiederum ausgesöhnt würden.

§. 16.

Dieses Amt, welches schon seit langer Zeit zu Constantinopel eingeführt worden war, wurde daselbst durch den Patriarchen Nectarius bey Gelegenheit einer in der Kirche entstandner Unordnung wieder aufgehoben. Eine junge Wittwe von Stande, welche wahrscheinlich nicht wegen ihrer Frömmigkeit zu einer Diakonissin war erhoben worden, legte ein Bekenntniß von ihrem ganzen vorigen Leben dem Priester der Buße ob, welcher ihr zur Aussöhnung ihrer Sünden außerordentliche Fasten und Gebete verschrieb. Da sie also genöthigt war, lange Zeit in der Kirche zu bleiben, um ihre Büßung zu bezahlen, die man ihr vorgeschrieben hatte, so bekam sie daselbst Gelegenheit, verschiedne mal einen jungen Diakonus zu sehen und zu sprechen, auf den sie ein großes Zutrauen setzte. Diese anfangs sehr ernsthaften Unterredungen verwandelten sich in unerlaubte Vertraulichkeiten,

ten, und dieses geistliche Geschäffte wurde bald darauf
ein strafbares Liebesverständniß. Diese Wittwe, welche
zuletzt von Gewissensbissen gedrücket wurde, gieng ihre
Sünden bekennen, und zeigte selbst denjenigen an, der
sie dazu verführet hatte.

Der Priester wollte die Wahrheit dieser Sache untersuchen; der Patriarch wurde davon berichtet; der
Diaconus wurde abgesetzt. Die Sorgfalt, die man anwendete, die Ursache dieser Absetzung zu verbergen,
machte, daß ein jeder sich darnach sehr sorgfältig erkundigte. Man entdeckte sogleich das Verbrechen, welches
schon einige gemuthmaßt hatten; der Ruf davon breitete sich sogleich durch die ganze Stadt aus. Da alsdenn das Volk das Verbrechen eines einzigen Priesters
auf die ganze Geistlichkeit schob, so waren sie im Begriff,
einen Aufstand zu erregen. Damit der Patriarch Nectarius diese Unruhe endigen, und in Zukunft alle Gelegenheit zu solchen Aergernissen benehmen möchte, so
schaffte er das Amt eines Bußpriesters in seiner Kirche
auf Anrathen eines von seinen Priestern mit Namen
Eudemon ab. Er mochte es nun gethan haben, entweder um dieses Amt ganz und gar abzuschaffen, oder nur
auf eine Zeitlang die Uebung der öffentlichen Buße aufgehoben haben, so war es allemal vor die Kirchenzucht
ein wichtiger Verlust.

§. 17.

Doch dem sey wie ihm wolle; Theodos, der über
die Unordnung, die sich zu Constantinopel erreget hatte,
empfindlich wurde, und den Heiden alle Ursache benehmen wollte, die Sitten und Gebräuche der Kirche zu
tadeln,

tadeln, ließ einen Befehl ausgeben, in welchem er das Alter und Testament der Diakonissen anordnete. Es waren Frauen von großer Frömmigkeit, welche alles mögliche thaten, was zur Unterweisung und Zucht der Personen ihres Geschlechtes gehörte. Sie theilten die Almosen aus, unterrichteten sie in den Lehrsätzen des Glaubens und in den Gebräuchen der Taufe; sie beobachteten alle Sorgfalt vor die Erhaltung des Wohlstandes bey dem Eintauchen ins Wasser, bey den Salbungen und Begräbnissen, und obgleich ihr Amt nicht einen besondern Stand in der Hierarchie ausmachte, so war es dennoch eine alte und ansehnliche Bedienung.

Es hatten sich zwo Arten von Mißbräuchen unter ihnen eingeschlichen. Die einen ließen sich in ihrer Jugend, aus einer allzu großen Begierde, sich durch ihre Gottesfurcht zu zeigen, die Haare abschneiden. Dies gab bisweilen Gelegenheit zum Aergerniß. Die andern befleißigten sich aus einer unmäßigen Freygebigkeit, ihre Güter den Kirchen und Hospitälern zu geben, und ruinirten oft ihre Familien, um dem Geize der Geistlichen ein Genüge zu thun.

Damit Theodos diesen Mißbräuchen abhelfen möchte, so befahl er, daß keine Wittwe mehr die Stelle einer Diakonissin erlangen sollte, die nicht sechzig Jahr alt wäre, nach dem Befehl des heiligen Paulus; er verbot ferner denen, die man dazu annehmen würde, unter dem Vorwande der Religion, ihr Gold, ihr Silber und ihre Edelgesteine wegzugeben, und überließ ihnen also zwar die völlige Macht über ihre Einkünfte: aber er erlaubet ihnen nicht, sie durchzubringen und zu zerstreuen, oder den Grund davon zum Nachtheil ihrer Kinder oder

An-

Unverwandten zu verkaufen, noch den Geistlichen oder den Armen und Kirchen im Testament zu vermachen.

Der erste Theil von seinem Befehl wurde allgemein gebilligt, allein man stellte ihm vor, daß es nicht gerecht wäre, die guten Absichten sterbender Wittwen zu verhindern, und eine der vornehmsten Quellen der Liebe zu vertrocknen; das härste, etwas über die Freyheit der Kirche und über die Rechte der Armen unternehmen, wenn man sie von Erbschaften und Almosen der Frommen ausschließen wollte; und die Religion wäre schon geschwächt genug, und die Liebe erkaltet, ohne sie noch erst durch unbillige Gesetze mehr einzuschränken. Der Kayser, der sich nicht schämte, dasjenige was er befohlen, zu wiederrufen, wenn man ihn zu überzeugen suchte, daß er geirret hätte, nahm diese Vorstellung so gut, daß er zwey Monate hernach dieses Gesetz widerrufte. Er befahl, daß man es aus allen Registern herausnehmen, daß sich niemand darauf berufen, noch ein Magistrat sich dessen in Gerichten bedienen sollte.

§. 18.

Da er sich also zu Mailand beschäfftigte, so erhielt er die Nachricht von dem Tode der Kayserinn Galla, seiner zweyten Gemahlinn, die zu Constantinopel geblieben war. Er wurde über den Verlust dieser Prinzeßinn sehr gerührt, die er zärtlich geliebte, und nur kurze Zeit gehabt hatte, unter lauter Unruhen des Kriegs und der Sorgen vor die Wiederaufrichtung des Reichs. Er hatte sie von den Irrthümern befreyet, worin sie die Kayserinn Justina in ihrer Kindheit verführet, und hatte sie nicht allein seines Throns, sondern auch seiner Gottes-

furcht

furcht theilhaftig gemacht. Sie starb in der Blüte ihres Alters, und hinterließ nur eine Tochter, mit Namen Placida, die hernach durch ihre Schönheit, durch ihren Verstand, durch ihre außerordentlichen Begebenheiten und durch die Zeugnisse, die sie von ihrem Glauben und von ihrem Eifer vor die Religion zu erkennen gab, so berühmt war.

Man machte ihr ein prächtiges Leichenbegängniß. Arcadius ließ kurze Zeit darnach auf einem großen Platze zu Constantinopel nahe bey der Kirche eine Säule aufrichten, wohin er die silberne Statue des Theodos mit Aufschriften und den Abbildungen seiner letztern Siege setzen ließ, denn er wollte haben, daß dieses Werk ein ewiges Denkmaal sowohl von dem Ruhme des Vaters, als auch von der Ehrerbietung des Sohns gegen den Vater seyn sollte.

§. 19.

Endlich beschloß Theodos wieder nach dem Orient zurück zu kehren, und selbst unter seinem Volke die Süßigkeit des Friedens zu genießen, welchen er im ganzen Reiche gestiftet hatte. Er hatte beynahe drey Jahre in Italien zugebracht, und diese Zeit darzu angewendet, in diesen Provinzen die Ordnung wieder einzuführen, und den jungen Valentinian zu unterrichten, den er wie seinen eignen Sohn liebte. Da er gar wohl wußte, in welchem Ansehen der Stilicho im Brode stund, so hatte er ihn mit der Würde eines Consuls beehret und nichts unterlassen, womit er dieses rebellische Gemüthe gewinnen und einnehmen könnte. Er hatte zu gleicher Zeit sehr scharfe Edicte wider den Dienst der falschen

Z 2

Götter gegeben, und zeigte durch diese Aufführung, daß er die Verdienste der Personen, deren Religion er verdammte, deswegen nicht zu vermindern suchte. Nach diesem reiste er ab, verließ das Reich des Occidents in Ruhe, und den Kayser in der Kunst zu regieren wohl unterrichtet.

§. 20.

Er hatte schon einen Theil von seiner Armee marschiren lassen, um die Wälder zu züchtigen, welche die Ruhe des Volks störten. Sie waren in die Morästte und Sümpfe von Macedonien durch einige von diesen Deserteurs geführt worden, von denen wir schon geredet haben, die dahin geflohen waren, und sich von der Strafe befreiet hatten, die ihre Verrätherey verdienet. Es war mehr ein Haufen Räuber, als eine ordentliche Miliz, aber da sich ihre Anzahl durch die zerstreute Armee des Maximus vermehret hatte, so hielten sie einige Ordnung unter ihnen, und thaten einen Einfall in Thessalien und Macedonien. Ihre Frechheit nahm wegen des wenigen Widerstandes zu, und in kurzer Zeit beraubten sie das ganze Feld. Sobald als sie gehört hatten, daß der Kayser mit seiner Armee zurückkäme, so flohen sie in die Wälder, welche bey den sumpfigten Oertern waren, und giengen nicht mehr alle auf einmal heraus: Sie begnügten sich damit nur, in der Nacht Streiffereyen zu wagen, und verbargen sich alsdenn mit ihrem Raube wieder, wenn der Tag erschien. Man sagte, es wären mehr Gespenster als Menschen, und ein jeder beklagte sich über ihre Räubereyen, ohne daß sich jemand derselben an dem Orte ihrer Sicherheit hätte bemächtigen können.

De

Da Theodos zu Thessalonich angekommen war, so ließ er einen Theil seiner Infanterie unter der Anführung des Timasius anrücken, und kam selbst kurze Zeit darnach an. Er ließ die Feinde aufsuchen, und da man ihm lange Zeit keinen Bericht von ihnen gegeben hatte, so gieng er in der Stille mit fünf Officieren aus seinem Lager, um die Oerter auszuforschen, wo sie verborgen seyn konnten. Er entdeckte dasjenige glücklich, was er wissen wollte; denn da er in ein kleines Haus auf dem Felde eingekehret war, um daselbst nach einem langen Wege auszuruhen, so sah er daselbst einen Menschen, dessen bestürztes Ansehen ihm verdächtig war. Er fragte insgeheim, wer er wäre, und wo er herkäme; allein, da er weiter nichts von diesem Unbekannten erfahren konnte, so befahl er seinen Leuten, sich seiner zu bemächtigen. Er wollte ihn selbst fragen, allein er konnte keine Antwort von ihm weder durch Drohungen, noch mit Liebe erlangen, bis er durch Martern gezwungen wurde zu bekennen, daß er ein Spion der Wilden wäre, daß er den ganzen Tag durch auf dem Felde herumliefe, um ihnen den Raub anzuzeigen, den sie in der Nacht machen könnten, besonders aber hätte er Befehl, sie von dem Marsche des Kaysers und seiner Armee zu berichten. Er zeigte ihm alsdenn ihre Anzahl, Macht, und den Ort an, wohin diese Wilden geflohen waren.

Der Kayser gieng sogleich eilfertig ab, um sich mit seiner Armee zu vereinigen, marschirte den folgenden mit einigen Truppen, und ließ dieses Corps der Wilden so tapfer angreifen, daß er sie, des Widerstandes ungeachtet, den sie thaten, in ihren Morästen glücklich bezwang. Es wurden deren eine große Anzahl getödtet,

einige

einige wurden gefangen genommen und nachherlich gestraft; die andern aber verfolgte man vom Morgen an bis auf den Abend. Da Timasius sah, daß die Soldaten ermüdet waren, so bat er den Kayser, er möchte doch ein wenig ausruhen, und auch diejenigen, die ihm folgten, ausruhen lassen. Man blies also Retraite, man lagerte sich auf einer nahen Ebene, man erlaubte einem jeden, sich als nach einem Siege zu freuen; und in dieser Sicherheit war man weder um die Wache, noch um die Ordnung im Lager bekümmert.

Unterdessen, da sich die Wilden wieder vereinigt, und durch einige von den ihrigen von dem Zustande, in dem sich die Truppen befanden, gehört hatten, so kamen sie durch Hülfe der Nacht, und richteten eine große Zerstörung an, ehe man es gewahr wurde. Da endlich diejenigen, die nicht so stark schliefen, allenthalben Lärmen gemacht hatten, so setzte sich ein jeder zur Wehre. Man lief zu dem Zelte des Kaysers, welches bey dem ersten Geschrey, das er gehört hatte, aufgestanden war. Es entstund im Lager selbst ein Streit, davon der Ausgang zweifelhaft gewesen wäre, wenn dieser Prinz nicht seine Leute durch sein eignes Beyspiel aufgemuntert hätte, und Promotus, einer von seinen Generallieutenants, der nicht weit davon war, nicht mit einigen Escadrons von der Cavalerie angekommen wäre, welche endlich den Feind völlig in die Flucht schlugen.

Theodos hatte sich entschlossen, sie in eigner Person zu verfolgen. Allein Promotus stellte ihm vor, dies wären nicht die Feinde, die würdig wären, daß sich ein großer Kayser mit ihnen zu thun machte, er sollte sich es bis auf große Feldzüge vorbehalten, und einen von sei-

seinem Lieutenant die Mühe auf sich nehmen zu lassen,
eine Sache zu endigen, wobey es viele Beschwerlichkeiten gäbe, und wo keine Ehre zu erwerben wäre. Er
nahm diese Ausführung selbst über sich, und brachte sie
so glücklich zu Stande, daß er diese Wilden in ihren
Wäldern einschloß, und ein so großes Blutbad unter ihnen anrichtete, daß nicht ein einziger von ihnen davon
kam.

Der Kayser setzte unterdessen seine Reise weiter fort.
Alles Volk ging ihm mit einer außerordentlichen Zuneigung entgegen, und bey jedem Einzuge, den er in
Städten hielt, war ein Triumph. Er kam zu Constantinopel den 9ten November an, und war mehr auf die
Zeugnisse der Freundschaft, die er von seinen Unterthanen erhielt, als auf die Siege stolz, die er über seine
Feinde davon getragen hatte. Sein Sohn, Arcadius
kam, ihn zu empfangen, und alle Stände des Reichs bezeigten ihm auf das eifrigste ihre Freude, die sie über
seine glückliche Ankunft hatten.

§. 21.

Seine erste Sorge war, daß er Gott für alles
Glück seiner Regierung dankte, daß er die prächtige
Kirche, welche er dem heil. Johannes dem Täufer zu
Ehren hatte bauen lassen, besuchte, und daselbst aus einem benachbarten Flecken von Chalcedonien die Reliquien eben dieses Heiligen mit vieler Feyerlichkeit herbey-
holen ließ. Er erkundigte sich wegen des Zustandes
dieser Kirche, und da er gehört hatte, daß Eunomius
Versammlungen in der Stadt angestellt, und einige von
seinen Irrthümern ausgebreitet hatte, so ließ er ihn von

Z 4   Con-

Constantinopel verjagen. Er befahl, daß man zugleich
alle Ketzer aus den benachbarten Städten vertreiben
sollte, damit sie ihnen dadurch die Gelegenheit benehmen
möchten, ihre Secten weiter auszubreiten, und das Volk
durch ihren schändlichen Umgang zu verderben.

Nachdem er also dasjenige in Ordnung gebracht hatte, was die Religion anlangt, so suchte er sich nunmehro mit demjenigen zu beschäfftigen, was der Staat erforderte, und den Provinzen wieder aufzuhelfen, die gedrückt worden waren, er wollte den Tribut im Frieden
wieder nachlassen, welchen er allein wegen der Nothwendigkeit des Krieges auferleget hatte. Er suchte besonders die Cabalen zu endigen, die an seinem Hofe, sowohl
durch die listigen Anschläge des Ruffin, als auch durch
die Eifersucht, welche man wider diesen Liebling gefaßt
hatte, entstanden waren.

§. 32.

Ruffin war ein Gallier aus der Provinz Aquitanien,
von einem mittelmäßigen Stande, aber von hohem Geiste, einnehmend, höflich, geschickt, einen Fürsten zu vergnügen, und sogar fähig, ihm die wichtigsten Dienste
zu leisten. Er kam an den Hof nach Constantinopel,
er machte sich daselbst Freunde und Gönner; er wurde
dem Theodos bekannt, er gefiel ihm. Er wußte sich
bey diesem Anfange seines Glücks so zu mäßigen, daß er
in kurzem zu ansehnlichen Aemtern gelangte. Der Kayser gab ihm den Character eines Oberhofmeisters, zog
ihn in allem zu Rathe, würdigte ihn seiner Freundschaft
und Zutrauens, und machte ihn endlich mit seinem Sohn
Arcadius zum Consul.

Dieser

Dieser Mensch suchte sich mehr bey seiner Erhöhung durch Klugheit als durch Tugend zu erhalten. Sein Hochmuth wuchs mit seinem Glücke. Er suchte sich indessen von dem Reichthum derjenigen zu bereichern, die er durch seine Schmähungen unterdrückte. Es war schon genug, wenn man ausserordentliche Verdienste hatte, und mit ihm um den Vorzug streiten konnte, um sein Feind zu seyn. Da er aber dem ohnerachtet doch fürchtete, die Freundschaft des Fürsten zu verlieren, wenn er nicht seine Hochachtung behielte, so schien er bescheiden und uneigennützig zu seyn. Er suchte seine bösen Rathschläge unter dem Vorwande der Gerechtigkeit oder der Staatsklugheit zu verdecken, und wußte seine guten Eigenschaften so klug zu zeigen, und die bösen hingegen so gut zu verbergen, daß der Kayser, so verständig und eifersüchtig er auch auf sein Ansehen war, dennoch sehr oft hintergangen würde, ohne es selbst gewahr zu werden.

§. 23.

Die vornehmsten Herren des Hofes konnten die Erhebung dieses Lieblings nicht ohne Aergerniß ansehen. Timasius und Promotus, welche der Armee wichtige Dienste geleistet hatten, verlangten den Vorzug vor ihm. Tatian, welcher den ganzen Orient in Abwesenheit des Theodos regiert hatte, konnte sich nicht dazu entschließen, einen neuen Minister über sich zu sehen, der weiter nichts vorzügliches hatte, als das Glück, dem Fürsten zu gefallen. Procul, ein Sohn des Tatian, Gouverneur von Constantinopel, ein junger herzhafter Mensch, war dem Ruffin ebenfalls in allen Gelegenheiten zuwider.

З 5   Ein

Sie verschwooren sich zusammen wider ihn, und beschlossen, ihn ganz zu stürzen. Ruffin, der alle ihr Vorhaben erfahren hatte, suchte den Kayser zu überreden, und stellte ihm vor: „Die Gnade, welche ihm täglich Seine „Majestät erzeigen, machte ihn dem ganzen Hofe ver„haßt, bey aller möglichen Sorgfalt, die er anwende„te, um das Murren seiner Neider zu stillen, so machte „man doch täglich Cabalen wider ihn; er würde endlich „gewiß unterliegen müssen, wenn ihn nicht die Hand, „die ihn erhaben hätte, unterstützen würde; er erkenne„te gar wohl seine schlechten Verdienste, und er schätzte „sich auch selbst nur blos wegen der Güte hoch, die Seine „Majestät für ihn gehabt hätte, und wegen der Dank„barkeit, die er davor die ganze Zeit seines Lebens haben „würde.„

§. 24.

Nachdem er den Kayser dahin gebracht hatte, ihn in seinen Schutz zu nehmen, so war er nicht allein darauf bedacht, sich vor Nachstellungen zu hüten, sondern auch seine Feinde selbst zu stürzen. Dieser Haß, der bisher noch verborgen gewesen war, fieng kurze Zeit hernach an auszubrechen. Denn da er einmal in dem Rathe mit dem Promotus war, so hatten sie daselbst einige Streitigkeiten. Da der Kayser herausgegangen war, so fieng sich ihr Streit wieder an: sie wollten beyde ihre Meynungen behaupten; sie erhitzten sich gegen einander. Da Ruffin anfieng zu schimpfen, so wurde Promotus darüber aufgebracht, und gab ihm eine Ohrfeige. Der Ruf von dieser Begebenheit breitete sich sogleich im ganzen Palast aus. Ein jeder urtheilte davon nach der

Ver-

Verbindung, in welcher er mit dem einen oder dem andern stund; allein der Kayser, zu welchem Ruffin sogleich gieng, seine Klagen anzubringen, wurde heftig darüber erzürnt.

Er versicherte öffentlich: „Er wäre es nunmehro „überdrüßig, diese Uneinigkeiten, und diejenigen, wel-„che die Urheber derselben wären, weiter zu dulden; er „würde sie schon lernen ruhig leben, und die Personen in „Erwägung ziehen, denen er günstig wäre; und wenn „sich diese Eifersucht, die man auf den Ruffin hätte, „nicht endigen würde, so wollte er ihn so weit über seine „Neider erheben, daß sie genöthiget seyn würden ihn zu „verehren, und ihm vielleicht gar gehorchen müssen.„

§. 25.

Dieser Fürst, der als ein Herr redete, und sich wohl wuste furchtbar zu machen, wenn es nöthig war, sprach diese Worte mit so vieler Heftigkeit aus, daß sich niemand mehr unterstund, weiter zu murren. Er verstieß den Promotum von seinem Hofe, und gab dem Ruffin zu eben der Zeit den Character eines Generals über die Leibwache. Die neue Würde dieses Lieblings und der Schutz des Kaysers, dessen er versichert war, verschaften ihm nunmehro Gelegenheit, sich desto leichter an seinen Feinden zu rächen. Promotus lebte nicht lange Zeit nach dieser Ungnade. Denn da er den Befehl erhalten hatte, zur Armee zu gehen, und wider die Völker zu marschiren, welche Thracien plünderten, so wurde er von diesen Wilden getödtet. Viele beschuldigten den Ruffin einer Verrätherey.

Der

Der Tod des Procul war nicht weniger traurig. Dieser Minister ließ ihm verschiedener Verbrechen anlegen, bestach die Richter, die man ihm verordnete, nöthigte sie insgeheim, ihn zum Tode zu verurtheilen, und machte es so, daß die Gnade, welche ihm der Kayser schickte, erst nach der Vollziehung des Urtheils ankam. Timasius wäre nicht glücklicher gewesen, als die andern, wenn er nicht die Freundschaft dieses Lieblings gesucht, und sich seiner Verbrechen theilhaftig gemacht hätte. So war die Aufführung des Ruffin, welcher der Güte und das Zutrauen seines Herrn mißbrauchte, und der fünf Jahr hernach, da er nicht mehr durch die Furcht vor dem Theodos zurück gehalten wurde, und unter schwachen und unwissenden Kaysern lebte, durch seinen Stolz und unmäßigen Hochmuth eine der vornehmsten Ursachen der Verwüstung des Reichs worden ist.

§. 26.

So waren die Sachen bey Hofe zu Constantinopel beschaffen, als man daselbst die Nachricht von der Verrätherey des Arbogastes und von dem Tode des Valentinian hörte. Bey aller möglichen Sorgfalt, die Theodos anwandte, diesem jungen Prinzen ein ruhiges und wohleingerichtetes Reich zu hinterlassen, so war er kaum nach dem Orient zurück gekehret, da sich in Rom und Gallien schon wieder neue Parteyen formirten. Die heydnischen Rathsherren thaten noch eine ansehnliche Gesellschaft zum Kayser, um die Wiederaufbauung ihrer Tempel, und die freye Ausübung ihrer Religion zu bitten. Die Sache wurde im Rath untersuchet, und obgleich alle Berathschlagungen dahin giengen, ihnen dasjenige zu bewilli-

bewilligen, was sie wünschten, so widersetzte sich doch
Valentinian hierinnen, und schickte die Abgesandten des
Senates mit einer völligen Verweigerung dessen, was
sie gebeten hatten, zurück, so, daß ihnen nunmehro gar
keine Hoffnung mehr übrig blieb.

§. 27.

Verschiedene, die aus politischen Absichten Christen
worden waren, suchten alsdann Gelegenheit ihre Religion wieder fahren zu lassen. Theodos hatte sich bemühet, dieser Unordnung so lange er im Occident war, abzuhelfen; denn da er erfahren hatte, daß viele Personen
von Stande, um sich in die Zeit zu schicken, dem Dienst
der Götter absagten, und sich taufen ließen, so glaubte
er, daß diese nicht standhaft im Glauben seyn würden,
wenn sie sich dazu durch so schwache und weltliche Be-
wegungsursachen bekenneten. Damit er ihnen also die
Freyheit benehmen möchte, die Religion wieder zu ver-
ändern, so ließ er ein sehr strenges Gesetz wider die Ab-
trünnigen bekannt machen. Er erklärte die vor unfä-
hig, ein öffentliches Zeugniß abzulegen, für unwürdig, in
Gesellschaften rechtschaffener Leute aufgenommen zu werden, des Rechts der Wahlstimme verlustig, aller Aemter des Adels oder sonst einer Würde beraubt, ohne daß
sie jemals verlangen könnten, wieder in ihren vorigen
Stand versetzt zu werden; denn er wollte, daß diejenigen, welche die geselligen Geheimnisse verunheiliget hätten, nicht allein als verhaßte, sondern auch als ruch'ose
Leute sollten angesehen werden, die von Menschen verlassen wären, weil sie Gott selbst verlassen hätten.

§. 28.

§. 28.

Da ſich nun dieſe zu einem Glauben genöthiget ſahen, den ſie doch nur auf eine Zeitlang angenommen hatten, ſo waren ſie nunmehro darauf bedacht, einen Kayſer zu erwählen, unter welchem ſie ihre Religion wieder verlaſſen könnten, ohne deswegen ihre Würde zu verlieren. Da Botentinian zu eben der Zeit hörte, daß zu Rom eine Schauſpielerin voll großer Schönheit wäre, welche alle junge Leute verführte, ſo befahl er, daß man ſie aus der Stadt jagen, und an den Hof bringen ſollte. Derjenige, der dieſen Befehl erfüllen ſollte, ließ ſich durch Geld beſtechen, und kam wieder unverrichteter Sache nach Hauſe. Der Fürſt ſchickte ſogleich andere getreuere Leute dahin, die dieſe Hure nahmen und nach Gallien führten, wo er war. Er behielt ſie eine Zeitlang daſelbſt; aber er mochte ſie nicht ſehen, damit er nicht ſelbſt in eine Ausſchweifung gerathen möchte, davon er andre abhalten wollte. Diejenigen, denen er eine Gelegenheit zur Ausſchweifung benommen, und ein Exempel der Keuſchheit gegeben hatte, wurden darüber erzürnt, und vereinigten ſich wider ihn, weil er ihre Leidenſchaften zu beſchämen ſuchte, und ſie ihm nicht ein gleiches vorhalten konnten.

§. 29.

Stilcon, General der Leibwache, ein kluger Mann, der viele Erfahrung hatte, aber ſonſt dem heydniſchen Aberglauben ergeben war, ſuchte bloße Cabalen insgeheim zu unterhalten. Man hatte ſich allerdings für ihn zu fürchten, ſo wohl wegen des Anſehens, das er ſich erwor-

erworben hatte, als wegen der erdachten Prophezeihungen, die er unter denen von seiner Partey bekannt machen ließ, als auch wegen der geheimen Verbindung, in welcher er mit dem Arbogastes stund; denn da dieser gewohnt war in Gallien zu herrschen, so nahm er deswegen seine Maasregeln, um das Ansehen, welches er sich erworben hatte, zu erhalten.

§. 30.

Dieser Arbogastes war ein französischer Capitain, der sehr jung in die Dienste der Römer gerathen war. Er folgte dem Kayser Gratian in den Kriegen von Deutschland, und erwarb sich daselbst vielen Ruhm. Nach dem Tode dieses Kaysers Gratians wollte er dem Marinus nicht vor einen Kayser erkennen, und in der beynahe allgemeinen Empörung der Officiere von der Armee blieb er allein standhaft bey der Partey des Valentinian. Er gelangte zu allen den Aemtern, die er wegen seiner Treue verdiente, wozu noch die große Meynung kam, die man von seiner Herzhaftigkeit und Aufführung hatte. Er erlangte die Freundschaft der Soldaten, welche ihm eigenmächtig das Commando über die Armee auftrugen, ohne daß es der Hof wagen durfte, sich darwider zu sehen. Nach der Niederlage des Marinus, von der er die vornehmste Ursache war, wurde er nach Gallien geschickt, um sich dessen zu bemächtigen, und daselbst zu commandiren. Er brachte alda die Sachen des Reichs wieder in Ordnung, und gewann verschiedene Schlachten wider die Wilden, und sogar wider seine landesleute, die er nöthigte, ihn um Friede zu bitten.

Dieſe

Diese großen Dienste machten ihn so stolz, daß er die völlige Besorgung der Kriege des Reichs auf sich nahm. Die Armee folgte seinen Befehlen blindlings; denn außerdem, daß er wachsam, glücklich in allen seinen Unternehmungen, und sehr erfahren in dem Kriegswesen war, so war er auch ein abgesagter Feind aller Schwelgerey, nahm nur deswegen vom Kayser Belohnungen an, damit er das Vergnügen hatte, sie den Soldaten wieder auszutheilen, und gab ihnen nach seinen Siegen die ganze Beute; denn er bildete weiter nichts vor sich, als den Ruhm und die Ehre, überwunden und gesiegt zu haben, und führte ein so sparsames, mäßiges und geschäfftiges Leben, daß man gesagt hat, er wäre nur ein Mitgeselle derjenigen, von denen er General wäre.

Theodos, der seine großen Eigenschaften kannte, und willens gewesen war, ihn mit sich zu nehmen, glaubte, es wäre besser, ihn im Occident, als einen Menschen, dessen Treue nur allzu bekannt wäre, zurück zu lassen, der durch sein Ansehen und Exempel den Hof des Valentinian in seiner Pflicht erhalten, und mit seinem Rath diesem jungen Kayser beystehen könnte, der zwar sehr gute Absichten, aber noch nicht genug Erfahrung in seinen Angelegenheiten hätte. Arbogastes glaubte alsdenn, man könnte seine sehr großen und wichtigen Dienste noch nicht recht erkennen, und wurde desto stolzer, je mehr er sich für nothwendig hielt. Er hatte freye Gewalt in Austheilung der Kriegswürden; er machte bey den Truppen neue Verordnungen; er machte Krieg und Frieden nach seinem Gefallen, tadelte oder verbesserte die Befehle des Kaysers, und wollte keine andere Ordnungen

zu sicher Wache erkennen, als die ihm sein Stolz und
Hochmuth sichern.

Da Valentinian in Gallien angekommen war, so konnte er nicht leiden, daß Arbogastes daselbst als der oberste
Befehlshaber über die Armee commandirte, er wollte
ihn also erniedrigen, ohne ihn zu stürzen, und wenn es
möglich wäre, ohne ihn einmal zu erzürnen. Deswegen gab er wichtige Befehle, ohne daß jener etwas davon wußte; er war öfters ganz anderer Meynung als er.
Bisweilen verwarf er den Rath, den er gab, oder zog
den Rath der andern Minister seinem vor; denn er hoffte
ihm also dadurch die unabhängige Gewalt nach und nach
völlig zu entziehen. Arbogastes, der nicht leiden konnte,
wenn ihm widersprochen wurde, und auch nichts von
seinem angemaßten Ansehen nachlassen wollte, machte
insgeheim mit allen Mißvergnügten ein Bündniß. Unterdessen suchte er die Officiers von der Armee auf seine
Seite zu bringen, und widersetzte sich den Befehlen des
Kaysers, wenn sie nicht nach seinem Sinne waren.

Zu eben der Zeit erhielt man die Nachricht, daß
eine Armee von Wilden an die Grenzen von Italien vor-
rückte. Valentinian, der damals zu Vienne in Gallien war, machte sich fertig, über die Alpen zu marschiren, und auf den Feind an der Spitze seiner Truppen
loszugehen. Allein, ehe er sich in diesen Krieg einließ,
so wollte er vorhero beydes für seine Seligkeit, indem er
sich taufen ließ, als auch für seine eigne Ruhe sorgen;
denn er wurde auf den Arbogastes ungnädig, und nahm
ihm das Commando über die Armee.

Aa   §. 31.

§. 31.

Was die Taufe anbetrifft, ſo wollte er ſie von der Hand des heiligen Ambroſius empfangen, welchen er ſeinen Vater und Herrn nannte, ob er gleich ſonſt in Gallien fromme Biſchöfe genug hatte. Da er einen von ſeinen Officieren zu ihm ſchickte, ſo hörte er, daß dieſer Biſchof ihn beſuchen könne, worüber er eine auſſerordentliche Freude bezeigte. Bey der erſten Nachricht von dem Marſch der Feinde hatten die Gouverneurs und der Magiſtrat der Städte, die am meiſten der Gefahr ausgeſetzt waren, ſich an dieſen Biſchof gemacht, und ihm gebeten, er möchte doch dem Kayſer die Gefahr vorſtellen, in welcher Italien wäre, wenn er ihm nicht ſogleich zu Hülfe käme. Er hatte die Geſandtſchaft angenommen, da er ſie für die Ruhe und Sicherheit des Landes nöthig zu ſeyn glaubte; er machte ſich ſogleich fertig, den folgenden Tag abzureiſen, als man eben Nachricht zu Milan erhielt, daß der Kayſer ſeine Reiſe beſchleunige, daß der Weg ſeines Marſches ſchon beſtimmt wäre, und daß man ſchon aller Orten Befehl zur Einquartierung des Hofes und der Soldaten gebe. Ambroſius, der aus Liebe niemals etwas unterließ, das unumgänglich nothwendig war, und hingegen nichts unternahm, das überflüßig war, glaubte, daß er nunmehro ſeiner Commißion entlediget wäre, und erwartete den Kayſer zu Milan, indem, daß der Kayſer zu Vienne auf ihn wartete.

§. 32.

Da unterdeſſen Valentinian täglich auf ſein Anſehen mehr eiferſüchtig und auf den unerträglichen Stolz

des

des Arbogastes mehr erzürnt wurde, so beschloß er, ihn völlig zu stürzen. Er wartete auf gelegene Zeit; und da er des einen Tages auf seinem Throne saß, und er zu ihm kam, so sah er ihn zornig an, und gab ihm einen Zettel, in welchem er ihm befahl, sich von seinem Poste weg zu machen, und das Commando seiner Armee zu verlassen. Arbogastes nahm den Zettel aus seiner Hand, und nachdem er ihn gelesen hatte, so zerriß er ihn in seiner Gegenwart, wendete sich trotzig zu ihm und sagte: „Sie sind es, der mir das Commando gegeben, „Sie werden es aber nicht seyn, der es mir nehmen wird." Valentinian, der hier nur seinen Muth und Empfindung zu Rathe zog, ergriff den Degen des einen Soldaten von seiner Leibwache, um den Arbogastes zu tödten. Allein die Garde hielt ihn ob, und man nöthigte ihn allenthalben zu sagen, daß dieser Prinz aus Verdruß, daß er nicht alles thun könne, was er wolle, die Absicht gehabt hätte, sich selbst zu tödten. Arbogastes sah nach diesem wohl, daß keine Sicherheit mehr vor ihm wäre, und daß er also sein boshaftes Vorhaben ausüben müßte, damit man ihm nicht etwan zuvor kommen möchte. Unter dem Verwande, daß mächtige Personen sich entschlossen hätten, ihn umzubringen, so versammlete er seine Freunde; er bestach die Kammerbedienten und stellte Soldaten, die er dazu abgerichtet hatte, bis an den Pallast.

§. 33.

Der Kaiser schickte seine Befehle ins Lager; man achtete dieselben nicht; er redete selbst mit den vornehmsten Officieren; sie unterstunden sich aber nicht, ihm zu gehorchen, und da er sich also auf einmal verlassen und in seinem eigenen Pallast eingeschlossen sah, so schickte er

Aa 2   sogleich

sogleich einen von seinen Secretärn an den Theodos,
daß er ihn um Hülfe bitten sollte. Er berathschlagte
sogar eine Zeitlang, ob er noch einmal gehen sollte, an
dem Hofe zu Constantinopel eine Freystadt zu suchen;
allein er glaubte, der heilige Ambrosius würde ihn aus
dem elenden Zustande, in welchem er sich befand, wieder
bessern können. Er schrieb ihn sogleich, er möchte doch
kommen, ihn zu taufen, und seine Streitigkeiten mit dem
Arbogastes durch einen Vergleich zu endigen suchen. Der
Bischof der viel Gewalt über verschiedene Gemüther hatte, reiste sogleich ab, und faßte den Entschluß, sie mit
einander auszusöhnen, der die Aufrichtigkeit ihrer Gesinnungen zu suchen, und sich selbst zu einer Geisel dar-
zustellen, oder sich zu dem Kayser zu halten, und ihn
durch sein Gebet zu vertheidigen, wenn ja Arbogastes
nicht zu bewegen gewesen wäre.

§. 34.

Er war schon über die Alpen, da er mit einer ausserordentlichen Betrübniß den Tod des Valentinian erfuhr.
Die Geschichtschreiber haben von dem traurigen Ende dieses Kaysers verschieden geredet. Einige erzählen, daß
ihn Arbogastes, als er nach der Mittagstafel an dem
Ufer der Rhone spatzieren gegangen wäre, überfallen und
getödtet hätte. Andere hingegen haben geglaubt, er hätte ihn durch Mörder erwürgen, und alsdenn mit seinem
Schnupftuch an einen Baum hängen lassen, um dadurch
glaubwürdig zu machen, daß er sich selbst getödtet hätte.
Am wahrscheinlichsten ist es, daß er von den Kammerbedienten auf Anstiften des Arbogastes verrathen worden
sey, und man habe ihn in der Blüthe am funfzehenden
May am Pfingstabend in seinem Bette erwürgt gefunden.

Der

Der heilige Ambrosius kehrte alsdenn wieder nach Mailand zurück, und konnte nicht aufhören das Unglück dieses Prinzen zu beweinen, den er so zärtlich geliebt hatte, und dessen ausserordentliche Verdienste ihm allzuwohl bekannt waren.

Denn kaum hatte er ein Alter von fünf und zwanzig Jahren erreicht, als er schon alle Eigenschaften eines großen Kaysers besaß. Seine Leibesgestalt, seine Bildung, seine Stärke, seine Geschicklichkeit in allen Arten von Uebungen, und eine gewisse natürliche Unerschrockenheit, die alle seine Handlungen begleitete, gaben ihm vor allen seinen Hofleuten ein besonderes Ansehen. Er war von muntern und aufgeweckten Geiste, und seine Meynungen im Rath waren so gerecht und klug, daß man, so jung als er war, von ihm gesagt hat, er hätte eine vollkommene Kenntniß von Sachen. Er war keusch, freygebig, gütig, standhaft im Unglück, und mäßig im Glück. Ob er schon seine Schatzkammer durch das Elend der bürgerlichen Kriege erschöpft sahe, so wollte er doch niemals dem Volke beschwerlich fallen, und antwortete denjenigen, die ihn anriethen, er sollte doch nur Auflagen machen: „es wäre besser darauf zu denken, wie „man die alten tilgen möchte.„

Man klagte einige Personen vom Stande an, daß sie die Absicht gehabt hätten, ihm das Reich zu nehmen. Er achtete aber diese Beschuldigungen so geringe, die doch sonst sehr bedenklich sind, daß sich fast niemand unter seiner Regierung mehr für Neid noch Schmähungen fürchtete. Er hatte so viel Achtung für seine Schwestern, daß er es aufschob, sich zu verheyrathen, damit die Liebe, die er zu seiner Frau haben würde, nicht diejenige vermin-

Aa 3   dern

dern machte, die er für ſie hielte; und da er von den Mördern überfallen wurde, ſo ſagte er weiter nichts, als:
„was werden meine armen Schweſtern machen.„ Dieſe zärtliche Liebe konnte dennoch nicht ſein Urtheil verderben. Dieſe Prinzeßinnen hatten ein Gold land, welches ihnen die Kayſerinn Juſtina, ihre Mutter, verlaſſen hatte. Diejenigen, welche ſie davon beraubt hatten,
forderten darauf wieder in ihre Rechte eingeſetzt zu werden, und da ſie ſich auf die Gerechtigkeit des Kayſers
verließen, ſo nahmen ſie ihn ſelbſt zum Schiedsrichter ihrer Streitigkeiten an. Er überließ die Sache den ordentlichen Richtern, aber insgeheim ſuchte er die Prinzeßinnen dahin zu bewegen, daß ſie das Land, um welches man ſtritte, großmüthig wiedergeben möchten.

Niemals iſt ein Prinz gelehriger und williger geweſen, ſich von ſeinen Fehlern zu beſſern. Man bemerkte
gar bald, daß er ein Vergnügen an den Schauſpielen
und an dem Wettlaufen hatte. Er ſuchte ſich davon zu
enthalten, und erlaubte kaum dieſe öffentlichen Spiele
an Geburtstagen der Kayſer, und an großen Freudenfe-
ſten des Reichs. Einige machten ihm den Vorwurf,
daß die allzu große Neigung zur Jagd ihn verhinderte
und abhielte, an die Sorgen des Staats zu gedenken; er
ließ ſogleich alle Thiere, die in ſeinem Garten erzogen
wurden, tödten, und ſuchte ſich ganz allein damit zu
beſchäftigen, den Staat durch ſich ſelbſt zu regieren.
Seine Neider hatten alſo nichts mehr wegen ſeiner Aufführung zu erinnern, als daß er bisweilen die Stunde
ſeiner Mittagstafel aus Unmäßigkeit verlängerte. Er
machte ſich dieſe Ermahnung zu Nutze, und ward alsdenn ſo mäßig, daß er ſehr oft faſtete, und wenig aß,
auch

auch sogar bey großen Festen, die er seinen Hofleuten machte.

Er ließ keine Gelegenheit vorbey gehen, seine Ehrfurcht vor Gott, und seinen Eifer für die wahre Religion öffentlich, sowohl wider die Ketzer, als wider die Heyden zu bezeigen. Er folgte in allem dem Rath und den Lehren des heiligen Ambrosius, den er ehrte, und ihn mit eben der Inbrunst liebte, die er sonst gehabt hatte, ihn zu verfolgen, und zu hassen. Hierinnen bezeigte er, daß seine vorigen Vergehungen von den gegebenen Unterweisungen, und nicht von seinem Naturel herkamen. Er regierte ohngefehr siebenzehn Jahr, und war eines glücklichen Lebens und Todes würdig.

Diejenigen, die an seinem Tode schuld waren, breiteten aus, daß er sich selbst getödtet hätte, weil er darüber unwillig und erzürnt worden wäre, daß man sich seinen Leidenschaften, Neigungen und ungerechten Absichten widersetzte, so hätte er lieber wollen aufhören zu leben, als Kayser zu heißen, und nicht Herr über seine Handlungen zu seyn. Sie ließen seinen Leib wegtragen, und wollten weiter nichts thun, das ihnen vielleicht einen öffentlichen Haß hätte zuziehen können.

§. 37.

Unterdessen mußte man vor das Reich sorgen. Arbogastes schlug aus einer verstellten Demuth diese Ehre ab, welche ihm niemand abgestritten hätte, und weil er entweder nicht ein Freund des Hochmuthes war, und sich damit begnügte, das Reich zu beherrschen, ohne Kayser zu seyn; oder weil er befurchte, man möchte ihn öffentlich vor den Mörder des Valentinians halten, wann

Aa 4

er ihm in der Regierung folgte, aber weil er fürchte, daß
die Römer nicht gern einem Franzosen, noch die Christen einem Heyden gehorchen würden, so richtete er sein
Augenmerk auf einen von seinen Freunden, mit Namen
Eugenius, und entschloß sich, ihn mit dem Namen und
Titel einer Würde zu belegen, davon er die ganze Gewalt allein vor sich behalten wollte.   Eugenius war
ein Mensch von niedriger Herkunft, welcher, nachdem
er die Rhetorik mit einigem Ansehen gelehret, die Schu-
len verlassen, und sich zu dem Gefolge des Hofes gesel-
let hatte.   Rkomer, ein General von der Armee des
Gratian, hatte ihn zu sich als einen Secretär genommen, und da er nach Constantinopel abreiste, so hatte
er ihn dem Arbogastes als einen klugen und erfahrnen
Menschen recommandiret, welcher ihm nützliche Dienste leisten würde.   Arbogastes erwählte ihn also als einen von seinen Creaturen, welcher, da er gar keine For-
derung auf den Thron machen, noch sich ohne seinen
Beystand auf demselben befestigen konnte, ihm aus Erkenntlichkeit nothwendig anhangen mußte.

Flavian willigte im Namen der Heyden in dieß
Wohl ein, weil er hoffte, er würde unter einem so schwachen Kayser mehr Antheil an der Regierung haben, und
da ihm auch fast noch bekannt war, daß Eugenius, ob
er gleich ein Christ war, dennoch viel Neigung zum Heydenthum bezeigte.   Man hatte viel Mühe, diesen Menschen, der so furchtsam war, und die Ruhe liebte, dahin
zu vermögen, daß er das Reich annehmen; aber die einen versprachen ihm so viel Hülfe, die andern prophe-
zeihten ihm so groß Glück, daß er endlich den Purpur

und

und die Krone annahm, und sich zum Kayser wirklich ausrufen ließ.

§. 36.

Die Nachricht vom Tode des Valentinian machte den Hof zu Constantinopel außerordentlich bestürzt. Theodosius wurde darüber empfindlich gerühret. Er schrieb sogleich den betrübten Prinzeßinnen einen Brief, in welchem er sie über den Verlust ihres Bruders tröstete, und den heiligen Ambrosius bat, die Sorgfalt wegen seines Grabmaals und Leichenbegängnisses über sich zu nehmen. Dieser Bischof hatte schon ein prächtiges Grabmaal von Porphir zubereiten lassen, er ließ es auch sogleich aufrichten, da er den Befehl davon erhielt, und stellte diesem frommen Kayser zu Ehren ein herrliches Leichenbegängniß an, bey welchem er zugleich eine Trauerrede hielt. Er redete von ihm als von einem vollkommenen Gläubigen, ob er gleich nur ein Catechumenus war. Er versicherte, daß er nicht der Taufe ermangelt hätte, ob gleich die Taufe ihm gemangelt hätte, daß der Glaube und der gute Wille ihn gerechtfertiget hätten, und daß man ihm eine Gnade zueignen müßte, der er mit Inbrunst gewünschet, um welche er inständig gebeten, und zu welcher er sich durch ein freudiges Bekenntniß seines Glaubens zubereitet hätte, indem er den Heyden die Wiederaufbauung ihrer Altäre völlig verboten hätte.

Das ganze Volk, welches über die Tugenden und das Unglück dieses Prinzen gerühret war, erneuerte itzt die zärtliche Liebe und Hochachtung, welche es für ihn gehabt hatte. Die Prinzeßinnen, an welche der Bischof einen Theil seiner Rede richtete, weineten heftig.

Sie

Sie hatten länger denn zwey Monate mit Weinen und
Beten in der Kapelle zugebracht, wo man den Leichnam
ihres Bruders beygesetzt hatte. Man konnte es ihnen
nicht wehren, oft da hinein zu gehen, und sie kamen stets
halb entseelet wieder heraus. Sie wollten seinem Hel-
denbegängniß mit beywohnen, und seitdem suchten sie
sich immer mehr und mehr von der Welt zu entfernen,
in welcher sie nichts angenehmes und reizendes mehr finden konnten, um den übrigen Rest ihres Lebens den Verlust zu beweinen, den sie erlitten hatten, und in Gott
allein den Trost zu suchen, den sie von Menschen nicht
erwarten konnten.

§. 37.

Da man unterdessen dem Andenken des Valentinian
diese traurige Pflichten erzeigte, so dachte Eugenius, der
durch den Rath des Arbogastes und Flavianus unterstützt wurde, sich in seiner neuen Würde vest zu setzen.
Er rückte in der größten Eil mit seiner Armee an den
Rhein an, und ließ den fränkischen und deutschen Königen so vortheilhafte Vorschläge anbieten, daß sie einen
Friedenstractat unterzeichneten, und ihre alten Bündnisse mit dem Reiche erneuerten. Arbogastes versöhner
sich wieder mit diesen Fürsten, mit welchen er in dem
vorigen Kriege zu stolz umgegangen war. Man erzählet noch, daß sie ihn bey einem Gastmahl, das er gegeben, gefragt hätte, ob er den Bischof Ambrosius kennte,
und da sie gehöret, daß er die Ehre hätte, einer von seinen Freunden zu seyn, und oft an seiner Tafel speisete,
so hätten sie alsdenn gesagt, man dürfte sich also nicht
wundern, wenn er so viel Siege davon getragen hätte,

weil

weil er von einem Manne geliebet werde, der selbst den
Lauf der Sonne hemmen könnte, wenn er anders wollte.
Diese Verbindung mit zwo so streitbaren Nationen hielt
alle die andern Wilden ab, und setzte also das Reich in
völlige Sicherheit.

§. 38.

Eugenius schickte sogleich Gesandten zu dem Theodos, um von ihm zu erfahren, ob er ihn für einen Collegen erkennen und annehmen wollte. Ruffin, als der
Vornehmste von dieser Gesandtschaft, hatte den Befehl
bekommen, gar nicht an den Arbogastes zu denken. Man
begnügte sich damit, Priester zu schicken, die ihn wegen
des Mordes rechtfertigen sollten, dessen man ihn beschuldigte. Theodes hörte diesen Antrag ruhig an, den der
Gesandte an ihn that; und da er keinen Brief von dem
Arbogastes sah, und man sich sogar in Acht nahm, von
ihm zu reden, so beschwerte er sich über ihn, und beschuldigte ihn, daß er an dem Tode des Valentinian Schuld
wäre. Die Priester fiengen hierauf an zu reden, und
wollten ihn versichern, daß er deswegen unschuldig wäre;
allein ihre sorgfältig erdachte Rede vermehrte nur den
Argwohn, den man schon von seiner Verrätherey hatte.

Obgleich dieser Kayser allerdings Ursache gehabt hätte, die Gesandten eines Mörders und Tyrannen abzu-
weisen, so redete er dennoch nichts weniger mit vieler Bescheidenheit zu ihnen. Er hielt sie eine Zeitlang auf, damit er bey müßiger Zeit, wegen der Partey die er ergreifen sollte, sich insgeheim berathschlagen könnte. Nach
diesem, da er gedachte, daß man ihn durch Friedensvorschläge zu betrügen suchte, und er davon weder Ehre
noch

nach Sicherheit hätte, mit Verächtern in Unterhandlungen zu seyn, so schickte er diese Gesandten wieder zurück, nachdem er sie vorher reichlich beschenkt hatte, und gab ihnen weiter noch keine entscheidende Antwort.

§. 39.

Nachdem Eugenius mittlerweilen die Sachen des Staats in Ordnung gebracht hatte, so ward er einstimmig, die Religionssachen zu stürzen. Es wurde in seinem Rathe beschlossen, daß Flavian und Arbogastes um die Wiedereinführung der Opfer und Erbauung des Altars der Victoria bitten sollten, und nach einigen Schwierigkeiten würde man ihnen alsdenn dasjenige bewilligen, was sie wünschten, so, daß die Heiden befriedigt, und die Christen hingegen nicht beleidigt würden. Sie übergaben ihre Vorschrift. Eugenius stellte sich anfänglich, als wenn er nichts wider die Gesetze seiner Vorfahren und wider sein eignes Gewissen unternehmen wollte; allein, zuletzt willigte er in alles, was man begehrte; nichts desto weniger aber betheuerte er dennoch, es geschähe dieses seinen Freunden und nicht ihren Göttern zu gefallen, daß er diese Gnade bewillige, und daß wenn er diesen Altar wieder aufzubauen, und die Opfer wieder einzuführen erlaubte, so geschehe es nicht, um den Göttern dadurch eine Ehre zu erweisen, an welchen er ein Mißfallen hätte, sondern nur, um Personen von Verdiensten eine Gnade zu erweisen, denen er nichts abschlagen könne. Er glaubte also ein scheinbares Mittel gefunden und sich gegen eine Religion klug verhalten zu haben, der er eben nicht allzu sehr ergeben war, und welcher er dennoch nicht schleßlich entsagen konnte.

§. 40.

§. 40.

Da der heilige Ambrosius kurze Zeit darnach erfahren hatte, daß er eilends nach Mailan käme, so wollte er ihn nicht daselbst erwarten, zwar nicht aus Furcht, die er vor seiner Gewalt hatte, sondern aus Abscheu und Entsetzen gegen seine gottesläfterlichen Handlungen. Er gieng nach Bologna, wo er der Wegführung der Reliquien des heil. Agricola, eines Märtyrers, beywohnen wollte, wozu er selbst war eingeladen worden. Er gieng bis nach Favenz, wo er sich etliche Tage aufhielt. Von da gieng er nach Florenz, damit er das heftige Verlangen der Einwohner zu Florenz befriedigen möchte, die ihn gern predigen hören, und von seiner Lehre lernen wollten. Der Bischof wußte gar wohl, was die Absichten des Eugenius wären, und welches die Berathschlagungen seines Raths seyn sollten. Eugenius fürchte auf seiner Seite gar nicht, daß der Bischof den Muth haben sollte, sich seiner Bosheit zu widersetzen, oder ihm wenigstens dieselbe vorzuhalten. So bald als er Herr des Reichs war, so schrieb er ihm sehr höfliche Briefe, um seine Freundschaft zu suchen. Der Bischof gab ihm aber keine ausdrückliche Antwort, damit er nicht etwan seine unrechtmäßige Besitznehmung des Reichs durch Complimente billigen möchte, welches alsdann übel könnte ausgelegt werden. Er unterließ aber dennoch nicht, zum Besten einiger Unglücklichen, an ihn zu schreiben, die ihre Zuflucht zu ihm genommen hatten, und zeigte durch diese kluge Aufführung, daß er nicht wider seine Ehre und wider sein Gewissen schmeicheln könnte, sich aber auch nicht weigerte, denjenigen zu ehren und zu bitten, denen die Vorsicht Gottes die höchste Gewalt anvertraut hätte.

Allein

Allein, sogleich als er Nachricht erhalten hatte, daß dieser Kayser zu Mailand angekommen war, so schrieb er ihm einen Brief, der voll Eifer und Gottesfurcht war, in welchem er unter andern zu ihm sagte, ohne an seine Wahl zu denken, noch an die Angelegenheiten des Staats, welches er dem Theodos überließ: „Die Furcht Gottes ist „es, welche ich so gut als ich kann, zu einer Regel aller „meiner Handlungen annehme, die mich genöthiget hat „von Mailand wegzugehen. Ich habe die Gewohnheit, „gnädiger Herr, nur allein auf Jesum Christum zu se- „hen, und seine Gnade höher, als die Gunst der Men- „schen zu schätzen. Kein Mensch soll sich daran ärgern, „daß ich die Ehre Gottes über seine weit hinaussetze. „In dieser Zuversicht und Vertrauen nehme ich mir die „Freyheit den Großen dieser Welt zu sagen, was ich „denke. Ich habe nicht den andern Kaysern geschmei- „chelt, ich werde Ihnen auch nicht zu Gefallen reden. „Ich höre, daß Sie den Heiden dasjenige zugestanden „haben, was Ihre Vorgänger ihnen beständig abge- „schlagen haben. Obgleich die Gewalt der Kayser groß „ist, so denken Sie nur, daß Gott noch größer ist, der „in das Innerste Ihres Herzens siehet, und die verbor- „gensten Winkel Ihres Herzens durchdringet. Sie kön- „nen nicht leiden, daß man Sie hintergehe und betrüge, „und Sie wollen Gott das Unrecht, das Sie ihm an- „thun, unter dem Schein eines irrdischen Wohlstandes „verbergen. Haben Sie denn darüber keine Betrach- „tungen angestellt? Sollten Sie denn nicht mehr Muth „haben, den Heiden eine gotteslästerliche Ungerechtigkeit „abzuschlagen, als sie nicht einmal hatten, darum zu „bitten. Lassen Sie Ihnen alle andere Beweise Ihrer
„Gnade

„Gnade wiederfahren nach Ihrem Gefallen, ich bin
„keineswegs auf Ihr Glück neidisch. Werden Sie
„wohl das Herz haben, Ihre Gaben Jesu Christo dar-
„zubringen? Wenige Menschen werden sich an dem äus-
„sern Schein kehren; jeder wird von Ihren innern Ge-
„sinnungen urtheilen. Wenn Sie Kayser sind, so zei-
„gen Sie es durch die Demuth, welche Sie Gott und
„der Kirche schuldig sind." Nachdem er ihm noch zuletzt gezeigt hatte, daß er vor ihm alle Hochachtung und
Ehrfurcht hätte, die man Personen von seinem Stande
schuldig wäre, so fügte er zuletzt diese Worte hinzu:
„Aber, gnädiger Herr, da es billig ist, daß ich Sie
„ehre, so ist es auch billig, daß Sie denjenigen ehren,
„den Sie nothwendig für den Urheber Ihrer Reiche
„halten müssen."

§. 41.

Eugenius, weit entfernt, daß er über diesen Brief
hätte gerührt seyn sollen, schmeichelte sich vielmehr mit
den großen Verheißungen von einem unsichtbaren Schutze,
welchen ihm Florian von Seiten der Götter machte.
Er rüstete sich sogar zum Kriege auf die Hoffnung eines
herrlichen Sieges, der ihm ein Reich zuwege bringen,
und die christliche Religion stürzen sollte. Theodos
hatte ein größer Mißvergnügen darüber zu hören, daß
Rom die Tempel der Götzen wieder eröffnet, und daß
die Opfer, die er daselbst so glücklich abgeschafft hatte,
wieder allda an allen Orten rauchten, als daß es unter der Gewalt eines Tyrannen stehen sollte.

Er ließ im ganzen Oriente ein neues Edikt bekannt
machen, in welchem er allen seinen Unterthanen verbot,

Opfer

Opfer zu schlachten, aus den Eingeweiden der Thiere zu
weissagen, unempfindlichen und leblosen Bildern Weih-
rauch zu opfern, und sonst andre Uebungen der Abgötterey zu treiben, bey der Strafe, daß sie als Verbrecher
der beleidigten Majestät sollten angesehen werden; er
wollte auch haben, daß die Oerter, wo man den Göttern
geopfert hätte, sollten eingezogen werden, und verurtheilte
den Magistrat zu einer ansehnlichen Geldstrafe, welcher
nicht diese Befehle genau in Erfüllung bringen würde.

Er ließ nach ein Gesetz wider die Ketzer geben, und
verbot ihnen, Versammlungen und Zusammenkünfte anzustellen; er beurtheilte auch die Geistlichen und Bischöfe
einer jeden Secte das erstemal zu einer Geldstrafe von
zehn Livres, welche wider diesen Befehl würden gehandelt
haben. Durch diese Handlungen versicherte er sich also
des Beystandes des Höchsten, da sich indessen Eugenius
auf die Macht der Menschen verließ.

§. 42.

Nach diesem beschäfftigte er sich nur allein mit Zurüstungen zum Kriege. Er ernannte seinen Sohn Honorius zum Kaiser, und entschloß sich, ihn zu Constantinopel mit dem Arcadius zu lassen, damit ihre Gegenwart die Ruhe des Orients unterhalten möchte, da er
unterdessen in Person gehen wollte seine Feinde zu schlagen. Man warb Truppen in den Provinzen an. Ti-
manner, einer der ältesten Generale, sollte darüber das
Commando führen; allein er starb vor dem Feldzuge.
Ruffin hatte Befehl, bey dem jungen Prinzen zu bleiben,
um ihm mit seinem Rathe beyzustehen. Alle Generale
wurden ernennet, und reisten sogleich ab, um sich an
die

die Spitze derjenigen Corps zu stellen, die sie commandiren.

§. 43.

Theodor war noch zu Constantinopel, und bereitete sich zum Kriege durch Fasten, Beten und öfteres Besuchen der Kirchen zu. Er hatte zu dem Einsiedler Johannes geschickt, der ihm die Niederlage des Marinus ein andermal vorhergesagt hatte, um ihn wegen des Ausgangs dieses Krieges um Rath zu fragen. Der heilige Mann hatte geantwortet, daß dieses Unternehmen schwerer als das erste seyn würde; daß die Schlacht viel Blut kosten würde, daß Theodor zuletzt einen herrlichen Sieg davon tragen würde, aber daß er kurze Zeit darnach mitten unter seiner Ehre und seinen Triumphen sterben würde. Der Kayser hatte diese beyden Nachrichten erhalten, die eine mit vieler Freude, die andre mit vieler Standhaftigkeit.

§. 44.

Anstatt, daß er hätte neue Auflagen machen sollen, um die Unkosten dieses Krieges herbeyzuschaffen, wie er sonst gethan hatte, so hob er diejenigen ganz auf, welche Tarlan zwey Jahr vorher aufgelegt hatte. Also hatten diese Provinzen die Freude, ihrer Last entlediget zu seyn, da unterdessen die Länder des Tyrannen durch neue und unerhörte Auflagen gedrückt wurden. Er befahl sogar, daß alle Güter der Landvorweser, die unter dem Tarlan waren eingezogen worden, ohne alle Widerrede entweder den Schuldigen, die derselben waren beraubt worden, oder ihren nächsten Anverwandten wiedergegeben würde.

Bb §. 45.

§. 45.

Da er nach dieſem fürchte, daß die Unordnungen der Soldaten ihm den Haß des Volks und die Rache derſelben zuziehen machten, ſo beſchloß er, die Freyheit der Truppen einzuſchränken. Er gab ſeinen Generalen Befehl, ſie ſollten im Lager allen Soldaten ſehr ſcharf verbieten, daß ſie nichts von ihren Wirthen fordern, noch andre Quartiere nehmen ſollten, als die ihnen angewieſen würden, und befahl noch überdieſes allen Officieren, diejenigen hart zu beſtrafen, die die geringſte Ausſchweifung oder Gewaltthätigkeit ausüben würden, und beſonders ſollten ſie ſich angelegen ſeyn laſſen, vor die Ruhe und das Wohl der armen Familien, wie vor ihr eignes zu ſorgen.

§. 46.

Er begnügte ſich nicht damit, ſo große Proben der Gerechtigkeit und Güte gegeben zu haben, er wollte noch einen heldenmüthigen Beweis der chriſtlichen Großmuth zeigen, und alle Beleidigungen, die ihm geſchehen, verzeihen, wie er ſchon einige Jahre vorher die Empörung des Volks zu Antiochien verziehen hatte. Er ließ eine Schrift, in dieſen Worten abgefaßt, bekannt machen: „Wenn ſich jemand wider alle Geſetze der Schaam und „Beſcheidenheit unterſtanden hat, unſern Namen ent„weder durch irgend eine Handlung oder üble Nachrede „zu beſchimpfen, oder ſich ſo weit vergangen, unſer Re„giment oder Aufführung auszuführen und zu tadeln, „ſo wollen wir nicht, daß er der durch die Geſetze verord„neten Strafe unterworfen ſey, noch, daß man ihm ir„gend ſonſt übel begegne; denn wenn es aus einer un-

„be-

„bedachtsamen Leichtsinne geschehen ist, daß er übel von
„uns geredet hat, so sollen wir ihn verachten, wenn es
„aber aus Thorheit und Dummheit geschehen ist, so
„sollen wir Mitleiden mit ihm haben; oder wenn er
„aus Bosheit also gehandelt hat, so wollen wir ihm
„dennoch vergeben."

§. 47.

Nach diesen gnädigen und gottesfürchtigen Handlungen reiste Theodos von Constantinopel ab. Sieben
Meilen von da ließ er halten, um sein Gebet in der
Kirche zu verrichten, die er dem heiligen Johannes dem
Täufer zu Ehren hatte bauen lassen. Darnach setzte er
seine Reise weiter fort, bis er seine Truppen versammelt
hatte, und alsdenn gegen die Alpen anrückte. Timasius
commandirte die römischen Legionen, welche mit so vielem Ruhme am Orient wider die Welten, und im Occident wider den Maximus gestritten hatten. Erstikon,
ein Fürst der Vandalen, welcher die Prinzessinn Serena, eine Nichte des Kaisers geheyrathet hatte, führte
die Truppen an, welche man aus den Gränzörtern gezogen hatte. Gennon war an der Spitze der Gothen, die
sich seit dem Tode des Athanarich dem Reiche ergeben
hatten. Nach ihnen marschirten Saulus und Alarik
mit einem Corps der Hunnen, die von der Donau her-
angekommen waren, um diesem Kriege beyzuwohnen.
Sie waren einigen Compagnien der alten Iberier gefolgt, die durch den Bacurius, Kapitain ihrer Nation,
commandiret wurden, die eben so eifrig für die christliche
Religion, als für den Dienst des Kaisers waren. Gil-
don, Gouverneur in Afrika, hatte den Befehl erhalten,

Bb 2

eine

eine anſehnliche Hülfe herzu zu führen; allein, er blieb bewaffnet, ohne Theil daran zu nehmen; er erwartete, welchem das Glück der Waffen treffen würde, und war mehr
darauf bedacht, ſich ſelbſt zu empören, als die Empörung
des Eugenius zu beſtrafen. Theodos machte ſeiner Armee
durch ſeine Gegenwart Muth; und da er die große Fahne
des Kreuzes vor ſich hertragen ließ, ſo hoffte er, mit Hülfe
des Himmels dieſen Krieg glücklich zu endigen, wo es
nicht allein auf das Reich, ſondern auch auf die Religion
ankam.

§. 48.

Eugenius hatte von ſeiner Seite eine ſtarke Armee
verſammlet, die aus den Legionen beſtund, die unter dem
Valentinian gedient, aus einer zahlreichen Miliz, die
Flavian in Italien zuſammen gebracht hatte, indem er
die Helden aufzumuntern ſuchte, ihren Göttern zu Hülfe
zu kommen, und auch aus einer großen Menge Deutſchen
und Franken, welche Arbogaſtes angeworben hatte.
Dieſe drey Chefs hatten verſchiedne Abſichten. Eugenius
ſuchte die Ruhe, und glaubte, wenn er eine Schlacht gewonnen hätte, alsdenn im Frieden regieren zu können.
Arbogaſtes verlangte nur Gelegenheit zu haben, Ruhm
und Ehre zu erlangen, und ſich im Streit berühmt zu
machen. Flavian wollte nur den Dienſt der Götter wieder herſtellen, und ſich Anſehen dadurch erwerben, wenn
er ſich zum Oberſten einer Partey machte. Sie kamen
dennoch alle dorinnen mit einander überein, man müſſe
den Theodor überwinden, und die chriſtliche Religion u-
terdrücken. Eugenius hatte, nach einigen Geſchichtſchrei-
bern, der chriſtlichen Religion ſchon entſagt; denn er war

er.

ergürnt über die Entfernung und große Freymüthigkeit des heiligen Ambrosius, und noch mehr über die Standhaftigkeit der Priester zu Mailan gewesen, die ihn auf Befehl dieses Bischofs als einen Ruchlosen und Gotteslästerer angesehen, und seine Opfer nicht hatten annehmen wollen. Sie giengen aus der Stadt, und droheten die Geistlichen auszurotten, und nach der Niederlage des Theodos, aus allen Kirchen zu Mailan Ställe für die Pferde zu machen.

Arbogastes, der alle mögliche Sorgfalt dieses Kriegs auf sich genommen hatte, rückte mit der ganzen Armee an, und aus Furcht, daß er sie schwächen möchte, wenn er sie vertheilte, wie Marimus gethan hatte, so marschirte er mit der ganzen Macht des Occidents gegen die Alpen, und war entschlossen, den Theodos zu erwarten, und ihm den Eintritt in Italien zu verwehren. Er stellte Truppen an die engen Pässe der Alpen, deren Aufsicht er dem Flavian übergab; er ließ auf den Anhöhen Forts aufrichten, und lagerte sich in einer großen Ebene, längst des Flusses Frigidus, der in den Gebirgen entspringt. Flavian opferte Thiere, brachte neue Orakel hervor, und ließ vor der Armee die Statuen des Herkules und des donnernden Jupiters hertragen. Man ließ dem Eugenius weiter nichts, als den Titel des Kaysers, und die Sorgfalt, die Truppen durch seine beredten aufzumuntern.

§. 49.

Unterdessen langte Theodos bey den Alpen an, gieng die Gelände recognosciren, und ließ diejenigen so tapfer angreifen, welche die Pässe bewachten, daß er, da sich Scha

den und Unordnung unter ihnen eingesundern, ihre Verschanzungen eroberte, und nach einigen Widerstande diese
Oerter einnahm, welche Arbogastes nicht allein für unüberwindlich hielt, sondern auch noch glaubte, daß man
nicht einmal dahin kommen könne. Da Florian, der
gehofft hatte, die feindliche Armee aufzuhalten, oder sie
in den engen Wegen der Gebirge umzubringen, sich also
bezwungen und überwältigt sah, so wollte er lieber im
Treffen sterben, als sein Unglück überleben, und die
Schande zu haben, daß er falsche Hoffnungen gegeben,
und sich mit seinen Weissagungen betrogen hätte. Theodos gieng sogleich mit seiner ganzen Armee durch diesen
Weg, den er sich geöffnet hatte, und stellte sich vor dem
Feinde in Schlachtordnung dar.

Da er über die Alpen gegen Aquileja zu gegangen
war, so entdeckte man daselbst eine große Ebene, wo sich
viele Armeen hätten lagern können; von einer Seite war
sie durch den Fluß Frigidus abgeschnitten, und auf der
andern von den Gebirgen umgeben, welche wie Vormau-
ren sind, die die Natur zur Sicherheit von Italien gleichsam gemacht zu haben scheint. Daselbst erwartete Arbogastes den Theodos, um mit ihm zu schlagen. Er
hörte, ohne erst darüber bestürzt zu werden, daß die Zugänge schon bezwungen wären, und suchte seinen Truppen wieder von neuem Muth zuzusprechen, welche eine so
tapfere That ein wenig erschreckt hatte. Er stellte diese
Armee der Wilden in die Ebene, und ließ den Eugenius
auf den Anhöhen mit den römischen Legionen, um sie zu
unterstützen. Nachdem er seine Befehle überall gegeben,
und den Truppen das Zutrauen vorgestellt hatte, welches
er auf ihre Tapferkeit setzte, ferner die Nothwendigkeit

ju

zu fiegen, die Wichtigkeit des Sieges, und die Belohnungen, die fie hoffen sollten; so stellte er sich an die Spitze einiger Bataillons von den Franken, denen er die Arrieregarde gegeben hatte, und wartete alsdenn, was der Feind für Bewegungen machen würde.

§. 50.

Theodes nahm die Zeit wohl in Acht, und ließ alle seine fremden Truppen mit unglaublicher Geschwindigkeit in die Ebene stellen, er selbst aber blieb mit dem Corps der römischen Soldaten auf den nahen Bergen zurück. Bey alle dem Muth, den man bey den beyden Armeen bemerkte, so brachten sie doch lange Zeit zu, sich in Ordnung zu stellen, und ihre Vortheile zu beobachten, bis Theodas das Zeichen zum Marschiren gab. Gainas machte zuerst mit den Gothen, die er commandirte, den Angriff. Arbogastes stellte ihnen Truppen von den Franken entgegen, die sie mit vielem Muth und Standhaftigkeit empfiengen. Der Streit wurde hitzig, die beyden Parteyen, die von dem Corps unterstützt wurden, das man zu ihrer Hülfe besonders gestellt hatte, machten den Sieg lange Zeit zweifelhaft; aber endlich wurden sie zum Weichen gebracht, und da sie sich durch den Verlust ihrer vornehmsten Officiere und tapfersten Soldaten geschwächt, und von der großen Anzahl der Truppen übermältiget sahen, so fiengen sie an zu weichen, und die ganze Armee gerieth in Unordnung.

§. 51.

Arbogastes machte sich diese Unordnung, in welcher sie waren, zu Nutze, verfolgte sie mit einigen Escadrons,

und

und richtete ein schrecklich Blutbad unter ihnen an.
Zehn tausend Gothen wurden daselbst niedergemacht,
die andern wurden außer Stand gesetzt zu streiten, und
die ganze Menge der Wilden erlitte eine gänzliche Niederlage. Theodos wurde von einer Anhöhe die Verwirrung seiner Leute gewahr, und sah seinen eignen Untergang für unvermeidlich, wenn Eugenius mit seinen römischen Legionen ihn anzugreifen kommen sollte. In
dieser äußersten Noth nahm er seine Zuflucht zu Gott,
erhob seine Hände gen Himmel, und betete also: „Du
„weißt, mein Gott, daß ich diesen Krieg im Namen
„deines Sohnes Jesu Christi unternommen habe. Wenn
„meine Absichten nicht so rein gewesen sind, wie ich
„denke, so müsse ich umkommen. Wenn du aber das
„Recht meiner Sache und das Zutrauen, das ich auf
„dich gesetzt habe, billigest, so komme mir zu Hülfe, und
„laß nicht zu, daß die Heiden sagen: Wo ist denn nun
„der Gott der Christen.„

Kaum hatte er diese Worte ausgeredet, so gieng er
mit den Römern auf die Ebene herunter, die er durch
seine Gottesfurcht und Herzhaftigkeit aufmunterte, und
rückte mit ihnen vor, um den Feinden einen Sieg wieder
zu entreißen, den sie schon vor gewiß zu haben glaubten.
Unterdessen zeigte Bacurius Proben einer außerordentlichen Treue und Tapferkeit; denn nachdem er die
Flüchtlinge wieder zusammengebracht hatte, und sich
mit den Iberiern an die Spitze gestellt, so hielt er die
ganze Last des Treffens aus, gab auf alle Bewegungen
der Feinde Acht, die ihn auf allen Seiten angriffen, und
that ihrer Wuth so lange Einhalt, bis daß Theodos
selbst angekommen war.

§. 52.

§. 52.

Hierauf nahm das Treffen wieder von neuem seinen Anfang, alle beyde Theile bemühten sich zu siegen. Die einen wurden durch ihr erstes Glück stolz, die andern aber durch die Gegenwart des Kaysers ermuntert. Man griff an, man that Widerstand, ohne die Gefahr zu fürchten, ohne von beyden Theilen zu weichen. Aber bey aller Gewalt und Stärke, die Theodos anwandte, so konnte er niemals einigen Vortheil über den Arbogastes davon tragen, der sich durch seine Tapferkeit, durch seine Klugheit, durch die Menge und den Muth seiner Truppen behauptete, und jeder wurde genöthigt, sich in sein Lager zurück zu ziehen. Der Verlust war von Seiten des Eugenius nicht groß, Theodos hingegen verlohr viele Officiere, und besonders den tapfern Bacurius, welcher, nachdem er verschiednemal die Feinde zerstreuet, und in ihre Escadrons mit dem Degen in der Faust eingebrungen war, endlich durch die Arbeit und Beschwerlichkeit dieses Tages ermüdet, und durch die erhaltenen Wunden geschwächt wurde, so, daß er vor dem Angesichte des Kaysers auf einem Haufen Wilden erliegen mußte, die er mit seiner eignen Hand getödtet hatte.

§. 53.

Die beyden Kayser brachten die Nacht sehr verschieden zu. Eugenius ließ durch sein ganzes Lager Feuer anzünden, theilte denjenigen Belohnungen aus, die sich besonders hervorgethan hatten, und glaubte, er hätte einen vollkommnen Sieg davon getragen. Er zweifelte sogar nicht, daß Theodos durch Hülfe der Nacht mit den Truppen, die er noch hatte, geflohen wäre. Da

Theo-

Theodos hingegen ſein Lager auf den Bergen wieder erlangt hatte, ſo verſammlete er die vornehmſten Officiere
ſeiner Armee, und hielt Kriegsrath. Timaſius und Sti-
likon waren der Meynung, ſogleich zu weichen, und geſchwinde auf die Sicherheit des Rückzugs bedacht zu
ſeyn. Sie ſtellten vor, daß man nach dem Verluſte,
den man erlitten hätte, nur darauf denken müſſe, ihn
wieder zu erſetzen; man wäre genugſam überwunden
worden; man müſſe ſich in Acht nehmen, daß man nicht
gänzlich geſchlagen würde; man würde den Reſt der Armee noch vollends aufopfern, wenn man ſie dem Schick-
ſale eines zweyten Treffens ausſetzen wollte; es würde
eine Verwegenheit ſeyn, wenn man mit einer kleinen
Anzahl ſchlechter Soldaten Feinde überwinden wollte,
die ſich auf ihre Menge und Stärke verließen, und die
allererſt einen ſo wichtigen Vortheil erhalten hätten. Es
wäre beſſer, ſich in veſte Oerter des Reichs einzuſchlieſ-
ſen, damit man den Winter hindurch neue Truppen zuſammen bringen, und ſich zu Anfange des Frühlings ins
Feld ſtellen könnte, um den Krieg mit gleicher Macht
wieder anzufangen.

Der Kayſer verwarf dieſen Rath, und da er ſie mit
einigem Unwillen anſah, ſo ſagte er alsdenn zu ihnen:
„Es gefällt Gott nicht, daß das Kreuz Jeſu Chriſti auf
„meinen Fahnen vor den Statüen des Hercules und
„Jupiters fliehe, welche man unter den Fahnen der
„Feinde trägt.„ Dieſe Worte, die er mit einer ſo
großen Zuverſicht ausgeredet hatte, wirkten bey ſeinen
Generalen den Muth und die Standhaftigkeit, die er ihnen wünſchte. Er gab auf den folgenden Tag die nöthigen Befehle, und gieng in eine Kapelle, die nahe an
dem

dem Orte war, wo er sein Lager hatte, um daselbst den übrigen Theil der Nacht mit Beten zuzubringen.

§. 54.

Man erzählt, daß, da er gegen den Morgen einge-schlafen wäre, so hätte er zween Cavaliers auf weißen Pferden reiten gesehen, die ihn zum Streit ermunterte und ihm einen erwünschten Erfolg der Schlacht verspra-chen; denn sie hätten versichert, daß sie Johannes der Evangelist und Philippus der Apostel Jesu Christi wä-ren, von Gott gesandt, um vor seinen Fahnen herzugehen, und seinen Soldaten den Weg zu zeigen, der sie zum Siege führen sollte. Es mag nun seyn, daß dieser Traum nur eine Wirkung der Einbildungskraft dieses von dem letztern Treffen noch erhitzten Prinzen und eines neuen Verlangens, mit dem Beystande des Himmels zu siegen, gewesen ist, oder daß es ein innerliches Zeugniß des Schutzes Gottes über ihn war: Da er aufwachte, so erzählte er das, was er gesehen hatte, und gieng aus der Kapelle, von einem Theil seiner Officiere begleitet, um seine Armee in Schlachtordnung zu stellen. Man führte zu eben der Zeit einen Soldaten vor ihn, der in eben der Nacht fast einen gleichen Traum gehabt hatte. Er fragte ihn, ließ ihn verschiedenemal alle Umstände dieses Traums erzählen, und da er dadurch Gelegenheit nahm, seine Armee aufzumuntern, so sagte er zu seinem Kriegs-heere: „Sie könnten nunmehro nicht weiter mehr an „dem glücklichen Ausgange der Schlacht zweifeln, nach „diesem neuen Zeugniß; er hätte sich wieder ihren Rath „entschlossen; aber es geschähe aus einem geheimen Be-„fehl Gottes, der ihnen unsichtbare Heerführer zuschickte; „alle

„alle weltliche Gewalt dürfte man nunmehro nicht fürch-
„ten, da der Himmel vor sie wäre; sie sollten unter ei-
„nem so mächtigen Beystande tapfer fechten, und nur
„auf ihren Beschützer sehen, und nicht ihre Feinde zäh-
„len. „

Da sich diese Erzählung bey der ganzen Armee ausgebreitet hatte, so bekamen die Soldaten wieder Muth,
und da keine stärkere Hoffnung und kein vestares Vertrauen ist, als was sich auf die Religion gründet, so
verlangten sie weiter nichts, als zu streiten. Sie glaubten den ganzen Himmel zu ihrer Vertheidigung bewaffnet zu sehen, und warteten nicht mehr auf ein ungewis-
ses Treffen, sondern auf einen unfehlbaren Sieg. Theodos machte sich diesen Eifer zu Nutze, und ließ sie sogleich
auf das ebene Feld herunter marschiren.

§. 55.

Da er alle seine Befehle gegeben hatte, so bekam er
Briefe von einigen Officieren von der feindlichen Armee,
die man auf die Berge gestellt hatte, diese versprachen
ihm, auf seine Seite zu treten, wenn er ihnen eben die
Ehrenstellen geben wollte, welche sie unter dem Eugenius
hätten. Da der Kayser von einigen, die um ihn waren,
Schreibtafeln bekommen, so schrieb er die Aemter auf,
die er ihnen bestimmte, wenn sie ihre Versprechungen
erfüllen würden; darnach aber gieng er gerade auf den
Feind los.

§. 56.

Arbogastes machte sich unterdessen fertig, ihn zu
empfangen, und da er nicht wußte, woher der Muth
dieser

dieser überwundenen Leute kommen könne, die nur wenig
Truppen mehr hatten; so schickte er einige Escadrons ab,
um sich der entlegensten Posten zu versichern, und stellte
seine Armee so weit, als er sie auf dem ebenen Felde ausbreiten konnte, um den Feind einzuschließen. Eugenius
hielt auf der Anhöhe eines Hügels, worauf man sein Zelt
gesetzt hatte, seinen Soldaten wieder eine Lobrede, und
stellte ihnen vor, sie hätten weiter nichts mehr, als nur
noch diese Beschwerlichkeit auszustehen; es wäre etwas
leichtes, diesen Haufen von Verzweifelten zu schlagen;
sie wären mehr gekommen, um zu sterben, als zu fechten,
sie würden diesen Rest der Armee, welchen sie den vorhergehenden Tag geschlagen hätten, bey dem ersten Angriffe
weichen und fliehen sehen, wenn sie tapfer und herzhaft
angreifen wollten, und also einen Sieg vollkommen machen, der schon sehr weit gekommen wäre; er versprach
ihnen allen Belohnungen, und gab den Officieren den
Befehl, den Theodos gefangen zu nehmen, und ihn lebendig ihm zu überbringen.

§. 57.

Da die Armeen einander gegen über waren, so wurde
Theodos gewahr, daß seine Avantgarde bey dem Anblick
einer so großen Menge Feinde ein wenig zu langsam
marschirte, und befürchte, daß Arbogastes sich diese
Langsamkeit möchte zu Nutze machen. Er stieg also vom
Pferde, ging ganz allein auf die erstern Glieder zu, und
da er mit einer heiligen Zuversicht ausrufte: „Wo ist
„der Gott des Theodos?„ So bekamen seine Truppen
wieder Muth, und er führte sie selbst ins Treffen.

Es

Es entstund sogleich von beyden Theilen ein Hagel von Pfeilen und Geschossen, welche die Luft verfinsterten. Man kam alsdann kurz darauf zum Handgemenge. Das Beyspiel des Fürsten und die Hoffnung des Himmels feuerte die einen an; der Zorn und Haß aber trieb hingegen auch die andern an, sich äußerst zu bemühen. Die Hitze und der Eifer war bey beyden gleich groß, und man sah noch eben keinen besondern Vortheil. In diesem Zustande waren die Sachen bey dem linken Flügel, wo Theodos commandirte, als man ihm die Nachricht brachte, daß seine Hülfstruppen, welche den linken Flügel ausmachten, von dem Arbogastes tapfer wären angegriffen worden, und daß sie anfingen den Muth zu verlieren, wenn sie nicht sogleich unterstützt würden.

§. 58.

Theodos flug sogleich zu Pferde, und eilte, von einigen von den Seinen begleitet, zu diesen Wilden hin, um sich vor ihnen an die Spitze zu stellen, und ihnen durch seine Gegenwart wieder Muth zu machen. Allein, er wurde einen Haufen feindlicher Cavalerie gewahr, die sich auf die Ebene gestellt hatte, und seine Armee von hinten zu angreifen wollte. Er hielt stille, und machte Anstalt sich mit den wenigen Leuten, die ihm folgten, zu vertheidigen. Arbeilon, der diese feindliche Escadrons commandirte, war bereit auf den Theodos loszugehen, und würde ihn ohnfehlbar überwältiget haben, ehe er hätte Hülfe erlangen können; allein, er steckte seine Waffen ein, entweder, weil ihm das tapfere und majestätische Ansehen dieses Prinzen eine Hochachtung und Ehrfurcht gegen seine Person beybrachte, oder weil er in der Ab-

sicht

sich keinem war, dem besseren Theile zu folgen, und stellte
sich also mit seinen Truppen zu dem Kayser, um ihm zu
folgen und zu gehorchen.

§. 59.

Da sich Theodos nicht allein aus einer großen Gefahr befreyet, sondern auch noch mit einer ansehnlichen
Hülfe verstärket sah, so wendete er sich nunmehro auf
die Seite seines linken Flügels, dem er durch seine Gegenwart wieder neuen Muth machte. Aber bey aller angewandten Mühe in diesem so blutigen und hartnäckigen
Treffen, wo die Tapferkeit von beyden Theilen so groß,
und die Anzahl so ungleich war, mußte die Armee des
Theodos durch die Tapferkeit und Klugheit des Arbogastes, durch den Muth und die Standhaftigkeit seiner
Truppen, durch die Hülfe, die sie bey der Menge ihrer
Soldaten fanden, allerdings zu Grunde gehen. Sie
nahmen immer nach und nach ob, und würde, wo nicht ganz
überwunden, wenigstens doch durch die lange Dauer des
Treffens ermüdet worden, wenn sich nicht der Himmel
für diesen Kayser durch ein Wunder erkläret hätte, welches die Heyden selbst nicht verbergen konnten.

§. 60.

Es entstand eben auf den Alpen ein ungestümer
Wind, welcher auf einmal auf die Einbrüche des Eugenius stürmte, und eine große Verwirrung unter ihnen anrichtete. Sie wurden erschrocken. Ihre Schilder waren
ihnen gleichsam aus den Händen gerissen. Die Pfeile,
die sie losschossen, verloren entweder ihre Gewalt in der
Luft, oder giengen wieder auf diejenigen zurück, die sie los-
geschos-

geschossen hatten. Hingegen die Pfeile, welche man auf
sie losließ, wurden durch den schnellen Wind getrieben,
und machten in ihre Brust tiefe und tödliche Wunden.
Wolken von Staub, welche das Ungewitter erregt hatte,
kamen den Soldaten ins Gesichte, und benahmen ihnen
den Gebrauch des Gesichts und so gar das Athemholen.
Also blieben sie gleichsam unbeweglich, und wie durch eine
unsichtbare Macht gebunden, ohne weder angreifen noch
sich vertheidigen zu können.

Da alsdann die Truppen des Theodos die Hülfe
des Himmels sahen, welcher so sichtbar durch sie stritte,
so drungen sie mit dem Degen in der Faust in die Feinde
hinein, und machten ein großes Blutbad unter diesen
Bösewichten, welche den vorhergehenden Tag einige Vortheile über sie erhalten hatten. Nachdem sich Arbogastes umsonst Himmel und Erde widersetzet hatte, so sah
er weiter keine Hülfe vor sich, als in der Flucht. Die
Chefs von den Legionen des Dralbenes baten um Gnade,
und fleheten um die Barmherzigkeit des Ueberwinders,
dem sie Gott unterworfen hatte, und Theodos sah sich
nunmehro zum zweytenmale als einen Bezwinger der
Tyrannen, und als einen uneingeschränkten Herrn von beyden Reichen.

Er ließ sogleich mit dem Ermorden aufhören. Er
bewilligte allen Officieren die Gnade, um welche sie ihn baten, und befahl ihnen, als einen Beweis ihrer Treue ihm
den Eugenius herbey zu bringen. Die Vornehmsten
unter ihnen giengen sogleich diesen Befehl zu vollziehen.
Sie fanden diesen Tyrannen auf einem Berge. Da er
sich auf den ersten glücklichen Ausgang des Treffens
verlassen hatte, und die Niederlage seiner Truppen unter

dem

dem Ungewitter und Staub, der sie bedeckte, nicht erfahren konnte, so wartete er noch stets auf Berichte von einem vollkommenen Siege. Er erblickte diesen Menschen, die so begierig auf ihn zuliefen, und da er schon bey sich selbst anfing zu frohlocken, so fragte er sie, so weit als er konnte gehört werden, ob sie ihm den Theodos brächten, wie er ihnen befohlen hätte. Die ganze Antwort, die man ihm gab, war diese, ihn selbst aufzuheben, ihn seiner kayserlichen Kleidung zu berauben, und ihn vor den Ueberwinder zu führen.

§. 61.

Da ihn Theodos mit verächtlichen, zugleich aber auch mit mitleidsvollen Blicken ansah, so hielt er ihm den Mord des Valentinian vor, den unrechtmäßigen Besitz des Reichs, und besonders den Sturz der Religion, und die Ehre, die er den Statüen des Herkules und Jupiters erzeigt hätte; und da dieser Unglückselige alsdenn ohne eine weitere Rechtfertigung niederträchtig um sein Leben bat, so wendete sich der Kayser weg, und überließ ihn also den Soldaten, welche ihn in dem dritten Jahre seiner Regierung den sechsten September enthaupteten. Nachdem der unglückliche Arbogastes zwey Tage auf den Bergen herumgeirret, von Gott und Menschen verlassen und voll Verzweiflung war, daß er denjenigen nicht entgehen konnte, die ihn suchten, um ihn zum Theodos zu führen, so legte er sich selbst seine Strafe auf, und stieß sich zween Degen einen nach dem andern in den Leib.

§. 62.

Der Kayser, der mit dem Tode dieser beyden Verbrecher befriediget war, nahm alle diejenigen wieder zu

Gna.

Gnaden er, die von ihrer Pastro geworfen waren. Niemals ist ein Prinz mäßiger und bescheidener in seinen Siegen gewesen. Er dagstiger niemals die Ueberwundenen, sondern beklagte sie oft. Sein Stolz hörte gewöhnlich mit dem Kriege auf. Er konnte verselben und beynahe nicht strafen, und da er vergaß, daß er Feinde gehabt hatte, so bald als er aufhörte zu siegen, so that er so gar denjenigen Gutes, die die Waffen wider ihn geführet hatten.

Da er hörte, daß die Kinder des Eugenius und des Flavianus in die Kirchen zu Aquileja geflohen waren, so schickte er geschwind einen Tribunen, mit dem Befehle, ihnen das Leben zu retten. Er sorgte davor, daß man sie in der christlichen Religion erzog. Er schenkte ihnen Vermögen und Aemter, und gieng mit ihnen so um, als wenn sie von seiner eignen Familie gewesen wären. Er machte den Truppen große Geschenke, er theilte ihnen die ganze Beute aus, und ließ diese Statuen des Jupiters wegnehmen, welche die Heyden auf den Gebirgen aufgerichtet hatten, da er von einigen Soldaten hörte, daß sie aus Spas zu einander sagten, sie wollten gerne von diesen goldenen Donnerkeilen getroffen werden, so ließ er sie ihnen alsdann geben. Allein, da er diesen Sieg mehr Gott, als sich selber zuschreiben mußte, so war seine vornehmste Sorge, ihm davor durch sein ganzes Reich ein feyerliches Lob- und Dankopfer darzubringen. Er schickte Couriers nach Constantinopel, um den jungen Prinzen, die er daselbst zurückgelassen hatte, von dem glücklichen Fortgange seiner Waffen Nachricht zu geben. Er schrieb auch deswegen besonders an den heil. Ambrosius, sind, und bat ihn, zu bitten, daß er Gott vor seinem Sieg danken möchte.

§. 63.

Dieser heilige Bischof war so gleich wieder nach Mailand zurückgegangen, da er gehört hatte, daß Urbegastes und Eugenius von da abgereiset wären, und bey aller der in Italien entstandenen Furcht und Schrecken, hatte er noch stets gehoffet, daß Gott dem Anstheil der Frommen gnädig seyn, und selbst den Theodos in Schutz nehmen würde. Da er hörte, daß dieser Prinz die Schlacht gewonnen hätte, und auch seine Befehle deswegen erhielt, so dankte er Gott in seinem Namen davor, legte seinen Brief auf den Altar, und stellte ihn Gott als ein Pfand des Glaubens dieses frommen Kaysers dar. Nachdem er also seine Pflicht erfüllet hatte, so schickte er einen von seinen Diaconis mit Briefen zu ihm, in welchen er ihm seine Freude über das Glück seiner Waffen bezeigte, und ihm zugleich vorstellte, daß er Gott davor allein alle Ehre geben müßte, daß seine Frömmigkeit mehr als seine Tapferkeit dazu beygetragen hätte, und daß noch etwas zu seinem Siege fehle, wenn er ja noch nicht denjenigen verziehen hätte, welche mehr in das Unglück als in die Verbrechen des Tyrannen verwickelt wären. Kurz darauf reiste er selbst von Mailand ab, um den Kayser zu Aquileja zu besuchen.

§. 64.

Ihre Unterredung war voll Freude und Zärtlichkeit. Der Bischof fiel vor diesem Prinzen nieder, welchen seine Gottesfurcht und der sichtbare Schutz des Höchsten über

ihn

ihn mehr verehrungswürdig gemacht hatten, als alle seine Siege und seine Krone, und wünschte ihm, daß Gott ihn mit aller geistlichen und himmlischen Glückseligkeit überhäufen möchte, wie er ihm schon alle irrdische Glückseligkeit ertheilt hätte. Der Kayser fiel ebenfalls vor dem Bischof nieder, denn er schrieb die Gnade, die er von Gott erhalten, seinem Gebete zu, und bat ihn auch vor seine Seligkeit zu beten, wie er es schon vor seine Siege gethan hatte. Sie unterredeten sich alsdann von den Mitteln die Religion wieder in den Zustand zu setzen, in welchem sie vor dem Kriege gewesen war.

§. 65.

Unterdessen waren die Couriers, die man nach Constantinopel geschickt hatte, daselbst angekommen, und da sich die Nachricht von der Niederlage des Eugenius bald durch alle Provinzen des Reichs ausgebreitet hatte, so stellte man daselbst öffentliche Freudensbezeigungen an. Einige Geschichtschreiber melden, daß diese Nachricht schon vorhero auf eine wunderbare Weise wäre bekannt worden, und daß zu eben der Zeit, da Theodos in die Alpen eingedrungen wäre, ein böser Geist, welchen man in der Kirche des heiligen Johannis des Täufers ausgetrieben, kläglich geschrien habe: „Muß ich denn über„wunden, und meine Arme geschlagen seyn?„ Die Weißagung des heiligen Johannis war noch merkwürdiger. Evagrus und seine Collegen, welche die Klöster besuchten, hielten sich eine Zeitlang bey diesem Einsiedler auf, und da sie von ihm Abschied nahmen, so segnete er sie und sagte zu ihnen: „Gehet hin in Frieden, meine „lieben Kinder, und wisset, daß man heute zu Alexan-

„drien

„delen höret, daß der Kaiser Theodos den Tyrannen Eu-
„genius geschlagen hat; aber dieser Prinz wird nicht
„lange Zeit mehr die Frucht seines Sieges genießen, und
„Gott wird ihn bald von dieser Welt abfordern.„ Die
Wahrheit dieser Weißagung wurde auch zu eben der
Zeit erfüllt, die dieser heilige Mann bestimmt hatte.

Die jungen Kaiser vergaßen nichts, was diesen Sieg
noch herrlicher machen konnte. Sie gaben dem Volke
große Geschenke, stellten prächtige Schauspiele an; und
besonders brachten sie Gott, dem Höchsten, Dank mit einer
Art von Pracht, welche Ihre und der vornehmsten Bischöfe des Orients Gegenwart desto herrlicher machte.

§. 66.

Ruffin, welcher das Reich in Abwesenheit des Theodes uneingeschränkt regierte, hatte diese Prälaten zu Constantinopel zu einer Kirchenceremonie zusammen berufen.
Dieser Minister hatte lange Zeit seine Einfalt und seinen Hochmuth unter dem Scheine einer verstellten Demuth verborgen, und er ward alle Tage mächtiger, ohne
doch dabey hoffärtiger zu scheinen, weil er entweder dadurch dem Kaiser, der ihn liebte, eine gute Meynung von
sich beybringen wollte, oder damit er bey den Hofleuten,
die ihm sein Glück beneideten, kein Aufsehen machte.
Er suchte heimlich Mittel sich zu bereichern, und ob er
gleich von Natur zum Geitz und Hochmuth geneigt war,
so schränkte doch sein Geitz seinen Hochmuth ein. Allein,
da er sich die Gunst seines Herrn gewiß versichert glaubte,
und mit Gütern überhäuft sah, die er von ihm empfangen, oder die er sich selbst ungerechter Weise erworben
hatte, so überließ er sich seiner Neigung, und ward so

bald

bald stolz, als er glaubte, daß er es ungehindert seyn könne. Er hielt sich eine große Anzahl Bedienten, hatte stets ein größer Gefolge bey sich, als sich für seine Person schickte, und ließ prächtigere Häuser bauen, als selbst die Palläste der Kayser waren.

§. 67.

Eine seiner vornehmsten Bemühungen war gewesen, daß er ein Lustschloß hatte bauen lassen, welches so weitläuftig war, daß man es für eine Stadt hielt, und so reich an Auszierungen und andern kostbaren Sachen war, daß man kaum glauben konnte, wie er so große Unkosten dazu hätte herbeyschaffen können. Auf der einen Seite stand eine große Kirche, zu Ehren der Apostel des heiligen Petri und Pauli. Auf der andern Seite sah man auf einem nahen Berge ein Kloster, welches dazu dienen sollte, den Mangel der Geistlichen dieser Kirche zu ersetzen. So bald als diese Gebäude fertig waren, so beschloß Ruffin sich taufen zu lassen, und zu gleicher Zeit mit allen möglichen Zurüstungen die Einweihung dieser neuen Kirchen zu feyern.

Die Kayser hatten diese Ceremonie noch feyerlicher gemacht, da sie eine große Anzahl Bischöfe dahin beruffen, und hernach aus diesen heiligen Zusammenkünften ordentliche Concilia und Kirchenversammlungen machten. Constantin der Große hatte es eben so gemacht, da er die Kirche des heiligen Grabes zu Jerusalem eingeweihet, und sein Sohn Constantius hatte ihm gleichfalls nachgefolgt, da er den goldenen Tempel zu Antiochien bauen ließ.

Ruffin

Ruffen stellte sich dieses großen Exempel vor, und da
sich ein wenig Religion mit vielem Hochmuthe und Stolz
bey ihm vertulgte, so rufte er die Bischöfe aus allen
Theilen des Orients zusammen, besonders diejenigen,
welche die Vornehmsten unter ihnen waren. Er hat so
gar durch oft wiederholte Schreiben die berühmtesten
Einsiedler von Aegypten, ihre Einsamkeit zu verlassen, und
dieser feyerlichen Handlung mit beyzuwohnen. Die
Stelle, die er im Reiche behauptete, über welches er die
vornehmste Verwaltung unter dem Prinzen Arcadius
hatte, machte, daß eine große Anzahl von Bischöfen bey
der ersten Nachricht, die sie erhielten, so gleich abreisten,
und die heiligsten Personen in ihren Provinzen mitnah-
men. Die Versammlung war sehr zahlreich. Es waren daselbst drey Patriarchen, Nectarius von Constantinopel, Theophilus von Alexandrien und Flavian von Antiochien. Gregorius, Bischof zu Nyssen, Amphilocus
von Iconien, Paulus Heracleus, Dioscorus von Hele-
nopolis und verschiedene andere Prälaten hatten sich zuerst
daselbst eingefunden. Die Vornehmsten von Adel, und
sonst eine große Anzahl Volks kamen auch dahin, die erstern, um dieses Fest mit ihrer Gegenwart zu verherrli-
chen, und die andern, um diesem Liebling des Kaisers zu
schmeicheln, viele aber, um ihre Neugierigkeit zu befriedigen.

Es war im Monat September, da diese Ceremonie
geschah. Die Kirche war auf das schönste ausgezieret,
der Altar glänzte von Gold und Steinen. Die Einweih-
hung geschah mit aller Ordnung und Pracht, die man nur
immer wünschen konnte. Nachdem man nun alles vollendet hatte, so fieng man mit eben der Pracht die Taufe

das Rußland an. Der Patriarche Nectarius taufte ihn,
und der berühmte Evagrius von Pont, den man mit dem
Einsiedler Ammonius aus Aegypten hatte kommen lassen,
empfieng beym Heraussteigen aus der Taufe diesen neu-
gebohrnen Menschen, der seine Unschuld und Reinigkeit
nicht lange Zeit behielte. Also endigte sich diese Feyerlichkeit, welche die heiligste und prächtigste der Kirche des
Orients würde gewesen seyn, wenn sie nicht von einer
schändlichen Schwelgerey oder begleitet gewesen, und
wenn nicht dieser Minister durch seine Ungerechtigkeit die
großen Summen von dem Volk hätte wiederfordern wollen, die er bey dieser Gelegenheit vor Gott angewandt
zu haben schien.

§. 68.

Die Bischöfe giengen alsdann wieder mit ihm zurück, und versammelten sich zu Constantinopel den acht
und zwanzigsten September, um die Gerechtigkeit des Aga-
pius und Gebadius zu richten, welche beyde auf das Bischofthum zu Bostres Anspruch machten. Bey eben dieser Versammlung wurde beschlossen, daß ein Bischof nicht
sollte weder durch einen allein noch durch zween von seinen Collegen von seinem Amte abgesetzt werden, sondern
daß zu einer ordentlichen Absetzung eine allgemeine Versammlung von allen Bischöfen der Provinz erfordert
würde. Theophilus von Alexandrien hatte diesen Rath
gegeben, und er war auch der erste, der wider dieses Gesetz handelte, da er den Dioscorus, Bischof zu Hermopo-
lis aus eigner Gewalt absetzte.

Diese Prälaten, die damals zu Constantinopel waren, nahmen auch an der öffentlichen Freude Theil, und
nach-

nachdem sie in Gegenwart des Arcadius und des ganzen Hofes die gebührlichen Geheimnisse zur Danksagung vor den Sieg des Kaisers feyerlich verrichtet hatten, so giengen sie wieder nach Hause, um ihren Völkern die Wunder und den Schutz Gottes, welchen er dem Reiche verliehen hatte, bekannt zu machen.

§. 69.

Unterdessen bemühte sich Theodos, nach dem Rathe des heil. Ambrosius, den Aberglauben des Heydenthums zu unterdrücken, denn er verbot die Ausübung aller unheiligen Religionen bey harter Strafe, und zeigte, daß, wenn er durch die Hülfe Gottes gesieget hätte, so hätte er nicht durch seine eigne Ehre gesieget. Er ernannte auch die zween Söhne des Anycus Probus zu Consuls, dieser war sonst General über die Leibwachen unter Valentinian dem Großen, und nicht allein im römischen Reiche, sondern auch noch in andern Königreichen so berühmt gewesen, daß zween der klügsten und mächtigsten Herren von Persien nach Italien kamen, um daselbst gleichsam zwey Wunderwerke der Welt, zu Mayland den heil. Ambrosius, einen berühmten Bischof, und zu Rom den Anycus Probus, einen berühmten römischen Rathsherren zu sehen. Dieser Mann hatte seine Kinder in der Richtigkeit des Glaubens, und in allen christlichen Tugenden erzogen, und Theodos, der sonst in der Wahl des Magistrats auf das Verdienst der Personen und auf die Ehre der Religion sah, überschritt hier die gewöhnliche Ordnung, und setzte das ganze Consulat bey dieser tugendhaften Familie auf immer veste.

§. 70.

Nachdem er alſo die wichtigſten Angelegenheiten in Ordnung gebracht, ſo bereitete er ſich zum Tode, entweder, weil er eine innere Schwäche bey ſich fühlte, oder weil er ernſthafte Betrachtungen über die Weißagung des heiligen Abts Johannis angeſtellt hatte. So gerecht als der Krieg war, den er wider die Feinde Gottes und des Staats unternommen, ſo wollte ſich dieſer Prinz dennoch gern eine Zeitlang von dem Gebrauche des heiligen Abendmahls enthalten, denn er hielt ſich für unwürdig an dieſen Geheimniſſen des Friedens eher Theil zu nehmen, bis er ſein Herz und ſeine Hände gereiniget, und durch ſeine Buße die tiefen Eindrücke gedämpfet hätte, welche der Zorn und eine gerechte Rache auch ſelbſt bey den größten Gemüthern macht.

Mit dieſen Geſinnungen reiſte er von Aquileja ab, und gieng nach Mayland, um deſto ruhiger an ſein Gewiſſen unter der Anweiſung des heiligen Ambroſius zu denken, und damit er deſto bequemer den Arcadius und Honorius, ſeine Kinder, bey ſich haben könnte, die er von Conſtantinopel kommen ließ. Kaum war er daſelbſt angekommen, ſo befand er ſich ſchwächer und ſchlechter, als er vorher nicht geweſen war. Er unterließ aber dennoch nichts von ſeinen gewöhnlichen Beſchäftigungen, er war ſtets im Rathe gegenwärtig, hörte ſelbſt alle Klagen des Volks an, unterſchrieb die Gnade, die er ſeinen Soldaten zugeſtanden hatte, arbeitete ſelbſt daran, die Ordnung wieder herzuſtellen, welche Eugenius im ganzen Orient geſtöret hatte, und hielt ſich verpflichtet, nach dieſe kurze Zeit ſeines übrigen Lebens dem Beſten und der Ruhe des Reichs aufzuopfern.

§. 71.

§. 71.

In diesem Zustande fanden ihn die jungen Kayser, da sie zu Milan ankamen, und die Freude, ihren Vater wieder zu sehen, wurde gar bald durch den Schmerz gemäßiget, da sie ihn von einer tödtlichen Wassersucht überfallen sahen. Theodos wollte sie in der Kirche empfangen, in die er sich hatte tragen lassen, daß er an den Sacramenten Theil nehmen wollte, wovon ihn bisher sein zartes Gewissen und eine tiefe Ehrfurcht abgehalten hatte. Daselbst empfieng er sie auch auf das zärtlichste, und da er Gott vor den Trost gedanket hatte, welchen er ihm dadurch erwies, daß er ihn diese zween Prinzen wiedersehen ließ, so nahm er sie alsdann bey der Hand, und stellte sie dem heil. Ambrosius vor; er bat ihn vor dem Altare, die Sorge vor ihr Gewissen zu übernehmen, in ihrem Herzen diese Grundsätze der Religion und Billigkeit zu unterhalten, die man sich bemühet hätte ihnen beyzubringen, und ihnen nach seinem Tode statt eines Vaters zu dienen.

§. 72.

Nachdem er aus der Kirche herausgegangen war, so mußte er sich ins Bette legen, und da das Fieber zunahm, so dachte er weiter an nichts mehr als das letztemal vor die Kirche, vor das Reich und für sein eignes Haus die nöthige Verordnung zu machen. Er ließ in seinem Zimmer die Abgesandten des Senats und die Herren seines Hofes, die noch Heyden waren, zusammen kommen, und stellte ihnen vor: „Da er nunmehro sterben „sollte, so betrübte er sich weiter über nichts mehr, als „darüber, daß er sie noch als Verehrer der Abgötterey „sehen

„sehen müßte; er verwunderte sich, daß sie als so kluge
„und einsichtsvolle Männer nicht den Irrthum erkenne-
„ten, in dem sie steckten, oder daß sie lieber der Gewohn-
„heit als der Wahrheit folgen wollten; die Niederlage
„des Eugenius wäre eine deutliche Probe von der Eitel-
„keit ihrer Orakel, und von der Ohnmacht ihrer Götter.
„Diese Götter wären schändliche und in ihrem Leben un-
„ordentliche Leute gewesen, und es wäre nicht recht, sie
„anzubeten, weil weder ihre Macht zu fürchten, noch ihre
„Handlungen nachzuahmen wären; sie sollten sich doch
„durch die Macht der Wahrheit, durch das Beyspiel der
„ersten Rathspersonen des Reichs, und so gar durch die
„letzten Reden ihres sterbenden Kaysers, der auf einige
„Augenblicke an sein eignes Heil zu denken aufhörte, um
„sie an ihres zu erinnern, bewegen lassen. Er hätte
„stets gewünscht unter seiner Regierung alle falsche Reli-
„gionen zu unterdrücken, und aus allen seinen Untertha-
„nen gläubige Diener Jesu Christi zu machen; Gott
„hätte ihm aber nicht diese Gnade gewährdiget, sondern
„er hoffte, daß seine Kinder glücklicher seyn würden, als
„er, und daß sie dasjenige ausführen würden, was er erst
„angefangen hätte.„

§. 77.

Nachdem er also von den Rathsherren Abschied genommen, so machte er sein Testament, in welchem er befahl, daß man das Volk nicht mit Vermehrung des Tri-
buts beschweren sollte; denn er wollte haben, daß auch
seine Unterthanen die Früchte des Sieges genießen sollten,
zu welchem sie durch Gebet und Arbeit auch das ihrige
beygetragen hätten, und befahl seinen Nachfolgern, sie
sollten

sollten den Provinzen wieder aufhelfen, ohne ihre Spar-
samkeit in Unterhaltung der Armen zu vergrößern, und
sodenn auf eitle und unnütze Unkosten zu verschwenden.
Diese Befehle wurden auch nach seinem Tode auf das genaueste erfüllet.

Er fügte noch eine andre großmüthvolle und gnädige Verordnung hinzu. Er hatte alle Rebellen wieder
zu Gnaden angenommen, die sich wieder in ihren Gehorsam begeben hatten. Er hörte, daß sie wieder in den
Besitz ihrer Güter und Würden eingesetzt worden wären,
und bey Hofe eben dieselben Vorzüge wieder erlangt hätten, die sie vor ihrer Empörung gehabt. Aber da er
nicht Zeit hatte, alle sein Vorhaben auszuführen, so
fürchte er, daß die neuen Kayser auf böser Unrathen ihre
Feinde den weitern Fortgang der Aussöhnung hindern
möchten. Er bestätigte also durch ein Gesetz, welches er
in sein Testament setzen ließ, daß alle Beleidigungen sollten vergessen und aufgehoben seyn, welches er schon vorher hatte bekannt machen lassen. Er forderte von seinen Kindern, daß sie diesen Befehl, den er ihnen gegeben,
heilig beobachten sollten, und hinterließ ihnen also Beyspiele und Verordnungen, die allerdings einem christlichen
Kayser anständig waren.

§. 74.

Er theilte das Reich unter seine beyden Söhne, und
gab dem Arcadius den Orient, und dem Honorius den
Occident. Er vermahnte sie vornehmlich zur Ehrfurcht
vor Gott, und zum Eifer für die Religion. Er erinnerte sie dessen, was er ihnen so oft gesagt hatte: „Sie
„möchten sich mehr durch Weisheit und Tugend, als durch
„Größe

„Größe und Ansehen zu unterscheiden suchen; es wäre
„eine große Thorheit, wenn man verlangte, andern Gesetze
„zu geben, und man sich selbst keine geben könnte; man
„wäre nicht würdig über Menschen zu herrschen, wenn
„man nicht gelernt hätte, Gott zu gehorchen. Sie
„müßten die Glückseligkeit ihrer Regierung nicht auf die
„Klugheit ihrer Rathschläge noch auf die Macht ihrer
„Waffen gründen, sondern auf die Treue, die sie gegen
„Gott beobachten, und auf die Sorgfalt, die sie vor seine
„Kirche anwenden würden; diese wären allein die Quelle
„der Siege, der Ruhe und aller Glückseligkeit der Regen-
„ten.„ Hierauf wendete er sich zu dem hell. Ambrosius,
der zugegen war, und sagte zu ihm: „Dieses sind Wahr-
„heiten, die Sie mich gelehret und die ich selbst geprüfet
„habe; Ihnen kommt es nunmehro zu, sie auch meiner
„Familie beyzubringen, und diese jungen Kaiser, die ich
„ihnen hinterlasse, so wie Sie gewohnt sind, zu unter-
„richten.„ Der Bischof antwortete ihm, er würde für
ihre Seligkeit Sorge tragen, und er hoffte, daß Gott den
Kindern diesen gelehrigen Kopf und dieses aufrichtige und
ehrliche Gemüth schenken würde, welches er dem Vater
gegeben hätte.

§. 75.

Nach diesem verordnete Theodos den Stilicon zum
Vormunde seines Sohnes Honorius, er machte ihn zum
Generallieutenant von der Armee beyder Reiche, und
empfahl ihm seine beyden Kinder aufs beste. Er
glaubte, daß er verbunden sey dieses Zutrauen gegen einen Menschen zu beweisen, der ihm in den wichtigsten Angelegenheiten seiner Regierung so treu gedienet, und der
die

die Ehre gehabt hätte, die Prinzeßin Serena, seine Nichte, zu heyrathen. Stilicon war ein großer Krieger und Staatsmann; wußte im Rath, geschwind in Vollziehung der Befehle, geschickt die Zeit wohl zu beobachten und sich deren zu gebrauchen, es mochte bey Schließung der Bündnisse oder bey Schlachten geschehen, fertig die eigennützigen Absichten der Großen des Reichs zu entdecken, und das Vorhaben fremder Nationen zu erforschen; geliebt von den Truppen, fähig einen jungen Kayser in den Friedens- und Kriegsübungen zu unterrichten, und die Unruhen durch seine Klugheit zu stillen, oder sie durch seinen Muth und Tapferkeit abzuhalten.

Diese großen Eigenschaften machten ihn der Wahl würdig, welche Theodor mit ihm anstellte, bis er durch die Eifersucht des Ruffin und durch seinen eignen Hochmuth angetrieben wurde, auf sein Ansehen und auf den glücklichen Erfolg einiger gewonnenen Schlachten stolz zu werden, alle öffentliche Angelegenheiten nach seinen Absichten und Eigennutz zu richten, die Kriege selbst wieder anzufangen, die er geendiget hatte, und die Feinde, die er verjagt, wieder zurück zu rufen, damit er sich derselben bey Gelegenheit bedienen möchte; denn es war ihm nicht genug, nur Vormund, Pflegevater und ein Herr des Kaysers selbst zu seyn, sondern er suchte auch so gar das Reich an seine Familie zu bringen.

§. 16.

Seitdem, da der Kayser zu Mailand war, so machte diese Stadt viele Zurüstungen, um ihm zu Ehren einen prächtigen Triumph anzustellen, und mit allen Arten von Freudensbezeigungen einen Sieg zu feyern, der ihn zu einem ner Beherrscher von allen beyden Reichen gemacht hatte. Seine Krankheit aber hatte verursachet, daß die öffentlichen Spiele aufgeschoben worden, welche den vornehmsten Theil dieses Festes ausmachen sollten. Da er endlich seine Sachen alle in Ordnung gebracht hatte, so befand er sich etwas besser und munterer, und weil er entweder nicht wollte, daß die Stadt so große Unkosten umsonst aufgewendet haben sollte, oder weil er vielleicht das Volk erfreuen wollte, wenn er sich noch einmal öffentlich zeigte, so ließ er dem Magistrat sagen, daß er sich morgen auf der Rennbahn einfinden würde, um daselbst die Ehrenbezeigungen anzunehmen, die sie ihm machen wollten. Er ließ sich des Morgens dahin tragen, und war selbst bey einem Wettlaufen der Pferde gegenwärtig, nach diesem gieng er wieder weg; und war mehr von der Verfolgung seines Todes als von den Bildern seines Triumphes eingenommen.

§. 77.

Kaum war er in dem Palaste angekommen, da er sich schlechter denn vorher befand. Er befahl seinem Sohne Honorius, seine Stelle auf der Rennbahn einzunehmen. Er aber brachte die übrige Zeit des Tages damit zu, daß er sich mit dem heil. Ambrosius von der Eitelkeit der menschlichen Hoheit unterredete, und seinem Sohne Arcadius Vermahnungen gab, die so wohl vor ihn selbst als für das Reich so wichtig waren. Da eben diese Nacht seine Krankheit so sehr zugenommen hatte, so fühlte er, daß seine Kräfte abnahmen, und einige Stunden darnach gab er ruhig und sanft seinen Geist auf, den siebenzehnten September im Jahre dreyhundert fünf und achtzig.

im

im siebzehnten Jahre seiner Regierung, und im funfzigsten seines Alters.

Dieser Tod wurde von allen Völkern des Reichs,
und so gar von den rohesten Nationen beweinet. Arcadius gieng sogleich wieder nach Constantinopel zurück,
damit er den Unordnungen zuvorkommen möchte, die
vielleicht bey dieser Veränderung entstehen könnten.
Ruffin begleitete ihn dahin, daß Verdruß und Eifersucht auf den Stilicon, den man über ihn erhoben hatte,
und gieng mit den Gedanken um, sich die Obermacht seb-
nes Herrn zu Nutze zu machen, alles das, was sich seiner
Gewalt widersetzen würde, zu stürzen, die Reiche und
Kaiser durch seine geheime Unterhandlungen mit den
Hunnen, Gothen und Alanen an einander zu hetzen und
sich also selbst zum Herrn, aber wenigstens unabhängig
von seinen Herren und Feinden zu machen.

§. 78.

Honorius blieb bey dem Leichnam seines Vaters, um
ihm die letzten Pflichten der kindlichen Ehrfurcht zu erweisen. Er war selbst bey dem prächtigen Leichenbegängniß gegenwärtig, welches man ihm zu Ehren nach
seinem Tode anstellte. Der heil. Ambrosius hielt dabey
die Trauerrede, in welcher er seinen Zuhörern vorstellte:
„Sie hätten anitzo einen Kaiser verloren, aber da ihn
„Gott in seine ewige Hütten aufgenommen, so könnte
„man sagen, daß er nur das Reich verändert hätte: seine
„Gottesfurcht lebte noch; er hätte durch die Standhaf-
„tigkeit seines Glaubens allen Aberglauben der Heyden
„unterdrückt; da er seinen Kindern, die er zu Kaisern
„gemacht, weiter nichts mehr hätte geben können, so wäre

„er war im Tode darauf bedacht gewesen, ihren Unter-
„thanen Friede und Ueberfluß zu hinterlassen; denn er
„hätte die Beleidigungen, die man ihm angethan, oder
„den Tribut, den man ihnen aufgelegt hätte, aufgehoben;
„seine letzten Befehle wären Regeln der Liebe und Barm-
„herzigkeit, und mehr Gesetze, als Artikel eines Testa-
„ments gewesen.„

Er versicherte alsdann, daß er stets in seinem Herzen
die zärtliche Liebe, die er vor diesem Prinzen gehabt hätte,
behalten würde, der in seinen Kriegen stets auf die Hülfe
des Himmels gehofft, und sich niemals auf seine eigne
Stärke verlassen; er hätte diejenigen mehr geliebt, die
ihn zu bessern gesucht, als die ihm geschmeichelt hätten,
und noch in seiner letzten Stunde des Todes wäre er mehr
um den Zustand der Kirche, als darum besorgt gewesen,
wie es seiner Familie nach seinem Tode ergehen würde.

Er konnte besonders seine Gnade nicht genugsam
rühmen. Er sagte: „Es ist ein großes und seltenes
„Glück, einen gottesfürchtigen und treuen Prinzen zu fin-
„den, der durch seine Macht angetrieben würde, sich ge-
„gen seine Feinde zu vertheidigen, dennoch aber durch
„seine Güte davon zurückgehalten würde. Theodos
„glaubte dadurch Gunst zu erlangen, wenn man ihn bat,
„eine Beleidigung zu vergeben, die man wider ihn be-
„gangen hätte. Jemehr er aufgebracht zu seyn schien,
„desto williger war er zu vergeben, wenn man ihn darum
„ansiehte. Anstatt, daß man bey andern Prinzen wün-
„schet, daß sie sich nicht erzürnen möchten, so wünschte
„man hier das Gegentheil. Wir haben heute gesehen,
„die von ihm ihres Verbrechens überführt, erschreckt,
„und durch die Verweise, die er ihnen gab, niedergeschla-
„gen

„gen und bestärkt wurden, die auf einmal oder wieder
„seine Gnade erlangten. Er wollte sie nur überführen
„und nicht strafen. Er machte sich zu einem Richter
„der Billigkeit und nicht der Strenge. Er hat sich nie-
„mals geweigert, demjenigen zu vergeben, die ihre Fehler
„bekannten. Was diejenigen anbelanget, die ihm etwas
„verbargen, welches sie in ihrem Gewissen zurück behiel-
„ten, so sagte er zu ihnen, daß er sie dem Gerichte Got-
„tes überließe. Man fürchtete dieses Wort von ihm
„mehr als Züchtigungen, da man sah, daß dieser Kayser
„so bescheiden war, und lieber die Menschen durch die Re-
„ligion, als durch Furcht zu seinem Dienste verpflichten
„wollte."

Zuletzt wendete sich dieser heilige Bischof zu dem jungen Kayser, der ihm zuhörte und bitterlich weinte. Er
lobte ihn wegen seiner zärtlichen Liebe, wegen seiner Ehrfurcht und wegen seines so empfindlichen Schmerzes, den
er hatte, daß er so gar nicht einmal den Leichnam seines
Vaters bis nach Constantinopel begleiten konnte. Er
tröstete ihn, er stellte ihm die Ehrenbezeigungen vor,
welche man dem Andenken dieses Prinzen in allen Städten des Reichs erweisen würde, und nachdem er ihm eine
lebhafte Vorstellung von der Herrlichkeit gemacht hatte,
deren Theodoß nicht theilhaftig wäre, so vermahnte er
ihn auch seinen Tugenden nachzuahmen, und sich seine
Beyspiele zu Nutze zu machen.

§. 79.

Der Leichnam dieses Kaysers wurde noch eben dieses
Jahr nach Constantinopel gebracht, und man that ihm
solche Ehrenbezeigungen an, die mehr einem Triumph,

einem

einem Leichengepränge ähnlich waren, sowohl in Italien, welches er von den Tyrannen befreyet, als auch im Orient, das er mit so vieler Klugheit und Güte beherrschet hatte. Arcadius, sein ältester Sohn, empfieng ihn daselbst den achten November, und ließ ihn mit einer solchen Pracht, die einem Kayser zukam, in das Grab des Constantins beysetzen.

§. 20.

Die christlichen sowohl als heydnischen Schriftsteller kommen darinnen mit einander überein, daß er ein sehr vollkommener Prinz war. Diejenigen, welche die Geschichte gelesen, oder das Bild der alten Kayser gesehen haben, finden, daß er dem Trajan sehr gleich geworfen sey, von dem er auch abstammte. Er war, wie er, sehr groß von Person, hatte einen schönen Kopf, ein edles Ansehen, ordentliche Gesichtszüge, und war überhaupt wohlgewachsen.

Was die Eigenschaften der Seele anbelangt, so besaß er alle Vollkommenheiten dieses Kaysers, und hatte fast keinen von seinen Fehlern. Er war, wie er, wohlthätig, gerecht, gütig und stets bereit den Elenden beyzustehen. Er war gegen seine Hofleute vertraut, und suchte sich nicht von ihnen, als durch den Purpur, mit dem er angethan war, zu unterscheiden. Seine Höflichkeit gegen die Großen seines Hofs und seine Hochachtung gegen tugendhafte und verdienstvolle Leute, erwarben ihm die Freundschaft von sehr vielen. Er liebte freye und aufrichtige Leute, er verehrte alle diejenigen um destomehr, die gelehrt und in den schönen Wissenschaften erfahren waren, wenn er anders weder Stolz noch Bosheit

holt bey ihnen bemerkte. Alle diejenigen, die seiner
Wohlthaten würdig waren, erhielten wirkliche Proben
davon. Er gab große Geschenke, und gab sie geschenk-
tisch. Er machte sich ein Vergnügen daraus, auch die
geringsten Gefälligkeiten, die er von Privatpersonen in
seinem ersten Stande empfangen, zu erzählen, und unterließ nichts, um ihnen wieder seine Erkenntlichkeit zu beweisen. Der Stolz bewegte ihn nicht dazu, daß er die Pra-
tensionen seiner Nachbarn hätte erobern sollen; aber er
suchte diejenigen zu züchtigen, die seine eigne aber seiner
Collegen ihre an sich ziehen wollten. Also machte er sich,
so lange er regierte, keinen Feind, aber er besiegte diejenigen, so es wider ihn wurden. Er hatte eine große Kenntniß in den schönen Wissenschaften, und gebrauchte sie, ohne
damit zu prahlen. Die Lesung der Geschichte war ihm
sehr nützlich, und er bemühte sich, seine Sitten nach den
Tugenden der großen Prinzen seiner Vorgänger zu bilden. Er verwünschte öfters öffentlich den Stolz, die
Grausamkeit, den Hochmuth und die Tyranney des Cinna,
Marius und Sylla und andrer, die ihnen gleich waren,
damit er sich gleichsam die Nothwendigkeit selbst auflegen
möchte, einer andern entgegengestellten Aufführung zu folgen, als diejenige war, die er tadelte, besonders aber war
er ein abgesagter Feind von falschen und undankbaren
Leuten.

Man kann ihm den Vorwurf machen, daß er sich
bisweilen zum Zorne bewegen ließ, aber er mußte große
Ursache dazu haben, und bald war er auch wiederum be-
sänftiget. Seine Unterredung war angenehm, und was
unter den Großen etwas seltenes ist, so machten ihn sein
Wohlstand und seine Siege, anstatt daß sie ihn hätten

Stolz

ſtolz machen ſollen, nur deſto leutſeliger und häßlicher. Er ſorgte ſtets dafür, daß man den Provinzen beſonders auf den Ueberfluſſe herbeyſchaffte, die durch den Krieg verwüſtet worden waren, und er zahlte mit ſeinem eigenen Gelde die großen Summen wieder ab, welche die Tyrannen von Privatperſonen genommen hatten. Im Kriege marſchierte er ſtets vor der Spitze ſeiner Armeen, ſetzte ſich der Gefahr aus, und nahm an allen Beſchwerlichkeiten mit den geringſten Soldaten Antheil.

Er war keuſch, und ſchaffte durch ſtrenge Geſetze die Gewohnheiten ab, die dem Wohlſtande und der Schaamhaftigkeit entgegen waren. Ob er gleich ſehr zärtlich war, ſo erhielt er doch ſeine Geſundheit durch mäßige Bewegungen des Leibes und gehörige Ordnung im Eſſen und Trinken. Es war ein Vergnügen vor ihn, ſeine Freunde zu beſtärken, und die Freundſchaft durch alle Arten erlaubter Ergötzlichkeiten zu befördern und zu erhalten. Bey dieſen Gaſtereyen, wo er mehr Geſchmack und Kunſt, als Schwelgerey und Verſchwendung haben wollte, genoß er das ſanfte Vergnügen eines geſelligen Umgangs, und war auf eine kluge und anſtändige Weiſe vertraut, welches ihm wiederum Zutrauen zuwegebrachte, und die Hochachtung hingegen nicht verminderte, die man ſtets vor ihn hatte. Seine vornehmſten Ergötzlichkeiten waren Geſellſchaft und Spazieren, wenn er ſich von ſeinen Bemühungen wiederum erholen wollte.

Niemals hat ein Fürſt in ſeinem Hauſe ſo gut und gerecht gelebt. Er verehrte ſeinen Oncle als ſeinen Vater. Nach dem Tode ſeines Bruders ſorgte er für deſſen Kinder, ſo wie vor ſeine eigne. Er ſuchte diejenigen zu erhöhen, die ihren Dienſt beobachteten, und dieſen

allen

allen seinen Anverwandten sitzt eines Vaters. Denn
er die Geschäffte des Reichs in Ordnung gebracht und
jedermann Gesetze gegeben hatte, so gedachte er seitdem
nur allein mit Freuden an seine Familie, oder zeigte durch
seine Sorgfalt, Zärtlichkeit und Güte den Betrugen, daß
er eben ein so guter Freund, Blutsverwandter, Herr, Ge-
mahl, als ein kluger und mächtiger Kayser sey.

Dies ist die Schilderung, die uns heydnische Schriftsteller von Theodos dem Großen machen, die zu seiner
Zeit gelebt haben, ob sie gleich mit Vorurtheilen wider
ihn, aus Eigenliebe zu ihrer Religion, eingenommen sind.
Der Philosoph Themistius, und so gar Symmachus,
diese großen Vertheidiger des Heydenthums, gestehen aufrichtig, daß die Tugenden dieses Prinzen weit über alle
Lobeserhebungen giengen, die man ihm gegeben hätte.
Nur der Geschichtschreiber Zosimus allein suchte die
christlichen Kayser verhaßt zu machen, welche den Dienst
der Götter zerstöret haben. Er verkehret die Wahrheit
nach seinem Eigensinne und nach seinem Gefallen, und
bemühet sich, aus allen Tugenden dieses Kaysers Laster zu
machen. Er nennet seine Freygebigkeit Verschwendung,
seine Mäßigung Furchtheit, seine freundschafftlichen Gast-
mahle Ausschweifungen, und dieses angenehme und stille
Leben, welches er zur Zeit des Friedens führte, ein weich-
liches und wollüstiges Leben. Er ist aber dennoch durch
die Macht der Wahrheit genöthiget, zu bekennen, daß
im Kriege eine große Veränderung der Sitten bey ihm
vorgegangen sey, daß er auf einmal seinem Vergnügen
entsaget, um die nöthige Sorgfalt zur Sicherheit des
Reichs zu beobachten, und daß er sich aus einem weichli-
chen und wollüstigen Prinzen fast durch ein Wunderwerk

in

in einen wachsamen und arbeitsamen Fürsten verwandelt hätte.

Theodos hat zwar auch seine Fehler gehabt. Seine Uebereilung im Zorn, seine Leichtsinnigkeit, denenigen zu glauben, in welche er einiges Vertrauen setzte, und sein Vorurtheil aus Liebe zu denenigen, welche er zu seinen vornehmsten Freunden erwählte, sind Flecken, welche das Leben dieses Kaysers ein wenig verdunkeln würden, wenn sie nicht von einer großen Anzahl anderer herrlichen Thaten begleitet, oder durch eine ernstliche Buße ganz ausgelöschet worden wären.

Die heiligen Väter, die ihn am besten gekannt haben, können nicht genugsam seine Gottesfurcht beschreiben. Der heil. Ambrosius und Augustinus haben in vielen Stellen ihrer Schriften Lobeserhebungen von ihm hinterlassen, und Paulin hat diesem Prinzen zu Ehren eine gelehrte Schutzschrift verfertiget, welche Hieronymus eine vortreffliche Lobrede nennet, deren Verlust wir nicht genug bedauren können.